超 ⓒ 슈퍼
패미컴

타네 키요시
아베 히로키
야모토 신이치

문성호 옮김

AK TRIVIA SPECIAL

超 슈퍼 패미컴

머리말

우리는 아직 '슈퍼 패미컴이 도달했을 터인 미래'를 지켜보지 못했다. 이 하드가 처음으로 태어난 것은 1990년의 일이다. 배경을 빙글빙글 돌리는 회전, 캐릭터를 거대화시키는 확대, 작게 만드는 축소. 현실의 소리를 그대로 낼 수 있는 PCM 스테레오 음원 등 화려한 신기능은 당시에는 너무나도 눈부셨다. 컨트롤러가 순식간에 맛이 가고, 본체는 손때로 더러워졌던 것도 '매일 하지 않고는 배길 수가 없었기' 때문. '슈패미'라고 줄여 부른 것도, 친구들과 대화할 때 길어서 답답했기 때문이다.

지금은 3D 폴리곤을 다루는 하드가 당연하지만, 슈패미는 전혀 '과거'가 되지 않았다. 횡 스크롤 액션과 시뮬레이션 RPG 등의 2D 게임과, 섬세한 장인의 예술이 살아 숨 쉬는 도트 그래픽 등 '슈패미 스타일의' 표현은 세월의 시련을 헤치고 최신 게임이나 스마트폰 게임에 뿌리를 내리고 있다. 슈패미의 기억이 새겨져 있는 게임이, 그야말로 온 타임의 제1선에서 싸우고 있는 것이다.

그러한 정념에 부응하여, 드디어 발매 27주년 만에 복각판이자 닌텐도의 새로운 하드이기도 한 '닌텐도 클래식 미니 슈퍼 패미컴'이 발매되었다. 게다가 당시에는 개발 도중에 창고행이 되었던 『스타 폭스2(スターフォックス2)』가 수록되는 서프라이즈도! 지금까지 이 작품이 복각되지 않고 '환상의 작품'으로 남아 있었던 것은 내용이 너무 선진적이었기에 (개량판 슈퍼 FX 칩 탑재) 기술적으로 어려웠기 때문이라고 한다.

드디어 시대가 슈패미를 따라잡은 것이다.

이 책에서 선택한 소프트 중에는 슈패미를 가지고 있던 사람들에게도 친숙하지 않은 것들이 있을지도 모른다. 그것이 이미 '슈패미의 모든 것을 알았던 것은 아니다'라는 것을 말해주는 셈이다. 이번에 미니 슈패미 (약칭)에 수록된 유명 타이틀도 전부 리뷰했지만, 새로 발견하게 된 참신한 것들도 산더미처럼 있었다. 게임의 고향에서 기다리고 있는 슈패미와 '다시 만날' 찬스, 그것이 바로 지금이다!

슈패미 헌터

타네 키요시
아베 히로키
야모토 신이치

제3장
1995~2000

특별 기획

제1장
1990
0
1992

Chapter 01
1990–1992

슈퍼 마리오 월드(スーパーマリオワールド)

장르 : 액션
제작사 : 닌텐도
　　　　(任天堂)
발매일 : '90.11.21
정가 : 8,000엔

『슈퍼 마리오』시리즈의 최신작. 망토로 하늘을 나는 '망토 마리오'에, 상대를 먹어 특수 능력을 발휘하는 파트너 '요시'라는 새로운 중심 요소가 잔뜩 더해졌다. 슈퍼 패미컴 발매와 동시에 발매된 소프트이면서도 완성도는 굉장히 높았으며, 횡 스크롤 액션의 대명사가 되었다. 패미컴에서 기종 변경을 촉진하는 데 커다란 역할을 수행했다. '요시'는 중요한 멤버가 되어, 나중에는 단독 주연 작품도 등장.

▌패미컴이라는 위대한 선배 ▌

1990년 11월 21일에 슈퍼 패미컴과 동시에 발매된 소프트가 『슈퍼 마리오 월드』입니다. 게임기의 앞날을 점칠 때, 동시 발매 소프트의 만듦새가 중요하다는 것은 말할 필요도 없습니다. 게다가, 이 게임에는 **'패미컴에서 슈퍼 패미컴으로 기기 변환을 촉진한다'**는 커다란 임무가 주어져 있었던 겁니다.

1983년에 발매된 패미컴은 사회 현상을 일으켰고, 가정용 게임기의 대명사가 되었습니다.

그 후, 세가(SEGA), NEC가 메가드라이브(MEGA DRIVE)와 PC엔진(PC ENGINE) 등 더욱 성능이 좋은 라이벌 기종을 발매했습니다. 슈퍼 패미컴이 나온 1990년에는 최첨단 아케이드 게임을 집에서도 즐길 수 있는 네오지오(NEO GEO)까지 등장했으니, 셰어 전쟁이 얼마나 격렬했을지를 짐작할 수 있습니다.

▌패미컴에서 다음 기종으로 변환을 촉진한다 ▌

그러는 와중에 비집고 들어가야만 했던 슈퍼 패미컴. 심지어 선대는 7년의 세월을 거쳐 거실 침투에 성공한 '그' 패미컴이었기 때문에, 이건 『도라에몽(ドラえもん)』이나 『루팡3세(ルパン三世)』 같은 국민 애니메이션의 성우 교체와 비슷할 정도로 **어려운 일**이었습니다. 게임 팬이라면 몰라도, 패미컴을 즐기는 가족과 라이트 층에게 기종 교체는 첫 경험이었으며, 의의와 필요성을 이해하지 못했으리라는 것은 상상하기 어렵지 않습니다.

즉, '슈퍼 패미컴으로 교체'하기는커녕, '패미컴을 계속 사용한다', **'게임으로 노는 걸 그만둬버린다'**라는 가장 쉽고 경제적인 선택지도 이겨내야만 했던 것입니다.

사실 필자의 주변에서, 특히 지갑을 쥐고 있는 부모 계층에서는 '패미컴을 샀으니까 계속 쓸 수 있는 거 아니었나', '고장나지도 않았는데 굳이 25,000엔이나 써서 새 걸 살 필요는 없지 않느냐'라는 목소리까지 나올 정도였습니다.

이러한 역풍 속에서, 『슈퍼 마리오 월드』는 '익숙한 패미컴에서 새로운 슈퍼 패미컴으로 바꿔야 하는 의의'를 보여줘야만 했습니다. 현재보다 게임이라는 것에 대한 인식이 희박했고, 카트리지를 보고 '왜 이런 게 5,000엔, 6,000엔이나 하는 건지 모르겠다'고 곤혹스러워 하는 계층을 설득할 수 있을 정도의 무언가를 보여줘야만 했던 겁니다.

게다가, 이 게임은 국민 게임『슈퍼 마리오 브라더스』시리즈의 신작이기도 했습니다.

혁신적인 초대 작품, 난이도를 높인 『2』, 액션을 늘린 『3』 후에 무엇을 할 것인가. 시리즈의 4번째 작품이라는, 게임으로서도 어려운 시기였기에, 개발에 관

적을 먹고 특수능력을 발휘하는 새로운 동료 요시에 탄 마리오. 파스텔풍 그래픽은 패미컴과의 차이를 일목요연하게 보여주었다.

여한 사람들에게 가해지는 압박감도 상당히 크지 않았을까요.

신기능을 자유자재로 구사하다

결과부터 말하자면『슈퍼 마리오 월드』는 주어진 난제를 훌륭하게 달성해 냈습니다. 기술이 아직 익숙하지 않았을 시기에 만들어진 론칭 소프트임에도, 횡스크롤 액션의 대명사로 불릴 정도로 경이적인 타이틀이 된 것입니다.

플레이하면 보이는 것이 슈퍼 패미컴의 신기능을 자유자재로 구사해내는 기교입니다. 화상의 확대, 축소, 회전 기능은 인상적인 사용법을 보여줍니다.

쿠파주니어와 싸울 때는 회전 기능을 이용해 용암에 떠 있는 발판이 기울어지거나 대회전 점프를 묘사합니다. 또, 최종 보스인 쿠파와 싸울 때는 하늘을 나는 '쿠파 크라운'이 확대·축소 기능을 구사해 화면 앞에서 안쪽으로 날아가며, 화면 안의 공간적인 넓이와 위압감을 표현해 플레이어의 마음을 움직이는 데 성공했습니다.

패미컴보다 사용하는 색 수가 늘어나고, 수많은 캐릭터들을 등장시킬 수 있게

되어 화면은 단숨에 화려해졌습니다. 파스텔풍의 색조도 어우러져 보기에는 그림책처럼 되었습니다. 결과적으로, '보는 사람이 복잡할 것처럼 느끼지 않으며, 그럼에도 한 눈에 패미컴과는 다르다는 것을 알 수 있게' 된 것입니다.

컨트롤러도 버튼이 단숨에 2개에서 6개로 늘어났지만, 기능의 분배도 교묘해, B버튼의 점프와 Y버튼의 대시라는 2개의 버튼으로 진행하면서, 필요에 따라 A버튼으로 스핀 점프를 사용하는 형태로 기본적으로는 이전 작품과 같은 조작감으로 플레이할 수 있습니다.

그러는 한편으로, 첫 등장인 L, R버튼에는 '화면을 좌우로 밀어서 맵의 앞이나 뒤를 본다'는 옵셔널이긴 하지만 기쁜 기능이 준비되어 있습니다. '플레이어의 부담은 최소로 하면서, 새로운 버튼에 신기능을 분배'한 것으로, 얼마나 신경을 써서 만들었는지를 알 수 있습니다.

넓어지는 공간 넓어지는 세계

횡 스크롤 액션은 게임의 단골 장르이지만, 『슈퍼 마리오 브라더스』 시리즈로서 획기적이었던 것은 '숨겨진 방 등으로 스테이지 내부의 공간적인 넓어짐을 표현했다'는 점에 있습니다.

숨겨진 방 자체는 기존의 아이디어지만, '지면에 솟아나 있는 토관 안으로 들어가면 지하 스테이지가 펼쳐진다', '덩굴을 올라가면 천상 스테이지로 갈 수 있다' 등 통상 스테이지와 공간적인 연결이 강조되어 있는 것이 포인트. '통상 스테이지의 하늘과 지하에도 세계가 펼쳐져 있는' 것처럼 느낄 수 있으므로, 숨겨진 방 찾기가 과열됐던 것도 고개가 끄덕여지는 면이 있습니다.

『3』부터 도입되었던 스테이지끼리의 연결을 나타내는 맵도 계속해서 투입되었습니다. '마리오가 여행하는 것은 광대한 세계의 일부이다(그리고 아마도 마리오가 찾아가지 않은 다른 토지에도 마찬가지의 풍경과 스테이지가 존재한다)'라는 표현으로 인해, 공간적인 넓이가 더욱 강조되었습니다. 취급 설명서나 관련 서적의 **'공룡 랜드'** 맵을 보고 가슴이 두근거렸던 분들도 많았을 겁니다. 나중에 『슈퍼 마리오 RPG』라는, 마리오가 여행하는 작품이 등장합니다. 공간의 확장을 키워드로, 장르조차도 확장해버린 겁니다.

마리오 자신의 새로운 능력도, 하늘을 나는 '망토 마리오', '풍선 마리오' 등 공간적인 확장을 더욱 강조하는 것들입니다.

스테이지도 '망토 마리오'로 비행을 하거나, 요시에 타고 대시하지 않으면 안 되는 장소에 숨겨진 요소가 설치되어 있습니다.

다양한 수수께끼가 배치된 스테이지 속에서 날아다니거나, 요시에 타고 탐색을 하다 보면 떠오르는 것이 『젤다의 전설 브레스 오브 더 와일드』의 플레이 감각. 그 작품에는 '망토 마리오'를 연상케 하는 패러세일이나 말로 맵의 공간적인 넓이를 강조하고, 그곳에 대량의 수수께끼를 뿌려 놓았었는데요, 이런 설계 사상은 옛날 『슈퍼 마리오 월드』가 선조였던 건지도 모릅니다.

그러면서도 초심자에 대한 배려를 잊지 않는 부분이 닌텐도다움입니다.

각종 파워 업 아이템을 스톡할 수 있는 데다가, 요시에 탔을 때 대미지를 입어도 도망친 요시를 다시 되찾아 리커버

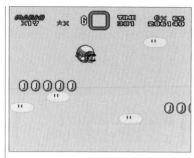

마리오가 망토를 펼치고 날면 하늘 위에 숨겨진 코인이! 스테이지의 공간을 넓혀 탐색을 즐겁게 만드는 수법은 훗날의 '브레스 오브 더 와일드'와 마찬가지.

가 가능합니다. 단, 안심하고 있으면 리커버한 후 다시 죽이려는 듯한 귀신같은 구성이 나오기 때문에, 방심은 금물입니다.

이렇게 **당근과 대량의 채찍**으로 단련하다 보면, 어느새 훌륭한 마리오로 성장할 수 있는 것입니다.

(Y)

F-ZERO

장르 : 레이싱
제작사 : 닌텐도
(任天堂)
발매일 : '90.11.21
정가 : 7,000엔

인류가 우주로 진출해 이성인과 교류하는 먼 미래, 사람들은 반중력 장치를 탑재한 머신이 목숨을 걸고 달리는 레이스에서 스릴과 열광을 바라고 있었다……. 『슈퍼 마리오 월드』와 동시 발매된 론칭 타이틀로서, 회전, 확대, 축소를 풀로 활용해 리얼한 레이싱을 실현한 드라이브 게임의 혁명아. F1을 초월하는 스피드로 다양한 테크닉을 쏟아붓는 타임 어택이 매우 뜨거웠다.

▌마리오의 그림자에서 노마크였던 굉장한 녀석 ▌

슈퍼 패미컴과 동시 발매된 론칭 타이틀이었던 『슈퍼 마리오 월드』와 이 게임 『F-ZERO』. 닌텐도의 대장이자 슈퍼스타인 마리오에 주목이 몰려 있던 와중에, 이쪽은 '뭐야 이건'이라는 취급이었습니다.

전작이 없는 신규 타이틀로, 닌텐도의 레이스 게임 선배라고는 별로 재미가 없었던 『F-1 레이스(F-1レース)』밖에 없었던 시절이라, 유저는 물론이고 게임 잡지도 노 마크. 기껏해야 '회전, 확대, 축소의 데모 소프트겠죠' 정도의 인식이었습니다.

대인기였던 『슈퍼 마리오 월드』가 품절되어 '할 수 없네' 하고 사 온 카트리지를 슈패미에 꽂았다 해도, 처음에는 그런 인상이 변하지 않았습니다. 하지만 1시간…2시간…도무지 전원을 끄고 싶지가 않은 거죠. 이 게임, 혹시 엄청나게 재밌는 거 아냐?

인류가 우주로 진출하고, 이성인과도 교류하는 머나먼 미래. 따분한 일상에 질려버린 사람들은 반중력 장치로 머신이 초저공 비행하는 레이스에서 스릴과 열광을 추구하고 있었다. 굉장한 스피드감과 코스 위에서의 경쟁이 되풀이되는 이 경기를 옛날 지구라는 별에서 번영했던 F-1 레이스에서 따와 'F-ZERO'라 불렀다…….

조잡하긴 하지만 SF 설정이며, 머신도 서킷도 원색을 그대로 드러내는 미국 코믹스처럼 현실과는 동떨어진 세계. 그런 외견과는 정반대로, 파고들면 파고들수록 『F-ZERO』는 '리얼 레이싱'의 본성을 드러냈던 것입니다.

▌회전, 확대, 축소에 의한 레이싱 게임 혁명 ▌

그때까지의 레이싱 게임은 말하자면 '장애물 피하기 게임'이었습니다. 래스터 스크롤(라인을 스크롤시킨다)이라는 묘화 기술을 이용해, 오른쪽 코너에서는 오른쪽으로 휘어지는 그림을, 왼쪽 코너에서는 왼쪽으로 휘어지는 그림을 그리고, 앞에서 다가오는 적의 차량이나 코너를 피할 뿐이었습니다. 최단거리인 안쪽에 달라붙는 것이 필승법일 정도로 단순했습니다.

『F-ZERO』는 한 장의 그림으로 된 코스를 그리고, 슈패미의 기능을 이용해 앞쪽을 확대하고 화면 안쪽을 축소해 표시했습니다. 차의 움직임에 맞춰 코스째로 회전시키기 때문에, 핸들 조작이 정확하게 달리기에 반영되어 코스를 향해 옆으로 달리게 되거나, 역주하는 것도 가능합니다(래스터 스크롤에서는 불가능합니다).

즉, **이 세계는 이론적으로 올바른 3D 공간입니다.** 현실의 레이스에서 볼 수 있는 아웃 인 아웃 등의 코너링 기술이나, 헤어핀 커브 같은 복잡한 레이아웃도 자유자재로 다룰 수 있게 된 것입니다.

『F-ZERO』는 슈패미의 회전, 확대, 축소라는 신 기능을 어필하는 가이드 역할이었던 것은 분명하지만, 그 역할에 머물지 않고 **'리얼함'을 가져온 레이싱 게임의 혁명**이었던 것입니다.

스타트 직전의 긴장되는 순간. 스타트 대시를 성공시키기 위해 B버튼 연타! 이로 인해 파괴된 슈패미 패드가 전국에 다수(추측).

B버튼을 고생시켰던 소닉 스타트

『F-ZERO』에 관한 추억이라면, 제 슈패미를 동아리실에 두었더니 **B버튼이 너덜너덜해졌던 일**입니다. 전부 다 타임 어택 때문이었어!

'장애물 피하기 게임'에서 실제 레이스의 정석을 응용할 수 있게 되어, 코스를 얼마나 잘 달리는지가 플레이 내용에 반영되기 때문에, 실력=타임(기록)이 되는 엄격함도 보여주었습니다.

거기에 더해, 몇 번이라도 같은 코스에 도전할 수 있는 프랙티스 모드 덕분에 타임 어택 경쟁은 최고조에 이르렀습니다. 라이벌 카 단 한 대와 1대1로 달리기 때문에, 조무래기들의 쓸데없는 훼방도 없습니다.

이때 필수였던 테크닉이 소닉 스타트입니다. 발진 전의 카운트다운 도중에 B버튼을 파파 연타해두면 스타트 대시가 더 좋아지는 기술이죠. **너 때문에 내 패드가!**

타임 기록을 더 단축시키기 위한 열쇠를 쥐고 있는 것이 라이벌 카를 추진력으로 쓰는 것입니다. B버튼을 계속 누른 상태로 급가속한 다음 갑자기 핸들을 꺾어 라이벌 카가 충돌하게 하면, 더 큰 가속을 얻을 수 있습니다. 이 테크닉이 더 빨리 개발됐더라면, **내 패드도 무사했을 텐데!**(두 번째의 절규)

그랑프리(통상 모드)와 프랙티스 공통으로 선택할 수 있는 머신+드라이버는 4종류.

차체의 강도, 코너링, 가속 성능 모두가 평균이며 사용하기 편한 블루 팔콘……은 어중간하고, 오직 새빨간 파이어 스팅그레이였습니다.

정의의 사도이자 주역인 캡틴 팔콘의 애차 블루 팔콘. 그에 비해 파이어 스팅그레이를 타고 달리는 사무라이 고로는 이름 그대로 뚱뚱한 사무라이라는 특이한 캐릭터였습니다. 심지어 머신은 가속 성능이 나쁘고…….

그런 결점 따위는 소닉 스타트하면 노 프라블럼. 가속이 나쁘면 실수했을 때 리커버하기 어렵지만, 미스를 하지 않으면 OK. 최고 속도도 단연 선두이며, 코너링의 안정감도 있는 파이어 스팅그레이, 너로 정했다!

추진력으로 쓸 라이벌 차는 가속 성능 최고인 골든 폭스. **스타트하자마자 변태를 날려버리고 급발진**. 작별이다, 황금의 늑대여.

▌광기의 타임 어택 ▌

아직 인터넷은 고사하고 PC 통신도 제대로 보급되지 않았던 시절이었지만, 『마이컴 BASIC 매거진(マイコンBASICマガジン)』(약칭 B매거) 등 게임 잡지가 전국의 유저를 하나로 연결해주었습니다.

다른 슈패미 신작을 제쳐두고 완전히

PRACTICE MODE
SELECT YOUR CAR

다양한 세팅의 머신으로 같은 코스를 몇 번이고 즐길 수 있는 『F-ZERO』 타임 어택을 할 때는 오직 새빨간 파이어 스팅그레이.

빠져 있었던 B매거 편집부가 '1분 59초 대'(최초의 스테이지 MUTE CITY I 의 클리어 타임)를 연재 스타트. 닌텐도 사내의 최고 기록인 1분 58초 97에 도전하기 위해 시작된 기획이었지만, 독자에 의해 추월당하는 바람에 '1분 58초대로 가는 길'로 타이틀이 변경되고 말았습니다.

그러는 도중 다양한 테크닉이 만들어졌고, 필자 같은 엉터리 드라이버도 그 혜택을 받을 수 있었습니다. 회수 제한이 있는 S-JET로 급가속하면서 B버튼을 연타해 감속을 억제, 노면의 그립을 확보해 커브를 도는 블래스트 턴. LR버튼을 누른 채로 급커브를 도는 슬라이드 턴 등.

거기까지는 따라갈 수 있었지만, 가드빔(서킷의 좌우에 있는 가드레일. 접촉하면 감속되며 대미지를 입는다)과 더트(감속되는 지대) 사이를 빠져나가는 아슬아슬한 외줄타기나 일부러 가드에 충돌해 튕겨 나오는 기세로 커브를 도는 반사 등 광기의 사태가 연속되면서, 결국 거의 구경만 하는 관객이 되고 말았습니다.

야금야금 줄어드는 기록을 더욱 단축하기 위해, 일부러 튕겨 나와 숏컷이라는 광기의 기술로 인해 폭사하는 일도 자주 있었다.

그 후 얼마 지나지 않아 폴리곤과 3D의 시대가 도래했습니다. 라인도 탈 수 있고 스피드감도 있는 드라이브 게임도 늘어났고, 속편도 만들어져 『F-ZERO』 시리즈도 '그중 하나'가 되어갔습니다. 2006년 발매된 게임보이 어드밴스용 『F-ZERO CLIMAX』 후 벌써 10여 년, **『슈퍼 스매시 브라더스』 시리즈에서 활약 중인 캡틴 팔콘**이 서킷으로 돌아온 모습을 보고 싶습니다.

(T)

봄버잘(ボンバザル)

장르 : 퍼즐
제작사 : 케무코
　　　　(ケムコ)
발매일 : 90.12.1
정가 : 6,500엔

수수께끼의 생물을 조종해 섬 여기저기에 장치되어 있는 폭탄을 처리해 나가는 퍼즐 게임. 슈퍼 패미컴 최초로 서드 파티에서 만든 소프트이지만, 원래는 2년 전 해외에서 PC용으로 개발된 것을 이식한 것이다. 진입 장벽이 높은 데다 서양 게임 스타일의 캐릭터 디자인 때문에, 발매 직후에는 희대의 쓰레기 게임으로서 혹평을 받아 게임 매장에서 엄청난 가격 하락을 기록했다.

▐ 추억의 소프트 『봄버잘』 ▐

게임 역사로 표현하면 '슈퍼 패미컴 최초의 서드 파티제 소프트'라는 기념비적인 작품. 리얼 타임 세대의 체감으로는 '대폭락을 일으켜 게임 소프트 가격의 불안정성을 가르쳐준' 인상적인 작품. 상반되는 두 가지 측면을 모두 지닌 것이 『봄버잘』입니다.

소프트의 가격이 1만 엔을 넘는 것도 드물지 않았던 슈패 패미컴 시대. 게이머들은 싸게 파는 소프트를 찾아 게임 매장을 전전했지만, 어딜 가도 한 자리를 차지하고 있었던 것이 바로 이 『봄버잘』이었습니다.

박스, 설명서가 없는 '알팩'일 때는 몇백 엔이라는 가격표가 붙어 있을 때조차 있었지만, 그럼에도 팔리지 않고 왜건 세일(매장 앞 등에서 손수레 등에 상품을 깔아두고 염가로 판매하는 것-역주)의 주역으로 **부동의 지위**를 점유하게 되었습니다. 『봄버잘』은 슈퍼 패미컴 쓰레기 게임의 대명사가 된 것입니다.

▐ 금방 죽는 수수께끼의 생물 ▐

무대가 되는 것은 주위가 물로 둘러싸인 군도. 젤리빈에 엄청나게 큰 눈알이 달린 수수께끼의 생물을 조작해, 섬들에 설치된 폭탄을 제거합시다.

이 게임의 난이도를 높이는 것이 '발을 헛디뎌 물로 떨어지면 죽는다', '폭발에 말려들어도 아웃'이라는 수수께끼 생물의 허약함입니다. 플레이를 진행할 때 전자는 특히 더 심각한 문제입니다. 누가 뭐래도 이 게임은 80년대의 서양 게임(자세한 내용은 후술), 난이도는 높으면 높을수록 좋다는 인식이 있던 시대의 산물이기 때문에, 현대 게임에 있는 '입력을 실수해 물에 떨어질 것 같아도 멈춰주는' 그런 페일 세이프는 존재하지 않으며, **단 한 번의 입력만으로도** 죽는 것이 가능합니다.

게다가, 화면을 알아보기 힘들다는 점이 쉽게 죽는 것에 박차를 가하고 있습니다. 이 게임의 화면은 '3D 모드'와 '2D 모드' 2종류가 존재하며, 각각 전혀 다른 외건을 하고 있는 희귀한 사양입니다. 전자는 맵을 대각선으로 본 쿼터 뷰이며, 후자는 똑바로 위에서 내려다 보는 탑 뷰로 되어 있습니다.

기동 시의 디폴트는 3D 모드. 회전 기능을 세일즈 포인트로 삼았던 슈퍼 패미컴인 만큼, 맵을 회전시켜 즐기기 편한 각도로 조정하거나, 숨겨진 아이템을 발견하는 등의 기믹이 있을 법 하지만 이 게임의 맵은 어째서인지 고정식입니다.

화면상으로 보이는 것과 실제 입력이 다르다는 점이 가장 큰 문제.

예를 들어, 수수께끼의 생물을 '아래'로 이동시키고 싶을 때, 화면상에는 '대각선 아래'로 보임에도 불구하고, 요구되는 입력은 '아래'로 되어 있기에 익숙해지기 전에는 엄청난 빈도로 스스로 물로 뛰어들게 되고 맙니다. '아무튼 광고 사진이 보기 좋다' 이상의 메리트는 존재하지 않는다 해도 과언은 아닐 겁니다.

얼마 안 되는 용돈을 모아 6,500엔이나 내고 카트리지를 샀는데 게임이 시작되고 첫 번째 입력으로 입수해버렸다……라는 케이스도 드물지 않았습니다. '분하다'나 '실수하게 만든 시점이 짜증난다' 등 마음이 흔들리지만, 곧 익숙해져서 **뇌파가 평온해지므로** 문제없습니다. 죽으러 가는 수수께끼의 생물을

커다란 눈알이 달린 주인공을 조작해 스테이지 내의 붉은 폭탄과 지뢰를 기폭시키는 것이 목적. 80스테이지는 원래 클리어 불가능했지만, 사실은 돌파 가능.

묵념으로 배웅하며, 같은 과오를 되풀이하지 않도록 다음 대책을 강구한다. 그런 지옥의 최전선이 『봄버잘』의 전장인 것입니다.

2D 모드는 똑바로 위에서 내려다보는 시점. 3D 모드처럼 방향 문제도 없고, 인식할 수 있는 범위도 넓기 때문에 엄청나게 플레이하기 쉽습니다. 공략을 진행한다면 단연 이쪽이지만, 수수께끼의 생물을 똑바로 위에서 내려다보게 되기 때문에, 보기에 상당히 거시기하게 됩니다.

일본 게임이라면 플레이하기 쉽게 만드는 것을 우선해 위에서 내려다보는 것을 전제로 팬시한 주인공을 배치하고, 화면을 2D 모드로만 만들었을 테지만, **'할 수 있는 건 전부 다 때려 넣었다'** 같은 서비스 정신이 그야말로 서양 게임 스타일이라 할 수 있을 겁니다.

기폭보다도 탈출
3D보다도 2D

스테이지의 여기저기에 있는 폭탄을 전부 폭발시키고, 수수께끼의 생물이 살아남았다면 스테이지 클리어.

함부로 기폭시키면 폭발에 말려들어 버리지만, 수수께끼의 생물은 폭탄의 카운트다운이 제로가 된 순간에 딱 한 걸음 움직일 수 있기 때문에, 이 성질을 이용해 폭발 범위에서 도망치는 것입니다. 하지만 다양한 성질을 지닌 폭탄과 바닥이 수수께끼의 생물의 탈출을 방해하는 것이 성가신 부분.

예를 들어 대형 폭탄은 주변 2칸을 말려들게 하고, 리모컨 폭탄은 하나를 기폭시키면 스테이지 안에 있는 모든 것들이 동시에 폭발합니다. 한 번 통과하면 파괴되어버리는 금이 간 타일이나, 한 칸 앞으로 주욱 미끄러져버리는 얼음 타일 등 바닥도 골치 아픈 것들이 모여 있습니다. 단 한 번 실수한 것만으로 자폭해버리기도 하고, 남은 폭탄에 도달할 수 없는 '막힌' 상태가 되어버리는 것입니다. 여기에 더해 3D 모드라면 앞서 말했던 이동 문제가 포함되기 때문에 버틸 수가 없습니다.

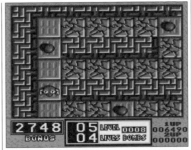

똑바로 위에서 내려다 본 2D 모드. 3D 모드보다 보기엔 단순하지만, 조작하기 편하다는 장점이 있다. 주인공도 위에서 본 모습이 되어 약간 기분 나쁘다.

하지만 바다과 폭탄의 성질을 이해해 '기폭보다 탈출 쪽에 중점을 둔다', '함부로 움직여 자폭하기보다는 제한시간이 아슬아슬해질 때까지 길게 생각해봐야 한다', '컨티뉴용 패스워드가 1스테이지마다 발행되므로 점수에 집착하지 않는다면 실질적으로 잔기(殘機, 플레이어의 남아 있는 목숨의 숫자. 이 책에서는 앞으로도 잔기로 표기한다-역주) 무한', '이젠 2D 모드로 해도 되잖아' 등의 포인트를 깨닫게 된다면 세계가 변합니다.

'생각한 대로 유폭이 이루어지고, 섬이 거의 무너져 가는 와중에 살아남는다', '대폭발 속에서 워프 타일을 이용해 탈출한다' 등의 플레이가 성공하면 상쾌한 기분이 될 수 있습니다.

초 슈퍼 패미컴

불행하게 태어나 '쓰레기 게임'이 되다

3D 모드에 이동 문제가 있다는 점, 그리고 애드리브가 통하지 않는 '즉사계'라는 점, 고난이도라는 점을 미리 파악한 상태로 즐긴다면, 이 게임은 80년대의 퍼즐 게임으로서는 그렇게까지 못 만든 게임은 아닙니다(물론, 진입 장벽이 높다거나, 조작성이 좋지 않은 것은 분명합니다).

원래는 슈퍼 패미컴판의 2년 전에 Amiga 등 해외 PC용으로 발매된 작품. 제프 민터(우주선으로 거대한 낙타와 싸우는 『Attack of the Mutant Camels』로 친숙한)를 시작으로 하는 스타 프로그래머들이 스테이지 디자인을 제공하는 등, 화제작이자 높은 평가를 받았던 모양입니다.

이 게임의 불행은 슈퍼 패미컴의 발매 직후, 닌텐도가 『슈퍼 마리오 월드』와 『F-ZERO』라는 명작을 발매했을 때 발매되어버렸다는 말로 전부 표현할 수 있을

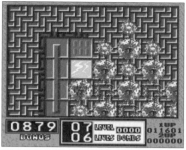

폭탄의 폭발은 주변을 말려들게 한다. 주인공이 폭발에 말려든 경우에는 미스가 된다. 한 번 실수한 것만으로 이처럼 답이 없어지는 경우도.

겁니다.

즐기기 편하도록 세심한 주의를 기울인 작품들 속에서, 2년 전에 PC용으로 만들어진 서양 게임이 이식된 것이기에, 심하게 비교를 당한다 해도 어쩔 수 없는 부분이 있습니다. '죽는 게임'이 하나의 장르로서 인지되고, 그 죽는 모습을 즐기는 문화가 탄생한 지금이야말로, 재평가 받아야 할 작품인 것은 아닐까요.

(Y)

그라디우스Ⅲ(グラディウスⅢ)

장르 : 슈팅
제작사 : 코나미
(コナミ)
발매일 : '90.12.21
정가 : 7,800엔

횡화면 슈팅의 명문 시리즈 『그라디우스』. 그 세 번째 작품이며 난이도도 정점에 달해, 극악무도한 큐브 공격이 슈터들을 불타오르게 했던 『그라디우스Ⅲ』가 가정용으로 완전 이식! 이렇게 말했던 광고와는 반대로, 도트 그래픽도 스테이지도 다시 그려진 별개의 물건. 당시의 마니아들은 화를 냈지만, 별개의 물건이라 생각하면 즐기기 편했으며, 슈패미의 첫 번째 슈팅으로서는 완성도도 높았다.

아케이드의 '완전 이식'이 아니라 다행이었다

아케이드판과 완전 달라! 슈패미판 『그라디우스Ⅲ』와의 만남은 그렇게 행복하지 않았다. 게임 센터에서 가동되던 원작 쪽은 횡화면 슈팅의 정점에 군림하던 카리스마였기에.

전작인 『그라디우스Ⅱ』는 아름다운 그래픽, 피를 끓어오르게 하는 음악. 그리고 '캡슐을 먹어 게이지를 모아 조금씩 파워 업'이라는 시스템이며 반대로 한 번 실수하면 부활이 엄청나게 어렵다. 그래서 부활 패턴을 만들고, 조금씩 숙달되어가는 느낌을 받을 수 있는 절묘한 난이도였다. **무엇을 더해도, 빼도 완벽한 밸런스가 무너지는 '갓겜'이었다.**

속편인 『그라디우스Ⅲ』는 좀 더 까다로웠다. 겨우 2스테이지에서 화면 안이 전부 기포 투성이가 되어 도망칠 곳 없이 압살당하고, 이어서 3스테이지는 언제 끝날지 모르는 미로 속을 다니는 것 같다.

절정은 9스테이지의 보스 직전, 통칭 큐브 러시다. 수정으로 만들어진 요새를 돌파하면, 100개나 되는 큐브가 날아온다. 그중에는 아군기를 노리는 것도 있어서, 애드리브로 피하지 않으면 죽는다. 당하면 스테이지 처음부터 다시 시작. 왼쪽 끝에 큐브끼리 뭉치게 해서 안전지대를 만드는 것이 기본이었는데, 너무 많이 모이면 스크롤에 찌부러져 죽는다……!

슈패미판은 그런 아케이드판의 실습용, 넘을 수 없었던 벽에 도전하기 위한 대역으로 기대를 받았다. 실제로 코나미도 '완전 이식'이라 주장했던 것이다.

그런데 발매된 것은 완전히 별개의 물건. 패미컴보다 강력해졌다고는 하지만, 역시 슈패미는 2만 엔 중반대의 보급가격 하드로 고가의 업소용 오리지널에는 해상도가 따라가지 못했다. 그러므로 도트 그래픽도 지형도 다시 그려졌고, 조무래기 배치나 스테이지 구성까지 달랐다.

빅코어 Mk-Ⅲ의 '간파할 수 있겠나!'라는 듯한 반사 레이저도 없으며, 거품은 분열하지만 표시 능력의 한계 때문에 피할 여유가 있으며, 큐브 러시도 없다. 난이도는 극적으로 낮아졌고, 원작이 가정에 강림하는 날을 꿈꿔왔던 마니아들에게는 쓰레기라는 소리를 들었다.

아니, 오히려 더 좋지 않슴까 이거.

『그라디우스Ⅲ』가 쉬워진 거잖아? 오리지널을 그대로 이식했다면, 우리는 평생이 걸려도 클리어 못했을 거야. **엔딩을 볼 수 있도록 다시 만든 『그라디우스Ⅲ』라니 최고 아닙니까!**

『Ⅲ』 이후는 시리즈의 표준이 된 다채로운 무장을 선택할 수 있는 에디트 모드. 슈패미판은 '죽는 장비'가 적어서 즐기기 편하다!

가정용에 전력을 쏟아부었던 코나미의 멋진 작업

중간 보스가 작아졌다, 주력기인 빅바이퍼가 유사 3D 화면을 체감 게임처럼 날아가는 스테이지도 삭제되었다, 캐릭터가 많이 나오는 곳에서 처리 능력이 떨어져 엄청나게 슬로우 다운 상태가 된다.

그게 어떻단 말인가. **도트 그래픽도 전부 새로 그려진 슈패미판은 그야말로 완전 신작이다.** 어쨌든 패미컴판 『그라디우스Ⅱ』에 특수 칩을 탑재해 '보조 무장 옵션 4개'를 실현했고, 가정용에 전력을 쏟아부었던 시절의 코나미가 만든 게임이다. 아케이드판에는 미치지 못하더라도, **필사적으로 따라가려는 노력**이 하나하나 가슴에 와 닿는다.

확실히 처리 능력이 부족해 느려지는 현상이 자주 발생한다. 하지만 적의 숫자가 많아 공격이 격심하기 때문에 캐릭터 오버도 일어나기에, **어려운 부분의 허들이 확 낮아졌다.** 좋아!

거대 보스만이 아니라, 도중의 조무래기들의 움직임도 굉장히 독특하다. 지상이나 천장을 이동하는 더커도 이족보행으로 달리며, 분열하는 물방울도 부드럽게 튕겨서 분열한다. 옵션을 빼앗는 짜증나는 옵션 헌터도 기운차게 움직이는 것이다.

아군기의 파워 업 게이지를 4종류의 세트 중에서 선택하는 '타입 셀렉트'와, 각 무장을 하나씩 조합해 오리지널 장비를 만드는 '에디트 모드' 등 2가지 타입이

있다. 다만 원작에서는 에디트에 꽝이
많았고, 자칫하다간 스타트하기 전에 막
혀버리곤 했다.

슈패미판은 모아 쏘기의 의미가 거의
없었던 에너지 레이저를 '차지 중의 빛에
도 공격 판정 있음'으로 사양을 변경하는
등 쓰레기 장비를 강화했다.

대각선으로 미사일을 발사하기 쉬운
호크 윈드 등 신병기도 추가되었다. 원
래의 업소용은 회전율을 높이기 위해 **'빨
리 플레이어를 죽이는'** 방향이었던 건지,
슈패미판에서 드디어 여러 사람을 위해
조정된 것이다.

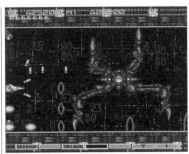

『그라디우스』 전통의 모아이 스테이지. 아케이드판과는 사양이
대폭으로 다르지만, 슈팅에 약한 사람이라도 클리어할 수 있으
므로 좋다!

▌코나미 커맨드의 함정이 트라우마

음악에 대해서는 흠잡을 데가 없을 정
도로 훌륭하다. 슈패미의 PCM음원으로
명곡 'In the wind'나 'Accident road'의
음색이 깨끗하게 재현되었을 뿐 아니라,
보스곡까지 추가되었다. 잘려나간 곡도
있지만, 토탈로 따지면 원작을 초월한
다.

어떤 조건을 만족시키면 돌입할 수 있
는 엑스트라 스테이지가 실은 약간 어렵
다는 점 등 열심히 한 부분은 열거하자

면 끝이 없다. 아직 개발 환경이 정돈되
지 않았던 슈패미 초기에 잘도 이렇게까
지……, 돌이켜 보면 '불평해서 죄송합니
다 코나미 님'이라고 사과하고 싶어지는
완성도이다.

하지만 기억에 새겨져 있는 것은 아름
다운 추억보다 트라우마다. '상상하하하
좌우좌우BA인 코나미 커맨드로 최강 파
워 업이다!'→'일시정지를 해제하면 자폭'
이라는 함정은 잊을 수가 없다구요!

(T)

파이널 파이트(ファイナルファイト)

장르 : 액션
제작사 : 캡콤
　　　(カプコン)
발매일 : '90.12.21
정가 : 8,500엔

때리고 차고 적을 쓰러트리며 팍팍 앞으로 나아가는, 벨트 스크롤을 보급시킨 캡콤의 희대의 걸작이 슈패미로 이식! 코디의 용서 없는 '펀치 얍샵이'나 너무나도 육체파인 레슬러 시장님 해거의 물리적으로 치안을 좋게 만드는 대난동, '던져서 모으는' 쾌감도 아케이드와의 스펙 차이를 극복하고 최대한 재현했다. 눈물을 보인 것은 ROM 용량 문제로 인해 '없는 것'으로 취급되어버린 닌자 가이뿐이오!

FF 하면 역시 『파이널 파이트』!

『파이널 파이트』가 이식! 본체를 살까 말까 망설이던 필자가 **슈패미를 예약하러 달려가게 만든 뉴스**였습니다.

초 범죄 도시 메트로 시티. 시장 마이크 해거는 평화도 질서도 없는 무법지대에 정의를 가져오기 위해, 폭력 집단 매드 기어를 철저하게 탄압한다. 그런 시장을 기다리고 있던 것은, 딸인 제시카를 납치하는 비열한 보복이었다. 연인 코디와 해거는 매드 기어를 뭉개버리기 위해 일어선다……

펀치와 킥으로 적을 쓰러트리며, 안쪽으로 깊이가 있는 화면을 나아가 골에서 기다리는 보스를 쓰러트리면 1스테이지 클리어. 가로로 긴 벨트 같은 스테이지가 흘러가는 벨트 스크롤 액션의 대표작입니다.

복수의 플레이어 캐릭터 중에서 특이한 점도 없고 사용하기 쉬운 코디. 두 명째는 딸을 납치당한 전직 프로레슬러인

해거…… 시장이 스트리트 파이터를 해도 되나? '매드 기어를 탄압'했다더니, 육체로 물리적으로 했던 거로군요.

게임 센터판 『파이널 파이트』는 100엔 동전을 빨아들이는 기계였습니다. 2인 동시 플레이로 적, 아군이 마구 뒤섞여 서로 두들겨 패다 보면 자기도 모르는 사이에 사망. 언제까지고 기분 좋게 있고 싶다, 그 자리에서 컨티뉴로 부활할 수 있다, 1000엔 지폐 바꿔와라. 뇌, 뇌가 녹는다…….

뭐? 슈패미판은 정가 8,500엔? 싸다!!

그런 이유로, 필자에게 FF 하면 역시 『파이널 파이트』.

『파이널 판타지』 시리즈를 '파판'이라고 줄여 부르는 건 다른 뜻이 있는 것이 아니라, 그저 게임 센터에 바친 100엔 동전의 숫자에 따른 것입니다.

▌풍부한 격투 액션 ▌

벨트 스크롤로서는 『더블 드래곤(Double Dragon)』이라는 걸작이 먼저 있었으며, FF는 그 후계자에 해당합니다. 『더블 드래곤』도 속편이 조금만 더 힘을 내줬다면……그 얘기는 다른 기회에 하도록 하지요.

벨트 스크롤 게임 공통의 장점은, 1초면 이해할 수 있는 간단한 조작입니다. 8 방향으로 이동, 공격과 점프 버튼, 두 개의 버튼을 동시에 눌러 메가 크래시(체력을 소비해 사용하는 무적기), 이상.

겨우 이것만으로 플레이어 캐릭터의 액션은 매우 풍부합니다. 메인 캐릭터인 코디는 잽×2→보디 블로→어퍼의 4연격과, 적을 붙잡고 배를 무릎으로 차는 공격 등.

그 하나하나가 구별해서 사용하는 의미가 있습니다. 점프 킥을 맞히면 적은 다운되어 움직임을 멈추지만, 그 이상의 대미지는 줄 수 없다. 하지만 점프 중에 레버를 아래로 입력하면 니 드롭으로 변화하며, 적을 다운시키지 않고 추가타를 넣을 수 있다. 일시적으로 쓰러트려 둘 것인가, 확실하게 끝장을 낼 것인가. **한 방 한 방이 "포석"**인 것입니다.

코디, 조무래기들에게 분노의 어퍼! 약한 적은 좌우로 모아서 연타. 체력이 높은 조무래기는 펀치 압삽이로 쓰러트리는 것이 기본 테크닉이다.

▌던져버리기와 펀치 압삽이의 쾌감 ▌

그런 세세한 테크닉을 사용할 수 있는 한편, FF의 쾌감은 대량의 적을 차례로 날려버리는 호쾌함에 있습니다. 그 중심에 위치한 것이 '던져버리기'입니다.

던지기 위해서는 우선 잡아야 합니다. 이미 선행했던 게임에도 있던 요소지만, '우선 적을 약하게 한 후'라는 조건이 달려 있었습니다. FF는 그런 제약이 없이 마음껏 잡을 수 있습니다. **조무래기든 보스든 구별하지 않고 던져버릴 수 있습니다.** 이얏호!

던져버린 적은 다른 적들까지 끌어들여 다운시킵니다. 한 번에 수많은 적에게 대미지를 입히고, 발도 묶을 수 있다. 하나씩 쓰러트리는 벨트 스크롤의 따분한 인상을 뒤집어버린 개혁이라니까요.

그러기 위해 싸움에서 최우선시되는 것은 '적을 모으는' 것. 적이 좌우로 흩어져 있으면 한쪽을 때리는 동안 뒤에서 습격당하기 때문에, 던지기로 좌우 어느 한쪽에 모으는 겁니다. 그 한 가운데에 던져 버리면, 한 번에 다 말려들게 해 처리할 수 있습니다. 화면의 밖으로 나간 적에게도 판정이 남아 있으므로, 기본적으로는 좌우 구석으로 모아 둡니다. 이 녀석은 패고, 이 녀석은 던지면서 서서히 모아 왼쪽으로 몰아넣는 식으로, 전체를 보면서 다수의 적을 처리하는 전술적인 재미입니다.

FF를 할 때 뭐가 가장 기분 좋은가?라고 묻는다면, '펀치 압삽이'라고 대답하겠죠. 코디 한정이지만, 잽 2발을 맞히고 반대 방향을 바라본다→다시 돌아서 잽 ×2……를 무한히 되풀이하여, 적에게 다운되는 것조차 용납하지 않는 인정사정 없는 두들겨 패기. 적은 숫자가 많으므로, 전혀 비겁하지 않습니다.

해거 시장은 모선이 크기 때문에 펀치 압삽이는 어렵지만, 던지기인 백드롭과 공중에서 사용하는 보디 어택의 호쾌함과 적을 날려버리는 효과도 강력하기 때문에, 쪼잔하게 싸울 때가 아닙니다.

기술의 코디, 힘의 해거. 두 사람의 캐

싸우는 시장, 마이크 해거 씨. 거대 조직 매드 기어를 탄압한 보복으로 딸이 인질이 된다. 코디 일행과 함께 조직을 날려버린다. 인질은 의미가 없었다!

릭터를 구별해 사용하면 전혀 다른 공략과 재미가 보이는 FF는 그야말로 일석이조입니다.

악덕 경관이 뱉어버리는 껌을 먹고 체력 완전 회복!!

아케이드판의 기획 겸 캐릭터 디자인 겸 도트 애니메이터가 아키만(あきまん)으로 잘 알려진 야스다 아키라(安田朗) 씨. 『스트리트 파이터Ⅱ(ストリートファイターⅡ)』나 『∀건담(∀ガンダム)』 등의 캐릭터 디자인에도 참여한 재능을 지닌 만큼, 조무래기들도 생동감이 넘칩니다.

머리카락을 곧추세운 펑크족이나 가죽점퍼 사나이, 하이킥도 날리는 날쌘 뚱보나 나이프 사나이. 공격을 가드하거나, 백 덤블링을 한다거나, 슬라이딩이나 머리 위에서 공격 등 겉보기의 아름다움과 공격의 혹독함은 정비례합니다. **거한 레슬러인 안드레는 이름이 굉장히 아슬아슬했지만, 『스트리트 파이터 III』에 출연했을 때는 휴고라는 이름이 되어 있었습니다.**

어떤 얼굴이든, 주먹 앞에서는 평등합니다. 겉보기에는 미녀인 포이즌과 록시라 해도 코디, 마음껏 두들겨 팹니다.

해외에서도 '이건 좀'이라는 반응이 나왔기에, 포이즌은 '뉴 하프(여장 남자부터 트렌스젠더까지 폭넓게 쓰이는 단어-역주)'라는 설도 있습니다. 다만 속편이나 시리즈별로 설정이 다 제각각이기 때문에, **성별을 초월한 양자론적인 존재**로 일단락되었습니다.

위험해지면 휘파람을 불어 졸개들을 불러내고, 자신은 높은 곳에서 구경하는

스테이지 2에서 막아서는 것은 초보자의 벽 소돔. 일본을 좋아해서 무사의 투구를 쓰고 있으며, 청바지에 다리 보호대 차림은 특이하지만 부조리할 정도의 강력함은 진짜다.

1스테이지의 보스 댐드를 시작으로, 보스도 캐릭터가 특이한 녀석들뿐. 그중에서도 초보자의 벽이 된 것이 2스테이지의 보스 소돔입니다.

일본풍의 투구를 쓰고 미식축구용 장비에 청바지를 입은 뭔가 착각한 사무라이이지만, 실력은 진짜입니다. 2자루의 칼을 들고 있는데, 두들겨 패서 한 자루를 떨어트리게 하면 그쪽이 훨씬 더 강합니다. 체력도 보스 중에서는 높은 편이라 **'초보자 죽이기'**라는 두려움의 대상이었지만, 그 면모를 가정용에서도 용서 없이 재현했습니다.

그렇게 강하지는 않지만 권총을 쏘는 모드가 되면 즉사시키는 악덕 경관 에디는 본인보다도 씹고 있던 껌이 더 돋보였습니다. **뱉어버린 껌을 주우면 거의 체력이 가득찬다**……자존심을 버려서라도 목숨을 유지할 것인가 결단을 강요당합니다.

그리고 고층 빌딩에서 기다리는 라스트 보스 벨가. 휠체어에 탄 상태일 때 두들겨 패서 끌어내리면, 한쪽 다리로 뛰어다니면서 석궁을 연사합니다. **벨거가 뿅뿅 뛰어다니는구나.**

'걸어 다니는 건 귀찮으니까'라는 설정입니다만, 주인공이 때리는 모습은 굉장히 위험해 보입니다.

초 슈퍼 패미컴

아케이드와의 차이를 느끼게 하지 않는 슈패미판

지금까지의 소개는 아케이드판이기도 하며, 슈패미판의 해설이기도 합니다. 하드의 스펙에 상당한 차이가 있으며, 슈패미 본체 발매로부터 1개월 정도밖에 지나지 않았는데 이 정도라니, 일을 잘하는 것도 정도란 게 있는 건데 말입니다.

그렇지만 변경점도 있습니다.

보너스 스테이지는 자동차 파괴. 때리고 차는 것만으로는 부족해서, 쇠파이프까지 가져와서 있는 대로 두들기는 코디! 차가 불쌍해 보인다.

우선, 원작의 4스테이지가 삭제되어 전 6스테이지가 5스테이지로 줄었습니다. 아케이드판은 한 화면에 10명의 적이 출연했지만, 슈패미판은 3명까지.

이식 실력이 보통이 아닌 건 차이를 느끼게 하지 않는다는 것입니다. 적을 줄인 만큼 배치로 커버하고, 쓰러트리기 전에 다음 적을 투입합니다. 허전한 인상을 주지 않으며, 원작처럼 둘러 싸여 막혀버리는 국면도 줄어 무척 즐기기 편합니다.

그 대신 적의 공격력이 전반적으로 올라가도록 조정되어, 흉악한 조무래기들도 적지 않습니다. 보스 중에서는 특히 4스테이지의 아비게일. 체력을 절반 이상 빼앗아버리는 통상 공격도 너무하지만, 잡혔을 때 탈출이 불가능하고 즉사 공격이 너무 많습니다.

하지만 즐기는 느낌은 의외로 나쁘지 않습니다. 적 하나 하나에 긴장감이 높아지고, 테크닉을 구사해 싸울 만한 보람이 있습니다. 가정용이기에 잔기를 늘리기도 쉽고, FF의 재미가 늘어나 있습니다.

아케이드에서는 도와주러 왔던 닌자 캐릭터 가이는, 슈패미판에서는 ROM 용량 사정으로 인해 훗날 가이가 부활한 버전인 『파이널 파이트 가이(ファイナルファイト・ガイ)』가 발매되었지만, 여기서는 연인을 구하러 가야 할 코디가 퇴장.

코디는 또 코디대로 『스트리트 파이터 ZERO 3』에 죄수복 차림으로 재등장. **펀치 얍삽이가 너무 기분 좋아서 본업으로 돌아가지 못했던 걸지도.**

(T)

울트라맨(ウルトラマン)

장르 ：액션
제작사 : 반다이
(バンダイ)
발매일 : 91.4.6
정가 : 7,800엔

빛의 나라에서 슈패미의 나라로 온 우주의 히어로 울트라맨. 컬러 타이머의 점멸이나 괴수의 울부짖음 등 '소리'를 신병기 PCM 음원으로 충실하게 "이식"했고, 스테이지의 배경도 원작의 촬영지를 요요기 경기장(代々木競技場)과 과특대 본부(파괴 전, 파괴 후)까지 도트 그래픽으로 재현해 울트라 사랑이 구석구석까지 스며들어 있다. '갑자기 스페시움 광선을 쏘지 않는 이유'도 게임에 맞게 시스템화!

PCM 음원으로 컬러 타이머와 괴수가 울부짖는 소리를 완전 재현

캐릭터 게임, 그것은 팬들이 희망을 버리게 되는 지옥의 문……그런 암흑시대가 계속되던 패미컴 황금기. 컬러가 적고 해상도가 낮았기에, 그 안에서 만들어내는 데 어려움이 있었겠죠. 하지만 『건담(ガンダム)』도 그렇고, 『가면 라이더(仮面ライダー)』도 마찬가지로 늘씬하던 캐릭터들이 모두가 SD(2등신) 콤파치 히어로(コンパチヒーロー)※1가 되었습니다.

처음부터 비슷하게 만들 생각을 버린 겁니다!

그럴 때 빛의 나라에서 찾아 온 이 게임 『울트라맨』 발매사는 반다이지만, 실제 개발은 휴먼(ヒューマン), 후에 특촬※2

혼이 넘치는 『리모트 컨트롤 댄디(リモートコントロールダンディ)』를 만든(지금은 사라진) 회사입니다.

울트라맨과 괴수가 1:1로 싸우는 시스템은 대전 격투 게임이며, 커다란 붐을 일으켰던 『스트리트 파이터Ⅱ』의 인기를 이용한 것이기도 합니다. SD화해서 스모를 하는 것보단 낫지! 애초에 작풍과도 어울리며, "누가 시켜서 하는 듯한" 느낌이 없습니다.

DVD나 스트리밍 같은 건 없었던 1960~70년대에는 애니메이션이든 특촬이든 우선 "소리"였습니다. TV는 재방송을 기다릴 수밖에 없었지만, 소노시트(ソノシート, 얇은 비닐이나 플라스틱으로 만든 간단한 레코드-역주)나 카세트 테이프는 원하는 때 들을 수 있었습니다.

슈패미에 탑재된 PCM 음원은 그런 "소리"를 추억 그대로 재현. PCM 음원은 현실에서 녹음한 소리를 재생하기 때문에, 본편과 같은 진짜 소리였던 겁니다.

울트라맨의 절반은 소리로 이루어져 있습니다. 변신하는 플래시 소리나 '헤

※1 컴패티빌리티 히어로의 약자로, 호환성이라는 뜻의 단어를 이용해 원작과는 다른 모습으로 등장하게 만든 것. 주로 SD를 말하며, 반다이에서는 이를 시리즈화해 다양한 게임이 발매되었다-역주

※2 히어로물, 괴수물 등 특수 촬영물을 말함. 주로 가면 라이더, 슈퍼 전대, 울트라맨 시리즈를 지칭한다-역주

한정된 ROM 용량 속에서 『울트라맨』의 '오프닝의 그림자 그림'까지도 어떻게든 재현! 변신 장면 등에 '진짜 소리'가 재현되어 있는 것도 ◎.

앗!'이라는 기합소리, 컬러 타이머가 삐삐 점멸하는 소리, 그리고 괴수가 울부짖는 소리.

겨우 4M 비트 ROM에 담아야 하는 제약이 있기 때문에, '헤앗!'은 '헤아'로, 발탄 성인의 '훗훗훗'은 '훗호'로 칼질 당했지만, **괴수별로 전용 소리를 준비해둔 원작에 대한 사랑은** 의심할 여지가 없습니다. 정말로 좋아하는 사람들이 게임을 만들어주었구나, 울트라맨!

갑자기 스페시움 광선을 쏘지 않는 이유

게임 본편의 시스템에도 울트라맨다운 느낌이 흔들림 없이 추구되었습니다. 격투 게임의 재미보다 울트라맨다움을

망설임없이 선택했을 정도로.

주역인 울트라맨의 움직임은 둔합니다. 가라테의 정권찌르기 같은 펀치는 멋있지만 리치가 짧고, 킥도 괴수가 긴 꼬리를 휘두르면 공격 범위 밖에서 당해버리고 맙니다. 울트라맨이 지상에서 싸워도 승산은 거의 없습니다.

슈왓치! 하고 하늘을 날 수는 없지만, 괴수 2마리 정도의 높이까지는 뛸 수 있는 점프력은 역시 초인이란 느낌. 여기서 괴수를 차러 가는 급강하 킥이 주된 공격 방법⋯⋯**울트라가 아니라 라이더 킥이잖아!**

울트라 시리즈에서는 빼놓을 수 없는 광선기는 있지만, 게이지를 소비하는 데다 게이지 회복은 시간이 지나기를 기다려야만 하기 때문에, 함부로 쏠 수가 없습니다.

심지어 괴수를 해치울 수 있는 것은 HP를 줄여 'FINISH'라고 표시된 순간에 스페시움 광선을 쏘는 것뿐. 괴수의 HP도 시간의 경과에 따라 회복되기 때문에, FINISH가 사라진 후에 광선을 맞혀도 소용이 없고 게이지를 0부터 다시 모아야만 합니다. **'처음에 광선을 쏴서 쓰러뜨리면 되는 거 아냐?'라는 딴죽에 대한 대답이** 이것입니다.

허들이 높아서 불평인 거냐고 묻는다

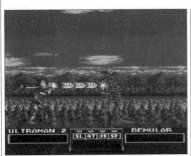

스페시움 광선은 괴수의 HP가 제로가 되었을 때 명중시켜야 마무리 일격이 된다. 화면에서는 'FINISH'가 표시되지 않은 상황에서 발사해 그 후 신나게 두들겨 맞았다.

면, 팬은 매우 기뻐했습니다. 괴수를 때려죽이거나 차서 쓰러트리는 꼴사나운 모습을 보이느니 죽음을 선택하는 **울트라 무사도……!**

또, 괴수가 화면에 없을 때는 뒤로 대시해서 피할 수 있습니다. **괴수가 보지 않는다면 미학은 노 카운트**인 모양입니다.

원작의 촬영지나 불톤의 부조리한 강함도 재현

최초에 대전하는 괴수는 원작 제1화를 장식했던 베무라.

괴수마다 신장과 체중도 표시되는 괴수 도감틱한 연출도 기쁘지만, 스테이지에 들인 공도 울트라급입니다. 베무라 전의 무대는 『울트라 작전 제1호(울트라맨 제1화)』에서의 류가모리 호수, 테레스돈은 밤의 시가지, 고모라 전에서는 오사카 성……등 원작의 촬영지가 도트 그래픽으로 묘사되며, 쟈밀라 전의 요요기 경기장은 부러진 깃발까지 재현되어 있습니다. 게다가 클리어한 후에는 다른 별에서 괴수로 변해버린 전 우주비행사 **쟈밀라의 묘비를 조문하는 과특대 대원들의 그림**까지 나오는 철저함.

괴수에게 급강하 킥을 맞히는 데 익숙해졌을 때쯤, 사차원 괴수 불톤이 등장. 애초에 '빨강과 파랑 운석이 합체'한다는 부조리한 존재이지만, '갑자기 텔레포트로 회피', '하늘에서 운석 소환', '광선기를 배리어로 튕겨냄', '굴러서 롤링 어택' 등 **니가 라스트 보스냐**라고 외치고 싶어지는 기술 백화점입니다.

맞으면 묶인 상태가 되어 서서히 체력을 빼앗기는 빔은 버튼 연타로 해제할 수 있지만, 모를 때는 속절없이 죽어버리고 맙니다.

부조리에 대항할 수 있는 것은 냉정함. 배리어로 빔을 튕겨내고, 접근하면 던지기……이런 식으로 꾸준히 대미지를 입혀 한 걸음씩 승리로 가는 길을 굳혀나간다. 인간은 상상도 할 수 없는 울트라맨의 고생이 패드를 통해 전해져 옵니다. **아니 그렇다기보다 손가락이 아파요.**

우주 닌자 발탄 성인은 대명사라고도 할 수 있는 분신, 악질우주인(정말로 이렇게 표시됩니다) 메피라스 성인은 결정타인 스페시움 광선을 광선으로 상쇄하며, **기믹 하나하나가 울트라 공통 테스트에서 만점**을 받을 수 있을 정도로 신경을 썼습니다. 모두가 울트라맨을 괴롭히는 방향으로 공헌하고 있습니다.

비장의 카드인 연필 폭탄, 재고가 너무 많다

라스트 보스는 물론 최종회의 우주공룡 제튼.

울트라맨이 접근하지 못하게 하는 통상 공격의 리치, 텔레포트로 회피, 일조도의 화염구를 3방향으로 발사하는 등 게임 밸런스를 붕괴시켜버립니다.

게임으로 본다면 쓰레기 게임. 하지만 울트라맨을 일격으로 장사지낸 최강의 적으로서, 이것이 올바른 것입니다.

당시 초등학생이던 마에다 아키라(前田日明, 일본의 전직 이종격투기 선수-역주) 씨가 평평 울면서, '울트라맨의 원수를 갚겠다!'면서 **격투왕을 목표로 삼게 된 계기는** 높은 벽이어야만 합니다.

원작에서는 조피가 목숨을 가져와 주었지만, 게임에서는 목숨(잔기)을 몇 개나 내던지면서 제튼의 체력을 갉아먹기 위해 나아갑니다.

대기하고 있는 조피는 울상.

이렇게 제튼을 몰아넣는다 해도, 스페시움 광선을 흡수당해 반격을 받는 울트라맨. 자, 과특대가 나설 차례다!

최후는 연필 폭탄을 제튼에게 맞히는 미니 게임. 원작에서는 단 한 발뿐인 시작품이었는데, 게임에서는 울트라맨의 잔기+1만큼 재고가 있습니다. '다만, 4발밖에 없다. 실수하지 마라'라고 해도 별로 긴장감이 없습니다.

'울트라의 원작에 따르는 미학을 지키기 위해 플레이어가 고생하게 한다'라는 사양은 속편인 『울트라 세븐(ウルトラセブン)』이나, 훗날 FE(『파이팅 에볼루션』) 시리즈에도 계승되어 있습니다. 『FE3』에서는 이기면 역사 개변이 일어나기도 하는 등, 울트라 게임은 매우 심오합니다.

(T)

심시티(SIMCITY)

장르 : 시뮬레이션
제작사 : 닌텐도
(任天堂)
발매일 : '91.4.26
정가 : 8,000엔

귀재 윌 라이트(William Ralph "Will" Wright)의 라이프 워크 『심』 시리즈는 『번겔링 베이(バンゲリングベイ)』의 맵 에디터를 가지고 놀다가 아이디어가 떠올라 시작되었다! 그 아이디어가 최초로 상품의 형태가 되어, 닌텐도의 눈에 들게 된 것이 이 게임 『심시티』. 플레이어는 시장이 되어 마을을 0에서부터 크게 발전시키는 것을 목표로 하는, 슈퍼 패미컴 초기의 도시 건축 시뮬레이션.

닌텐도가 인정한 명작 시뮬레이션!

슈퍼 패미컴 초기의 메이저 해외 게임으로서, 닌텐도가 이식!

그것이 『심』 시리즈를 수십 년에 걸쳐 계속 만들어왔던 윌 라이트의 출세작 『심시티』.

속편이 계속해서 쌓여감에 따라, 동작 환경은 PC가 되었고 본체 가격이 대졸 초봉의 2개월분의 월급과 **전자레인지 2대를 동시 가동하는 레벨**의 자비 없는 소비 전력을 잡아먹는 소프트로 성장! 성능의 한계까지 혹사시키는 **하이 엔드 게이밍 PC 벤치마크용 게임**으로 절찬 성장 중입니다.

하지만 슈패미로 즐기는 『심시티』는 주택지나 도로, 공업지대를 정비하고, 마을을 발전시켜나가는 심플한 룰이 처음부터 확실하게 정해져 있습니다.

마을을 발전시키기 위해, 주택이든 공업지대든 상업지대든 건설하기 위해서는 일단은 전력! 마을에 전기라는 든든

한 활력을 공급하기 위해서는, 역시 이럴 때는 아주 거창하게 원자력 발전소를 건설하고 싶어지게 됩니다.

화력 발전소는 생산할 수 있는 전력도 적고 환경도 오염시키는데, 이젠 원자력 발전 이외의 선택지가 있을 리가 없어! ……이런 이유로, 사람도 없는 시골 중심지에 맨 처음 커다랗게 자리 잡고 있는 것은 든든한 원자력 발전소가 됩니다.

여기서부터 마을은 시장의 개성에 맞춰 작은 마을에서 큰 마을, 큰 마을에서 도시로 발전해 나가게 되는데, 정체를 용납할 수 없는 사람은 교통 기관이 전부 노선이 되며, 범죄를 용납할 수 없는 사람은 경찰서만 넘쳐나게 되고, 환경오염을 용납할 수 없는 사람은 **자연림과 원자력 발전소만 넘쳐나게 되는**, 굉장히 플레이어의 개성이라고 해야 하나, **사상**이 있는 대로 반영된 도시로 성장하게 됩니다.

이놈, 속였구나! 윌 라이트!

이 게임 『심시티』는 윌 라이트가 초기작 『번겔링 베이』용 자작 맵 에디터를 만드는 도중에, 이렇게 마을을 만들어 나가는 게임은 만들 수 없을까 생각했던 것이 발단이라고 각종 인터뷰에서 대답했던 것입니다.

이러쿵저러쿵 말하면서도, 원자력 발전소를 중심으로 순조롭게 발전해 나가는 우리 마을. 슬슬 도시로 성장하는 것도 보이겠구나……싶은 그런 시점에, 설마 했던 원자력 발전소 멜트 다운!

발전 도상 도시인 우리 홈타운 중심지는, 핵의 불꽃에 휩싸인 데다 방사능 오염을 마구 흩뿌리고 있습니다.

……아무래도, 당황해서 알아보니 속편에서는 핵의 위험성에도 어느 정도 대응이 가능하게 된 모양인데, 슈페미판이라고 해야 하나, 초대 『심시티』에는 **얼핏 보기에는 굉장히 맛있어 보이지만, 먹으면 나중에 반드시 괴로워지는 독만두**인 모양입니다.

뭘 어떻게 해도 최종적으로 손해를 보게 되는 원자력 발전 때문에 당시 플레이

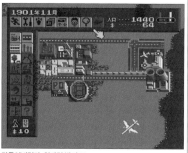

만들어버렸다, 원자력 발전소!
스타디움도 공항도 경찰서도 소방서도 마구 만드는, 1,440명밖에 없는 시골에 몰아치는 탁상 행정!

어들이 골치 아파했던 모양입니다만, 실제로 원자력 발전 사고가 일어난 일본으로서는 『심시티』에서마저 피해를 우습게 **봤다**는 점에서 시대를 초월해 경악을 금할 수가 없었습니다.

『심시티』라면 방사능으로 오염된 토지는 내버려 두면 조만간 오염이 사라지지만, **실제로는 방치해서는 안 되며 돈을 계속 들여야 한다**는 현실이 씁쓸한 부분입니다. 원자력 발전소를 잘 활용하는 방법이라는 나오지 않는 답을 생각하면서 플레이해보는 것도 나쁘지 않겠지요.

(A)

드라켄(ドラッケン)

장르 : RPG
제작사 : 케무코
　　　　(ケムコ)
발매일 : '91.5.24
정가 : 8,500엔

프랑스에서 온 해외 PC용 RPG가 일본의 슈퍼 패미컴에 등장! 드래곤과 인간의 조화가 파괴된 세계를 구하기 위해 여행을 떠나는 4명의 용자였으나, 하는 짓은 거의 강도나 다를 바 없는 모험이 플레이어를 기다린다. 당시 획기적이었던 독특한 색배합과 화면 구성은 지금 봐도 당시의 해외 PC RPG의 가식미를 느끼게 한다.

▍가식미가 차고 넘치는 RPG, 프랑스에서 등장했수와!

프랑스 Infogrames사의, 32비트 하비 PC Amiga용 해외 RPG가 슈퍼 패미컴에 등장! 3D의 세계를 부드럽게 빙글빙글 방랑할 수 있는 세계가 당시의 RPG 게이머들을 깜짝 놀라게 했습니다. 그렇습니다, 그때까지의 RPG라고 해야 하나, 3D로 빙글빙글 부드럽게 모험할 수 있는 게임 자체가 나타난 것이 플레이스테이션 후기 즈음부터이며, 울퉁불퉁 각진 3D조차 당시로서는 의외로 레어한 존재였습니다.

밋밋하게 펼쳐지는 대지에 어디를 바라봐도 정면인 무대 배경 같은 건물이 몇개 존재하는 독특한 화면 구성도 어우러져, 발표 당시부터 Amiga나 Atari 520ST 등 당시 하비 PC의 독특한 이채로움을 내뿜고 있었습니다.

그런 약간 사이키델릭한 배색의 밋밋한 세계를 구하기 위해 선택받은 4명의 용자, 아서, 헤스티아, 멀린, 헤르메스를 조작해, 리얼 타임 오토 배틀의 방침을 명령하는 타입의 AI 전투로 무리하지 말고 천천히 여행을 떠나기만 한다면, 그 후에는 멋대로 싸우는 동료들에게 통째로 맡겨버리면 OK인 **사장 플레이** 사양. 적은 쓰러트리면 폭발해 흩어져버립니다.

▍수준 높은 설계 사상 &수준 낮은 플레이

그리고 대지의 왕자 호도켄의 성에 도착.

건물에는 숏 소드나 버클러 등 무기나 방어구가 장식되어 있습니다. 조사해보니, 놀랍게도 **얻을 수 있었습니다**. '게임 화면에 장식되어 있는 그럴듯한 무기나 방어구는 전부 얻을 수 있도록 해야 한다'는 철학은 기본적으로 어느 시대라 해도 숭고하고 고매한 사상으로, 말하자면 **만드는 것이 귀찮기 때문에** 어느 시대든 게임의 이상을 진지하게 고려하는 '**수준 높은 계열**'의 RPG 이외에는 실현되지 않

심플하면서도 특징적인 세계. 미궁 밖을 3차원으로 자유로이 모험할 수 있는 획기적인 3D 오픈 필드 RPG의 선구자가 되었다.

았습니다.

하지만 '화면에 보이는 아이템은 뭐든지 얻을 수 있어야 한다'라는 수준 높은 게임 철학이 실제로는 도둑 플레이라는 수준 낮은 플레이로 결실을 맺게 되는, 뒤틀린 인과가 존재하게 되고 맙니다.

그런 딜레마가, 일본에서도 RPG와 그것을 문화로 받아들이고 그 후 끝없이 갑론을박이 펼쳐진 '다들 『자유도 높은 RPG』라고 하는데, **자유도라는 건 결국 뭔데?**'라는 질문에 대한 유력한 답의 하나였다는 것을, 이제는 조금은 알 것 같습니다.

도둑=프리덤=자유

이 게임 『드라켄』에 끊임없이 일관적으로 흐르는 고매한 이상은 분명히 계승

되었습니다! 그런 숭고한 마음을 이어받은 플레이어가 하는 일도 또한 마찬가지.

그렇습니다, 잇츠 어 파티 타임! 보물 사냥 시간 개최다!

숨어든 성이나 건물을 혈안이 되어 마구 헤집어 놓는 강도 플레이의 시작입니다. 히얏하! 내 무기와 방어구는 어디 있냐!

호도켄의 성에서 혈안이 되어 장식된 장비를 약탈하느라 시간 가는 줄 모르는 모험가 일행님들. 성 안의 드래곤 인간인 드라켄들은 보이는 족족 둘러싸고 두들겨 팬다!

다들 거의 반드시 뭔가 말하지만, **미안, 네가 하는 말 안 들었어.**

그리고 계속해서 방을 물색하기를 되풀이하는, 굉장히 '수준 낮은 계열'의 플레이가 되었습니다.

성 안에서 주변에 놓여 있는 무기나 방어구를 마음껏 줍는다면 밸런스가 무너지는 게 아닐까 하는 걱정을 할 수도 있겠지만, 『드라켄』 월드에서는 방어구 종류는 빈번히 부서지는 소모품!

버클러를 훔치고, 전투에서 망가지고, 또 다시 버클러를 훔치고, **때로는 갑옷도 부서지는** 무한 루프를 반복해서 밸런스를 유지하고 있음을 깨닫게 됩니다.

그리고 장내의 드라켄들을 베어 쓰러

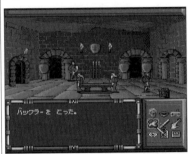

벽에 장식된 방패, 버클러 겟! 여기 장식되어 있는 남은 방패 3개와 무기도 입수 가능. 타고난 도둑의 피가 끓는 멋진 사양이다.

트리고 드라켄의 왕자 호도켄 앞에 도착한 강도 아니 용자들.

'여동생에게 잘 말해주고 오렴(의역)'. 역시, 이런 **드라켄의 성에 쳐들어오는 인간쯤이야 일상다반사**인 건지, 부하들을 도륙내면서 온 강도나 다름없는 용자들에게 내추럴하게 첫 번째 심부름 의뢰.

과연 왕자, **무단 침입한 강도들에게 심부름을 명하다니** 간이 크군……이렇게 감탄하고 있었더니, 하인들에게서 '왕자는 여동생인 호도카 공주에게 미움을 받고 있지만, 전혀 눈치 채지 못했다(의역)'라는 푸념을 들었습니다. 간이 크다기보다는 오히려 **분위기 파악을 못하는 애잔한 왕자**였던 모양입니다.

『드래곤 퀘스트(ドラゴンクエスト)』가 세상에 물었던 **대접하는 마음**은 해외에 전해지기는커녕 일본 국내의 RPG 개발 회사에조차 제대로 전해지지 않았던 시절.

일본의 슈패미판은 난이도(와 게임 시스템)는 별개의 물건이라고 해도 지장이 없을 정도로 간단해져 있었지만, 그럼에도 조금이라도 모험해보려고 좀 멀리 나가면 여유롭게 버클러도 갑옷도 부서지고 전멸하는 괴로운 체험을 하게 됩니다.

왕자의 심부름 부탁을 받아도, 성 안을 탐색하면 무한히 쏟아져 나오는 거미를 해치우면서, 헤스티아(승려)가 회복 마법을 사용할 수 있게 될 때까지 꾸준한 트레이닝을 빼놓을 순 없습니다.

욕심 같아서는 멀린(마법사)이 공격 마법을 익힐 때까지 키우고 싶었는데요, 키우지 않으면 공격 마법을 쓸 수 없는 '너 정말 마법사 맞냐'라는 레벨의 멍청함을 발휘!

게다가 멀린은 장비할 수 있는 방어구가 허접하고 히트 포인트(HP)도 낮은 만큼 처음부터 어엿한 마법사이기 때문에, 히트 포인트가 가득 차 있어도 **방심하면 2초 만에 죽으므로** 긴장을 풀 수가 없습니다.

하지만 공격 마법만 익히게 된다면 화력이 대폭 상승해 멀린 선생님이라면 어떻게 해주실 거야라고 굳게 믿으며 레벨업!

드디어 공격 마법을 익힌 멀린 선생님

장내를 장식한 장비를 남김없이 훔쳐 강도가 되어버린 용자님 일행을 의젓하게 맞이하는 호도켄 왕자. 여동생에게 미움을 받아도 눈치 채지 못하는 둔감함을 지녔다.

은 의기양양하게 **공격 마법을 전갈에게 날리면서 접근.** 지팡이로 전갈을 때리고, 반격을 당해 또다시 사망! 원격 공격의 의미가 대체 뭔데?라는 생각을 하지 않을 수가 없습니다.

▌해외 하비 PC의 황금기 ▌

슈퍼 패미컴 발매보다 훨씬 전, 다양한 독자 규격의 PC가 군웅할거하던 시대인 1985년 유럽과 미국에서 2대의 약간 고급인 하비 PC가 발매되었습니다.

Atari520ST와 CommodoreAmiga500입니다.

가정용 게임기는 당연하고, 당시의 아케이드 게임 이식도 시야에 넣어둔 고성능기였습니다.

당시는 일진월보(日進月步, 날로 달로 발전해 나간다는 뜻-역주), 아니 초진분보(秒進分步, 초와 분 단위로 발전해 나감-역주)라고 해야 할 정도로 컴퓨터 성능이 진보하고 있었습니다. 그러는 와중에 가격은 799달러와 699달러로 저렴하면서도, 기존의 해외 하비 PC와는 전혀 비교도 되지 않는 비주얼 쇼크와 사운드 쇼크에, 그때까지는 빈말로도 고성능이라고는 말하기 힘들었던 서양 개발자들은 모두 Amiga용으로 완전히 새로운 야심작을 만들기 시작했습니다.

그런 해외 80년대 중반에 발매된 백화요란의 하비 PC용 RPG 중에서, 한층 더 독특했던 것이 바로 이 게임 『드라켄』이었던 것입니다.

(A)

힘내라 고에몽 유키 공주 구출 그림 두루마리
(がんばれゴエモン ゆき姫救出絵巻)

장르 : 액션
제작사 : 코나미
(コナミ)
발매일 : '91.7.19
정가 : 8,800엔

주인공 고에몽과 에비스마루가 담뱃대와 금화 등 시대극풍의 무기로 싸우는 액션 게임. 벨트 스크롤되는 마을 안 스테이지에서 쇼핑해 장비를 조달하고, 계속해서 횡 스크롤 스테이지에서 보스와 대결한다. 에도 시대를 베이스로 현대의 문물이 뒤섞인 독특한 세계관으로, 어린 유저에게도 인기를 끌었다. 이 게임 이후에도 속편과 외전이 발매되었지만, 2005년 이후 비디오 게임으로는 신작의 계보가 끊겼다.

■ 에도의 마을은 매우 활기차다

의적 고에몽과 닌자 에비스마루가 일본을 횡단하며 펼치는 기묘한 여행! 코미컬한 일본풍 액션 『힘내라 고에몽』은 90년대의 코나미를 대표하는 시리즈 중 하나입니다. 이 게임은 하드를 슈퍼 패미컴으로 변경하고, 에도 시대를 떠올리게 하는 거리에 거대 디스플레이가 달린 게임 센터와 여행 대리점, 햄버거 가게 등의 가게가 늘어서 있는, 만화적인 세계를 모험합니다.

메인이 되는 것은 벨트 스크롤 맵으로 그려진 마을. 고에몽 일행의 최초의 일은 바쁘게 오가는 마을 사람이나 도박꾼, 소매치기 등의 사람들을 쓰러트려 돈이나 아이템을 모으는 것입니다. 그들을 담뱃대나 피리로 때리면 쇼핑하기 위한 금화와 파워 업 아이템인 마네키네코(招き猫, 한쪽 손을 들고 손짓하는 듯한 고양이 인형. 행운을 부른다고 한다-역주)가 꽉꽉 나오기 때문에, 남김없이 긁어모읍시다.

일본의 마을은 원더 랜드. 체력을 회복하는 음식점이나 호텔, 장비품을 파는 만물상, 즐거운 게임 센터에 도박장, 수상한 할아버지가 있는 점집 등 다양한 것들이 있어 시선이 가고 맙니다.

하지만 이런 시설을 사용하려면 돈이 필요합니다. 적게 당해 체력이 줄어들어도 돈이 있으면 호화로운 방에 묵거나, 스시나 소바를 잔뜩 먹고 맛있게 회복하기도 하며, 뭣하면 '원 업'이라는 목숨까지 사는 것이 가능. 하지만 주머니가 비었다면, 개죽음 당할 수밖에 없습니다. 그야말로 **천국과 지옥**.

점원도 고에몽 일행의 약점을 파악한 건지, '같은 아이템을 여러 개 사두려고 하면 어느새 슬쩍 가격이 올라가 있어서 혼절하고 만다' 이런 것도 드문 일이 아닌 모양이니, 정말 박정한 마을이네요.

그렇다고 해서 마을 사람들을 계속 쓰러트려봐야 한 사람당 10냥씩밖에 얻을 수 없고, 때리면 벌금을 받아가는 마을 소녀나 사슴, 셋이 모여 제트 스트림 머시기 비슷한 공격을 걸어 오는 야쿠자 놈들, 금화를 회피 곤란한 궤도로 던지는 병졸 등 성가신 놈들이 섞여 있습니다.

하지만 걱정할 필요는 없습니다. 어떻게든 3스테이지의 유원지까지 도착해 간이 세이브인 '여행일기'를 작성한 후 주사위 도박에 모든 것을 걸어봅시다. 맞으면 건 돈이 배가 되고, 틀려도 리셋&컨티뉴를 할 뿐.

아까까지 30냥의 소바에도 돈이 아까워서 죽어가고 있었는데, 궤도에 오르면 소지금이 6,000냥씩 늘어나기 때문에 참을 수가 없습니다.

더는 여기서 움직이지 않고 영원히 도박과 리셋만 반복하고 싶어지는 건 필자만은 아니었겠죠.

벨트 스크롤 스테이지에서 고에몽이 싸운다. 적을 쓰러트리면 돈이나 무기의 파워 업 아이템이 나오므로, 확실하게 얻어서 유리하게 진행하고 싶어진다.

액션 게임 장인들의 묘기를 만끽한다

벨트 스크롤 스테이지를 지나면, 횡스크롤 스테이지에서의 싸움이 시작됩니다. 기분 나쁜 묘지나 거대한 장치들이 움직이는 시설에다 하늘을 나는 성 등, 배리에이션은 실로 풍부합니다.

'스위치를 누르면 회전하는 통로'나, '지면의 버튼을 밟으면 벽의 슬롯이 돌면서, 나온 무늬에 따라 폭탄이나 아이템이

떨어지는 방' 등의 기믹이 장치되어 있으며, 한숨 돌릴 틈도 없습니다.

보스는 보기에는 코미컬하지만, 펼쳐지는 싸움은 그야말로 리얼 중의 리얼. 공격력이 높은 데다 거대한 몸으로 가차 없이 몸통박치기를 날리기 때문에 힘으로는 이길 수가 없습니다. 움직임의 패턴을 간파하고, 적의 공격을 튕겨 내거나 미리 사둔 폭탄을 던지는 등 스릴 넘치는 싸움은 **'이래야 횡 스크롤 액션이지!'**라고 할 만한 것입니다.

액션 게임의 장인 집단 코나미의 묘기를 마음껏 만끽할 수 있는 것입니다.

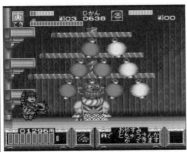

무수한 제등을 등에 짊어진 보스와 도우미 캐릭터 토라마루에 탄 고에몽이 배틀! 보스전은 스테이지별로 취향이 듬뿍 담겨 있으므로, 볼 가치가 있다.

즐거움을 지탱해 주는 서비스 정신과 완성도

시리즈를 상징하는 키워드를 선택한다면, 그 후보에 '서비스 정신', '세심한 완성도'가 들어가는 것에는 이견이 없을 겁니다.

마을 각 지역에서 미니 게임을 즐길 수 있는데, 두더지 잡기나 신경쇠약 등의 단골손님들부터, 『퀴스(クォース)』 같은 블록 부수기, 심지어는 『그라디우스』의 1스테이지를 재현한 잘 만들어진 슈팅, 이 게임을 테마로 한 3지선다 퀴즈, 보물을 회수하는 3D 미로, 스트립 감상 등 굉장히 다채롭습니다.

수없이 존재하는 먹거리는 고유 도트 그래픽이 준비되어 있고, 여관 하나만 봐도 싼 방은 허름하고, 비싼 방은 호화로우며, 3종류의 방 각각 그래픽이 다른 등 세심합니다.

마을을 돌아다니기만 해도 즐겁고, 다양한 상점에서 다양한 것들을 시험해보고 싶어지는 건 전적으로 이런 완성도 덕분입니다.

아동들에게도 인기를 모았고, 코믹이나 TV 애니메이션, OVA(Original Video Animation)가 전개되게 되었습니다. 시리즈는 2005년에 일단 중단되었습니다. 하지만 비디오 게임의 저변을 넓히기 위해 연소자층을 끌어들이는 것이 중시되는 작금인 만큼, 이 게임이 지닌 팝한 분위기와 즐거움을 다시 한 번 돌아보는 것도 좋지 않을까요.

(Y)

에어리어 88(AREA 88)

장르 : 슈팅
제작사 : 캡콤
(カプコン)
발매일 : 91.7.26
정가 : 8,500엔

신타니 카오루(新谷かおる)의 동명 코믹을 게임화한 것. 원래는 아케이드용이었지만, 슈패미판에서는 시스템이 개변 및 브러시업되어 있다. 장르는 횡 스크롤 슈팅으로, 플레이어는 적기를 격추해 상금을 벌고, 아이템을 회수해 메인 샷의 레벨을 올린다. 최초이자 최후의 게임화라 착각하기 쉬운데, 실은 이 게임 후에 플라이트 시뮬레이션과 시뮬레이션이 발매되었다.

▌전장 만화의 대걸작 ▌

신타니 카오루의 『에어리어88』은 전장 만화의 명작입니다. 주인공 카자마 신은 친구인 칸자키 사토루에게 속아 용병 부대에 입대하게 됩니다. 내란이 계속되는 중동에 있는 공군 기지 '에어리어 88'로 보내진 신이지만, 여기서 도망치는 방법은 '계약 기간이 끝날 때까지 살아남는다' 아니면 '3억 엔의 위약금을 지불한다' 둘 중 하나뿐입니다. 어쩔 수 없이 신은 전투기에 타고, 위약금을 벌기 위해 지휘관인 사키가 내리는 가혹한 임무에 임하게 됩니다.

이 작품의 매력은 전투기 배틀, 개성 풍부한 용병들이 등장하는 군상극, 인간의 업을 묘사하는 중후한 스토리, 시적인 대사 등 일일이 열거할 수 없을 정도로 많지만, 그중에서도 이야기에 긴장감을 가져오는 것이 **돈**입니다.

신 일행은 용병이기 때문에, 전투기부터 연료, 심지어는 미사일 한 발까지 장비는 전부 직접 사야만 합니다. 수입은

적을 격파했을 때 지불되는 상금. 그렇습니다. 지옥의 1번지인 '에어리어88'에서는 **목숨에 가격이 붙는** 것입니다.

그리고 돈은 신 일행에게 다양한 드라마를 만들어줍니다. '연인이 기다리는 일본으로 돌아가고 싶지만, 위약금을 지불할 수 없기 때문에 위험한 전장에 몸을 둔다', '살인으로 돈을 버는 인륜에 반하는 나날이 마음을 황폐하게 한다', '임무를 거부하는 데 필요한 벌금을 지불하지 못해, 자신의 장비와는 어울리지 않는 전장으로 내몰린다', '허약한 딸의 의료비를 벌기 위해 용병이 되었다.'

전투기로 자유로이 하늘을 나는 용병들이 돈이라는 사슬에 얽매이게 되는데, 이런 돈에 얽힌 비극은 용병들의 고뇌를 독자들이 알기 쉬운 것으로 만들어줍니다.

『에어리어88』은 전장 만화임에도 불구하고 수많은 여성 독자들의 지지를 얻었는데, 그 그늘에 돈이라는 척도가 존재했음은 이제 와서 말할 것도 없겠죠.

돈이 빚어내는
『에어리어88』 다움

상점 점원은 물론 죽음의 상인 맥코이. 이 게임에서는 기체부터 탑재 병기까지 다양한 상품을 판매하지만, 돈이 없으면 팔지 않는다.

그런 『에어리어88』을 게임화한 것이기에, 돈에 관련된 요소는 빼서는 안 됩니다. 『판타지 존(ファンタジーゾーン)』에서 확립된 '적기를 격추해 돈을 얻고, 무기를 구입한다'는 시스템을 도입함으로써, 이 게임은 그야말로 『에어리어88』다운 향기를 띤 게임으로 완성된 것입니다.

이 게임에 등장하는 것은 신과 파트너인 미키, 그리고 대지 공격의 프로인 그렉. 각각 '레벨 업이 빠르다', '무기를 구입할 때 탄수가 많다', '피탄했을 때 데인저 상태에서 빨리 회복한다'라는 특성을 지니고 있습니다.

각자의 트레이드마크인 기체에 탔던 아케이드판과는 달리, 슈패미판은 기체도 직접 살 필요가 있습니다.

물론 무기점 점원은 원작의 명 조연인 유머러스한 죽음의 상인 맥코이. 다양한 기체와 미사일, 폭탄 등 무기를 판매합니다.

'잔해에서 사용할 수 있는 부품을 뜯어내 어거지로 기체를 만들어낸다', '신관이 맛이 가서 쓸모가 없는 사이드와인더를 **한 발 약 5,000엔**(현재 당시의 환율)이라는 가격으로 강제로 떠넘긴다', '서류를

조작해 훔쳐낸 기체를 판다' 등 탐욕스러운 장사를 되풀이하던 사람이지만, 슈패미판에서는 개심한 모양입니다.

불량품을 판매하지 않을 뿐 아니라, '화면에 빔을 소사하는 메가 크래시'나 '3방향으로 광선을 발사하는 선더 레이저' 등, 현대 문명에서는 실현되지 않을 병기도 취급하며, 원작과는 다른 의미로 병기의 정체가 걱정되지만 아군이므로 문제가 없습니다.

쇼핑 슈팅의 묘미

기체는 크루세이더나 타이거 샤크 등 전 6종. 각각 '이동 속도', '탑재 가능한 무기', '샷의 최고 레벨'이 다를 뿐만 아니라, A-10이라면 메인 샷에 더해 개틀링 건

을 대각선 아래로 발사하며, 스텔스 기인 YF-23은 적 미사일이 추격해오지 않는 등의 효과도 지니고 있습니다.

그렇다고 해도, 최고급기인 이프리트는 '모든 무기를 적재할 수 있으며, 샷도 최고 레벨까지 상승한다'라는 차원이 다른 성능이기 때문에, 익숙해지면 '초기 기체인 크루세이더로 꾸준히 벌어서 단번에 이프리트를 구입'하는 방식이 안정적입니다. 원작 팬이라면 미키의 톰캣에 신을 태우는 등, IF 스타일 플레이를 추구해 보는 것도 재미있을 겁니다.

기체를 구입하려면 그만큼의 돈이 필요한데, 그러기 위해서는 최대한 많은 적을 격추하며 유료 병기의 사용을 줄여 지출을 줄일 필요가 있습니다. 단, 너무 심하게 하면 오히려 격추 수가 줄거나 **유료 병기를 쓰면 편하게 돌파할 수 있는 곳에서 죽거나** 할 때가 있다는 것이 쇼핑계 슈팅의 묘미입니다.

또, '적의 침공이 멈췄을 때 무방비한 보급 부대를 끝없이 괴롭혀서 2만 달러씩 계속 버는' 구제 장치도 준비되어 있으므로, 적극적으로 활용했으면 합니다. 원작의 신이라면 죄책감 때문에 정신붕괴를 일으킬 정도로 음습하지만, 초기의 구엔 정도의 배짱으로 확실하게 벌어봅시다.

원작과 슈팅 게임의 사이에서

이 게임의 재미는 원작의 요소를 취사선택한 게임 구성에서 탄생했습니다.

이 게임은 소위 말하는 라이프제. 기체의 내구력이 다 떨어지면 미스입니다. 보통 라이프제라면 연속으로 피탄해도 괜찮지만, 이 게임에서는 그렇지 않습니다.

공격을 받으면 일정 시간 동안 데인저 상태가 지속되며, 회복하기 전에 피탄하면 남은 내구력이 아무리 많아도 순식간에 미스가 되어버리고 맙니다. **'종잇조각보다도 얇은 내 목숨, 불타버리는 데 겨우 몇 초'**라는 명대사처럼 죽어버리는 것입니다.

이때, 경고 부저가 시끄럽게 울리는데, 이쪽도 원작을 재현한 얄미운 연출이라 할 수 있겠죠.

아케이드판에는 없었던 전략 맵 시스템도 흥미로운 부분입니다. 그리드로 구별된 전장에서 적이 '에어리어88'을 목표로 침공해오는 것으로, 넓은 범위에서의 전투가 묘사되는 원작 후반의 분위기를 맛볼 수 있습니다.

또, 원작에서 인상 깊었던 '지상 공모'는 물론이고, 아케이드판에서는 생략되

었던 실력 있는 용병부대 '울프팩'도 등
장하는 부분 등은 깊은 애정이 느껴집니
다.

다양한 원작 재현이 행해지는 한편,
일부러 잘라낸 것 같은 요소도 찾아볼 수
있습니다.

그것은 신의 숙적 칸자키와 관련된 드
라마입니다.

원작의 최종 국면에서는 신과 칸자키
의 출생에 관한 슬픈 비밀이 밝혀집니
다. 피로 피를 씻는 전투에서 동료들이
차례로 쓰러지는 와중에, 두 사람은 애증
과 원한을 가슴에 품고 1:1로 싸움을 벌
여 쓰디 쓴 라스트를 맞이합니다.

하지만 게임판에서는 칸자키가 등장
하지 않으며, 오리지널의 최종 보스인 거
대한 비행 병기를 격파하고 무사히 탈출
한다……는 권선징악적인 라스트로 되
어 있습니다. 슈팅 게임으로서의 상쾌함
을 우선시한 취사선택이 행해졌음은 상

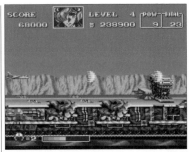

원작에서 강렬한 인상이었던 '지상 공모'는 보스 적으로 등장. 압
도적인 공격력으로 이쪽을 괴롭힌다. 항공기의 엘리베이터를 부
수고, 약점과 정면으로 승부한다!

상하기 어렵지 않지만, 이런 대담한 개변
이 허용된 부분은 90년대의 분위기라 할
수 있겠죠.

이 게임의 난이도는 약간 낮은 편으
로, 익숙해지면 클리어도 그렇게 어렵지
않습니다. 이미 플레이한 사람도 **원작을
읽고 플레이하면 새로운 것이 보이지 않
을까요.**

(Y)

젤리 보이(ジェリーボーイ)

장르 : 액션
제작사 : EPIC/
　　　　소니 레코드
　　　　(ソニーレコード)
발매일 : 91.9.13
정가 : 8,500엔

마법사와 동생의 함정에 빠져 슬라임으로 변해버린 왕자가, 왕국과 약혼자를 되찾기 위해 인간은 불가능한 움직임으로 분투하는 액션 게임. 기획은 게임 프리크(ゲームフリーク), 개발은 PC 게임에서 이름을 알린 시스템 사콤(システムサコム). 슬라임의 '달라붙기', '늘이고 줄이기', '틈새로 들어가기' 등 겔 상태이기에 가능한 액션으로, 인간형 캐릭터로는 체험할 수 없는 새로운 세계가 펼쳐져 있다.

게임 프리크&시스템 사콤, 꿈의 콜라보!

게임 프리크가 기획하고, 개발은 시스템 사콤! 90년대 당시의 드림팀에 의한 액션 게임이 바로 『젤리 보이』입니다.

게임 프리크는 몰라도 시스템 사콤이 어째서 드림팀인지 지금은 전달하기 어려워졌지만, 제대로 된 폴리곤 기능도 없었던 80년대 중반의 PC에서 『ZONE』이나 『하이웨이 스타(ハイウェイスター)』 등의 유사 3D 액션을 만들었던 회사입니다. 그것들을 제작했던 수수께끼의 천재 프로그래머 마크 프린트(マーク・フリント)가 이 게임에서도 프로그래밍을 담당했습니다. 이얏호! 이런 텐션을 모르시는 게 안타깝습니다.

참고로, 게임 디자인은 타지리 사토시(田尻智, 현 게임 프리크 대표이사. 포켓몬 게임의 개발자-역주) 씨이고, 캐릭터 디자인은 스기모리 켄(杉森建, 현 게임 프리크 이사. 초기 포켓몬들을 디자인했다-역주) 씨. 순도 100%의 포켓몬 콤비랍니다.

세계 최약이 아니라 생태계의 정점에 선 슬라임

평화로운 왕국을 다스리는 왕자 젤리빈. 에미 왕녀와 결혼을 발표한 그날 밤, 동생 앞에 마법사 마제스트가 나타나 '젤리를 쫓아내면 왕국을 독점할 수 있다'고 꼬드기는데……. 세계 최약의 생물 슬라임으로 변해버린 젤리는 추방되고 만다. 수수께끼의 노인에게 구조된 젤리는 에미와 만나기 위해, 원래의 모습으로 돌아가기 위해 모험 여행을 떠난다는 줄거리.

'하수도에 떠내려가는 주인공'이라는 시작 부분이 강렬하지만, 슬라임의 액션이 무척이나 유니크합니다. 체내에 물건을 넣어두고, 그 아이템을 토해내 사용하기, 신체의 일부를 늘려 적을 공격하기, 위에서 덮쳐서 압살, 벽이나 천장에 달라붙어 기어다니기. 귀여운 캐릭터라 마일드하게 되어 있지만, 드래곤 퀘스트에 나오는 그것이라기보다는 서양 판타지의 '사냥감을 습격해 소화액으로 녹이는' 슬라임 그대로이며, 리얼한 CG였다면 큰

드래곤 퀘스트 때문에 최약이라는 이미지가 정착된 슬라임. 하지만 이 게임에서는 좁은 틈새라도 스윽 들어가며, 닿은 상대에게 대미지를 입히는 생태계의 정점에 서 있다!

일이 벌어졌을 겁니다.

　슬라임은 기어 다니기 때문에 움직임이 둔할 것 같다……그런 이미지를 배신하고, 대시로 경쾌하게 달려가는 젤리. 쿵후 영화로 말하면 '날렵한 뚱보'인 걸까요.

　슬라임이 세계 최약? 말도 안 됩니다. 신체를 늘~리는 공격은 일부가 스치기만 해도 대부분의 조무래기라면 즉사. 보스에 따라서는 무적시간 사이에 연타해 해치워버릴 수도 있을 정도로 유능합니다. 신체가 닿기만 해도 대미지를 입히는 치명적인 주인공은 좀처럼 없으니, **최약은 무슨, 생태계의 정점**에 서 있습니다.

　손해인 것은 기본기여야 할 볼 공격. 삼킨 볼을 토해내 적에게 맞히는 공격인데, 스톡은 9발까지. **그렇다면 늘~리기 공격으로 끝내버리겠죠.**

'장풍계 공격보다 다이렉트로 공격, 심지어 버튼이 아니라 방향키로 몸을 신축시킨다'가 너무 참신했기 때문에, 스타트한 직후에는 볼이 없다, 어떻게 적을 해치워야 하지……하고 곤혹스러워하기 일쑤입니다. **게임 디자인이 얼마나 형식을 파괴했던 건지**를 알 수 있는 거죠.

몸도 마음도 슬라임이 될 수 있다

　『퀸티(クィンティ)』는 '(패널을) 넘긴다' 포켓몬은 '교환한다', '진화한다'. 타지리 사토시 씨의 게임은 **'새로운 동사를 제안하는 것'**과 깊은 연관이 있습니다.

　『젤리 보이』의 동사는 '늘린다'와 '달라붙는다'. 젤리는 주인공인데도 얼굴도 없고(겔 상태의 슬라임이기에), **캐릭터가 성립하기 이전에 물리적으로 서 있지도 않은** 심심한 존재입니다만, '달라붙는' 액션의 응용 범위가 폭이 넓습니다. 점프를 실패해도 발판의 끝부분에 매달리고, 강도도 없고 성가신 트랩이 있다 해도 천장으로 스르륵 우회해서 안전지대로 목적지에 골인. 가속 점프로 벽에 달라붙어 높은 곳으로 올라가고, 벽에서 떨어져 약간 낙하해서 반대쪽 벽에 달라붙기도 하고.

또, 액체 상태의 몸은 좁은 틈으로도 들어갈 수 있고, 좁은 통로나 파이프 등 다른 캐릭터가 쫓아올 수 없는 곳도 "통로"로 사용해버립니다. **환기구로 슬라임이 주르륵 흘러들어오는** 모습은, 적에게는 트라우마가 되어버릴 것만 같습니다.

그런 인간형 캐릭터에서는 있을 수 없는 루트 찾기가 즐거운 '달라붙고', '빠져나가는' 움직임으로, 산이 있고 벽이 있고 가시가 있는 일상이 이렇게 달라 보이는 건가 하고 감동했습니다. 화면 속의 매끄러운 슬라임의 움직임이 패드를 통해 플레이어와 싱크로하며, **몸도 마음도 슬라임이 될 수 있는 것입니다.**

단, 조작성에는 약간 난관이 있습니다. 대시나 아이템 사용에 버튼이 할당되어 있으며, 조작은 거의 『슈퍼 마리오』 시리즈와 비슷합니다. '달라붙기'는 어떤가 하면, 아이템 사용과 같은 버튼에 할당되어 있습니다. **그거, 곤란하거든!**

벽에 달라붙으려면 '달라붙기 버튼을 누른 채로'라고 되어 있는데, 볼을 삼킨 상태라면 무의미하게 볼을 하나 소비합니다. 그냥도 스톡하기 힘든 볼이 나설 차례가 더더욱 줄어들게 되는 거죠. **게임을 디자인하신 타지리 씨, 젊었군요!**

인체의 족쇄에 얽매이지 않는 슬라임 액션

마치 옛날 영화 필름처럼 각 스테이지가 늘어서고, 클리어하면 다음 칸으로 나아가는 화려한 외견. 하지만 내용물은 하드코어해서, 약간의 실수로 라이프가 팍팍 줄어드는 가차 없음을 보여줍니다. 이쪽의 공격 판정이 크다=당하는 판정도 크다이며, **죽느냐 죽이느냐의 인정사정 없는 싸움**입니다.

대시 점프는 약간 까다로운 특성이 있는데, 벽에 달라붙기 버튼을 눌러둘 수도 있어서 손가락이 삐끗해 점프 실패, 가시에 격돌하는 일도 흔합니다. 슬라임에게도 평등하게 관성이 작용하는 세계에서 간신히 올라탄 딱 블록 하나짜리 발판에서 미끄러져 떨어져 버리기도 하고.

아니, 한 블록짜리 발판이나 **즉사 트랩이 너무 많습니다.** 동화풍의 외견과 달리 살벌한 죽음으로 가득한 지옥……『메르헨 베일(メルヘンヴェール, 시스템 사콤에서 발매했던 고전 RPG-역주)』부터의 전통인 겁니까, 시스템 사콤 님들.

하지만 걱정할 필요는 없습니다. 여기는 잔기가 하나 줄어드는 동안 다섯은 늘어나는 세계니까요. 스테이지 안에도 1UP 아이템이 마구 등장하고, 수수께끼

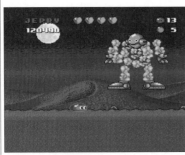

거대 로봇 등이 화려하게 움직이는 보스 스테이지. 하지만 실은 가시나 함정 등 즉사 트랩 투성이인 가는 길보다 훨씬 쉽다.

의 노인이 막간마다 1UP을 먹이처럼 줍니다. **'죽기 쉽지만 안심하고 죽으렴'**이라는 지원이군요.

슬라임은 때로는 인간이라는 형태에 얽매인 우리의 슬픔을 반영하는 거울이 되기도 합니다.

바다에서 상어 뱃속에 들어가면, 그곳에는 삼켜진 채로 나가지 못하는 노인이 한 명 있습니다. 나는 여기서 10년이나 살았다우. 그 녀석은 건강할지……. 그 방의 바로 옆, 좁은 틈으로 나뉜 장소에는 노부인이. **'좁은 장소를 빠져나갈 수 있는'** 액션이 인간 드라마와 맞물린 순간입니다.

각 스테이지의 중간 보스는 새나 물고기, 펭귄 등 평범합니다. 하지만 갑자기 달려오는 조깅하는 녀석이나, 전라로 파이어 댄스를 추는 원시인 같은 조무래기 캐릭터가 쓸데없이 강렬합니다.

철구를 휘두르는 운동선수의 이름이 '무로후시(ムロフシ, 일본의 해머 던지기 선수 무로후시 코지에서 따온 듯-역주)'인 건 슬슬 시효가 다 된 걸까요.

액션 게임을 인체라는 족쇄에서 해방시킨 슬라임 액션은, 훗날 「스기모리 켄의 작업『퀸티』에서『젤리 보이』『포켓몬스터』25년간의 작품집(杉森建の仕事『クインティ』から『ジェリーボーイ』『ポケットモンスター』25年間の作品集)」의 제목에도 들어갈 정도로 스기모리 씨가 마음에 들어했습니다. **속편인『2』는 99%까지 완성됐지만 창고행**이 되었다고 합니다만(어째서인지 인터넷에 플레이 동영상이 있다). 3DS나 스마트폰 등 최신 하드로의 부활을 바라마지 않습니다.

(T)

초마계촌(超魔界村)

장르 : 액션
제작사 : 캡콤
　　　　(カプコン)
발매일 : 91.10.4
정가 : 8,500엔

엄청나게 어렵지만 클리어가 불가능한 것은 아닌 밸런스가 절묘한 『마계촌』의 최신작이 슈패미용 오리지널 작품으로 등장. 전작인 『대마계촌(大魔界村)』이 아케이드 게임 기판의 고성능을 보여주는 타이틀이었던 만큼, '업소용에서 가정용으로' 주역 교대를 상징하는 작품이기도 하다. 2단 점프가 가능하게 되었으며, 낮이나 크로스 소드 등 (필요 없는) 무기도 추가되었고, 아서의 사인도 지겹도록 충실하다!

아케이드에서 가정으로 바통이 넘겨졌음을 상징

캡콤의 마계촌 시리즈, 그것은 게임 내에 펼쳐진 마계——무척이나 어렵지만, 멈출 수 없는 마력으로 충만한 공간입니다.

원래 게임 센터에서 가동되는 아케이드 게임이었기 때문에, '가정용 게임기로의 이식이 얼마나 본가에 가까워질 수 있을까'가 높은 벽이기도 했습니다.

첫 번째 작품인 『마계촌(魔界村)』은 원작부터 어려웠지만, 패미컴 이식판은 난이도가 올라가 오히려 더 카리스마가 생기는 아이러니한 결과가 되었습니다. 속편인 『대마계촌』은 고가의 아케이드 기판과 저가의 게임기(메가 드라이브)의 전력 차이를 메우기 위해 생겨난 기술이, 명작 『소닉 더 헤지혹(ソニック・ザ・ヘッジホッグ)』의 탄생과 연결되었습니다.

세 번째 작품인 이 게임은, 시리즈 최초로 가정용 오리지널. 슈패미도 『마계촌』의 바통을 이어받기에 충분하다고 인정을 받은 것으로, 게임 업계의 '주역'이 아케이드에서 가정용으로 교대되는 전조였습니다.

사인 : 2단 점프가 과함

주역은 이번에도 수염 난 기사 아서. 게다가 또다시 공주가 마계의 주민에게 납치되는데, 실은 모 피치 공주를 따라하고 있으며, 그 후임을 노리는 건지도 모릅니다.

무대는 마계의 마을, 아서가 점프해 공격 버튼으로 무기를 쏘는 시리즈 전통의 횡 스크롤 액션 게임입니다.

전작과 다른 최대의 변경점은 2단 점프가 가능하다는 점입니다. 점프한 후 공중에서 다시 점프할 수 있게 되었습니다.

게임에서 'ㅇㅇ이 가능하다'라는 것은 '해라', '의무'와 동일합니다. 발판을 잘못 밟는 미스를 만회하기는 쉬워졌지만, **그 이상으로 2단 점프를 강요당해 죽는 국면**이 잔뜩 있습니다.

2단 점프를 해야 아슬아슬하게 닿는 높이나 넘을 수 있는 구멍 정도는 그래도 나은 편. 높이 뛰면 천장의 바늘에 격돌하고, 위쪽 발판으로 올라가려 하면 횡단하는 가시에 찔리고, 급강하하는 발판에서 2단 점프 타이밍을 실수하면 용암에 낙하하고, 돌기둥을 뛰어 넘으면 그 앞에 불을 뿜는 조무래기가 배치되어 바로 피하지 않으면 죽는 등……**'사인 : 2단 점프'를 산더미처럼 집어넣겠다는 의욕이** 가득합니다.

전사의 친구인 무기 말인데, 이 게임은 『마계촌』 시리즈의 전통에 따라 **절반은 적**입니다. 초기 장비는 '창'으로 가로 방향으로 2연사가 가능한 성능. 이것을 보물상자나 조무래기가 떨어트리는 무기를 주워 변경할 수 있는데, 예를 들어 '횃불'을 얻으면 고전을 피할 수 없습니다. 한 방의 위력은 강하다곤 해도, **비거리는 짧고 맞지 않으면 별 일이 생기지 않습니다**(적에게).

파괴력도 없고, 연사도 안 되고, 날아가는 궤도도 미묘해서 맞히기 어려운 '낫'은 얻은 순간에 지옥행. '크로스 소드'는 머리 위에서 십자가를 그리듯이 날린 후에 손으로 돌아오는 부메랑의 일종으로, 숙련자 분들이 보여주기용 플레이를 할 때 적합합니다.

시리즈 제3탄이자 첫 번째 가정용 『마계촌』 시리즈. 아서도 2단 점프와 황금 갑옷 등 신 기술을 익혔지만, 그만큼 '사인'도 풍부해졌다.

잘못된 무기를 얻으면 바로 막혀버립니다. 약한 낫을 얻으니, 최강의 무기인 나이프를 지키기 위해 죽음을 택하는 플레이 스타일은 『마계촌』의 유저들에게는 숟가락으로 밥을 먹는 것 같은 일상다반사입니다. '나이프 오어 다이'는 슈패미라는 새로운 그릇에 담으면서도, 익숙한 게임으로 돌아온 귀향의 향수를 자아내게 하는 것입니다.

황금 갑옷을 입어도 일격에 사망!

적의 공격을 한 방만 맞아도 죽지 않고 버티는 사양을 **'갑옷이 벗겨지고 팬티 한 장 차림이 된다'**는 코미컬함과 전장에서의 무방비함으로 나타내는 시스템은 이 게임에도 계승되었습니다. 전작에서는 갑옷이 철→황금으로 진화했지만, 이번 작품에서는 철→청동(철보다 약한 기분이 들긴 합니다만)→황금의 3단계로 업그레이드됩니다. 게다가 황금 갑옷은 적탄을 한 방 막아주는 달의 방패가 있으며, 그 상태로 갑옷 아이템을 얻으면 3발까지 버틸 수 있는 태양의 방패가 출현합니다.

진수성찬을 대접하는 것 같지만, 피도 눈물도 없는(칭찬) 『마계촌』 시리즈의 스태프에게 자비가 있을 리가 없습니다. 황금 갑옷이라 해도, 적의 몸통 박치기를 당하면 팬티 한 장 차림의 반라 상태가 되는 데다, 튕겨나가 가시에 찔리거나 구멍에 떨어져 즉사합니다. 천국에서 지옥으로 떨어트려주셔서 감사합니다.

갑옷을 갈아입으면 무기도 파워업……이라고 쉽게 말할 수 없는 마계의 규율. 나이프는 '빛의 나이프'가 되어 위력이 증가하고, 관통력이 생기는 등 좋은 일만 있지만, 횃불은 불타는 이펙트가 길어져 연사 성능이 떨어지고, 낫의 이펙트가 장황하다=그 사이에는 다음 탄을 발사할 수 없음. 마조히스트 신이 보낸 마조히스트 전용 무기인 걸까요.

그런 무기 격차를 조금 변동시킬 수 있을지도 모르는 것이 바로 황금 갑옷을 장착했을 때만 쓸 수 있는 마법입니다.

각각의 무기에 따라 다르며, 나이프는 화룡을 소환해 주변의 적을 공격하는 '파이어 드래곤'을 쓸 수 있지만, 적에게 맞히기 어렵습니다. 그런 반면, 낫의 '토네이도'는 두 개의 회오리가 맹렬한 공격력과 범위로 적을 쓸어버리는 엄청난 강함을 보여줍니다. **필자는 일발역전의 도박보다 나이프의 안정된 수입, 아니 공격력을 선택합니다.**

▌포상은 공주의 쓰리 사이즈 ▌

아직 슈패미가 발매되고 거의 1년 정도밖에 되지 않았던 시절에 앞장섰던 게임으로서, 스테이지 구성도 신기능을 마구 사용하자, 하드의 서랍을 열어보자 하는 기개로 가득합니다. 친숙한 1스테이

한 바퀴를 돌면 '라스트 보스를 쓰러트리기 위해서는 여신의 팔찌가 필요해요. 다시 한 바퀴 돌고 오세요'(요약)라고 밝히는 장난꾸러기 프린세스. 미리 말해 좀!

지의 좀비도 관에서 출현하는 공들인 연출이 있으며, 표시 캐릭터 수가 늘어난 은혜를 최대한 활용……**관은 완전 무적으로, 공격이 차단되어 템포도 나빠졌잖아!**

아서가 바구니에 들어가 있는 사이에 배경이 회전하는 등 '슈패미의 신기능을 사용했습니다!'라고 어필하는 부분은 게임 진행이 순조롭지 않은 듯한 느낌. 하지만 그러는 한편으로는 2단 점프로 아슬아슬하게 성공→스크롤로 탄을 쏘는 적이 출현→팅겨내진다→가시에 닿는 등으로 사망 콤보가 한층 더 깔끔해진 안심의 『마계촌』퀄리티.

그런 귀신같은 조무래기에 비해, **보스전은 마음의 오아시스.** 나이프나 보우건으로 싸움에 임하고, 싸움에 임하면 낙승입니다.

몸은 크지만 움직임이 둔하고, 자신의 약점 근처까지 아서를 운반해 주는 발판을 만들어내는 마제 사마엘. 전작 『대마계촌』의 루시퍼 쪽이 더 강했어!

그리고 시리즈 대대로 아서의 숙적인 붉은 악마 레드 아리마에도 통하는 이야기입니다. 예를 들어 나이프라면 앉아서 피한다→거리를 두고 지상으로 유인→걸어서 접근해 올 때 연사로 쓰러트린다 등, 완전히 패턴이 확립되어 있기 때문에 **이미 조무래기입니다.** 작별이다 라이벌이여!

1주차를 클리어했다면 다시 2주차. 『마계촌』유저라면 놀라기보다는 '또냐'이며, 이번의 공주의 변명은 '라스트 보스를 쓰러트릴 수 있는 팔찌를 도중에 숨겨두고 왔으니 다시 한 바퀴'라고 합니다. 보고, 연락, 상담이란 중요한 일이로군요.

그리고 2주차의 라스트 보스인 마제 사마엘. 입에서 아서의 발판이 되는 유리판을 방출합니다. 왜 자신을 쓰러트리게 하기 위한 아이템을 토해내는 거지. 시리즈 최약으로 이름 높은 라스트 보스가 석연치 않기는 하지만, 엔딩에서 공주의 쓰리 사이즈(88-58-90)를 알았으니 전부 OK!

(T)

악마성 드라큘라(悪魔城ドラキュラ)

장르 : 액션
제작사 : 코나미
(コナミ)
발매일 : 91.10.31
정가 : 8,800엔

코나미 간판 시리즈의 리부트 작품. 주인공인 시몬을 조작해 신비한 힘을 숨긴 채찍으로 악마를 토벌한다. 확대 축소나 회전, 반투명 등 슈퍼 패미컴의 신기능을 적극적으로 도입. 액션 게임으로서의 재미와 고딕 호러 스타일의 분위기를 양립한 게임을 만드는 데 성공했다. 음악 면에서의 평가도 높으며, 특히 종반 스테이지에서는 시리즈를 대표하는 명곡이 차례로 흘러 나오는 등, 팬들이 감격의 눈물을 흘릴 전개로 되어 있다.

고딕 호러 작품을 슈퍼 패미컴으로 리부트

1986년에 패미컴에서 태어난 횡 스크롤 액션『악마성 드라큘라』는 정통파 호러 영화를 떠올리게 하는 다크한 세계관과 중후한 음악이 국내외에서 높은 평가를 받았습니다. 커다란 특징은 초기 단계에서 다양한 가능성이 모색되었다는 점에 있습니다.

액션 RPG가 된『드라큘라Ⅱ 저주의 봉인(ドラキュラⅡ 呪いの封印)』, 다양한 능력을 지닌 동료가 등장하고 스테이지가 분기되는『악마성 전설(悪魔城伝説)』등의 작품에 탐색 요소를 도입. 그러는 한편으로『드라큘라 전설(ドラキュラ伝説)』,『악마성 드라큘라』(X68000판)에서 정통파 횡 스크롤 액션으로서의 가능성을 추구하는 등, 다채로운 진화를 이루어왔습니다.

이 게임『악마성 드라큘라』는 '악마성'의 이름을 쓴 시리즈로서는 5년째의 제 9작(!). 캐릭터 선택이나 스테이지 분기 등 신요소를 폐지한 스탠더드한 시스템과, 신 하드인 슈퍼 패미컴의 기능을 풀로 활용한 영상, 음악 표현을 조합한 리부트 작품입니다.

'채찍'이라는 아이콘이 파워 업

플레이어는 영웅 일족의 후예 '시몬 벨몬드'를 조작해, 드라큘라가 기다리는 성으로 쳐들어갑니다. 말할 것도 없지만, 시몬은 초대 작품의 주인공과 동일인물입니다. 이번에도 역시 '신비한 힘을 숨긴 채찍'을 무기로 사용하는데, 그 성능은 구작에 비해 대폭으로 파워 업했습니다. 8방향으로 공격할 수 있는 특별 사양으로, 상하 방향의 적도 서브 웨폰 없이 해치우는 것이 가능합니다.

초기『드라큘라』시리즈에서, '근육이 울끈불끈한 주인공이 채찍으로 적을 두들겨 패는 모습'은 시리즈의 아이콘이 되었습니다.

알기 쉬운 검이나 둔기가 아니라, 일

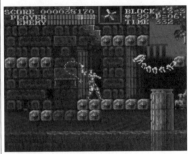

SCORE 0000235170
PLAYER
ENEMY
BLOCK #3
P=95% B=061
TIME 332

신비한 힘을 지닌 채찍을 들고, 주인공 시몬이 사악한 적에 맞선다! 채찍은 공격만이 아니라 링에 거는 것도 가능.

종의 간접 공격인 채찍이 선택되었다는 점은 약간 특이하지만, "적의 출현 패턴을 기억하고, 채찍을 거기 '놓아두듯이' 하여 적절히 처리한다"는 독특한 플레이 감각을 만들어냈습니다.

바꿔 말하자면 '횡 스크롤 액션의 재미를 강조하는' 무기라는 소리입니다. 그러는 한편으로, 당시의 플레이어들은 '채찍보다는 날붙이나 둔기나 창 같은 게 더 강하지 않아?'라는 태클을 걸기도 했습니다.

이 게임과 동시기의 아케이드판은 파워 업으로 채찍에서 검으로 확장이 가능한 등 여러가지로 좀 그랬는데, 이 게임에서는 채찍으로만 가능한 진자 액션과 돌리기를 제시하여, 이러한 토론에 종지부를 찍었습니다.

진자 액션은 맵에 존재하는 링에 채찍을 걸고 이것을 지점으로 타잔처럼 대점

프하는 기술. 영화 같은 스릴과 액션의 재미를 양립한 『드라큘라』다운 신요소라 할 수 있겠죠.

채찍 버튼을 계속 누른 상태로 십자키를 상하좌우로 입력하면 빙글빙글 채찍을 돌리는데, 위력은 굉장히 낮지만 공격 판정이 존재합니다.

낚싯줄처럼 채찍을 드리우고 기다리다 적을 해치우는 것 외에도, 적탄에 대한 배리어처럼 사용하는 것도 가능합니다. 들어 올린 채찍을 돌리는 모습은 마치 액막이 행사에서 휘두르는 나무에 매단 천 같기도 한데, 이것이 적탄을 막는 모습은 시몬의 채찍이 얼마나 신비한 것인지를 표현해준다고도 할 수 있겠죠.

신기능과 고스펙으로 재구축된 고딕 호러

자, 채찍을 한 손에 들고 싸움의 여행을 떠나봅시다. 악마성의 경치는 모두가 슈퍼 패미컴의 스펙을 살린 것으로, 마치 신기능을 소개하는 벤치마크 소프트 같습니다. 이러한 기법은 신기능의 진부화와 함께 빛을 잃을 수밖에 없지만, 이 게임에는 그런 위험은 해당되지 않습니다.

회전 기능을 살린 흔들리는 거대 샹들

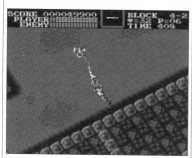

빙글빙글 회전하는 장치가 있는 방. 시몬은 채찍을 이용해 벽의 링에 매달린다. 회전 기능을 이용한 연출도 게임성에 직결된 것이 되었다.

올라 꼬치를 만들려 한다' 등등, 정신에 호소하는 호러 연출도 포인트. 이 시기의 게임 업계에서 그래픽의 향상에 동반해, 스플래터한 표현이 유행했던 것은 대조적이라 할 수 있겠죠.

시간을 초월해 전해지는 '죽는 게임'의 재미

리에. 방 자체가 회전하는 기계 장치 저택 같은 스테이지. 희미하게 불이 꺼졌다 켜졌다 하면서 화면 안에서 춤추는 커플. 요사스러움을 띤 반투명 안개. 채찍으로 때리면 파편을 흩뿌리며 확대 축소 기능으로 응축되는 골렘. 신기능을 피로하는 것이 목적이 아니라, 『악마성 드라큘라』 시리즈다운 고딕 호러 무드를 살리는 도구로서 쓰이고 있음을 알 수 있습니다. 기능에 휘둘리는 것이 아니라, **"『악마성 드라큘라』 시리즈란 무엇인가"**라는 사색에서 탄생한 표현인 것처럼 생각됩니다.

또, '벽에 걸린 부인의 그림에서 파란 손이 생겨나 시몬을 붙잡는다', '폴터 가이스트인지, 테이블이 갑자기 돌진해온다', '아슬아슬한 높이에 있는 가시 아래를 걸어가면, 바닥의 카펫이 갑자기 솟아

물론, 게임적인 재미도 초일류입니다. 초반에는 어느 정도 애드리브로도 공략이 가능하지만, 게임이 진행되면 어려운 트랩도 늘어나기 때문에 확실하게 배치를 기억하고 싸울 필요가 있습니다.

마구 죽으면서 몸으로 기억하는 스파르타 코스입니다만, 떨어져도 즉사하지 않는 연못이 있다거나, 점프 중에 자세 제어가 가능한 등 이 시대의 게임치고는 어느 정도 타협하는 모습도 보이고, 패스워드 컨티뉴제이기 때문에 **팍팍 죽도록 합시다.**

패스워드는 '도끼', '하트', '성수' 등 악마성다운 아이템을 4×4마스에 늘어놓는 방식.

당시는 전단지 뒤에 '도끼·○·○·성수' 이런 식으로 메모했다가 가족들이 수상하게 쳐다보곤 했었는데, 현재라면 스마

드디어 최종 보스 드라큘라와 직접 대결. 망토를 열면 탄을 발사하는 등의 공격을 가하기 때문에, 지금까지 이상으로 채찍을 다루는 움직임이 중요하다.

트폰의 카메라로 한 방이니 마음껏 실력을 갈고닦아보고 싶습니다.

중반 이후가 되면 '발판을 보면 무너질 것을 전제로 공략 루트를 생각한다', '우선 발판의 색을 체크해 함정이 없는지를 확인한다' 등 조교가 완료된 **새로운 자신**을 깨닫게 될 겁니다.

라스트 보스인 드라큘라도, 최초에는 쫄면서 도전했었지만, 어느새 '출현과 동시에 머리에 히트하도록, 미리 십자가 3발을 던져둔다' 등 숙달된 흡혈귀 사냥꾼다운 모습을 발휘할 수 있게 되니 안심입니다.

후반 스테이지의 'Bloody Tears', 'Vampire Killer' 등의 명곡 러시도 들을 만한 가치가 있습니다. 실수해서 곡이 끊어지지 않도록 연습에 힘쓰고, 물이 흐르는 듯한 플레이에 성공한다면 분명히 자신에 취하게 될 것입니다.

첫 번째 작품부터 시작된 '죽는 게임'의 계보는 현재 인디 게임 신에 계승되었으며, 『드라큘라』 시리즈를 리스펙트한 다수의 작품이 탄생했습니다.

이 게임과 시리즈 작품은 **"시간을 초월해 전해지는 게임성이 있다"**는 것을 증명하는 것입니다.

(Y)

젤다의 전설 신들의 트라이포스
(ゼルダの伝説 神々のトライフォース)

장르 : 액션 어드벤처
제작사 : 닌텐도
(任天堂)
발매일 : '91.11.21
정가 : 8,000엔

『젤다의 전설』 최신작, 4년 만에 등장! 하드도 디스크 시스템에서 슈패미로 옮겨져, 다양한 면에서 파워 업. 아름다운 그래픽, 용감하고 활기찬 음악, 일신된 액션, '빛과 어둠' 2개의 세계를 왕래하는 거대한 규모, 충실한 파고들기 요소……전작보다 개량된 점을 들자면 끝이 없으며, 2D 젤다의 최고봉이라 부르기도 한다. 회전 베기나 마스터 소드 등, 훗날의 젤다 시리즈의 기초를 쌓아올린 역사적인 작품이다.

슈패미의 첫 번째 젤다, 화면도 음원도 고저스!

'나온다 나와! 젤다의 전설!' 그런 스챠다라파(スチャダラパー, 일본의 힙합 그룹-역주)의 CM 송에 얼마나 가슴이 뛰었는지. 참고로, 실사판 링크를 연기한 배우 오디션에, **최종 선발까지 남았던 것이 당시 아직 무명이었던 TOKIO의 나가세 토모야** (長瀬智也, 일본의 쟈니스 소속 아이돌 TOKIO 전 멤버였던 가수 겸 배우-역주) **씨**였다는 에피소드도 있습니다.

『젤다의 전설』 시리즈 세 번째 작품인 이 게임은, 디스크 시스템에서 슈패미로 옮겨 왔습니다. 『슈퍼 마리오』가 거의 매년 신작이 나왔던 것에 비해, 이쪽은 전작 『링크의 모험(リンクの冒険)』(횡 스크롤식 액션)에서 4년 만. 내려다보는 형태의 액션 어드벤처로서는 원조로부터 실로 5년 만의 등장입니다. 젤다 공주의 부름을 듣고 깨어난 링크(이름은 변경 가능). 밖으로 뛰쳐나가자, 화면에 '쏟아지는 비'를 겹쳐 표현하는 고도의 그래픽 처리. **갑자기**

'패미컴과는 달라'라며 있는 힘껏 어필! 심지어 슈패미의 음원은 원조의 메인 테마를 중후하고 호화롭게 만들어, 모험심을 더할 나위 없이 솟아나게 합니다.

액션도 일신, 젤다이지만 신규 설계

원조 『젤다』의 검을 '찌르는 공격'에서 '휘두르기'가 된 것을 시작으로, 기본 액션도 전면적으로 리뉴얼되었습니다. B버튼을 누르고 있으면 발동되는 '회전 베기'는 적을 쓸어버리며, A버튼 대시는 방해되는 것들을 걷어차면서 고속 이동할 수 있는 상쾌한 기술입니다.

전작에서 가능했던 것들은 전부 가능한 데다(체력이 가득 찬 상태로 검에서 쏘는 빔 포함), '들기', '당기기' 액션도 추가되었습니다. 닭을 안고, 닭을 마구 베고! **그리고 사방팔방에서 습격해오는 닭 무리에게 죽는 것**은 이 게임의 통과의례입니다.

슈패미로 넘어오면서 표현력이 풍부

해진 것은 '친절함'과도 연결되었으며, '잘 들어라……B버튼을 계속 누르면서 검에 힘을 모으는 거다(よくきけ……Bボタンを押し続け剣に力をためるのだ)'라며 한자가 섞인 텍스트로 조작까지 가르쳐 준다! 상인의 '뭔가 좀 사달랑께(ナンカコウテクレャ)'가 몇 안 되는 대사 중 하나였던 원조에서 시간의 흐름이 느껴집니다.

초반에는 다음에 어디로 가야 좋을지가 맵에 표시되며, 던전 안에서도 보스가 있는 곳을 알려주는 컴퍼스까지 있습니다. **'젤다, 일반 유저용이 되었구나!'**라고 감개무량해하지 않을 수 없었습니다.

빛의 세계와 어둠의 세계를 왔다 갔다

링크 일행이 사는 '빛의 세계'와는 별개로 '어둠의 세계'가 있으며, 친절 설계는 게임의 기본을 배우며 3개의 문장을 모으는 '빛' 파트뿐. '어둠' 파트는 마찬가지로 '넓은 세계에 던져져 어쩔 줄 모르는' 젤다였습니다.

수수께끼의 사제 아그님이 왕을 암살하고, 성지(어둠의 세계)의 봉인을 풀기 위해 7명의 현자들의 자손을 차례로 산제물로 삼고 있었다. 그리고 그 최후의 한

디스크 시스템의 대용량과 세이브 기능 등 하이테크(당시)를 훌륭하게 소화해낸 초대에 이어, 「트라이포스」도 한자가 섞인 대사 등 기술이 잔뜩 들어가 있었다.

사람이 젤다 공주였다……. 이렇게 '어둠'에서는 다른 6명을 구출해내는 흐름인데, '여기에 던전이 있으니까 뒷일은 **잘 부탁해**'라며 장소를 가르쳐 줄 뿐!

이런 **'마음껏 미아가 될 수 있는'** 높은 자유도야말로 젤다. 스타트 직후부터 전 세계의 절반 이상을 걸어서 돌아다닐 수 있는 자유와 비명횡사할 자유로 가득한 원조의 혼, 또다시입니다.

끝없이 헤매는 여행길을 함께하는 것이 장비 아이템. 부메랑이나 화살, 폭탄 등은 적을 공격하기보다는 '길을 개척하는' 경우에 대활약하며, 던전의 문을 어떻게 열 것인지, 어떻게 장해물을 제거할 것인지……로 골치를 썩이게 됩니다.

젤다 시리즈가 액션 'RPG'가 아니라 '어드벤처'로 취급되는 것은, **경험치나 레벨의 개념이 없기 때문입니다.** 이 게임

도 다양한 장치를 보아온 플레이어가 대처 스킬을 연마해, **'스스로가 성장하는'** **게임**인 것입니다.

장비 아이템 중에도 사용할 때 즐거운 것이 훅 샷. 표적을 향해 훅을 쏘면 링크가 날아가는 것인데, 멀리 떨어진 아이템을 얻거나 발판이 불안정한 빙판을 똑바로 고속이동하는 등 응용 범위가 넓습니다. '하고 있기만 해도 즐거운 젤다'가 확실하게 응축되어 있습니다.

빛의 세계에서는 막힌 길이라 해도 어둠의 세계에서는 갈 수 있는 경우도 있습니다. 그렇게 두 개의 세계를 오가게 되면서, **실제 플레이 공간은 빛과 어둠의 덧셈이 아니라 곱셈으로 넓어진다고 할** 수 있습니다.

스토리 공략에 필수인 던전만 가서는 얻을 수 없는 아이템도 다수 존재하는 데다, 그것들이 무척 매력적인 것이 참으로 곤란합니다. 무적이 되는 매직 망토가 묘지에 있을 줄이야, 공략본을 읽기 전까지는 눈치 채지 못했단 말이야!

던전은 전부 합쳐 12개. 그 하나하나에 파고들어 볼만한 수수께끼가 있으며, '칸델라로 일부만 밝아진 암흑'이나 '상하의 계층이 있는 플로어' 등, 호화로운 표현력으로 뇌를 지치게 하는 혜비한 장치들뿐.

암흑 속에서 앞이 보이지 않는 갱차에 타고 스위치를 누르고, 수문을 연 후에는 아까의 장소를 헤엄쳐서 건너서…… 이렇게 만신창이가 되어 도착한 곳에는 **'무기와 아이템과 지혜를 있는 대로 사용하는'** **고칼로리 보스전**이 기다리고 있습니다. 최후까지 해내기 위해서는 상당한 끈기와 체력이 필요한 이 게임. 스타트 직후의 즐거운 기억만이 남고, **라스트 보스를 쓰러트리지 못한 것을 잊었던** 필자 같은 사람도 많지 않을까요(다시 클리어했습니다).

젤다 시리즈의 원점은 『트라이포스』에 있다

이 게임 『트라이포스』(약칭)는 다양한 의미로 훗날의 젤다 시리즈의 기초를 쌓아 올린 작품이기도 합니다. 우선 '회전베기' 등 검 액션은 2D 젤다로 계승되어, **신작이 나올 때마다 풀베기가 가능한지** **아닌지**가 주목을 받게 되었습니다.

그리고 **'하나의 버튼으로 다채로운 액션'**은 2D와 3D를 불문하고 젤다의 공통 요소. 물체를 잡아당기고, 들고, 던지는 등의 동작이 직감적으로 가능한 조작은 지금 봐도 우수한 것입니다.

그냥 뇌까지 근육으로 된 것마냥 힘으로 몰아붙여서는 씨알도 안 먹히는 보스 공략. 꼬리를 끊거나 폭탄을 먹이는 등, 입수한 아이템 전부+지혜와 용기로 싸우는 것이다.

게다가 『시간의 오카리나(時のオカリナ)』에서는 꼬마 링크와 어른 링크, 『황혼의 공주(トワイライトプリンセス)』에서는 늑대로 변신한 링크 등, '두 개의 세계를 왕래하는' 스타일은 완전히 정착했습니다. 풍경도 음악도 확 바뀌는 대규모 장치는, 젤다의 커다란 즐거움이자 고생이기도 한 '수수께끼 풀이'의 깊이를 더해줍니다.

그리고 링크의 좋은 파트너인 **마스터 소드도 첫 등장.**

『바람의 지휘봉(風のタクト)』의 고양이 눈 링크를 포함해, 역대 주인공들이 계속

해서 뽑아내고 있는 원점이 여기 있습니다.

참고로 마법 게이지도 이 게임이 최초인데, **어떤 보스 전에서 '마력이 떨어짐 →약점을 공격할 마법을 쓸 수 없음→공략이 막힘'** 사태는 지금도 용서할 수가 없습니다.

누가 뭐라 해도 이 게임의 굉장한 점은 초대 젤다의 '어디든 갈 수 있는' 것과 '새로운 장소에 새로운 만남'을 갈고 닦았다는 것입니다. 젤다 최신작인 『브레스 오브 더 와일드(ブレス オブ ザ ワイルド)』를 플레이하다 보면, '사당 워프는 오카리나로 순간 이동하던 거랑 비슷하구나. 대요정님에게 무기 강화하는 건 그리운 느낌이야'처럼 문득 되살아나는 『트라이포스』의 추억. 이 두 개의 세계를 닌텐도 스위치와 미니 슈패미로 왕래할 수 있는 **현실은 이미 젤다인 겁니다!**

(T)

슈퍼 포메이션 사커
(スーパーフォーメーションサッカー)

장르 : 스포츠
제작사 : 휴먼
(ヒューマン)
발매일 : 91.12.13
정가 : 7,700엔

선수의 발은 느리지만 스피디한 놀이에 대응하고자, 유동적이며 전략성이 높은 게임 전개로 포메이션의 중요성을 PC엔진 유저에게 가르쳐 주었던 『포메이션 사커』가 슈퍼가 되어 슈패미에 등장! 유고슬라비아 정세에 따라서는 게임 내용 변경을 진지하게 고려해야 할 가능성마저 있었던 시기에, 일부러 유고슬라비아도 등장시킨 면도 필견인 작품.

▌뜨거운 사커의 시작이다!▐

지금은 국민적인 스포츠가 된 일본 국내의 프로 축구 리그, J리그.

하지만 이 게임은 J리그 구상이 11월에 대두된 직후인 12월에 발매!

J리그 자체가 개시된 것이 1993년, 애초에 유럽과 남미가 축구 무적 지대였던 시대의 축구 게임입니다.

모든 면에서 너무나도 최강인 독일과 비교하면, **스피드만은 그럭저럭 있지만 슬퍼질 정도로 허접한 일본 대표**. 일본의 J리그 발족 시에는 선수층이 얇아서 세계와의 벽을 똑똑히 알 수 있었던 것이 생각났습니다.

아무리 괴로워도 최초에 일본을 선택한 후, 8종류의 포메이션 중에 하나를 결정하게 되는데, 이 포메이션의 상성이 게임의 흐름에 강렬하게 큰 영향을 미칩니다!

상성이 좋은 포메이션을 선택했다면 몰라도, 상성이 최악인 포메이션을 선택한 것만으로 맹렬하게 게임 전개가 불리해지는 부분이 게임 제목에까지 포메이션이 붙어 있는 면목약여(面目躍如, 세상의 평가나 지위에 걸맞게 활약하는 모양·역주)라는 걸까요?

예를 들자면, 포메이션만 확실하게 대책이 세워져 있다면 마치 신 같은 강함을 자랑하는 독일이 상대라도 적절한 위치에 선수가 배치되어 있기 때문인지, **1분 정도**는 버틸 수 있습니다.

하지만 포메이션의 상성이 최악일 경우, 자칫하면 20초 정도에 한 번씩은 골! 축구의 포메이션에 대해서는 잘 모르지만, 아무튼 상성이 나쁜 포메이션이라는 것이 있다는 걸 알게 되었습니다.

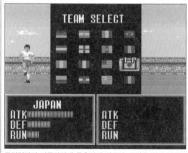

공격력만이 어중간하게 돌출되어 있으며, 주력은 최저 레벨로 설정되어 있는 JAPAN. 독일에게 이길 방법을 찾을 수가 없다.

아무튼 점수를 빼앗기지 않도록 하는 것 외에는 할 수 있는 일이 없는 당시 일본 대표의 비애를 맛보게 해주었습니다.

이 게임 『슈퍼 포메이션 사커』는 스피디한 시합 전개, 순간 순간마다 달라지는 게임의 흐름, **호쾌하게 빼앗기는 득점** 등 축구의 진수를 맛볼 수 있습니다.

역시 **처음에는 독일**로 게임에 익숙해질 필요가 있는 모양입니다. 애국심만으로 게임에 이길 수 있겠냐!라는 것을 깨닫게 해줍니다.

너무나도 뜨겁다! 유고슬라비아

『슈퍼 포메이션 사커』에는 유럽을 시작으로 다양한 팀들이 포함되어 있는데, 그중에서도 주목을 받은 것이 유고슬라

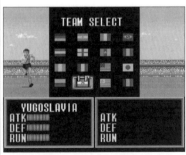

공, 수, 주 모든 면에서 낮은 능력치이며 안정감이 있는 유고슬라비아. 갓 발족한 J리그와 동일한 레벨인 점은 슬프다.

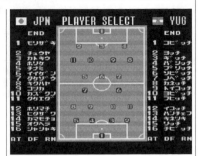

선수 이름의 끝이 거의 전부 '~치'로 구성되어, 멸망 직전인데도 민족적 다양성을 느낄 수 없는 유고슬라비아 선수층의 포진.

비아!

팀의 전력 자체는 당시 일본 팀과 거기서 거기라고 해야 하나, **능력치도 전체적으로 낮은 약소 팀인 데다 선수 이름이 이상한 것**에만 눈길이 갈지도 모릅니다.

하지만 『슈퍼 포메이션 사커』가 발매된 1991년은 동유럽에 불어 닥친 민주주의 혁명으로 6월에는 내전이 발발 중이었고, 그 '보스니아·헤르체고비나 분쟁'에서 발생한 민족 정화로 국가 자체가 거의 너덜너덜하게 붕괴되는 도중에 참전한 것입니다.

분쟁 발발 전, 다른 민족끼리 사이좋게 살던 발칸 지방의 '유고슬라비아 사회주의 연방 인민 공화국'은 4개 정도의 민족과 6개 정도의 작은 국가가 티토라는 **초 유능한 독재자의 카리스마와 천재적인 밸런스 감각만으로 모여 있던 연방제 공화국**이었습니다.

축구 같은 걸 하고 있을 때가 아닌 유고슬라비아에게 흠씬 두들겨 맞는 일본 대표. 이건 아무리 생각해도 플레이어가 나쁘다.

초 유능 독재자에 의한 정권이라는 것은 살아 있는 동안은 좋지만, 죽은 후가 최악이 되는 경우가 보통입니다.

1980년 티토가 사망한 후, 사이좋게 지내던 이민족 이웃끼리 내부에서 알력 다툼이 일어나기 시작했고, 1989년에 발생한 동유럽의 민주화 혁명으로 인해 완전히 파탄하게 됩니다.

어째서 파탄하게 되었는가 하면, 티토만이 지니고 있던 재능으로 모은 서로 다른 국가와 민족이 티토의 사망으로 분열하고, 완전히 진흙탕인 내전이라는 형태로 폭발해버린 것입니다.

발매할 즈음에는 국가 자체가 사라져버렸을지도 모르는 레벨로 유럽의 세력도가 격동하고 있는 와중에 굳이 세계 각국을 도입한 이 게임. 정말로 잘도 발매했구나라는 생각을 하지 않을 수가 없습니다.

지금은 이미 그림자도 형태도 없는 유고슬라비아를 떠올리며, 역사를 느끼며 플레이해보는 것도 하나의 즐거움입니다.

(A)

타카하시 명인의 대모험도(高橋名人の大冒険島)

장르 : 액션
제작사 : 허드슨
(ハドソン)
발매일 : '92.1.11
정가 : 8,500엔

패미컴의 인기인이었던 타카하시 명인이 슈패미에 진출! 깔끔한 화면, 커다란 캐릭터, 부드러운 움직임, 사운드도 멋있어져서 전면적으로 파워 업. 하지만 덕분에 공룡도 사라지고, 돌도끼는 미묘하게 사용하기 어려워지고, 관성이 사라져 죽기 어려워졌고, 첫 작품보다도 스테이지 숫자가 절반으로 줄어 볼륨 다운. 이렇게 친절하게 마음을 꺾으러 오지 않는 게임은 타카하시 명인이 아니야!

▌타카하시 명인, 슈패미에 진출해 연인도 리부트!

게임은 하루 한 시간! 너무 재밌는 패미컴에 심하게 빠지지 않도록 주의를 환기시켰던 아이들의 카리스마 타카하시 명인(본명은 타카하시 토시유키로, 일본의 전설적인 게이머. 초당 16연타라는 기술이 유명하다-역주)이 슈퍼 패미컴에도 찾아왔다!

그 원점인 『타카하시 명인의 모험도』는 애초에 연예인도 아니고 허드슨의 사원이었던 타카하시 명인이 주역으로 발탁된 전대미문의 액션 게임이었습니다.

원래는 아케이드 게임 『원더 보이(ワンダーボーイ)』의 주역을 타카하시 명인으로 바꾸고, 패미컴 붐을 타고 매상은 100만 개 돌파! 하지만 난이도도 원작 그대로 (이식도는 높았다)였기 때문에, **전 일본의 꼬마들이 지옥을 보게 되었습니다.**

이 슈패미판 『대모험도』와 병행하여, 패미컴으로도 『모험도』 시리즈는 계속되었습니다. 이쪽의 발매가 1992년 1월이고, 『모험도3』이 같은 해 7월. 그런 이유로 첫 번째 작품의 '속편'이라기보다, 슈패미용으로 0부터 다시 만들어낸 리부트판인 것입니다.

주인공인 타카하시 명인은 도롱이를 두른 친숙한 야생아 패션. 첫 번째 작품과 마찬가지로, 왼쪽에서 오른쪽으로 달려 골을 목표로 하는 스테이지 클리어형 횡 스크롤 액션입니다.

이번의 연인은 지나……티나가 아니야! TV 애니메이션 『뿅뿅요정 하니(Bugってハニー)』의 히로인은 하니이기도 했고, 과거에 얽매이지 않는 사나이, 타카하시 명인이 멋있습니다.

▌부메랑 등장, 돌도끼가 필요 없는 아이로

연인 지나와 행복한 한때를 보내던 타카하시 명인. 그때, 갑자기 나타난 악마 다키의 마법으로 인해 지나가 돌로 변해버리고 말았습니다. 명인은 바로 다키를 쫓아갔고, 목적지는 아지트인 악마성입니다.

슈패미 안에서 달리기 시작한 타카하시 명인. 패미컴판 『모험도』에 있던 도우미 공룡이 사라졌다! 화염을 뿜거나 독늪도 아무렇지 않았던, 다양한 고난을 이겨내도록 서포트해주었던 공룡(마리오로 말하자면 요시)이 삭제된 데다, 아이템을 보존해 스테이지로 가져갈 수 있는 '아이템 스톡'도 사라져 버렸습니다.

리부트판은 과거의 유산을 버리고, 맨몸으로 다시 시작한다는 걸까요.

그런 만큼, 무기는 지금까지의 돌도끼에 더해 부메랑이 신 등장. 둘 다 같은 종류를 계속 얻으면, 2단계로 파워 업합니다. 돌도끼→빛의 도끼가 되며, 포물선을 그리며 중력에 이끌려 떨어집니다. 부메랑→빛의 부메랑으로 진화하며, 똑바로 날아가고 상하로도 던질 수 있습니다……**사용하기 까다로운 돌도끼를 선택할 이유가 어디에도 없잖아!**

일부의 보스는 정면에서 공격하기 어렵고, 커브를 그리며 떨어지는 도끼가 더 맞히기 쉽도록 밸런스 조정은 되어 있지만, 거기까지 가는 도중에는 부메랑이 압승. **돌도끼는 가능한 한 피하고 싶은 배드 아이템** 같은 위치가 되었습니다.

옛날에는 운동 능력이 높은데 움직임이 딱딱했던 타카하시 명인이었지만, 슈

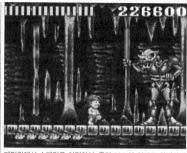

패미컴에서 슈패미로 이적하여, 중간 보스의 외견도 화려하게 업그레이드. 하지만 하이 점프로 공격하는 패턴은 전부 똑같다!

패미 첫 진출에 의욕이 넘치는 건지 액션이 더욱 다채로워졌습니다. 무엇보다도 앉을 수 있게 되어 너무나 기쁩니다. 작은 벌레를 피하고, 적이 발사하는 공격들을 자세를 낮춰 피하는 겁니다.

어째서 지금까지 없었던 건지, **타카하시 명인의 사체 숫자의 자릿수가 두 개는 줄어들 것 같은 개선**입니다.

또 하나는 앉은 채로 점프하는 '하이 점프'. 도움닫기로 가속하지 않더라도, 멈춘 상태로 대 점프가 가능해졌습니다. 높은 곳에 올라가거나, 약점이 높은 곳에 있는 보스에게 공격을 맞힐 때, 조작을 실수해 미스하는 사고가 확 줄어든 겁니다. 그리고 명인은 달리기 시작하면 멈추지 않습니다──좁은 발판에서 미끄러져서 떨어지기 쉬웠던 '관성'이 거의 없어져, 그 자리에서 바로 브레이크를 걸

수 있습니다. **귀신 같은 허드슨이 꼬마들의 절규에 귀를 기울였다!**

그 외에도, 얻으면 죽음에 가까워지는 가지가 사라진 것은 '**가지를 싫어하는 아이들이 늘어났다**'는 부모들의 클레임 때문인 걸까요.

▌게임은 하루에 한 시간, 5일 만에 끝낼 수 있는 볼륨!

최초의 스테이지는 자연이 풍부한 정글. 첫 번째 작품과 테마는 같으면서도, 캐릭터가 크고 화면도 아름다우며, 음원도 좋아졌고 BGM도 신난다. 『**액트레이저**(アクトレイザー, SFC로 발매되었던 에닉스의 시뮬레이션 게임-역주)』 등 **코시로 유조**(古代祐三, 일본의 게임 음악 작곡가 겸 게임 제작자) **사운드**란 말입니다!

타카하시 명인이 턴테이블을 돌릴 것만 같은 화려함.

음식물을 계속 먹지 않으면 죽는다는 점이나, 구멍이나 바다에 빠지면 단번에 죽어버리는 엄격함은 여전합니다.

하지만 '스케이트보드에 타게 하고는 바위×2, 그 앞에는 모닥불' 등의 데스 콤보가 사라져, 살의는 줄어들었습니다.

각 스테이지는 4개의 라운드로 구성되어 있으며, 화산이나 사막, 악마성까지 무대도 다양합니다. 암흑 속에서 스팟에만 불빛이 비춘다거나, 화면이 통째로 회전하는 고래의 체내에 빨려들어가는 등 연출도 슈패미의 기능을 풀 활용.

중간 보스들은 불상처럼 생긴 녀석이나 거대한 괴물 기사 등 개성파가 모여 있지만, **약점이 대부분 '높은 곳'**에 있어서 '하이 점프 공격으로 쓰러트려라'라고 하는 것만 같습니다.

별다른 고전도 없이 팍팍 진행해 라스트 보스 격파까지 5시간 정도……

첫 번째 작품이 10스테이지×4라운드였던 것에 비해, '대모험도'는 5×4로 절반으로 볼륨 다운. **게임을 하루에 한 시간만 하면, 5일이면 끝나버린다구요!**

(T)

콘트라 스피리츠(魂斗羅スピリッツ)

장르 : 액션
제작사 : 코나미
　　　(コナミ)
발매일 : 92.2.28
정가 : 8,500엔

모 액션 히어로와 꼭 닮은 빌과 랜스가 거대한 총을 들고 에일리언과 싸우는 횡 스크롤 액션. 차례로 하이라이트 장면이 등장하는 영화적인 연출과, 아이디어가 넘치는 스테이지 구성, 그리고 수많은 보스로 인해 하이 템포 작품이 되었다. 확대, 축소, 회전 기능, 그리고 ABXY&LR 6개 버튼 등 슈퍼미의 신기능을 남김없이 활용해, 벤치마크 같은 측면도 함께 지니고 있었다.

▌B급 영화 같은 액션 게임

기골이 장대한 빌과 랜스, 두 사람은 '콘트라'! '콘트라'란, '뜨거운 투혼과 게릴라 전술의 소양을 겸비한' 최강 투사에게 주어지는 칭호이지만, 투혼의 온도가 너무 맥스 하트까지 올라가버렸던 건지, 수많은 에일리언 무리를 상대로 까놓고 말해서 말도 안 되는 정면 승부! 빅한 건으로 적을 차례로 날려버리는, B급 영화(칭찬) 같은 횡 스크롤 액션의 당당한 개막인 것입니다!

1987년부터 시작된 『콘트라』시리즈는 발표됨과 동시에 커다란 인기를 획득했습니다. 초대작이 패미컴과 MSX 등 주력기종으로 이식된 것 외에도, 『슈퍼 콘트라(スーパー魂斗羅)』, 『CONTRA』등 속편이 릴리스되는 등 **파죽지세의 쾌진격**을 계속하고 있었습니다.

그런 잘 나가는 시리즈가 최신 기종인 슈퍼 패미컴으로 등장. 코나미이기에 가능한 꼼꼼한 완성도와, 확대, 축소, 회전을 시작으로 한 슈퍼 패미컴이기에 가능한 영상 표현이 완벽하게 어우러져, 알기 쉬운 게임성과 박력 넘치는 연출을 겸비한 작품으로 완성된 것입니다.

▌두 자루의 총으로 적을 쏴라!

그런 『콘트라 스피리츠』이지만, 베이스가 되는 부분은 초대작을 답습하고 있습니다. 횡 스크롤 액션으로, 스테이지의 마지막에 기다리는 보스를 쓰러트리면 클리어입니다.

빌과 랜스의 한 방이면 죽는 체질은 이 게임에서도 물론 건재합니다. 점프나 엎드려서 적을 잘 피한다면 전투 속행, 실수하면 곧바로 다음 잔기가 배달되는 훌륭한 템포가 매력입니다.

날아오는 캡슐을 파괴하면 다양한 옵션 무기가 튀어나와 전력도 증가합니다. 이번에는 2자루의 총을 스톡할 수 있으며, 상황에 따라 구별해 사용할 수 있습니다. 미스한 경우에는 '그때 사용하던 총을 잃어버리기' 때문에, 보통은 마음에 드는 총을 사용하고, 위험해지면 '몰래 바꿔놨지!'라며 전환해, 마음에 드는 총을 사수하는 얍삽한 전략이 가능합니다.

이 게임에서는 '호밍 건'이 연사가 가능한 데다 호밍 성능이 있어서 범용성이 높기 때문에, 익숙해지기 전에는 다른 무기를 희생해서라도 지켜야 할 가치가 있습니다.

LR을 동시에 누르면 양쪽의 총을 마구 쏘는 '난사'가 가능합니다. 거대한 총을 양 옆구리에 끼고 있는 모습은 참을 수 없는 수컷의 냄새를 발산하고 있으며, 보고 있기만 해도 견딜 수가 없는 느낌입니다. 하지만 여기서 죽으면 **양쪽의 무기가 사라지는 것**치고는 사용할 길이 보이지 않는 거친 기술이니 주의가 필요합니다.

적, 그리고 또 적, 하이라이트, 그리고 또 하이라이트

이 게임을 한 마디로 표현한다면 '직접 체험하는 액션 영화.' 플레이가 중단되는 것은 스테이지 클리어 시의 스코어 집계가 실행될 때 정도입니다. 앞으로 약간

나아갈 때마다 하이라이트 장면이나 중간 보스가 출현하는, 액션 영화 같은 구성으로 되어 있습니다.

시가지에서 적병 무리의 습격을 받는다→적 요새로 가는 것을 저지당한다→전차에 타고 적병을 해치우며 전진→제2의 요새가 막아선다→빌딩을 부수고 등장한 적 전차와 대결→폭격기의 미사일 공격을 받아 주위가 홍련의 불꽃에 휩싸인다→철골을 건너 불바다를 빠져나간다→벽을 부수고 거대한 메카가 출현해 격렬하게 공격해온다……이것은 전부 1스테이지를 플레이하는 5분 정도 만에 일어난 일입니다.

이런 스테이지가 6개나 계속되므로, 이 게임이 얼마나 농밀한지를 알 수 있겠지요. 시추에이션 하나하나에 다양한 연구와 아이디어가 응축되어 있으며, 현재의 시점에서 봐도 놀랍기만 할 따름입니다. 그 필두에 서 있는 것이 4스테이지의 클라이맥스. '발사된 무수한 **미사일을 뛰어 넘으며 거대 전함과 싸운다**'는 좋게 말해도 돌아버린(칭찬) 시추에이션으로, 개발진이 얼마나 머리를 쥐어짰는지 그 고생을 알고도 남을 정도입니다. 이 작품 후의 『콘트라』는 뜨거움과 유머러스함을 양립하는 방향으로 나아갔으며, 그러한 의미에서 시리즈를 결정지은 작품

이라 할 수 있겠죠.

탈출하려는 주인공을 쓰러뜨렸을 터인 최종 보스가 습격! 플레이와 연출이 일체화되어, 체감형 액션 영화로서 즐길 수 있는 것이다.

능숙해지는 기쁨과 마음을 떨리게 하는 연출

2스테이지와 5스테이지는 위에서 내려다보는 스테이지로 되어 있으며, LR버튼을 누르면 '콘트라' 일행이 아니라 **스테이지 쪽이 선회**합니다. '타면 강제로 회전하는 바닥'이나 '특정 방향으로 흘러가는 유사' 등의 트랩이 존재하며, 세반고리관이 비명을 지릅니다.

게다가 2P 동시 플레이 시에는 화면이 상하로 분할되며, 서로가 마음대로 화면을 선회시킬 수 있기 때문에 카오스가 급가속합니다. LR버튼, 확대, 축소, 회전 기능 등 슈패미의 신기능을 남김없이 사용하는 모습은 철저한 서비스 정신의 발로임과 동시에 신 하드에 열광하던 당시의 분위기를 전달합니다.

최종 스테이지는 시리즈의 보스들이 다수 출현하는 보스 러시. 사투를 제압하고 헬리콥터로 탈출하는 '콘트라' 일행이었지만, 난이도 'NORMAL' 이상이면 쓰러뜨렸을 터인 라스트 보스가 소생해 최후의 힘을 쥐어짜 추격해 옵니다.

이것은 단순히 영화의 약속된 전개를 가져온 것 이상의 의미가 있습니다. 보고 있기만 하는 컷 신에서는 맛볼 수 없는 **액션 게임으로서의 체험**이며, 90년대 초기의 한정된 머신 스펙 속에서 영화와 게임의 융합을 시도한 야심적인 시도인 것입니다.

능숙해지는 즐거움, 영화 같은 연출. 두 가지의 요소가 마음을 떨리게 하는 『콘트라 스피리츠』는 횡 스크롤 액션의 금자탑이라 해도 과언은 아니겠죠.

(Y)

제절초(弟切草)

장르 : 사운드 노벨
제작사 : 춘소프트
(チュンソフト)
발매일 : 92.3.7
정가 : 8,800엔

가장 오래된 게임 장르인 텍스트 어드벤처가 새로운 모습으로 부활! 문자와 그림 한 장과 효과음에 의한 연출로 이야기를 즐기는, 사운드 노벨 제1탄. 이야기의 포인트로 나타나는 선택지에 의해, 이야기의 전개가 호러, 오컬트, 코미디로 폭넓게 분기하는 멀티 엔딩. 몇 번이고 플레이함으로써 새로운 선택지가 나타나고, 일정 조건을 만족시키면 특별 시나리오를 즐길 수 있는 '핑크 책갈피'도 출현⋯⋯하는 등, 훗날 비주얼 노벨의 선조님이다.

텍스트 어드벤처를 새롭게 탄생시킨 원조 사운드 노벨

화면에 표시되는 문장을 읽어나가며, 플레이어의 선택(커맨드)에 따라 스토리 전개가 변화하는——그런 텍스트 어드벤처(이하 ADV)는 패미컴 이전부터 있었던 디지털 게임 중 가장 오래된 형태 중 하나입니다. 그것을 '사운드 노벨'이라는 새로운 그릇에 전생시킨 것이 바로 이 게임 『제절초』입니다.

문장+선택지인 어드벤처는 이미 PC 게임에서도 단골 레퍼토리가 되어 있지만, 이 게임이 획기적이었던 것은 '주역이 텍스트'였다는 점입니다. 숲이나 건물 등 그림 한 장을 배경으로 두고, 텍스트로 이루어진 소설과 게임이기에 가능한 효과음만을 이용해 게임을 진행하는 사운드 노벨입니다. 게다가 인물 캐릭터는 전혀 표시하지 않는 과감함을 보여주었습니다.

피부색에 장인의 예술이 작렬했던 PC 게임에 비해 표현이 퇴화된 것 같으면서도, 문을 여닫는 소리나 천둥소리 등 실제 소리를 샘플링(녹음해서 음색으로 사용한다), TV 화면에서도 보기 쉬운 문자 폰트, 풍부한 색채를 호러 연출에 사용, 슈패미의 최신 스펙을 풀 활용! 드래곤 퀘스트를 『V』까지 제작했던 춘소프트의 기술력이 결집된 것이었습니다.

『제절초』가 없었다면 『Fate/Grand Order』도 없었다

산길에서 차를 달리던 주인공과 동급생 나미는 사고를 일으키고, 뇌우 속에서 길을 헤매다 오래된 저택으로 들어가게 된다⋯⋯. 시나리오는 『특수최전선(特捜最前線, 1977~1987년까지 방송된 일본의 TV 드라마-역주)』의 나가사카 슈케이(長坂秀佳) 씨입니다.

호러물로서는 진부한 설정이지만, 그런 만큼 안정감이 있습니다. 갑자기 미이라가 출현한다거나, 움직이는 갑옷이 도끼를 들고 습격해오고, 나미가 나이프로 마구 찔러 오기도 하는 등, 선택지에 따라 전개가 다이나믹하게 변화합니다.

어둠 속에서 느닷없이 나타난 기분 나쁜 인형 2개……이런 연출의 타이밍도 절묘해서, **플레이어의 심장을 멈추게 하려는 듯한 의욕으로 가득합니다.** 그림 한 장의 표현력에 대해서는 패미컴 이상이긴 해도 PC 이하였던 슈패미에서, 게임 전용기가 특기로 하는 **'움직임'을 이용한 연출에 대한 집착.** 특히 불꽃의 일렁임에는 집념까지 느껴집니다.

스토리는 지금 와서 말하자면 멀티 엔딩으로, 스포일러는 일단 접어 두자면 '화상편'과 '쌍둥이편', '라일락편', '나의 바다편', '괴어편'으로 폭넓게 분기됩니다.

다만 원조 사운드 노벨인 만큼 너그럽게 말하자면, **어떤 이야기에서 다른 이야기로 날아가 모순이 노골적으로 발생하는 경우도 있습니다.**

'또 괴어냐…, 아니 이번에는 처음으로 만났어!'라거나, 부엌에 가자마자 바로 '키친을 찾아보자!'라는 등. 또, 주회 플레이가 전제임에도 이미 읽은 부분을 스킵한다거나 플로 차트도 존재하지 않아서 지금 하면 좀 괴롭습니다.

이런 결점도 하찮게 여겨질 만큼, 게임의 역사에 있어서 『제절초』의 존재감은 거대합니다. 이 게임의 시스템을 세

突然奈美が絶叫した。
奈美の隣に白髪のミイラが座っていた。
月明かりでようやくわかったのだが、四角い布テーブルだとばかり思ったのは、ヒザの上に日記をのせた車椅子のミイラだったのだ。

인물의 그래픽은 없으며, 기본적으로 문자와 배경, 사운드만으로 구성된 원조 사운드 노벨. 심플한 그림이라도 절묘한 타이밍으로 오싹하게 한다.

련되게 만든 『카마이타치의 밤(かまいたちの夜)』이 히트한 후, 그 영향 하에서 '한 장의 그림(캐릭터를 포함)'+'텍스트'+'음악'으로 구성된 비주얼 노벨이 하나의 장르로 발전합니다. 본가 사운드 노벨이 커다란 비용을 들인 '연출'을 줄여 저가로 만드는 스타일은 동인 게임에서도 대유행하게 되었고, **『월희(月姫)』등 TYPE-MOON 작품이 탄생하게 되었습니다.** 그 계보를 잇는 『Fate/Grand Order』에 빠진 여러분들은 원점인 본작을 플레이해보는 건 어떨까요.

(T)

파이널 파이트 가이(ファイナルファイト・ガイ)

장르 : 액션
제작사 : 캡콤
(カプコン)
발매일 : 92.3.20
정가 : 8,500엔

명작 벨트 스크롤 액션의 이식작. 원작에서는 해거, 코디, 가이 3명의 주인공이 있었지만, 이 게임에서는 코디가 삭제되었다. 적의 동시 출현수는 아케이드판보다 적지만, 잘 짜여진 적의 배치로 '어떻게 적을 모아 안전한 상황을 만들 것인가'라는 공략의 진수를 맛볼 수 있다. 참고로, 슈패미로는 이 게임 뒤에 2작품이 발매되었는데, 모두 호불호가 갈리는 완성도이다.

▌뭣이, 가이가 없잖아!
대체 어디에……

이 게임은 아케이드 게임 『파이널 파이트』의 두 번째 이식판입니다. 동일 하드로 같은 게임이 여러 번 이식되는 것은 **극히 드문 케이스**이지만, 거기에는 그 당시이기에 어쩔 수 없는 사정이 있었던 겁니다.

원래 『파이널 파이트』는 폭력 조직에 납치된 제시카를 구해내는 벨트 스크롤 액션. 제시카의 아버지이자 시장인 해거. 제시카의 연인인 코디. 그리고 코디의 친구이자 인법의 계승자인 가이 등 3명의 캐릭터가 등장합니다. 하지만 슈패미로 이식될 때, 용량 문제인지 가이가 **통째로 삭제**되고 말았습니다.

이야기 내용상 제시카와 관계가 별로 없는 가이이지만, 댄디한 멋이 있는 외모와 사용하기 쉬운 성능을 지녀, 폭넓은 인기를 모았기에 삭제는 예상 외의 사태였습니다.

현재로 예를 들자면 『요괴 워치(妖怪ウォッチ)』의 신작에 지바냥이 없다', 『함대 콜렉션(艦隊これくしょん)』이 게임화되었는데 시마카제(島風)가 사라졌다', 『피안도(彼岸島, 마츠모토 코지의 인기 만화. 작가가 통나무를 너무 좋아해서 시도 때도 없이 나온다-역주)』가 게임화되었는데 통나무가 나오지 않는다', 『죠죠의 기묘한 모험(ジョジョの奇妙な冒険)』의 제4부가 실사 영화로 만들어졌는데, 어째서인지 촬영지가 스페인(4부는 일본의 고등학교가 배경-역주)' 정도의 임팩트.

오프닝에서 가이가 있던 장소에는 떡하니 **부자연스러운 공백**이 생겨 있는데, 해거와 코디는 아무 일도 없었던 것처럼 행동하는 부분이 어쩐지 무섭고, 이건 이미 『스위트 홈(スウィートホーム, 쿠로사와 아키라 감독의 영화를 게임화한 호러 게임-역주)』의 뒤를 잇는 캡콤 제2의 사이코 계열 호러 게임이라 해도 지장이 없지 않을까요.(소수파의 의견).

▌가이와 펀치 얍삽이 ▌

그런 슈패미판에서 2년 후에 발매된 재이식판이 『파이널 파이트 가이』. 드디어 3명이 다 모이나……했더니, 이번에는 코디가 삭제되어 있었습니다.

이야기상으로는 '코디와 가이가 개별 행동 중일 때 제시카가 납치당한' 것으로 되어 있어 전작과 모순점이 생기지만, 이것은 루프물 이야기를 벨트 스크롤 액션으로 재현하는 선구자격인 시도라 해도 별 지장이 없지 않을까요(소수파의 의견). 시리즈는 이후에도 지속되지만, 두 사람이 모이면 대소멸이라도 일어나는 건지 슈퍼 패미컴에서 코디와 가이가 함께 등장하는 일은 이루어지지 않았습니다.

세 사람은 성능적으로 '파워형으로 상급자용인 해거', '스피드형으로 초보자용인 가이', '밸런스형(약간 파워에 치우친)인 코디'라는 위치에 있었기 때문에, 해거와 가이를 사용할 수 있는 이 게임은 상급자용과 초보자용이 모인 형태. 어떤 의미로는 전작보다 접하기는 더 쉬울지도 모릅니다.

가이의 커다란 특징은 공격 수단이 많고, **얍삽이 기술이 특기**인 프렌즈라는 점. 버튼을 연타하기만 해도 '이권, 이권, 중단 찌르기, 팔꿈치 치기, 돌려차기'라

한 번은 삭제되었던 가이가 기적의 부활! 발밑의 제시카 인형은 얻으면 일정시간 무적이 되는 가정용판 오리지널 아이템이다.

는 5발의 컴비네이션을 사용할 수 있으며, 이것은 '펀치 얍삽이'라 불리는 테크닉을 사용할 때 매우 귀중합니다. 컴비네이션의 마지막 공격에는 상대를 다운시키는 효과가 있으며, 공격이 끊어져 버리지만, 도중에 뒤를 돌아보고 일부러 헛치게 하면 최종단계가 나가지 않기 때문에, 상대가 몸이 젖혀진 상태로 펀치를 계속 맞게 할 수 있습니다. 이것이 '펀치 얍삽이'.

컴비네이션이 3단인 해거는 한 발, 4단인 코디는 1~2발을 맞힐 때마다 돌아봐야 하기에 바쁘지만, 가이는 1~3발 중 어느 공격에서든 OK라 여유가 있습니다. 제대로 들어가면 상대가 죽을 때까지 펀치를 계속 때릴 수 있기 때문에, 가이를 사용한다면 앞으로 진행하기 쉬워지는 겁니다. 핑~장해!

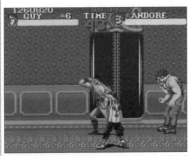
컴비네이션 도중에 타이밍을 맞춰 반대쪽을 바라보아 상대가 계속 몸이 젖혀진 상태로 만드는 것이 '펀치 얍삽이'. 사진처럼 최종 스테이지에서도 유효한 중요 테크닉이다.

다만, '펀치 얍삽이'를 사용한다 해도 바로 클리어할 수 있는 것은 아니라는 점이 『파이널 파이트』의 심오한 점. 하드의 제약으로 인해 아케이드판만큼 적이 나오지는 않지만, 배치는 아주 잘 짜여 있습니다. '펀치 얍삽이'를 사용하는 도중에 다른 적이 몰래 다가오기 때문에, 던지기로 연결해 적을 모으거나, 컴비네이션을 마지막까지 사용해 다시 시작하는 등 임기응변으로 대응해야만 합니다.

이 게임을 공략할 때는 '적의 반격을 봉인하고, 한 군데로 모아 안전한 상황을 만드는' 것이 중요합니다. '펀치 얍삽이'를 쓰기 쉬운 가이는 그 진수를 금방 맛볼 수가 있는 것입니다.

친구의 애인으로 분발하는 닌자

이 게임에는 발매된 이후 20년 이상에 걸쳐 계속 딴죽이 걸리는 '드럼통에서 나오는 고기'나 '흑인 남성이 토해낸 껌' 등, 다양한 아이템이 출현하는데, 주목할 것은 이 게임 오리지널인 '제시카 인형'입니다. 얻으면 무적 상태가 되는데, 가이의 경우 **'친구의 애인을 얻어 분발'**하는 것이기에, 꽤나 어둠이 깊습니다.

고난이도로 클리어하면 가이가 제시카와 코디를 축복하는데, 제키사 인형을 얻어 무적이 될 정도로 무척 기뻐했던 가이와 어느 쪽이 본심인지는 영원히 수수께끼입니다.

(Y)

스트리트 파이터 II (ストリートファイターII)

장르 : 격투
제작사 : 캡콤
　　　(カプコン)
발매일 : 92.6.10
정가 : 9,800엔

일본 전국을 열광의 도가니에 빠트렸던 원조 대전 격투 게임이 아케이드판이 나온 지 겨우 1년 만에 슈패미에 상륙! 8명의 개성도 액션도 풍부한 캐릭터들이 벌이는 심오한 공방전도 그대로 이식되어, 게임 센터에서 박살이 났던 사람들도 집에서 원하는 만큼 커맨드 기술을 연습할 수 있었으며, 친한 친구끼리 '나보다 약한 놈을 만나러 가는' 최고의 대전 툴이 되었습니다. 하지만 때로는 리얼 파이트!

집에서 『스파Ⅱ』를 즐길 수 있는, 단돈 9800엔!

『스트리트 파이터 Ⅱ』, 약칭 『스파Ⅱ』가 게임 센터에 등장한 것은 1991년의 일. 단골 매장에서도 한 대가 두 대로, 두 대가 네 대로 늘었고, 순식간에 온 매장이 『스파Ⅱ』로 메워질 정도의 기세였습니다. 어제까지 열심히 파고들어 클리어 직전이었던 게임이 철거되어 바뀌어버린……약간 씁쓸한 추억도 있습니다.

『스파Ⅱ』는 『스트리트 파이터』 시리즈의 두 번째 작품으로, **대전 격투 붐에 불을 붙인 장본인입니다.** 모르는 사람끼리 봐주는 것 없이 진검 승부를 벌이고, 진 쪽은 분해서 기계 쾅(기계를 쾅쾅 두드림), **때로는 리얼 파이트로 발전하기도 했습니다.** 서로를 뭉개버리는 스트리트 파이트 그 자체의 분위기 속에서, 그럼에도 100엔 동전을 계속 집어넣을 수밖에 없었습니다.

대전 상대가 바로 옆에 있으면 소동이 심했기 때문에, 이윽고 2개의 기계의 등을 맞대게 해 서로의 얼굴이 보이지 않도록 하는 지금의 형태로 안정되면서, '못하는 플레이어는 순살, 상급자는 100엔으로 몇 시간이든 즐길 수 있는' 형태로 바뀌었습니다. 심지어, **패배자는 순서를 기다리며 다시 줄을 서야 하는** 슬픔.

그런 『스파Ⅱ』의 약자들에게, 슈패미판 『스파Ⅱ』의 발매는 기다리고 기다리던 구원이었습니다. 정가 9,800엔? 아케이드판 98번 할 돈이라니, 뭐 이렇게 싸!

슈패미판 『스파Ⅱ』는 최고의 이식

『스파Ⅱ』의 시스템은 전작 『스트리트 파이터』를 기초로 브러시업한 것입니다. 대전하는 두 사람의 캐릭터(각각 인간과 컴퓨터=CPU의 2종류가 있음)가 맞서, 두들겨 패면서 서로의 체력을 0으로 만들면 승리합니다. 펀치, 킥 모두 약, 중, 강 3종류가 있으며, 버튼으로 구별해 사용할 수 있습니다. 레버로 전진 및 후퇴하는 것 외에

'격투가들이 각 나라의 스테이지를 여행한다'는 대전 격투 게임의 단골 설정도 『스트리트 파이터』 시리즈가 원조.

도 점프도 가능하며, 적의 공격에 역방향으로 입력하면 가드——등 **훗날 격투 게임의 기본은 이미 완성되었습니다.**

속편인 『스파Ⅱ』의 굉장함은, 우선 플레이어가 선택할 수 있는 캐릭터를 전작의 **두 명에서 단숨에 8명으로 늘렸다는 점입니다.**

연속으로 투입된 주인공 격투가 류와 라이벌인 켄 외에도, 최초의 여성 격투 게임 캐릭터인 춘리, 최초의 야생아 격투 게임 캐릭터인 블랑카, 최초로 손발이 늘어나는 인도인 달심……**세계 최초 투성이!** 이런 캐릭터들이 모여 있습니다.

그런 각 캐릭터는 '버튼을 누르면 나가는' 통상기 외에도, 특정 레버 움직임과 버튼의 조합으로 사용할 수 있는 필살기, 다른 이름으로는 '커맨드기'가 있습니다. 커맨드 입력과 사용한 후의 경직 시간 등

리스크의 대가로 위력이 높게 설정되어 있습니다.

전작에도 등장했던 류와 켄의 '파동권'(적이 오른쪽에 있을 경우 레버 아래→오른쪽 아래→오른쪽+펀치)과 '승룡권'(마찬가지로 오른쪽→아래→오른쪽 아래+펀치) 등은 적에게 히트시키기만 하면 승부의 결판을 낼 수 있는 그야말로 필살기. 하지만 입력 타이밍이 너무 어려웠기에, 초보자는 거의 쓸 수 없었습니다.

『스파Ⅱ』에서는 커맨드기를 쓰기 쉬워진 데다, '모으기 기술'을 신설했습니다. 레버를 아래나 옆으로 계속 입력(모으기)한 상태에서→반대 방향+공격 버튼 입력은 상당히 간단했고, 수많은 사람들에게 구제가 되었습니다.

이렇게 아케이드에서 커다란 파란을 일으킨 『스파Ⅱ』는 가정용 하드인 슈패

『스파Ⅱ』의 대명사가 된 류의 필살기 승룡권. 당시는 커맨드라는 개념이 아직 제대로 정립되지 않은 상태라, '운좋게 나가면 무척 기쁜' 것이었다.

승부가 결판이 난 후의 데모. 입은 대미지로 얼굴이 엉망이 되는 연출이 있으며, 블랑카는 눈알이 튀어나와서 '죽은 거 아냐?라는 얘기가 나오기도.

승룡권을 무한히 연습할 수 있는 기쁨

가정용 게임은 우선 '혼자서 즐길 수 있다는 점'이 무척이나 중요합니다. 게임 센터에서는 '대전'에 편향되기 일쑤였지만, **사실은 1인 플레이도 절묘한 재미가 있었구나!라고 알게 된 것이 슈패미판을 구입한 후의 일입니다.**

처음에 필자가 사용했던 메인 캐릭터는 홍일점인 춘리. 탄탄한 허벅지에 홀딱 반한……것도 있긴 했지만, 주로 '커맨드기가 간단'하다는 이유였습니다.

아케이드에서는 누구나 잘하는 캐릭터 외길. 하지만 슈패미판에서는 순서를 기다릴 필요도 대전대의 '지면 밀려나는' 일도 없기 때문에, **캐릭터를 계속 바꿔가면서 이것저것 시험해 볼 수 있습니다.**

미와도 상성이 좋았습니다.

우선 펀치&킥=약, 중, 강의 6버튼은 마침 슈패미의 컨트롤러와 완전히 일치했습니다. 뭐, 실제로는 LR의 '강'은 죽도록 쓰기 힘들었지만, **당시 6버튼인 게임기는 슈패미뿐이었습니다.**

심지어 슈패미판은 도트 그래픽도 아주 잘 만들어져 있었습니다. 원래 아케이드판보다 해상도도 떨어지기 때문에 캐릭터도 약간 작아졌지만, 선명한 색조, 부드러운 움직임은 체감적으로 그렇게 다르지 않았습니다.

말하자면 오락실에서 몸에 익힌 공방이나 커맨드기를 그대로 쓸 수 있는 기쁨. 상급자가 보기에는 달랐을지도 모르지만, 필자에게는 '거의 똑같은' 것이었고, **정말로 게임 센터가 집에 온 것 같은** 인상이었습니다.

장풍계 기술은 하나도 없어 파동권 등의 먹이가 되기 쉬웠던 소련(당시)의 프로레슬러 장기에프.

1992년

슈패미판 오리지널 스테이지인 벽돌 부수기 보너스 스테이지. 나무통 부수기 스테이지가 용량 문제로 삭제되고, 대신 삽입된 것이다.

을 즈음에는 날이 새고 있었지만, **'게임 센터에서 했으면 1만 엔은 들었을 거야'** 라는 감사의 마음밖에 없었습니다. 다만 CPU의 초반응(인간 플레이어라면 도저히 반응할 수 없는 스피드로 기술을 뭉개버리는) 등의 단어는 이때쯤 기억했던 것 같습니다.

대전 격투 게임 대국 일본을 만든 『스파Ⅱ』

이 게임은 대전 툴로서도 대활약했습니다. 1인 플레이에 지쳐 동아리실에 두었더니, 패드 버튼을 너무 눌러서 너덜너덜해질 정도로 대인기였습니다.

아직 초기였던 대전 격투 게임인 만큼, 밸런스도 조잡했기 때문에, 캐릭터별로 굉장한 성능 차이가 있었습니다. 장풍계 기술도 없고 움직임도 느린 레슬러

필자가 춘리에서 류로 갈아타 승룡권을 쓸 수 있게 된 것도, 전적으로 슈패미판이 있었기 때문입니다.

보너스 스테이지인 '나무통 부수기'와 '드럼통 부수기'가 삭제된 것은 좀 아쉬웠지만, 강적과 싸워나가며 '나보다 강한 놈을 만나러 간다' 부분에 관해서는 아케이드판에 한 걸음도 밀리지 않습니다.

몇 번을 컨티뉴해도 100엔 동전을 넣지 않아도 되기에, **영원히 질 수 있다.** 덕분에 후반의 보스 사천왕과도 드디어 만났습니다. 복서인 바이슨은 사천왕 중에서 최약이었고(파동권의 밥), 다가가면 도망치고, 거리를 두면 갈고리 손톱으로 공격하거나 효오~하고 공중 살법으로 습격해오는 발로그는 대체 어쩌라는 건지.

라스트 보스인 베가는 어쩌다 맞은 파동권과 강 다리 후리기로 2승을 거두었

악의 조직 '샤돌루'의 총수 베가와 대결하는 라스트 스테이지. 가드하면 던져지는 사이코 크래셔 등 흉악한 기술이 산더미 같다!

류로 베가에게 승리한 후의 엔딩 화면. 잘 보면 악의 총수 베가가 표창대에 제대로 올라와 있는 게 웃긴다.

장기에프는 멀리서는 소닉 붐, 가까이 가면 서머솔트 킥을 사용하는 가일의 밥. 그럼에도 잘하는 사람이라면 이기지 못할 것도 없는, **캐릭터의 격차가 실력의 격차를 메워 좋은 느낌의 승부**가 되었습니다.

사람이 많아지면 다양한 생각을 하는 녀석이 있기 마련이라, 장기에프가 장난감이 되기도 했습니다. 필살기인 스크류 파일 드라이버는 레버 1회전+펀치로 사용하기에 굉장히 어려웠지만, **눈가리개를 하고 발소리만으로 몇 걸음인지 타이밍을 계산해 류**(조작하지 않음)**를 공격**해보는 등. 반 년 정도 동아리실에 사람이 있으면『스파Ⅱ』만 했습니다.

실은 비기로 같은 캐릭터 대전이 가능하게 되는 등 **아케이드판**(동일 캐릭터 불가)**을 초월한 부분**도 있으며, 대전할 수 있는 친구 숫자만큼 놀이의 폭도 넓어진 슈패미판『스파Ⅱ』플레이 인구층이 두터운 '대전 격투 게임 대국 일본'의 기초를 만든 것도 이 게임일지도 모릅니다.

(T)

캐멀 트라이 (キャメルトライ)

장르 : 액션
제작사 : 타이토
　　　　(タイトー)
발매일 : '92.6.26
정가 : 8,500엔

만유인력을 이용해 화면 전체에 펼쳐지는 미로를 빙글빙글 회전시켜 볼을 골까지 인도하는 심플하지만 대담한 아케이드의 스매시 히트작이 모두의 예상대로 슈퍼 패미컴에 등장! 기대를 배신하지 않는 완성도에, 아케이드 게임 팬도 대만족하는 작품. 참고로 PC인 X68000판은 스테이지 작성 기능까지 포함되어, 더욱 호화로운 내용으로 되어 있었다.

▌리뉴얼 미로 탈출 게임!▐

미로 안의 볼을 골로 인도한다!

아케이드에서는 옛날부터 『크레이지 벌룬(クレイジーバルーン)』(4방향 레버로 **조종하는 것은 풍선**)이나 『마린 데이트(マリンデート)』(트랙볼로 **조종하는 것은 문어**)로 친숙한, 이해하기 쉬운 미로 탈출계열 게임입니다.

TV 방송에서는 『전류 안절부절봉(電流イライラ棒)』(손에 든 봉을 미로에 통과시킨다) 등의 어트랙션으로도 등장했었다, 라고 하는 편이 떠올리기 쉬울지도 모릅니다.

하지만 그런 아케이드 게임 여명기부터 존재했던 미로 탈출계 게임이 1989년에 리뉴얼되어 재등장!

심지어 이번에는 『블록 깨기』로 친숙한, 지금은 흔히 볼 수 없게 된 좌우로 빙글빙글 돌리는 패들형 컨트롤러.

그런데 이 패들, 원래는 TV의 음량이나 라디오의 주파수를 조정하기 위해 쓰였던 것이기 때문에, 미세 조정은 잘 되지만 컨트롤 범위가 어디까지나 '좌나우'뿐.

그리고 컨트롤하는 것은 볼이 아니라, 놀랍게도 **미로 자체!**

이후에는 만유인력의 법칙에 따라 볼을 굴리고, 낙하시켜, 미로를 빙글빙글 회전시키면서 골인 지점을 목표로 이동하는 것입니다.

'미로를 회전시킨다'는 것은, 감각적으로는 옛날의 그리운 쇼와(1926년~1989년) 레트로 스타일 『미로 탈출 게임』과 비슷한 면이 있습니다.

그렇습니다, 쇼와 시절 막과자점이나 장난감 가게에서 친숙했던, 투명 플라스틱 미로에 갇힌 은구슬을 출구까지 굴리는, 보통 주머니에 들어가는 사이즈의 심플한 장난감이었던 그것.

이 게임 『캐멀 트라이』는 그런 장난감을 방불케 하지만, 이쪽은 헤이세이(1989년~2019년) 일본의 아케이드 게임.

탈출까지의 시간이 줄어드는 대미지 존이나 핀볼처럼 튕겨내는 범퍼, 강제로 흘러가게 하는 기류나 빨아들이는 중력장 등의 기믹도 등장!

누구나 클리어할 수 있는 초급부터 도

전하며, 불가사의하지만 납득할 수 있는 미로를 회전시키면서 클리어를 목표로 합니다.

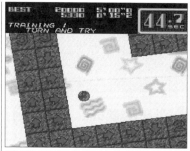

볼을 굴려 골로 보낸다. 단, 조작할 수 있는 건 미로 쪽으로, 뒷일은 만유인력에 맡기고 미로를 팍팍 낙하해 나간다!

예상대로의 발매!
기대 이상의 완성도!

『캐멀 트라이』는 슈패미 발매가 아니라 **발표 당시부터, 언젠가 반드시 이식될 것이라 거론되던** 작품입니다.

이것도 1989년의 아케이드판 등장 시부터, 당시의 최신 기술이었던 화면이나 물체의 회전, 확대, 축소 기능을 심플하면서도 유감없이 발휘해, 그 위력을 게이머들에게 마음껏 보여주면서 스매시 히트했기 때문입니다.

그리고 때가 되어 등장한 최신예기 슈패미는 회전, 확대, 축소 기능이 최대의 특징으로서 확실하게 광고되고 있었습니다.

물론 심플하면서도 가정용기에는 아

쉽게도 이식 불능이라 여겨지던 아케이드판 『캐멀 트라이』도, 화면을 빙글빙글 회전시킬 수 있는 슈패미라면 가능!

'메가CD는 확대축소는 몰라도 **회전이 말이야……**' 등 복수의 기종 소지파도 충분히 납득할 수 있는, 아케이드판에 전혀 손색이 없으면서도 대담한 미로 회전!

……이런 이유로, 기다리고 기다리던 작품, 그리고 다른 동시기의 가정용 게임기로는 어려웠던 작품. 그것이 슈패미판 『캐멀 트라이』였습니다.

(A)

사이버리온(サイバリオン)

장르 : 액션
제작사 : 도시바 EMI
(東芝EMI)
발매일 : '92.7.24
정가 : 8,600엔

1988년에 타이토에서 발매된 동명의 아케이드 게임의 이식판. 황금의 기계용 '사이버리온'을 조작해 적과 싸운다. 플레이어의 행동에 따라 변화하는 스토리와, 랜덤으로 생성되는 스테이지가 특징. 원판에서는 트랙볼을 움직여 조작했지만, 슈패미판에서는 컨트롤러의 십자키를 사용하게 되었으며, 플레이 감각이 크게 달라졌다.

황금의 용을 타고 적을 불태워라

동양의 용을 떠올리게 하는 '사이버리온'을 조작해, 미궁 속에 숨어 있는 보스를 쓰러트린다.

다양한 면을 세심하게 궁리해 만들어, 게임 디자인의 묘미를 맛볼 수 있는 것이 『사이버리온』입니다.

90년대라고 하면 비디오 게임의 복잡화가 진행된 시대이지만, 이 게임에서 사용하는 버튼은 용이 입에서 불을 토하기 위해 사용하는 **단 하나뿐**. 그럼에도 화염은 '적을 파괴한다', '적탄을 튕겨낸다', '장해물을 밀어낸다' 등 다양한 목적에 쓰이기에, 조작이 심플하다 해도 게임이 단조로운 것은 아닙니다.

공방일체의 강력한 화염이지만, 무한히 쓸 수 있는 것은 아닙니다. 화염을 계속 토해내면 게이지가 감소하며, 서서히 사이즈가 작아집니다. 게이지를 회복하는 수단은 '시간 경과'와 '재빠르게 이동하는 것'.

특히 후반 스테이지가 되면 적의 공격도 격렬해지기 때문에 '쓸데없는 싸움은 피하고 팔팔하게 이동해, 불의의 적습과 적탄에 대비해 게이지를 유지하며 침공한다'는 이론을 지키는 것이 중요해집니다.

그렇다고 해서 저돌맹진은 NG. '사이버리온'의 긴 신체는 머리부터 꼬리 끝까지 피격 판정이 있기 때문에, 나아갈 때는 단숨에 나아가고, 멈춰야 할 때는 멈춰서 신체를 작게 만드는 완급을 조절하는 이동이 이상적입니다.

'사이버리온'은 8발까지 피탄에 견딜 수 있습니다만, 화면상에는 내구력 게이지 같은 것은 존재하지 않습니다. 공격을 받을 때마다 기체를 구성하는 8개의 관절이 꼬리부터 붉어지며, 머리까지 새빨갛게 된 상태에서 공격을 받으면 아웃입니다.

즉, '사이버리온'의 **기체 자체가 내구력 게이지의 역할을 수행하고 있으며,** 플레이어는 여기저기에 눈을 돌릴 필요가 없기 때문에, 이것은 지극히 우수한 디자인이라 할 수 있겠죠.

게임이 복잡해짐에 따라, '각종 게이지나 수치 등의 패러미터를 제한된 화면 안에 얼마나 스마트하게 표시할 것인가'는 UI를 작성할 때 하나의 테마가 되었습니다. 『DEAD SPACE』(2009년)에서는 '주인공이 입은 우주복의 등에 척수같은 라이트가 있으며, 이것이 라이프 게이지'라는, 심플하지만 몰입감을 저해하지 않는 아이디어가 화제가 되었는데, 『사이버리온』은 21년이나 앞서 비슷한 것을 생각하고 실현시킨 것입니다.

'실전편'에서는 스토리가 다양하게 전개. 사진의 경우, '사이버리온'의 화염 게이지가 줄어들지 않게 된다. 이야기는 그저 장식이 아니라, 플레이에 영향을 미치는 것이다.

플레이어의 행동에 따라 변화하는 이야기

『사이버리온』의 특징적인 부분은 '플레이어의 행동으로 스토리 전개가 변화한다', '스테이지가 랜덤으로 생성된다' 등 2가지입니다.

이 게임의 '실전편'에서는 스테이지 사이에 노벨 게임처럼 이야기가 표시됩니다. 설정이 다른 스타트 지점이 여러 개 준비되어 있으며, 여기서 미스 유무나 플레이 시간의 장단 등 다양한 조건으로 이야기가 분기됩니다. 이것은 단순한 플레이버 텍스트(flavor text, 주로 카드 게임 등에서 소개 및 배경 설정 등을 나타내주는, 번뜩이는 맛의 재미를 주는 글을 말함-역주)가 아니라 이야기의 전개에 따라 원호기나 자동 포대, 무적 등의 장비를 손에 넣을 수 있는 등 플레이에 영향을 미칩니다.

엔딩은 놀랍게도 **100종류 이상**. 그 여정은 매우 파란만장해서, 배드 엔딩도 의외로 충실하니 방심할 수 없습니다.

'노과학자를 구출해, 유도탄과 자동포대 등의 옵션 병기를 받아 적을 해치운다' 같은 무난한 것부터, '대미지를 입은 탓에 기내에 기생우주인의 침입을 허용하는 바람에, 신체를 빼앗긴다', '적을 놓친 숫자가 너무 많았기 때문에, 지구가 침략당하고 만다', '원호기를 몇 번이고 죽게 하는 바람에, 양심의 가책을 견딜 수 없게 되어 자결한다', '전투가 너무 길어진 탓에 적의 증식을 허용하고 만다' 등 다크한 것들까지 실로 다양합니다.

『사이버리온』으로 랜덤 생성되는 맵을 침공. 뒤에 따라오는 원호기는 『다라이어스』의 아군기와 같은 디자인으로, 크로스 오버의 선구자격.

루트가 많은 데다, 분기 조건도 다양하기 때문에 특정 스토리를 노리는 것은 거의 불가능하다고 해도 과언이 아닐 테죠.

개중에는 마찬가지로 메카 슈팅인 『다라이어스(ダライアス)』와 링크해 있는 것도 있으며, 그 작품의 주인공 프로코나 티아트가 원호기 '실버 호크'로 참전하는 등은 크로스오버의 선구자격이지만, '라스트 보스는 쓰러뜨렸지만 **프로코가 목을 매달았다**' 같은 결말도 있으니 방심하지 말고 싸워야 할 겁니다.

게다가 '실전편'의 스테이지는 랜덤으로 생성됩니다. 보스 전은 몰라도, 가는 길을 패턴화하는 것은 거의 불가능하다고 해도 좋을 테죠.

이처럼, 이 게임은 분기와 랜덤 생성이 교묘하게 어우러져 있으며, 선택에 따라 달라지는 이야기와 플레이 감각을 맛볼 수 있는 것입니다.

▌ 트랙볼과 컨트롤러 ▌

선진적인 게임 디자인을 지닌 『사이버리온』이지만, 이식되면서 다양한 점이 변경되었습니다.

먼저 조작계. 아케이드판은 트랙볼(손바닥으로 볼을 회전시키는 입력기기)이 채용되었으며, 익숙해지면 고속 이동과 미세 조정 등 세밀한 조작이 가능했습니다. 하지만 슈퍼 패미컴의 패드로는 조작감이 다른 데다, 머리부터 꼬리 전체에 피격 판정이 있는 『사이버리온』의 특성은 그대로이기 때문에, 아케이드판처럼 플레이하는 것은 꽤 어렵습니다.

또 하나의 변경점은 음악입니다. 아케이드판은 타이토의 인기 사운드 팀 'ZUNTATA'의 악곡이 사용되었지만, 이 게임에서는 『드래곤 퀘스트』로 친숙한 고(故) 스기야마 코이치(すぎやまこういち) 씨를 사운드 프로듀서로 기용하고, 마츠오 하야토(松尾早人)[1] 씨의 오리지널 곡으로 변경되어 있습니다. 원곡의 평가

※ 1　일본의 작곡가. 드래곤 퀘스트 시리즈 등 다양한 게임과 마법기사 레이어스 등의 애니메이션의 음악 작업에 참여했다-역주

도 높았는데, 어느 한쪽을 선택할 수 있
도록 되어 있었어도 좋지 않았을까요.

게임의 문제점에 맞서다

이 게임이 발표된 시대는 게임의 복잡
화에 더해, 앞으로 나아가기 위해서는 패
턴을 암기하지 않으면 안 되는 고난이도
화가 문제시되고 있었습니다.

그러는 와중에, **패턴화를 부정**하고,
플레이할 때마다 달라지는 이야기, 전개,
맵을 즐길 수 있는 작품으로 의문 부호를
던진 것입니다.

랜덤 생성과 분기를 조합한 시스템
은 현대의 시점으로 봐도 매력적입니다.
2010년대의 인디 게임 계에서는 이 게임
처럼 랜덤 생성 계열(로그라이크)이 일대 장
르가 되어 있으니, 원작자이신 고 미츠지
후키오(三辻富貴朗) 씨(『버블 보블(バブルボブ

익룡을 떠올리게 하는 거대 보스와의 전투. 『사이버리온』의 피격
판정은 무척 크기 때문에, 적탄을 피하기보다는 타이밍을 맞춰
불꽃으로 튕겨내는 편이 효과적.

ル)』, 『레인보우 아일랜드(レインボーアイランド)』
등의 명작에 참여한 게임 디자이너)의 높은 문제
의식과 혜안을 엿볼 수 있습니다.

한편, 분기 조건을 알기 어렵다는 점
과, '사이버리온'의 피격 판정이 너무나
도 넓기에, 호불호가 갈리는 작품이 된
것도 사실이지만, 랜덤 생성이 유행하는
2010년대인 만큼, 이 게임을 다시 한 번
즐겨보는 것도 재미있지 않을까요.

(Y)

1992년

슈퍼 마리오 카트 (スーパーマリオカート)

장르 : 레이싱
제작사 : 닌텐도 (任天堂)
발매일 : '92.8.27
정가 : 8,900엔

마리오 시리즈의 인기 캐릭터들이 카트를 타고 데드히트를 되풀이하는 『마리오카트』 시리즈의 원점. 화면을 2분할로 '둘이서 즐길 수 있는 레이싱 게임'=파티 게임의 콘셉트가 적중하면서, 슈패미 최고의 매상을 기록! 마리오 시리즈다운 다채로운 코스 위에서 아이템을 사용해 서로를 방해하는 재미는 레이싱 게임의 상식을 뒤엎었다. 또, '슈퍼'가 제목에 붙는 『마리오 카트』 작품은 이 게임뿐이다.

▌레이싱 게임의 상식을 바꾼 슈패미 최대의 히트작 ▌

역대의 닌텐도 하드를 거의 총망라하고 있는 『마리오 카트』의 원조가 슈퍼 패미컴에도 출전! 참고로 출하량은 876만 개로, **슈패미에서 가장 많이 팔린 소프트**입니다.

마리오의 인기 캐릭터들이 카트를 타고 경쟁하는 레이싱 게임인데, 선배인 『F-ZERO』와의 차이점은 '둘이서 즐길 수 있다'는 점. 메인 화면은 상하로 분할되어 (1인 플레이의 경우는 아래쪽이 코스 전경) **'속도'보다 '모두 다 같이 즐길 수 있는' 파티 게임이 우선**시되고 있습니다.

등장 캐릭터는 마리오 시리즈에서 선발된 8명으로, 거의 같은 성능이 둘씩 있어 4타입으로 나뉩니다.

마리오와 루이지는 표준적이며, 거대한 쿠파&동키콩은 가속은 느리지만 최고 속도는 단연 톱. 그리고 요시&피치 공주는 가속 성능이 우수해 초보자용……이기는커녕, 다루기 어려워서 초

상급자용. 그립이 나빠서 어떤 코스에서도 미끄러지기 쉽고, '요시 귀여워~'라고 **선택했다가 지옥을 본 아이들도 많았던** 모양입니다.

'카트가 코스를 달리며 경쟁한다'는 기본 외에는 레이싱 게임으로서는 모든 것이 형식 파괴.

우선 마리오 시리즈인 만큼, 카트가 점프할 수 있습니다. 도로가 끊어진 곳을 뛰어 넘고, 커브에서의 드리프트도 뿡뿡 뛰면서 하는 모습은, **액션과 레이스의 경계를 초월한 '언제나의 마리오'**로만 보입니다.

게다가 **아이템을 이용해 서로의 발목을 잡고 늘어지는 것도**, 신성한 레이싱 게임에는 있을 수 없는 재미.

패널을 밟으면 아이템을 룰렛 형식으로 입수하게 되며, 앞을 달리는 카트를 뒤집어엎거나, 모든 라이벌을 스핀시키거나 뒤집어엎는 등……이런 광경은 이 시리즈를 사랑하는 유저에게는 당연한 광경이 되었지만, 당시는 '비상식' 그 자체였습니다.

즉 이 게임은, 레이싱 게임 본래의 모습을 근본부터 뒤엎어버린 혁명아. 시대는 『마리오 카트』 이전과 이후, 두 개로 나뉘는 것입니다.

화면을 위 아래로 둘로 나누어, 대전 툴로 만들어둔 대담한 설계. '아이템으로 서로 방해하는 레이싱 게임'도 참신했다

사기를 숨기려고 조차 하지 않는 CPU의 야비함

이 시리즈의 훌륭한 점인 '인간과 인간의 공방'은 이미 첫 번째 작품부터 완성의 영역에 있습니다. 앞으로 공격하는 빨간 거북이 등껍질 vs 뒤로도 날릴 수 있는 녹색 거북이 등껍질의 공방, 좁은 통로에서 바나나를 던지는 등, **성격이 나쁜 쪽이 이긴다!** 단 순위가 낮을수록 강한 아이템이 나오기 때문에, 최후까지 스릴이 유지되는 구조입니다.

이런 대인전이 있는 한편, 1인 플레이도 파고들어 볼 만한 가치가 있습니다. 4개의 컵×5개=20개의 코스를 드리프트 주행과 미니 터보(드리프트 중에 조건을 만족시키면 가속) 등 테크닉을 구사해 기록을 단

축하는, 숙련자들이 좋아하는 심오함입니다.

시리즈의 첫 작품이기에 생기는 난점은, CPU 캐릭터의 움직임이 사기 냄새가 풀풀 난다는 점입니다. 무한히 방해 아이템을 사용한다거나, 있을 수 없는 스피드로 추격해오는 등 사기를 숨기려고 조차 하지 않는 산뜻함.

미니 슈패미로 다시 플레이해서, **'역시 CPU 짜증난다~'**라며 봉인했던 원한도 되살려 보는 건 어떨까요?

(A)

1992년

드래곤 퀘스트 V 천공의 신부
(ドラゴンクエストV 天空の花嫁)

장르 : RPG
제작사 : 에닉스
(エニックス)
발매일 : '92.9.27
정가 : 9,600엔

『드래곤 퀘스트』 시리즈의 5번째 작품, 드디어 슈패미에 등장! '주인공이 용자가 아니다'라는 충격적인 설정과 '몬스터를 동료로 삼을 수 있는' 시스템의 도입, 무엇보다 결혼 상대 선택도 있는, 드퀘의 전환점이 된 이색작. 어린 시절 눈앞에서 부친을 살해당하고, 10년이나 노예로 강제 노동, 아이가 생겨 행복의 절정일 시기에 8년이나 돌이 되는 등, 주인공의 불행함도 두드러졌다.

인생의 비애를 묘사한 드퀘 최고 걸작

드퀘는 일본에 판타지 RPG를 보급한 공로자──라는 위치에 있는 한편, '제작자인 호리이 유지 씨(堀井雄二, 드래곤 퀘스트, 크로노 트리거 등의 메인 디렉터-역주)가 인생의 비애를 묘사하는 서사시'라는 느낌도 있습니다. 『드퀘Ⅱ』에서는 사말토리아 왕자를 찾아서 엄청나게 돌아다니게 하더니, '아 한참 찾았잖아요'라는 첫 만남 대사에 뚜껑이 열릴 것 같았지만, 그건 시작일 뿐입니다.

아래 세계로 뛰어내린 채로 고향으로 돌아가지 못했던 『Ⅲ』. 죽었을 터인 소꿉친구가 나타나 '죽기 전의 환각인가' 하고 배드 엔딩을 의심했던 『Ⅳ』. 초등학생, 중학생도 즐길 수 있도록 RPG를 초보자에게도 어울리게 만들면서, 이야기 쪽에서는 심연을 슬쩍 슬쩍 보여주면서 다크 사이드로 유혹하는 두 얼굴의 호리이 스타일입니다.

그리고 시리즈의 최고 걸작이라고도,

최고의 이색작이라고도 불리는 『V』. 지금까지 주인공의 비애는 모험 사이사이에 살짝살짝 보여주면서, 히로이즘이라는 빛에 감춰진 그림자 정도로 묘사하는 편이었지만, 이 게임에서는 그런 레벨이 아닙니다. 이 세상에 태어났을 때부터 라스트 보스를 쓰러트릴 때까지, **인생을 통째로 RPG에 바쳤습니다.**

우선 첫 등장이 '출산되는' 주인공인 것도 전대미문이지만, 플레이어가 이름을 입력(이 시점에서는 '어머니가 생각하고 있었다'라는 설정)한 후, 아버지인 파파스가 '톤누라라는 이름은 어떤가'라며 이 이름이 붙여질 대위기에 처합니다.

그리고 몇 년 후, 배의 선실에서 눈을 뜨는 주인공. 아버지와 함께 2년 만에 고향으로 돌아가는 것으로, 어머니는 실종되어버렸습니다. 마치 매 부자나 새끼를 데리고 있는 늑대처럼, 아버지와 함께 유랑 여행을 떠난 주인공의 전반기 생은 간략히 다음과 같습니다.

●홀홀단신으로 동굴에서 돌아오지

않는 작업반장을 인명 구조
- 파파스의 지인의 딸 비앙카(2세 연상)와 함께 성의 유령을 퇴치하고, 아이들에게 학대당하고 있던 킬러 팬서 새끼를 구출
- 아이로밖에 보이지 않는 요정의 마을에서 대모험

우와아, 이런 어린 시절을 보내고 싶었는데. **소꿉친구와의 만남도 있고, 단둘이 신비한 체험을 하고 비밀을 공유하기도 하고**, 판타지로 가득하네요.

- 라인하트 성에서 헨리 왕자의 부하
- 납치당한 왕자를 구하는 도중에 주인공이 인질로 잡히고, **아버지는 눈앞에서 갖은 괴롭힘 끝에 살해당함**
- 왕자와 둘이 노예가 되어, **10년 이상 강제 노동**

이 중 하나만 가지고도 어린아이의 마음에 심각한 상처가 남을 텐데 둘씩이나, 심지어 잃어버린 아이 시절은 두 번 다시 돌아오지 않습니다. 높이 들어 올린 후에 낙하시키는 쪽이 대미지가 크다는, 프로레슬링의 던지기 같은 원리였던 모양입니다. 호리이식 브레인 버스터!

'도망친 노예'로 클래스 체인지!

'일해라! 일해라! 죽을 때까지 일하는 거다!', '우리 교조님은 대신전의 완성을 목이 빠지게 기다리고 계신다'.

그야말로 컬트 종교인 '빛의 교단'의 노예가 되어, 바위를 옮기는 주인공.

이 게임의 발매가 92년의 일로, **3년 후였다면 위험했으리**[※1]라 생각합니다. 이 파트 전용의 '노예복'이나 채석장의 그래픽이 나오기도 하고, '죽어'라는 한자를 쓸 수 있는 슈패미는 역시 대단합니다.

이때 주인공의 칭호는 '신전의 노예'이지만, 헨리 일행과 도망치면 **'도망친 노예'로 변경됩니다**. 얏호, 클래스 체인지다! 하지만 헨리 일행은 '라인하트 왕자'로 돌아가므로, **끝까지 노예복을 입혀 두었습니다.**

라인하트를 좌지우지하던 가짜 태후의 정체를 거울로 폭로하고, 헨리는 다행히 왕가로 복귀. 덤으로 주인공을 흠모하던 여성 마리아를 신부로 삼았습니다. 애초에 파파스가 고인이 된 것도 원인은 헨리인데, **이 녀석을 토벌할 수 있는 중**

※1 1995년에는 일본의 사이비 종교 단체 중 하나였던 옴진리교가 테러를 일으켜 대량의 사상자가 발생하는 사건이 있었다─역주

간 보스로 만들었어도 좋았을 텐데라는 기분이 듭니다.

비앙카를 선택하지 않으면 죄가 기다리는 결혼 시스템

이렇게 친구 운이 전혀 없었던 주인공에게도, 봄이 찾아옵니다. 사라보나 마을에 들어가면 바로 개가 달라붙고→부호 루드만의 딸 플로라가 한 눈에 반함→플로라와 결혼 지원 레이스에 참가하게 됩니다. **주인공, 너무 뻔뻔한 거 아냐?**

'필요한 아이템을 얻어 와라'라는 여행 중, 소꿉친구인 비앙카가 동료로 합류. 그리고 루드만의 저택에서 **비앙카와 플로라, 어느 쪽과 결혼할 것인가?**라는 초유명한 이벤트 떴다아아!

호리이 씨도 후에 '모두 비앙카를 선택하리라 생각했다'고 말씀하셨는데, 한쪽은 달콤쌉싸름한 추억이 있고, 한쪽은 좀 전에 갓 만난 사이. 만약 플로라를 선택하면 '돈이 목적'일 뿐이며, 그쪽을 선택한 경우 **비앙카가 결혼도 하지 않고 고독하게 살아가는 모습을 보게 되는 페널티**가 기다리고 있습니다.

하지만 루드만 씨, 정리하면 '딸을 아내로 삼고 싶다고 말한 남자가 모르는 소

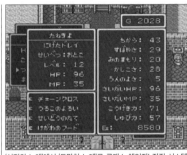

'신전의 노예'에서 '도망친 노예'로 클래스 체인지! 전직 시스템도 없는데, 운명 때문에 칭호가 계속 바뀌는 주인공이었다.

꿉친구를 데려왔는데, 그 둘의 결혼식을 치러줘야겠다'가 되는데요. **드퀘 시리즈 중에서도 단연 톱으로 좋은 사람입니다!**

갓 신혼인 주인공은 여행을 계속하는데, 용자만이 쓸 수 있다는 '천공의 투구'를 시작해보지만 쓰지 못하고 **갑자기 용자 실격.** 파파스의 고향인 그란바니아에 도착하면 실은 왕가의 후예였다&비앙카가 임신하는 더블 축복.

어…대체 언제? 아직 도시나 마을 2~3개밖에 안 돌았는데요? '어젯밤은 즐거우셨나요?'가 없는 것이 납득이 가질 않지만, **다음은 여관에 묵지 않고 그란바니아로 강행군해볼 예정입니다.**

아들과 딸이 태어나는 경사스러운 자리에서 비앙카가 납치되고, 부부 모두 돌이 되어버렸습니다. **석상이 된 주인공은 2,000G에 팔리고, 그 집안의 아들이 마**

소꿉친구인 비앙카과 부잣집 영애 플로라, 어느 쪽과 결혼할지 궁극의 선택을 강요당하는 이벤트. 플로라도 연적을 배려하는 상냥한 아가씨로군요.

물에게 납치되자 '이 자식! 이렇게 해주지'라며 쓰러트리고 발로 차이는 신세가 됩니다. 그보다 괴로운 것은 8년간, 귀여운 자식의 성장을 볼 수 없다는 점입니다. 행복의 절정에 있었기에 지옥의 밑바닥으로 떨어지는 에너지 보존의 법칙인 걸까요.

친지와 마물 100%인 인간 불신 파티

'야생 몬스터를 동료로 삼을 수 있는 드퀘'의 선구자격이 된 이 게임인데, 초반은 슬라임 나이트, 중반은 오거 킹이 주를 이루는 등 '쓸 만한' 마물이 한정되어 있어 의외로 선택의 폭이 좁습니다. 동료로 삼고 싶은 것들은 꽹장히 잡기 어려워서, **킬러 머신과 수백 번 싸우는 동안에 클리어해버렸던 것도 좋은 추억입니다.**

마물이 주력 멤버, 거기에 아들과 딸이 파티에 더해지고, 다른 인간 캐릭터가 활약할 자리는 거의 없습니다. 메탈 슬라임 사냥에 쓰는 산쵸는 예외……그 사람도 원래 파파스의 하인이었죠.

그 결과, 아내와 아들, 딸과 마물만으로 고정된 **타인이 없는 순도 100%의 친지 파티가 탄생.** 노예가 되고 석화되었던 주인공의 인간불신을 표현한 것만 같네요!

진짜 클라이맥스는 증오스러운 빛의 교단을 쳐부수는 대목으로, **라스트 보스 토벌도 어머니를 구출하러 가는 김에 하는 듯한 느낌.** 대단원은 드퀘치고는 드물게도 노골적인 해피 엔딩으로, 호리이 씨도 **'주인공에게 나쁜 짓을 했다'고** 반성한 건 아닐지?

(T)

아우터 월드(アウター・ワールド)

장르 : 어드벤처
제작사 : 빅터 음악산업
(ビクター音楽産業)
발매일 : 92.11.27
정가 : 8,800엔

폭풍이 몰아치는 밤에, 입자 가속기를 실험하던 물리학자가 연구소에 번개가 떨어지는 바람에 이세계로! 2D 폴리곤으로 만들어진 SF 세계, 이해할 수 있는 말도 없고 한 마디도 못하기에 노 힌트로 마구 죽는다. 하지만 수수께끼는 이치에 맞으며, 말이 통하지 않더라도 우정은 성립한다 —— 독창성이 『ICO』의 우에다 후미토(上田文人) 씨를 시작으로, 일본 크리에이터들에게 막대한 영향을 미친 이색작이다.

2D 폴리곤에 의한 일상과는 동떨어진 이세계

트럭에 치어 죽었을 터인데, 이세계로 날려져 모험가나 마왕이 되었다……이런 Web소설이나 애니메이션이 유행하는 요즘. 하지만 **왜 일본어가 통하는 거지?** 미국이나 중국으로 여행을 갔을 때도 가게의 메뉴조차 읽을 수 없었는데, 심지어 이세계잖아?

해외 게임 중에서도 '모르는 세계로 날려져'는 단골 설정 중 하나지만, 보통 '상식이 전혀 통하지 않는다'라는 단서가 붙습니다. 아름다운 섬을 헤매며, 직접 손으로 더듬어서 찾아가며 탈출을 목표로 하는 『MYST』 등 힌트가 없어서 망연자실하는……것이 관례였으며, **일본의 애프터 케어가 구석구석까지 미쳐 있는 이세계 전생하고는 전혀 다릅니다.**

『아우터 월드』(원래는 프랑스 제작 게임 『Another world』. 미국판은 『Out of this world』-역주)는 그런 이세계 어드벤처의 흐름 속에서 탄생한 해외 게임 중 하나입니다. 주인공

이 달리거나 발로 차거나 총을 쏘는 등, 횡 스크롤의 액션 게임입니다.

한 장의 판자 같은 2D 폴리곤으로 만들어진 그래픽이 일상과는 동떨어진 이세계 그 자체. 일본 국내에서는 『스타 폭스』가 슈패미 최초의 3D 폴리곤 작품으로 화제였지만, 그 게임의 발매보다 3개월 전에 2D 폴리곤을 채용한, 기술적으로 진보한 작품이었던 것입니다. 무엇보다, **폴리곤을 사용해 리얼 타임으로 연산해 움직임을 생성하면, 적은 용량으로도 다채로운 장면을**……이라는 서민적인 이유였다던가요.

이세계로 워프해 마구 죽는다

페라리 같은 고급차량을 타고 온 주인공 레스터 나이트 체이킨 교수. 물리 연구소의 컴퓨터로 프로그램의 버그를 수정하고, 캔 주스를 꿀꺽 마셨을 때! 연구소에 번개가 떨어져 입자 가속기가 폭주하

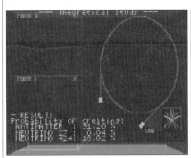

입자 가속기가 폭주해 이세계로 워프할 때까지의 데모로 꽉 채운 3분! 텍스트로 이루어진 설명도 없어서, 무슨 일이 일어난 건지 혼란스럽다.

는 바람에, 이세계로 날려져 버리고 맙니다. 이런 데모로 꽉 채운 3분, '용량을 절약하기 위한 폴리곤'은 어딘가로 날아간 듯한 기분이 들지 않는 것도 아닙니다.

책상과 함께 워프한 곳은 깊은 물 속. 무슨 일이 일어난 건지도 모르고 어리둥절하고 있었더니, 밑에서 긴 촉수가 습격해 오더니 끌려가 익사. 말하는 걸 깜빡했는데, **이 게임은 유명한 '죽는 게임'입니다.**

물에서 올라가 오른쪽으로 나아가면, 지면을 기어 다니는 거미가 몇 마리. 지나가려고 했더니 다리를 발톱으로 붙잡는 비주얼 신.

그럼 다음 전개는……하고 보고 있었더니, 그대로 뚝. **'발로 차서 해치운다'는 것을 이해할 때까지 5번은 죽었습니다.**

그 앞에서 검은 짐승과 만났을 때는, 찬다→먹힌다/도망친다→따라잡힌다/더 도망친다→절벽에서 추락. '전속력으로 대시해 벼랑에 매달린 로프에 매달린다까지 **10회 이상 잡아먹혔습니다.**

드디어 인간의 형태를 한 존재를 만났다! 짐승을 총으로 해치워준 검은 그림자에게 접근했더니, 총을 맞고 우리 속에 갇혀버렸습니다. 걸어가면 죽는 세계이니, 여기서 여생을 보내는 것도 괜찮지 않을까. 평행사변형의 눈꺼풀도 무섭고……잘 보니 **기절에서 깨어난 주인공의 얼굴이었습니다.**

천장에 매달린 우리를 좌우로 몇 번 흔들자, 쇠사슬이 끊어지면서 간수의 위로 떨어져 뭉개버렸습니다. 자, 도망쳐 볼까 할 때, 마찬가지로 우리에 갇혀 있던 이성인이 어깨를 두드리며 말을 걸어왔습니다. 무슨 소리를 하는 건지 요만큼도 못 알아들었지만, **이 세계에서 죽이려고 들지 않는 사람은 당연히 좋은 사람일 겁니다.** 간수가 '야마시타'라고 시끄러웠으므로, **'야마시타'로 명명합니다.**

걸어서 화면을 전환하니, 적의 레이저총을 맞고 즉사. 아까 간수가 떨어트린 총을 얻지 않으면 반격할 수 없지만, 줍는 법에 대한 설명이 없습니다. 총을 겨누고, 쏘고, 살짝 모아서 배리어를 펼치고, 최대로 모으면 벽을 부수는 공격……

화면으로 보면 쓰레기처럼 보이는 거머리에게 닿기만 해도 즉사! 조작 튜토리얼 같은 상냥한 건 없으며, 이세계의 룰은 '죽으면서 기억해라'다.

노 힌트라 난해했지만, 이치에 맞는 수수께끼

지구와는 비슷하지만 비슷하지 않은 경치, 안쪽부터 화면 앞까지 원근감과 함께 발사되는 빔 난사, 깊이가 있는 배경이 '안쪽에 길이 있다'는 공략과도 연결되는 2D 폴리곤으로 묘사된 화면은, **이세계의 두려움과 두근거리는 느낌으로 이어집니다.**

하지만 힘이 부족한 슈패미로 전용 칩도 탑재하지 않고 무리해서 폴리곤을 움직이고 있기 때문에, **조작하기 어렵다는 점이 최악입니다.**

적이 많거나 트랩이 있는 등 그야말로 순간의 액션이 요구되는 장면에서, **로션 속을 헤엄치는 듯한 우둔한 처리능력 저하.** 그냥도 버튼의 반응이 안 좋은데, 바위가 낙하하는 곳에서 한 순간 멈출 필요가 있음→멈추지 못하고 사망→한참 전으로 되돌아가기를 반복.

게다가, 수수께끼는 힌트가 없는 불친절의 극을 달립니다. 하지만 이치에는 맞죠.

예를 들어 적의 병사들이 도망치는데, 딱 하나 남겨진 녀석이 있습니다. 시험삼아 총을 들이대니, 자신이 살기 위해 상하층의 셔터를 닫습니다. 그러면 위층

같은 연약한 매뉴얼도 없기 때문에, 실제로 쏘면서 익힐 수밖에 없습니다.

파트너를 배리어로 지키며, 닫혀버린 문을 열게 하는 데 성공. 고마워요, 죽어간 주인공들. 엘리베이터로 최하층까지 내려가, 방에 들어간 순간 사살당해도 놀라지 않게 되었습니다.

그리고 갑작스럽게 파트너와 이별. 적병의 맹공격을 돌파하지 못하고 있을 때, 야마시타는 바닥의 구멍을 찾아 주인공을 밀어 넣어 주었습니다. 데굴데굴 배수구 같은 통로를 굴러가고 있자니, 위에서 독이 흘러내려와 사망. 꽤 이전까지 되돌아가 다시 시작하게 되어, **다시 만났구나, 야마시타!**

에서 기다리던 적의 공격을 셔터가 한 번만 막아주므로, 반격해서 쓰러트릴 수 있게 됩니다.

배경의 연출과 '적이 단 하나 남아 있는 의미'를 생각해보면, 자연스럽게 답이 나옵니다. 수수께끼는 어렵지만 부조리하지 않으며, 논리는 제대로 일관적입니다. **대사 한 마디 없이, 플레이어를 정답으로 인도하는 굉장함!**

언어를 초월한 신뢰로 맺어진 친구 야마시타(가명). 과묵한 소녀의 손을 잡고 인도하는 「ICO」 제작자인 우에다 후미토 씨도 이 게임의 영향을 인정하기도 했다.

친구와의 언어의 벽을 뛰어넘은 우정

파트너인 야마시타도 말이 통하지 않지만, 잠긴 문을 열어주거나 빠져나갈 길을 찾아주는 등 눈치 빠르게 어시스트를 해줍니다. 어떻게 해도 막혀버리네…… 그러고 보니까, 야마시타가 좁은 길을 엎드려서 기어갔었지! 이런 사실을 기억해내고, 다시 돌아가 장해물을 제거해 두면 절체절명의 위기일 때 위에서 구원의 손길이 스윽 나타납니다. 이때 가슴에 피어난 감정을, 인간은 '우정'이라고 부르는 거겠죠.

우연히 도망쳐 들어간 전차 속에서 조작판의 버튼을 마구 눌러버린다거나, **탈출 장치로 이성인들이 헤엄치는 대목욕탕으로 날려진다거나**, 이런 앞길을 알 수 없는 시나리오를 대체 어떻게 만든 건지…….

이 게임을 혼자서 만들어낸 에리크 샤이(Eric Chahi) 씨는 훗날 개발 비화를 밝혔습니다.

'게이머를 앗 하고 놀라게 하려면, 자신도 예측할 수 없는 짓을 하지 않으면 안 된다. 그래서 그때그때 되는 대로 스토리를 만들었다'라고요. **에리크 씨, 하나부터 열까지 전부 다 굉장해요!**

(T)

슈퍼 테트리스2+봄브리스
(スーパーテトリス2+ボンブリス)

장르 : 퍼즐
제작사 : BPS
　　　(비・비・에스)
발매일 : '92.12.18
정가 : 8,500엔

사회주의 시대의 소비에트 연방에서 온, '낙하형 퍼즐'이라는 장르의 개조가 된 충격의 퍼즐 게임 『테트리스』가 최초의 패미컴판으로 사고를 친 이후 수 년, 업계 탑 크리에이터들의 혼의 감수로 인해 훌륭하게 대부활! 신 모드 『봄브리스』도 탑재되어, 테트리스 팬에게 새로운 놀이 방법을 제안했다. 그 충실한 후계작이 슈퍼 패미컴에 등장.

▌패미컴판으로 처음 나왔던 그건 잊어줘

소비에트 연방(당시)의 보물 『테트리스』가 패미컴으로 발매! 대히트했던 아케이드판을 이식했고, 메가드라이브로는 미발매!

그리고 많은 일이 있은 후에 발매된 『테트리스2+봄브리스』가 각 방면에서 화를 내지 않도록 슈퍼가 되어 슈패미로 찾아왔습니다.

본편인 『테트리스』 모드는 초대 패미컴판에서 다양한 일이 있었기 때문인지 지극히 쾌적한 조작감입니다. 게다가 특징적인 것이 『봄브리스』 모드의 존재입니다.

처음부터 막 쌓여 있는 블록을 가로 한 줄씩 모아 없애는 테트리스의 기본 룰에 따라, 화면 내의 블록을 전부 소멸시키면 1스테이지 클리어인 스테이지 클리어 형식의 신 모드입니다.

이 신 모드에서는 막대기나 凸 모양 등으로 익숙한 테트리스의 떨어지는 그것——테트리미노에, 일부가 작은 폭탄으로 되어 있는 것이 섞여 있습니다. 이 폭탄을 없애면 주위와 함께 폭발하고, 말려든 폭탄도 계속해서 유폭해 블록이 맹렬한 기세로 폭파됩니다.

그리고 폭탄을 사각형으로 모으면 커다란 폭탄으로 변화! 위력도 대폭 증가!

초보자 플레이어라도, 80% 정도까지 쌓여서 핀치라고 생각하는 동안에 폭발이 제대로 연쇄되면서, **정신을 차려보니 스테이지 클리어였다**는 일이 발생하는 절묘한 밸런스입니다.

물론 스테이지를 나아감에 따라 난이도는 격화되며, 폭탄의 배치를 잘 조절하면서 화려하게 스테이지 클리어를 목표로 삼는 것도 가능합니다.

▌게임계의 드림팀이 눈을 부릅뜨고 맹렬히 감수!

당초 대히트했던 『테트리스』를 하고 싶은 사람들은 패미컴판을 구입했는데,

초대 패미컴판은 『테트리스』를 플레이하기 어렵게 만들기 콘테스트 우승 작품이라고까지 불릴 정도로 문제작이었기 때문에, 테트리스 팬 대낙담!

⋯⋯여기까지 쓰고 보니, 아무리 그래도 추억 보정이 심하게 걸린 건 아닐까 싶어서 오랜만에 플레이해 보니, 『테트리스』 주제에 조작 방법을 모르겠는 대담한 완성도에 놀라움을 감출 수 없었습니다.

십자 버튼을 아래로 입력하면 블록이 회전하는 것을 시작으로 하는 경악스러운 조작성에, 이시하라 츠네카즈(石原恒和)[1], 나카무라 코이치(中村光一)[2], 고(故) 스기야마 코이치(すぎやまこういち)[3], 미야모토 시게루(宮本茂)[4], 엔도 마사노부(遠藤雅伸)[5] 등, 게임 업계의 쟁쟁한 얼굴들이 눈을 부릅뜨고 참가해 감수한 것이 바로 속편 『테트리스2+봄브리스』였습니다.

※ 1　일본의 게임 크리에이터. 포켓몬 관련 비즈니스의 중심인물-역주

※ 2　일본의 게임 크리에이터. 현 스파이크 춘소프트 대표이사로, 이상한 던전 시리즈와 사운드 노벨 시리즈를 제작했다-역주

※ 3　일본의 작곡가. 드래곤 퀘스트 시리즈의 음악으로 유명하다-역주

※ 4　일본의 게임 디자이너이자 현 닌텐도의 대표이사. 마리오, 젤다 시리즈 등 닌텐도 대표작들의 아버지-역주

※ 5　일본의 게임 크리에이터. 전설의 슈팅 게임 제비우스의 제작자-역주

테트리미노, 블록 모두에 군데군데 섞여 있는 폭탄 블록. 이것을 잘 이용해 유폭을 일으켜, 모든 블록을 소멸시켜라!

역시 『포켓몬』, 『드퀘』, 『슈퍼 마리오』, 『제비우스』의 삼엄한 감시 아래에서는, 테트리스를 플레이하기 어렵게 만들기 콘테스트 우승 작품 발매 회사라 해도 프리덤한 개발은 무리였던 모양입니다.

그런 경위로 발매된 패미컴판 『테트리스2+봄브리스』를 무난하게 업데이트한 것이 『슈퍼 테트리스2+봄브리스』인 것입니다.

이 후, BPS는 스테이지 숫자를 늘리고, 대전 모드를 탑재해 전략성을 지니게 하여, 뭔가 기분 나쁜 크리처밖에 선택할 수 없는 데다 자포자기한 것 같은 AI가 강력한 『슈퍼 봄브리스』를 발매하는데, 역시 이상한 조합은 하는 게 아니구나라고 생각했습니다.

(A)

나그자트 슈퍼 핀볼 사귀파괴
(ナグザット スーパーピンボール 邪鬼破壊)

장르 : 테이블
제작사 : 나그자트
　　　　(ナグザット)
발매일 : '92.12.18
정가 : 8,500엔

PC엔진과 메가드라이브에서 친숙한 나그자트의 에일리언 핀볼 시리즈가 일본풍 테이스트를 듬뿍 담은 완전 신작으로 등장! 지옥으로 변한 무시무시한 분위기와 핀볼 실제 기기로는 불가능한, 가정용 게임기이기에 가능한 연출도 대폭으로 파워 업. 분위기와는 상반되게, 누구나 즐길 수 있는 입문 장벽이 낮은 심플함도 건재한 접대용으로 대활약할 게임!

▌대표적인 핀볼 신작, 슈패미에 등장!

패미컴 탄생 시기부터 계속해서 이어져온 전통적인 아케이드 게임, 그것이 핀볼.

PC엔진이나 메가드라이브로 친숙한, 짱이 없고 명작으로 높은 평가를 받는 나그자트의 핀볼이 드디어 슈패미에도 대등장!

이 게임 『사귀파괴』가 발매되기 전 타 기종에서 선행 발매된 『에일리언 크래시(エイリアンクラッシュ)』『데빌 크래시(デビルクラッシュ)』에는, 80년대 후반 이후 **유행의 틀을 벗어나 이미 하나의 대명사처럼 되어 있던** 디자인계의 거장 HR 기거(Han Ruedi Giger)※1 스타일의 무시무시한 세계관으로 화제가 되어 있었습니다.

생각해보면 초기 PC에서는 자유로이 파츠를 배치해 오리지널 핀볼 대를 자작할 수 있는 컨스트럭션 키트가 대히트했

었습니다.

가정용 게임기에서는 한 걸음 더 나아가, '볼을 맞혀 쏟아져 나오는 조무래기들을 파괴한다', '특정 조건을 만족시키면 다양한 스테이지로 전환된다' 등 유리 아래에서 금속 구슬을 튕기는 실제 핀볼에서는 재현하기 어려운 기믹을 적극적으로 투입해, 게임기이기에 가능하고 실제 기기에서는 불가능한 방향으로 독자적으로 성장하기 시작한 것입니다.

나그자트의 핀볼은 에일리언풍의 디자인부터 악마의 의장까지 받아들였고, 이번에는 일본풍 테이스트까지 눌러 담아 순조롭게 성장한 훌륭한 지옥도가 플레이 필드입니다.

▌충격의 다이렉트 퇴장

바로 볼을 숏! 역시 슈퍼 패미컴은 볼의 궤도가 깔끔하구나……하면서 보고 있었더니, 묘한 속도감과 기분 나쁜 예감이 드는 코스를 따라 가이드라인으로 빨

※1 스위스의 화가, 시각디자이너. 듄, 에일리언 등 다수의 영화에도 참여했으며, 그로테스크한 그림으로 유명하다-역주

숫 직후부터 이상적인 궤도를 그리며, 순식간에 플리퍼 사이를 목표로 빨려 들어가 버리는 중인 볼.

등의 기믹에 대미지를 입혀 보스가 있는 스테이지를 공략해 나갑니다.

접대를 할 생각이었는데, 지도를 받고 있었다

핀볼은 화려한 기믹의 핀볼대를 사용하지만, 좌우 플리퍼를 움직이거나 게임에 따라서는 핀볼대를 흔들어 **어떻게든 볼을 떨어트리지 않게 하는**, 게임으로서는 무척이나 심플하게 만들어져 있습니다.

알기 쉬운 게임성으로 겉보기에 비해 굉장히 익숙해지기 쉽다는 것이 핀볼의 좋은 점이죠.

그래서 글자도 못 읽는 유치원 아이도 플레이가 가능하며, 설날에 세뱃돈을 약탈하러 온 친척 유치원생 아이들을 위한 접대용 게임으로서 의외로 활약하던 것입니다.

……그런데, 여기서 얘기가 좀 달라지지만 게임이 심플하다는 것의 나쁜 면으로서, **재능에 너무 의존하게 된다**는 점이 있다는 건 알고 계십니까?

이건 실제 체험인데, 유치원생에게 가볍게 하는 법을 설명해주고, 컨트롤러를 넘겨준 순간부터 10분 정도 만에 노 미

려 들어가는 마이 볼. 그대로 마구 파닥거리며 어떻게든 잡아보려는 좌우 플리퍼의 틈새로 절묘하게 **다이렉트 퇴장!**

볼을 쏘아 올린 후 플리퍼 틈새로 빨려 들어갈 때까지 약 3초.

……중요한 게 생각났습니다. 나그자트의 핀볼에서는 이런 식으로 **물 흐르는 듯이 절묘하게 1미스**하는 일이 아무렇지도 않게 발생하기 쉽습니다.

정신을 가다듬고 다시 챌린지. 시리즈 대대로 색조가 통일감이 있어서 그런지, 지옥치고는 이상하게 무기질적인 색조의 스테이지 위에서, 쏟아져 나오는 귀신과 박쥐를 볼과 플리퍼를 구사해 파괴하는 감각은 실제 기기에서는 재현할 수 없는 게임기라서 가능한 것이라 할 수 있겠죠.

스테이지에 우글거리는 사귀를 볼로 쓰러트리며, 해골이나 도깨비 머리, 석탑

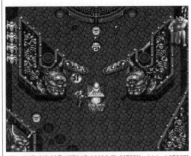

외눈 도깨비가 입을 벌릴 때, 봉인으로 연결되는 보스 스테이지가 펼쳐진다. 그걸 가르쳐 준 것은 물론 유치원생 스승님이었다.

스로 이 게임을 플레이했고, 심지어는 필자도 본 적이 없었던 뇌신 스테이지에 도달해 간단히 유치원생의 승리!

핀볼에 대해서는 실력이 엉망이라는 점에서 타의추종을 불허할 정도로 센스가 없고, 솔직히 핀볼 게임은 소유주면서도 처음 하는, 심지어 음주 상태였던 친구들에게도 지는 일이 자주 있었습니다

하지만 아무리 그래도 핀볼 자체를 처음 플레이하는 유치원생에게까지 진 건 **섹스 피스톨즈 이후의 첫 충격**이었습니다.

애초에 아무리 연습 플레이를 해봐도, **전생에 핀볼의 신에게 용서받지 못할 죄라도 지은 건 아닐까** 싶을 정도로 재능이 없기 때문인지, 아무리 플레이해도 뇌신 스테이지에 도달하는 건 열 번에 한 번 정도뿐이었습니다.

그렇다고는 해도, 유치원생 스승님의 훌륭한 첫 플레이 덕분에 사귀파괴의 스테이지 공략법을 알게 된 것 또한 사실.

인생은 배움과 깨달음의 연속이라고들 합니다만, 접대하려던 유치원생 스승님에게 사귀파괴의 공략법을 지도받은 겁니다. 이것도 어떤 의미로는 게임을 통해 인간으로서 성장했다고 해도 좋을지도 모릅니다.

노력, 근성 같은 것보다 중요한 것이 확실히 있다, 타고난 절대강자가 있는 세계가 확실히 있다는 것을, 이 게임은 제게 가르쳐 주었습니다.

……아무리 그래도, **핀볼을 못하는 것도 정도가 있지 야!**

(A)

중장기병 발켄(重裝機兵ヴァルケン)

장르 : 액션
제작사 : 메사이아
　　　 (メサイア)
발매일 : 92.12.18
정가 : 8,800엔

개성적인 게임들로 잘 알려진 메사이아의 작품들 중에서도, 특히 카리스마가 풀풀 풍기는 로봇 액션 슈팅의 금자탑. 『장갑기병 보톰즈(裝甲騎兵ボトムズ)』 등의 리얼 로봇 애니메이션에 대한 경의로 가득하고, 로봇의 움직임은 경쾌하다기보다 중후하며, 적의 탄막의 빈틈을 뚫고 일격을 꽂아 넣는 전장의 분위기로 가득한 플레이 감각. '발칸을 쏘면 탄피가 배출된다' 같은 세세한 연출도 끝내준다.

철과 피 냄새가 나는 리얼 로봇 액션

이 게임은 『초형귀(超兄貴, 근육질이 가득한 사나이들이 나오는 슈팅 게임-역주)』 시리즈 등 개성적인 게임을 차례로 발매했던 메사이아를 대표하는 로봇 액션 게임 중 하나. 메가드라이브에도 걸작으로 이름 높은 『중장기병 레이노스(重裝機兵レイノス)』의 속편(극중의 시간 축은 이쪽이 더 앞의 이야기다)에 해당하는 작품입니다.

강력한 인상을 남긴 것은 너무나도 진지한 리얼 로봇 세계관. 화려하게 하늘을 나는 슈퍼 로봇보다, 『장갑기병 보톰즈』처럼 지면을 달리는 체험을 맛볼 수 있습니다.

주역 메카닉은 다양한 병기를 탑재한 어설트 슈트, 2족 보행의 육전 로봇인 발켄. 움직임은 한 걸음씩 지면을 밟으며, 관절이 기체의 무게로 삐걱거리는 세련되지 못한 모습입니다. 사격도 그렇고 이동도 그렇고, 반응 속도는 느리며, 적의 움직임을 미리 읽고 먼저 입력하지 않으면 타이밍을 맞추지 못합니다.

무기의 사격은 전방 180도를 커버하며, 방향키로 각도를 바꿀 수 있습니다. 하지만 방향키는 이동도 겸하고 있기 때문에, 고정 버튼(후술)도 사용하지 않으면 '전방의 적을 쏘지 못하고 마구 맞기만 하는' 차마 눈 뜨고 볼 수 없는 사태가 벌어지고 맙니다.

전작인 『레이노스』에서는 너무 특수해서 호불호가 심하게 갈리는 조작성은 평범한 액션 게임은 따라갈 수도 없었는데, 이번에는 슈패미 패드의 버튼 전부를 사용하는 하드코어함을 보여줍니다. 점프에 사격, 무기 변경, 그리고 급속 접근을 위한 대시만으로도 ABXY를 다 사용해버렸으며, LR로 가드와 무기의 각도를 고정합니다. 이렇게 복잡한 조작을 기억하라고…?

조작은 복잡하지만, 익숙해지면 인기일체!

그런 유저의 목소리를 예측했던 건지, 스테이지 1은 특별히 격렬한 공격이나 시간제한도 없는 튜토리얼 스테이지처럼 만들어져 있습니다. 거기서 적들을 연습 상대로 삼아, 발켄의 움직임을 몸에 배어들게 하는 노력을 거듭하는 겁니다.

가드는 360도의 공격을 완전히 막아내며, 사실은 보는 것보다 훨씬 더 슈퍼로봇입니다. 다만 공중에서는 가드가 불가능하며, 방어를 굳히고 있는 동안에는 공격이 봉인되어 게임을 진행할 수 없는 리스크도 있습니다.

이리하여 조작에 익숙해지면, 발켄을 수족처럼 부릴 수 있어 상쾌합니다. 가드 중에 각도를 조정해 방어를 푼 순간에 연사를 먹이고, 적이 눈치 채기 전에 대시로 급 접근해 펀치를 날립니다. 일부러 점프해 적의 공격을 위로 유도한 후 착지, 일격필살의 미사일을 빗나가지 않게 명중시키는 등……**로봇과 마음이 통하는, 인기일체**(人機一體)**의 즐거움이 끓어오르는** 것입니다.

그런 '**내가 발켄이다**'의 경지에 도달하면, 세세한 연출을 즐길 여유도 생깁니다. 총을 쏘면 탄피가 배출되며(우주에는 공중에 뜸), 벽이나 바닥을 쏘면 탄흔이 새겨지며, 지면 근처에서 부스트(점프)를 사용하면 연기가 피어오릅니다. **액션과 도트 예술이 '리얼 로봇'에서 잘 해보자며 악수를 나누고 있습니다!**

리얼한 전투에 집착한다면, 무기는 발칸과 펀치만을 사용해야 하지만, 실제로는 중반에 입수할 수 있는 레이저가 원거리, 근거리 상관없이 엄청나게 강한 밸런스 브레이커입니다.

거대 보스도 불타 죽는 그 모습을 보면 '**그냥 레이저만 있으면 되는 거 아닐까**'라고 허무해지지만, 일부러 펀치만 쓰는 것이 발켄 파일럿인 거겠죠.

로봇 애니메이션에서 '이게 해보고 싶었다'싶은 장면들뿐

석유 자원 등이 고갈되어, 두 개의 거대 진영이 월면 군사 기지 개발을 진행하는 도중, 드디어 전쟁 발발! 주인공은 환태평양 합중국군의 일원으로서……라는, 리얼 로봇의 왕도를 달리는 스토리. **제대로 '커다란 배'**(강습양육함 버시스)**로 각지를 전전하는 약속된 전개도 지키고 있습니다.**

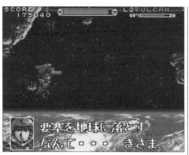

거대 요새의 엔진을 폭주시켜 지구로 낙하시키는 작전을 저지! 대기권 돌입 중에 붉게 타오르는 상태로 싸우는 등, 로봇 애니메이션에 대한 사랑이 듬뿍!

발칸과 펀치 등 평범한 무기를 담담히 사용하면서도, 결국은 완전 두꺼운 레이저 외길. ······그렇지만 강한걸!

전투 시추에이션은 보톰즈 파일럿이 '불타는' 것들뿐. 콜로니에 숨어 있는 적함의 엔진 블록 파괴, 대형 기동 병기를 제조하기 위한 광석 가공 설비를 습격하는 등, **로봇 애니메이션 자격시험에서 만점을 받을 것만 같은 충실함.**

적 로봇을 격파하면 안에서 사람이 뛰어나와 총을 쏘므로, **'로봇으로 맨몸의 인간을 뭉개는' 트라우마를 체험하는 포상도 있습니다.**

거대 기동 병기(출격 시 정비병을 날려버리는 연출 있음)를 쓰러트리고, 적 궤도 세력의 중추인 아크 노바가 지상으로 낙하하는 것을 저지하라!는 물론 『역습의 샤아(逆襲のシャア)』 거기에 대기권에 돌입하며 기체를 붉게 불태우면서 적의 에이스 파일럿과 교전하며, 우주에 적 주력 부대를 보내는 대형 서틀을 격추하는 등, '내가

그 애니메이션의 주인공이었다면 이걸 해보고 싶었어'라고 생각했던 임무에 차례로 투입됩니다. **로봇을 좋아하는 사람에게는 천국인 발할라!**

참고로 이 게임은 멀티 엔딩으로, '아크 노바의 엔진 파괴' 없이 '셔틀 격추'가 실패하면 배드 엔딩 확정. 단, 그 자리에서 게임 오버가 되진 않으며, **최종 스테이지를 클리어한 후에 알 수 있는 자비 없는 사양입니다.**

Wii U 버추얼 콘솔판의 이식은 양호하며, 지금도 즐길 수 있는 환경인 『발켄』[※1]. PS2에도 동명의 게임이 나와 있지만, 전혀 관계가 없습니다. **사지 마, 절대로 사지 마!** (T)

※1 2022년 현재는 버추얼 콘솔 서비스가 종료되어, 실제로 즐길 방법은 카트리지를 구입하는 방법뿐입니다. 앞으로 이 책에서 소개되는 버추얼 콘솔에 관한 내용은 현재는 플레이할 수 없다고 생각해야 한다-역주

제2장
1993
0
1994

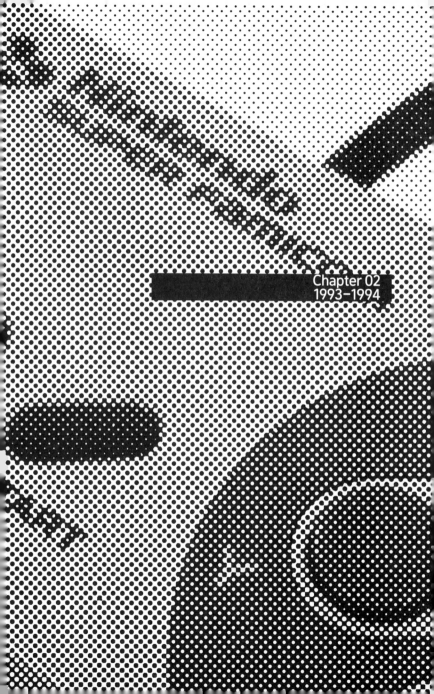

Chapter 02
1993–1994

글=타네 키요시

게임 스님, 슈패미의 추억을 말하다!

일본식 옷차림에 빡빡머리, 어딜 봐도 훌륭한 스님. 그 실체는 춘소프트에 12년간 재적하며 『이상한 던전(不思議なダンジョン)』 시리즈와 사운드 노벨 시리즈에서도 활약한 베테랑 개발자 이타노 쿠만보(いたの くまんぼう) 씨!

춘소프트에서 『이상한 던전』과 사운드 노벨, 두 개의 기둥에 관여했던 이타노 씨는, 퇴사 후에 스마트폰 애플리케이션을 주 전장으로 선택했다. 제작한 애플리케이션 『MagicReader』는 UN에서 상을 받았고, 『에가시라 방해다 카메라(江頭ジャマだカメラ)』가 AppStore에서 무료 종합 1위를 획득. 최신작인 퍼즐 게임도 '베스트 신작 게임' 등에 게시되기도 했다.

이렇게 높은 평가를 배경으로 '개인으로 게임을 만들어 먹고 사는' 삶을 직접 실천. 애플리케이션 개발자 회식을 주최해 커뮤니티를 만드는 데 공헌하는 한편, 완전 초보자들을 위한 서적을 발간해 초보들을 돕고 있다.

그야말로 길을 잃은 개발자들에게 길을 제시해주는 게임 스님. 그 원점은 슈패미 시대의 춘소프트에 있다!

백화점의 가전 매장에서 익힌 프로그래밍

★── (이타노 씨가 지참해 온 문헌을 앞에 두고) 오오, 당시의 개발자료인가요?

이타노 이건 도트 그래픽을 모아 둔 데이터 시트입니다. 오프닝을 만들 때 '몇

번이 어느 캐릭터'라는 걸 알기 쉽게 해서, 이걸 보면서 작업하라고요. 이쪽은 『전설의 오우거배틀(伝説のオウガバトル)』이 발매됐을 때, 화면 이펙트가 너무 예뻐서 마구 해석해본 겁니다.

★── 라이벌 제작사를 확실하게 연구해두자 이거군요(웃음).

이타노 개발기재로 BG(배경)를 한 장씩 벗겨내면서, 어떻게 그렇게 예쁘게 표현했는지를 봤죠. 이거, 전투 신의 회오리네요. 이쪽은 오프닝이고, 엠블럼이 번쩍하고 빛나는 이펙트를 대체 어떻게 한 건지. 실은 같은 그림을 2장, 반투명 기능으로 겹치면, 완전히 겹쳐진 순간에 새하얗게 빛나는 거죠. 그 순간 번쩍이게 보이는 겁니다.

★── 라이벌 제작사를 완전히 벌거벗겼네요(웃음). 다시 하던 얘기로 돌아가면, 처음으로 게임과 만난 건 언제쯤이셨나요?

이타노 우선 PC와 만났네요. 아마 시대적으로는 샤프의 MZ-80K(1978년 발매)나 NEC의 PC-8001(1979년 발매) 정도일 겁니다. 당시는 마이컴이라고 불렸는데, 게임을 공짜로 할 수 있는 게 기뻤죠. 다만 당시는 초등학생, 중학생이었으니 스스로 사는 건 어려웠어요.

★── MZ-80K가 19만 8,000엔, PC-8001이 16만 8,000엔이었고, 디스플레이는 별매였죠.

이타노 그래서 친구들 중에서도 집에 있다는 사람은 쉽게 볼 수 없었죠. 하지만 백화점의 가전 매장에 마이컴 코너가 있고 의자도 있어서, 오랫동안 만져볼 수 있게 된 거예요. 당시에는 게임 프로그램이 잡지에 실려 있었거든요. 그래서 주말에는 아침부터 가서, 옆에 잡지를 두고 열심히 입력했어요. 친구랑 교대로 계속 입력해서, 오후 늦게 드디어 할 수 있게 되는 거죠. 그런데 역시 잘못 입력한 부분이 있어서, 게임을 하고 싶다는 일념으로 필사적으로 고치는 동안에 정신을 차려보니 (프로그래밍 언어인)BASIC을 익혔더군요.

★── 입력한 프로그램은 저장할 수 없었던 거죠?

이타노 예, 가게의 마이컴에는 보존용 미디어가 연결되어 있지 않았거든요.

그래서 폐점할 때까지 놀다가, 다시 한 번 하고 싶어지면 처음부터 다시 입력했어요. 친구들이랑 옆에 나란히 앉아서 입력했는데, 제 차례가 됐을 때 마이컴을 살짝 돌리려고 했더니, 콘센트가 빠져버린 거예요. 벌써 80% 정도는 끝난 참이라, 결국은 치고받는 싸움이 벌어졌죠(웃음).

★── 그건 문자 그대로 '몸으로 익힌 프로그래밍'이군요!

이타노 처음 입수한 마이컴이 MSX(1983년에 마이크로소프트와 아스키가 제창한 PC 규격. 도시바나 카시오 등 각 회사에서 발매)였고, 중학교 선생님한테 중고로 양도받았어요. 그 전에는 노트에 손으로 쓰면서 프로그래밍을 했었는데요, 드디어 실기로 프로그래밍할 수 있게 된 거죠. 처음에 했던 건 시판용 게임의 개조였어요. 확실하게 기억하는 건 『FLAPPY』(데비 소프트의 액션 퍼즐)라는 게임이 있었는데, 그 기계어 일부를 적당한 수치로 바꾸는 거죠. 그래서 스테이지의 모양이 망가질 때까지 건드려 보고, '이 숫자랑 이 벽 모양의 규칙성'을 찾아서 데이터의 압축법을 해석한 겁니다.

★── 그게 프로그램 해석의 원점이었군요.

이타노 그러는 도중에, 스테이지 셀렉트가 가능한 디버그 모드를 발견한 거예요. 그래서 좋아하는 스테이지를 선택해 즐길 수 있게 됐죠. 그런데 당시에는 데비 소프트에 최종 스테이지 사진을 찍어서 보내면 '인증서'를 받을 수 있었거든요. 그래서 저희 중학교에만 의외로 인증서가 많았다죠.

★── 데비 소프트 담당자도 이상하게 생각했겠네요. 이상하게 같은 지방에 사는 중학생들이, 어째서인지 핀포인트로 『FLAPPY』의 최종 스테이지 사진을 차례로 보내왔으니까요(웃음).

이타노 고등학교에서도 마이컴부에 들어가서, 처음으로 게임을 완성할 때까지 만들었죠. 『소코반(倉庫番, 창고지기. 정해진 위치에 상자를 옮기는 유명한 퍼즐게임-역주)』의 아종 같은 퍼즐 게임으로, 붉은 볼과 푸른 볼을 밀어 전부 붙이면 클리어되는 거였어요. 그게 문부성이 주최한 '전국 고교생 마이컴 소프트웨어 컨테스트'에서 입선해서, 가작상을 받았죠. 그때부터 게임을 만드는 매력에 사로잡혀서, 지금까지 계속한다는 느낌이에요.

드퀘를 만들고 싶어서 춘소프트에 입사

이타노 어렸을 때부터 게임 업계에 들어가는 건 결정되어 있었죠. 하지만 도쿄로 갈때, 갑자기 부모님한테 '게임 회사에 들어갈 거야'라고 말해도 통하지 않던 시대였던지라……. '게임에 쏟아붓는 시간이 언젠가 뭔가 도움이 된다면 좋겠다만 말이다'라고 아버지가 말씀하셨기 때문에, '좋아, 두고 봐'라고 생각했었죠. 그래서 크레디트 카드 프로그램을 만드는 외국계 회사에 들어갔어요. 하지만 3년 만에 그만두고 게임의 길을 나아가기로 결정한 겁니다. 바로 게임 회사로 들어가면 아마도 사회생활에 대해 공부할 기회를 놓쳐버릴 것 같다고 생각했던 거죠.

★── 당시의 게임 업계는 지금보다 훨씬 프리덤한 세계였으니까요(웃음).

이타노 그래서, 입사하고 딱 3년째에 상사에게 '드릴 말씀이 있습니다'라고 했어요. 그랬더니 '게임이냐'라고 말씀하셨죠. '그러냐, 막아봐야 소용없겠구나'라고 말씀하셔서 '예, 이미 결정해둔 일이거든요. 입사할 때라고(웃음).

★── 주변에서도 이타노 씨가 게임 업계를 목표로 하고 있다는 걸 다 눈치챘던 거로군요.

이타노 그래서 회사를 그만두고 곧장 『게임 업계 취직 독본』이라는 책을 사왔어요. 거기에는 춘소프트의 정보도 실려 있었는데, '평균 연령이 어려서 재밌을 것 같다'라고 생각했죠. 굉장히 매력적이었던 게 '상여금 연 8개월'이라고 적혀 있었죠. '과연 드퀘로 소문이 날 정도는 되는구나'라고. 그래서 면접을 받으러 갔는데, 계속 머릿속에 '광야를 가다'(초대 드퀘의 BGM)가 흐르는 거예요(웃음).

★── 아하하하(웃음). 그때의 기분은 그야말로 드퀘의 용자였겠네요!

이타노 '이걸로 나도 인도된 자다'라고 생각했죠(웃음). 거기서 나카무라 코이치 씨와 면접을 했어요. 우리 세대에게는 동경의 대상인 스타 프로그래머여서, '코이치, 이렇게 생겼구나'라고 생각했죠. 얼굴은 사진으로 본 적이 있긴 했는데요, '실물 코이치다. 이런 목소리구나' 막 이랬어요(웃음). 감사하게도 합격했고, '언제부터 올 수 있습니까?'라고 전화가 왔어요. '내일부터라도 갈 수 있습니다!'라고 했더니, '아니, 다음 주에 사원 여행이 있어서 좀'이라고 대답하더군요. '그럼 사원 여행을 같이 가도 될까요?'라고 물었죠.

★── 굉장하네요. 아무튼 한 시라도 빨리 실물 코이치와 같이 있고 싶으셨군요(웃음).

이타노 입사한 게 『드퀘Ⅴ』 발매 1주일 전이었죠. 그 날 돌아오면서, '이거 플레이해둬'라면서 발매 전의 제품판을 받았어요. 정말 엄청나게 흥분해서, 집안의 창을 모두 열고 일부러 다 보이게 플레이하고 싶었어요! 주변에 '야! 발매도 안 한 드퀘를 하고 있어!'라고 말하고 싶어서요(웃음).

★── 당시의 춘소프트 사내는 어떤 분위기였나요?

이타노 그때는 좋은 의미로 대학 동아리의 연장선상에 있는 것 같은 분위기가 남아 있었고, 선배 후배는 있었지만 체육계열은 아니었죠. 다들 굉장히 잘 뭉쳐서, 즐겁게 게임을 만들고 있었죠. 그리고 1개월 정도 사내 연수를 받았어요. 담당해주신 분이 『드퀘Ⅴ』의 메인 프로그래머였던 마스다(마스다 켄이치, 桝田賢一) 씨라는 분이었고, 굉장히 세심하게 가르쳐 주셨어요. 연수 마지막에, 『드퀘Ⅴ』의 캐릭터를 이용해 데모를 만들어서 사장님께 보여드린 기억이 있습니다.

★── 그래서 입사 후에 처음으로 한 일이 『토르네코의 대모험(トルネコの大冒険)』이로군요.

이타노 그렇습니다, 오프닝과 마을(지상 부분)을 담당했습니다. 제가 들어갔을 때는 아직 던전밖에 없었어요. 나카무라 사장님이 호리이(호리이 유지) 씨와 상담을 해서, '던전만 있으면 역시 쓸쓸하다'나 '레벨이나 아이템이 리셋되는 게임이니, 뭔가 성장하는 요소가 없으면 유저들이 받아들이지 않지 않을까?'라는 이야기를 들으시고, 마을을 육성하는 것 같은 아이디어를 받아 오셨어요.

초 슈퍼 패미컴

★── 동경하던 첫 게임 일인데요, 해보니 어떠셨나요?

이타노 흥분했었죠. 『토르네코』의 오프닝은 일부러 패미컴의 『드퀘Ⅳ』의 캐릭터를 사용해 만들었어요. 마침 보통 일을 하던 기간에 오랜만에 플레이한 게임이 『드퀘Ⅳ』라서, 게임을 만들고 싶다는 욕구가 굉장히 높아져 있었거든요. 그걸 제 프로그램으로 움직이게 하는 게 정말 기뻤었죠.

★── 하지만 결국 동경하던 드퀘 시리즈 본편에는 참여하지 못하셨죠.

이타노 드퀘를 만들 수 있으리라 생각하고 들어간 저로서는, 엄청나게 충격이었죠. 입사한 후 몇 개월 후였나 조례에서 '발표가 있습니다'라더군요. '우리는 드퀘를 졸업합니다'라고요(웃음). 저, 친구들한테 '드퀘 만들어'라고 말하고 싶었는데…….

★── 그렇지만 『토르네코』도 드퀘 시리즈의 외전격인 작품이고, 나중에 시리즈화된 메이저 타이틀이잖아요.

이타노 예, 발매된 당시에는 우리 어머니가 근처 백화점에……바로 제가 마이컴을 익힌 그 매장입니다(웃음). 거기의 장난감 매장에 가서, 『토르네코의 대모험』 있나요?'라고 물었더니, 가게 직원이 '죄송합니다, 품절이에요'라고 말했데요. 그러니까 어머니는 '다행이다'라고 말하고 돌아오셨다고.

★── 좋은 얘기네요! 하지만 가게 직원은 왜 품절인데 기뻐하는 건지 이상했겠지만요(웃음).

타협하지 않은 『시렌』 오프닝이 무용지물로

이타노 그 다음은 『떠돌이 시렌(風来のシレン)』의 오프닝이네요. '떠돌이 일기'(세이브 데이터)를 만든 직후에, 두루마리가 확 나오는 데모 신이 있어요. 거기서 0.5도트씩 스크롤되거든요. 굉장히 천천히 움직여서, 1도트 단위면 '뚝뚝' 끊어지게 보인단 말이에요. 뭔가 해결방법이 없을까 하다가 생각해본 것이, 슈패미의 화

면이 가로가 통상 256도트인데요, 512도트 모드도 있었어요. 통상 VRAM(화상 표시용 메모리) 배치 그대로 512 모드로 강제로 전환하면 반 도트씩 밀리거든요. 그 다음에 내부에서 1도트만 스크롤시켜서 256 모드로 되돌리면 딱 반 도트씩 움 직이는 걸 발견해서(웃음).

★── 아하하하(웃음), 빨리도 하드의 한계에 도전했군요!

이타노 그걸 한 덕분에, '레트로프리크(레트로프리크)'(패미컴이나 슈패미 등의 소프트가 작 동하는 호환기)나 PC의 에뮬레이터에서는 그 장면만 재현할 수가 없어요. 그 화면 을 촬영해 '레트로 프리크한테 이겼어!'라고 Twitter에 올렸더니, 2000RT 정도 되더군요(웃음). 그리고 오프닝에서 솔개가 날아가는 장면이 2초 정도 있거든 요. 이걸 만드는 데 하룻밤, 디자이너와 밤새 만들었죠.

★── 하룻밤에 2초! 어딘가의 초대작 영화 같은 제작 체제네요(웃음).

이타노 '여기서 확 위를 보는 건 빠른 타이밍으로 하고 싶어', '이 곡선이 아니 라 이렇게' 이런 식으로 고치다 보니 막차가 끊겨서, 정신을 차려보니 하늘이 밝아지고 있었어요. 최종적으로는 둘 다 '이젠 나도 모르겠다'가 됐죠(웃음).

★── 철저하게 타협이란 없었던 거로군요.

이타노 그렇게 철야를 하는 일이 많았는데요, 회의실에 매트리스를 놓고 침 실로 썼어요. 거기 문에 '영안실'이나 '사체안치소'라는 쪽지가 붙어 있었고, '함 부로 자오리크, 자오랄을 걸지 말아주세요(자오리크, 자오랄은 드래곤 퀘스트 시리즈의 부활 주 문-역주)'라고 적혀 있었죠. 선배가 전통으로 그걸 적었던 모양이라, 춘소프트답 다 싶었죠(웃음).

★──『토르네코』는 드퀘 시리즈의 분위기가 있었지만,『시렌』은 제로에서 시 작이었네요.

이타노 예, 실은『시렌』은『코가라시 몬지로(木枯らし紋次郎, 일본의 시대극. 소설이 원작이 며 드라마화 되었다. 주인공의 차림새가 시렌과 흡사하다-역주)』의 이미지가 있었는데요, 디렉션하 신 토미에(토미에 신이치로, 富江慎一郎) 씨가 좋아하셨어요. 그래서 오프닝은 옛날 영 화의 이미지로 만들었죠. 화면이 명암을 이용해서 살짝 반짝반짝거리게 했는

데, 필름에 상처가 나거나 먼지가 들어가면 가끔 그러잖아요. 그래서 영화 필름은 교환할 때 펀치 구멍이 2번 나오는데요, 신이 바뀔 때 그것도 집어넣었어요. 심지어 흑백으로 살짝 세피아가 들어간 색으로 해서, 타이틀이 나오기 직전에 컬러가 되어 '떠돌이 시렌'이라고 나오죠.

★── 멋있어!

이타노 좋죠? ……폐기됐어요. 뭐, 대략적인 그림 콘티가 바뀐 건 아니지만, 그 영화적인 연출은 전부 없던 걸로 됐죠. 일부러 영화의 자막풍 폰트도 그래픽 담당한테 그려달라고 했는데. 완성해서 '좋은데' 생각했더니, 1주일 정도 후에 디렉션하시던 분이 말하기 거북하다는 듯이 '사장님이 그거, 들어내라셔……'.

★── 그렇군요. 그래서 얘기하시는 거랑 제품판의 연출이 달랐구나(웃음).

이타노 '사장님께서 영화처럼 하지 말라셔', '어, 폐기입니까!'라고 했더니 '응……미안하다'라고 하셔서 '알겠습니다'라고 했죠. 그리고 몇 분 동안은 괴로워하면서 작업을 했었는데요, '참을 수가 없네' 싶어진 거예요. 그래서 사장실로 갔죠.

★── 우와! 사장님인 나카무라 코이치 씨와 직접 담판을 지으러 가신 건가요.

이타노 문을 열었더니, 사장님이 돌아보시면서 '올 줄 알았어'라고 하시더군요(웃음).

★── 실물 코이치, 멋있다! 드라마의 한 장면 같네요.

이타노 그래서 꽤 싸웠는데요, 결국 폐기됐죠. 나중에 어떤 인터뷰를 읽었더니, 사장님이 당시의 게임 업계에 있던 '영화 동경병'을 굉장히 싫어하셨다는 걸 알게 됐어요. '게임은 게임이야'라고요. '난 그런 뜻으로 했던 게 아닌데……' 생각했지만요.

★── 당시의 무비 지향이 아니었는데, 괜히 불이 옮겨 붙은 사고였네요(웃음).

이타노 그 오프닝은 VHS 테이프에 녹화해서, 지금도 소중하게 보관하고 있습니다.

게임 스님 이타노 쿠만보 롱 인터뷰

★── 하지만 사장님께 직접 항의하는 사풍은 참 좋네요.

이타노 그렇죠. 그 당시는 편하게 갈 수 있었고, 딱히 약속을 잡을 필요도 없기도 했고요. 나카무라 사장님도 현장에 매일 얼굴을 비추셨고, '이거 좋은데'나 '이렇게 안 돼?' 같은 의견을 말씀해주셨어요. 덕분에 굉장히 공부가 되었고, 춘소프트에게는 감사하고 있죠⋯⋯이건 꼭 넣어주세요(웃음).

몇만 번이나 조정된 사운드 노벨의 연출 타이밍

★── 그 후, 슈패미의 사운드 노벨에는 참여하셨나요?

이타노 아뇨, 직접 참여하진 않았네요. 『제절초』는 입사 전이었고, 『카마이타치의 밤』은 디버그와 사운드 툴 개발을 조금 한 정도입니다.

★── 춘소프트의 사운드 노벨은 명작들이 많았고, 나중에 다른 회사에서 후속격인 게임도 잔뜩 나왔었죠.

이타노 사실 '문자만 표시하면 되니까 싸게 만들 수 있겠지'라는 느낌의 일정 퀄리티에도 도달하지 못한 게임이 잔뜩 있었다는 인상이라, '사운드 노벨을 얕보지 마라'라고 생각했었죠. 문자를 표시하고 그림을 표시하고 소리를 내는 타이밍을 맞추는 작업을 춘소프트는 몇만 번이나 반복했습니다. 각 시나리오별로 디렉터가 계속 직접 조정했었죠. 최고의 타이밍으로 만든 데이터를 다시 프로그래머에게 돌려주는 겁니다.

★── 정신이 아득해질 정도로 끈기가 필요한, 장인의 예술이군요⋯⋯.

이타노 그래서 큰일이었죠. 프로그램 작업이 싸게 먹히리라 생각하고 하는 회사가 많았던 모양인데, 아니에요! 그러기 위해서, 게임 하드별로 툴 만들기부터 시작한단 말이죠. 그리고 음을 집어넣는 방식도 조잡한 게 느껴지는구나 했죠. 예를 들어 방에 들어가는 장면에서, '기이이익 쾅'이라는 소리가 나면, 그림이 변하지 않아도 뒤에서 문이 닫혔음을 알 수 있잖아요. 그걸 문장으로 '뒤에서 문이 닫혔다'고 적기만 하고 '쾅' 소리가 안 나는 게 있어요. '아냐 아냐' 이런 느낌이었죠(웃음).

★── 닫히는 문을 보여주기보다, 소리만 들려주는 쪽이 더 무섭죠.

이타노 맞아요, 소리만으로 갇혔다는 걸 상상하게 하는 쪽이 더 무섭죠. 소리 연출이란 역시 굉장하다 싶어요.

★── 디버그 얘기가 나왔었는데요, 재미있는 버그가 있었나요?

이타노 『토르네코』에서 집에 있는 네네에게 말을 걸었더니, 어딘가가 이상해져서 '돈돈돈돈돈돈돈돈……'이라는 대사가 나오면서 멈추지가 않게 된 거예요. 15분 정도 내버려뒀는데, 삑 소리가 나고 멈추더니 '여보 힘내세요'라고 마지막에 나오더군요(웃음).

★── 아하하하(웃음). 그건 이상함을 넘어서 호러네요.

이타노 『카마이타치』에서도 메시지가 엉망진창이 되는 버그가 한 번 있었죠. 짧은 어절 단위로 멋대로 막 뒤바뀌어서, '괜찮아, 괜찮아서 지하실입니다!'라거나, '안녕하세요, 안녕하세요범인입니다'라고 나오기도 하고 말이죠(웃음). 마지막 건 분명히 PS 이식판의 버그였던가? 그런 괴현상이 가끔 일어나죠.

『거리』에서는 세가 새턴의 한계를 돌파!

★── 슈패미 얘기에서는 살짝 벗어나게 되겠지만, 세가 새턴판『거리~운명의 교차점(街~運命の交差点)』에도 참가하셨었죠.

이타노 치프 프로그래머를 맡게 되었습니다. 이야, 그거 진짜 힘들었어요! 2개월 동안 집에도 못 간 걸요. 확실히 1년 정도 발매가 연기됐었어요. 실사라서 데이터 양도 굉장했거든요. 마지막에는 회사 근처에 호텔을 잡아주서서, 회사랑 호텔을 왕복했었죠. 당시 지금의 아내와 동거를 시작했던 시기였어요. 그래서 헤어지네마네 싸우기도 했었죠.

★── 그건 '게임 개발과 애인, 어느 쪽이야?'라는 얘기로군요.

이타노 그때 처음으로 게임을 만드는 것에 대한 마음을 눈물을 흘리면서 그녀에게 설명했었어요. '정말로 마음을 담아서, 인생을 걸고 만들고 있어'라고요. '동료들이 몇 명이나 목숨을 걸고 만들고 있는데, 나만 애인이 보고 싶다고 집에 갈 수 있겠어!' 이렇게 말했죠. 지금 생각하면 젊었구나 생각하지만요(웃음). 『거리』에서는 당시의 스태프가 대부분 '내부트라'(내부 사람들이 엑스트라)로 게임 속에 출연하는데요, 저도 경관 역으로 출연해서 시부야에서 촬영했었죠.

★── 시부야에서 촬영했다는 건, 소위 말하는 '게릴라' 촬영이었나요?

이타노 게릴라였죠. 당시 시부야는 촬영 허가가 나오지 않았던 모양이에요. 저도 코트를 입고 모자를 쓰고 촬영할 위치를 결정한 다음, 뒤에서 스태프가 코트를 스윽 받아주는 거죠. 그게 연예인 같아서, 엄청나게 기분이 좋았어요. 게릴라 촬영이었으니, 주변에 찍힌 행인들은 정말로 우연히 지나가던 사람들이었죠.

★── 라이브 느낌이 차고 넘치네요(웃음).

이타노 게다가 당시에는 디지털 카메라가 아직 성능도 낮아서, 최대 100만 화소 정도였어요. 그래서 거의 아날로그 필름 촬영이었기 때문에, 현상해보기 전에는 알 수도 없었죠.

★── 게릴라 촬영은 진짜 단판 승부니까, 그거 정말 힘들었겠네요. 치프 프로그래머가 본 『거리』는 어땠나요?

이타노 그건 이상한 프로그램이 되어버리는 바람에, 게임이 가동되는 동안에는 계속 무비를 재생하는 상태죠. '정지화상인데'라고 생각할지도 모르지만, 무비의 키 프레임(동영상의 단락을 구별하는 데이터)을 멈춰둔 거죠. 그건(데이터를) 압축하기 위한 방법이기도 했고, 정지 화상에서 동영상으로 넘어가는 순간을 부드럽게 만들기 위해서이기도 했어요.

★──『거리』는 실사였는데, 게임기가 동영상을 다루기 시작한 초기였죠.

이타노 동영상 재생 시스템도 아직 과도기여서, 다양한 코덱(데이터를 압축하고 복원

{하는 프로그램)}을 시험해봤죠. 『거리』에 사용된 것은 '트루 모션'인데, 라이브러리를 세가 님들 경유로 제공받았다고 기억합니다. 이것도 에피소드가 하나 있는데, 아무리 해봐도 제대로 작동하질 않는 부분이 있는 거예요. 소스(프로그램 코드)를 보고, 콤마를 하나 넣었더니 움직이게 되더라고요. 이걸 세가 님들한테 전했더니, "고마워. 이걸로 '○○○○_(유명 게임 제작사)'의 버그가 고쳐질 거야"라고 말해서 전화를 그냥 끊어버렸죠_(웃음). 뭐, 세가 님들하고는 굉장히 사이가 좋았거든요.

★── 의도치 않게 타사의 작품에도 공헌하신 거로군요_(웃음).

이타노 그래서 『거리』의 엔딩도 무리를 했었죠. 당시의 트루 모션의 라이브러리_(한묶음으로 된 프로그램)으로 재생할 수 있는 길이는 2분 몇십 초가 한계였거든요. 하지만 『거리』의 엔딩은 4분 정도 됐어요. 그래서 도중에 절반까지 자를까 얘기 했었는데요, 역시 용납할 수가 없어서_(웃음).

★── 절대로 타협은 안 하시는 거군요!

이타노 '나는 트루 모션의 한계를 넘겠어!'라고 하고, 4분 이상 재생할 수 있도록 만들었어요. 한계를 초월하면 어떻게 되나 했더니, 메모리가 부족해지더라고요. 최후에는 폰트나 시나리오 데이터가 들어 있는 에어리어를 파괴하면서, 무비를 재생한 거예요. 그리고 3초 이상 재생하면 뻗어_(게임기가 기능 정지) 버리더라고요. 그래서 엔딩이 끝나면 곧바로 타이틀로 되돌린다! 전부 다시 읽는다!

★── 엔딩에서만 가능한 기술이군요_(웃음).

춘소프트가 가르쳐준 '손에 닿는 감촉'과 게임 작가라는 삶

★── 처음으로 만져 본 게임 하드로서, 슈패미는 어떤 인상을 주었나요?

이타노 저는 사용하기 쉽다고 생각했었어요. 수고는 좀 들었지만, 하고 싶은 표현은 거의 됐으니까요. 그 당시 하드는 제한 속에서 어떻게 만드는가가 굉장히 즐거웠거든요. 그 후의 '차세대기'라고 불리는 녀석들 쪽이 오히려 더 다루기 어렵다고 생각했던 적은 있습니다.

★── 슈패미와 춘소프트가 이타노 씨에게 게임을 만드는 즐거움을 가르쳐주었다는 거군요.

이타노 지금 제가 게임을 만들면서 살아갈 수 있는 것도, 춘소프트 덕분이라고 생각해요. 그 회사에서 배운 것 중에서도, 게임을 즐겁게 하기 위한 '손에 닿는 감촉' 부분이 크죠. 제가 만드는 게임이나 애플리케이션에서도 감촉에 신경을 많이 쓰고 있고요, 항상 말하는 건 '화면 안에 장난감을 만든다는 생각으로' 뭐 이런 거죠. 예를 들어 저의 'a[Q]ua(아큐아)'는 물을 흐르게 하는 퍼즐 게임인데요, 풀지 못해도 아이들은 그저 물을 첨벙첨벙거리는 것만으로도 즐겁게 플레이하거든요.

★── 게임 화면 속에 있는 건 직접 만질 수가 없기에, 손에 닿는 감촉이란 게 중요하겠네요.

이타노 그 부분의 감각은 춘소프트에서도 철저하게 했었죠. 버튼을 눌렀을 때 어느 정도로 반응이 돌아오는 게 기분이 좋을까 같은 거요. 누른 순간 바로 빵 하고 돌아오는 게 아니라, 꾸욱 하고 반응이 돌아오는 것 같은. 하지만 너무 길어서 꾸우우욱이 되면 애가 타는구나, 이렇게요.

★── 그런 '손에 닿는 감촉'의 감각을 살려, 애플리케이션 『MagicReader』(얼굴을 좌우로 가로저으면 페이지를 넘길 수 있는 애플리케이션)가 UN에서 표창을 받았었죠.

이타노 아랍의 아부다비로 불려가서 수상식에 참석했었죠. 그때부터 이름을 약간 알리게 되어서, 전략적으로 이런 차림(승려의 일상복)을 하는 겁니다. 사람들의 기억에 남게 해서, 덕분에 'IT 스님'이라고 불리게 되었죠(웃음).

★── 이타노 씨는 '현대의 게임 작가'의 최첨단을 달리고 계시네요.

이타노 저희 세대는 게임 회사에 취직하는 게 가장 현실적이었지만, 지금은 개인이라도 게임을 만들 수 있는 환경이 마련되어 있어요. 그 사람들은 집안에 틀어박히기 일쑤라서, 정보 교환의 장이 되면 좋겠다 싶어서 게임 작가 회식을

초 슈퍼 패미컴

자주 하고 있죠. 나카무라 코이치 씨 세대가 '게임을 만드는 삶이란 게 있다'고 보여주셨던 것처럼, 저희도 '개인이 게임을 만들면서 먹고 사는 길'을 다음 세대에게 물려줘야 한다는 생각이 들어서, 그런 활동을 하고 있습니다.

★── 그게 저서인 『Unity로 시작하는 C# 기초편(UnityではじまるC#基礎編)』 등과 이어지는 거로군요.

이타노 초보자 분들이 게임을 만드는 즐거움을 알아주셨으면 했어요. 그게 호평을 받아서, 제2탄 (『Unity 서당 인기 스마트폰 게임 개발 입문(Unityの寺子屋 定番スマトホゲーム開発入門)』)도 썼죠. 거기에는 게임 만드는 법에다 어떻게 만들어서 게임으로 먹고 살 것인가에 대한 항목을 넣었습니다.

★── 슈패미와 춘소프트 혼이 차세대로 계승되는 거로군요! 오늘은 감사했습니다.

이타노 쿠만보(いたの くまんぼう)

카나가와(神奈) 공과 대학 비상근 강사. 컴퓨터 게임 제작사인 '춘소프트'에서 컨슈머 게임 프로그래머로 『이상한 던전』과 『사운드 노벨』 등의 시리즈에 참여했다. 독립 후에는 프리랜서로 스마트폰 애플리케이션의 세계로. 제작한 애플리케이션 『MagicReader』가 UN WSA로부터 표창을 받았고, 표창식을 위해 아부다비로 초대되었다. 『에가시라 방해다 카메라(江頭ジャマだカメラ)』가 AppStore에서 무료 종합 1위를 획득, 최신작 퍼즐 게임 『물 퍼즐 a[Q]ua 오리를 구해라!(お水のパズル a[Q]ua アヒルちゃんを救え!)』는 각 앱 스토어에서 몇 번이고 추천에 선정되는……등, 애플리케이션 업계에서도 히트를 연발. 그 화려한 경력과 실적으로, 애플리케이션계의 상담 담당으로서, '경전은 못 읽지만 코드는 읽을 수 있는 스님'이라는 애칭으로 친숙하게 여겨지고 있다.

『Unity 서당 인기 스마트폰 게임 개발 입문(Unityの寺子屋 定番スマトホゲーム開発入門)』
이타노 쿠만보(저, 감수), 오츠키 유이치로(저)
MDN 코포레이션(エムディエヌコーポレーション) (2017/8/16) 발행

지지마라! 마검도(負けるな! 魔劍道)

장르 : 액션.
제작사 : 데이텀 폴리스타
       (데이터무·폴리스터)
발매일 : '93.1.22
정가 : 8,800엔

80년대 OVA의 비키니 갑옷 컬처를 이어받은 여고생 히로인이 통학하는 김에 요괴 퇴치! 정통파 횡 스크롤 액션처럼 보이지만, 해피 엔딩 조건이 '지각하지 않고 등교하는 것'이기 때문에, 실은 적을 최대한 쓰러트리지 않고 달려서 지나가는 것이 공략의 비결인 이색작이다. 속편은 대전 격투 게임, 세 번째 작품은 RPG인 등, 같은 시리즈인데도 장르가 제각각인 것도 일부에서는 유명하다.

80년대 OVA 비키니 갑옷을 물려받은 히로인

산속의 자택에서 편도 5시간은 걸리는 학교로 달려가는 여고생 츠루기노 마이. 요괴 형사 도로 씨가 떠넘긴 마검상으로 변신한 마이는, 무한한 힘을 이끌어내는 '마검도'로 등교하는 김에 요괴를 쓰러트린다!

비키니 갑옷 같은 걸로 코스프레한 미소녀가 검을 휘두르며 이계의 적을 해치운다── 80년대 OVA(오리지널 비디오 애니메이션)에서 어깨까지 잠길 만큼 수없이 봐온 기획물입니다.

캐릭터 디자인은 ANO시미즈(ANO清水) 씨. 메가드라이브의 『마작 COP 류(マージャンCOP竜)』나 『배틀 골퍼 유이(バトルゴルファー唯)』 등에 참여했던 크리에이터로, 억지 설정으로 무리한 싸움에 말려든 히로인을 묘사하는 데는 타의추종을 불허하는 분이십니다.

그리고 히로인의 목소리는 미츠이시 코토노(三石琴乃) 씨. 이 게임이 발매된 것은 93년으로, 『미소녀 전사 세일러문(美少女戦士セーラームーン)』부터 『신세기 에반게리온(新世紀エヴァンゲリオン)』의 카츠라기 미사토 씨까지, **여중생에서 30대 직전으로 클래스 체인지하던 시절이었던 걸까 생각하면 가슴이 뜨거워집니다.**

산속에서 리얼하게 곰 피해!

게임은 점프해서 공격하는 횡 스크롤 액션 게임의 왕도. 마'검도'이기 때문에 죽도로 적을 공격하고, 통상 상태에서는 발사하는 공격은 없습니다. **간격을 두지 않은 제로 거리에서 목숨을 걸고 싸우는 스릴**을 즐길 수 있습니다.

무서운 얼굴을 한 적 캐릭터는 없지만, 일격으로 쓰러트리지 못하는 튼튼한 적이 많습니다. 남은 체력+잔기제로 쉬울 것 같지만, 조무래기의 몸통 박치기로 잔기를 팍팍 잃게 됩니다.

그리고 곰. 산 속에는 곰이 빈번히 출몰하며, 제대로 쓰러트리지 못하면 돌진해서 목숨을 빼앗습니다. **게임 속에서까지 곰 피해를 리얼하게 만들 필요는 없잖아!**

기합 게이지를 모으면 검에서 빔 같은 원거리 공격을 사용할 수 있습니다. 하지만 조무래기들이 가차 없이 쏟아져 나오기 때문에, 모으고 있을 여유가 없습니다. 겉보기에는 폭신폭신하게 쉬워 보이지만, 내용물은 딱딱하게 어려운, 역 멜론빵입니다.

컨티뉴는 4번까지 가능하지만, 잔기 제로 상태로 스테이지 맨 처음으로 되돌려지는 혹독함. 하지만 비기로 '그 자리에서 컨티뉴'가 가능하므로, **다시 마검도!**

요괴를 퇴치할 틈이 있으면 학교로 달려라!

마이의 목적은 '학교에 지각하지 않은 것'. 지각하면 등급이 떨어져, 학교생활이 망합니다. 요괴 퇴치는 어디까지나 등교하는 김에. **불씨를 치우기 위해 어쩔 수 없이 하는 것뿐.**

산속에 사는 마이의 통학은 편도 5시간. 아직 하늘도 어두운 아침 4시에 출발해, 오전 9시까지 교문에 도착하지 않으면 배드 엔딩. **게임 시스템이 '퇴치'보다**

'등교'가 중요하다고 말하고 있어요!

스테이지 구성도 '등교'처럼 구성되어 있습니다. 1스테이지는 산으로 바위밭과 산길로, 스테이지를 클리어할 때마다 버스가 와서 다음 스테이지로. **'지름길로 가기 위해 수중으로 잠수'**, '로프웨이를 타고 전차에 올라탐' 등 통학로를 리얼하게 따르고 있습니다.

그런 장거리 통학이기에 **멈추지 말고 계속 달리는 것이 정답이며, 적과 싸우는 것은 틀렸습니다.** 눈 덮인 경치와 파도가 거칠게 몰아치는 바다를 하나로 만든 연가 스테이지나, 전원의 한가운데이고 인류에게 반란을 일으킨 기계 스테이지도 전력으로 달려서 빠져나갑니다. **요괴 퇴치는 안 합니다!**

스테이지마다의 중간 보스는 히로인을 대신하려는 인형옷이나 거물 오라를 두른 요괴 가수, 인형에서 변형해 돌아다니는 슈퍼 로봇(요괴) 등, **80년대에 양산되었던 C급 애니메이션 애호가의 심금을 울리는 특이한 것들이 속속 등장합니다.** 미안, 느긋하게 상대하고 있을 시간이 없어.

통학하는 요령, 그것은 대시입니다. A 버튼으로 대시하며, 체력이 줄어드는 대신 적의 공격이나 몸을 뚫고 지나갈 수 있습니다. 게다가 공격을 맞고 하얗게 빛나는 적은 접촉해도 대미지를 입지 않습니다. 이 두 가지를 조합하면 '배틀이 개막하고 바로 대시. 밀착해서 무적 시간이 끝나기 전에 다시 베고, 도망칠 때 추격해 벤다'는 **얍삽이 기술이 기본 테크닉입니다.**

이 기술은 길에서도 응용할 수 있으며, 필자의 실력으로는 재현할 수 없지만, 점프해서 아래 찌르기로 조무래기에 올라타고, 착지한 순간에 다음 조무래기로 옮겨 타는……식으로 무적 시간을 이어 나가 노 대미지로 빠져나가는 상급자도 있습니다. **마검도는 테크니컬하고 심오하다!**

너무 악마 같은 라스트 스테이지

'숨을 참고 맨몸 잠수로 쓰러트린 거대 금붕어 트리오'나, '장미가 흩뿌려진 배경에서 테니스 요괴의 살인 볼을 받아친다' 등 강적을 죽도로 쓰러트리고, 드디어 교문 앞으로 이어지는 길에 도착합니다.

지금까지의 중간 보스가 모두 부활, 파워 업해 습격해왔습니다. '인간과 다르게 요괴는 그렇게 간단히 죽지 않으니까'

악의 요괴 군단과 죽도 한 자루로 싸우며, 산 속과 로프웨이를 달리는 여고생 히로인. 그렇지만 그냥 원거리 통학일 뿐이다!

라고 설명되지만, **클리어 직전에 마음을 꺾으러 오는 인간**(게임 크리에이터) **무서워!** 게다가 라스트 보스는 3단 변신. **인류는 한 번 정화하는 편이 좋을 것 같습니다.**

요괴 세일즈를 기록한 듯한 이 게임은, 속편『지지마라! 마검도2 결정해라! 요괴 총리대신(負けるな！魔剣道2決めろ！妖怪総理大臣)』도 발매되었습니다. 단, 어째서인지 대전 격투 게임이 되었습니다.

게다가 시리즈 세 번째 작품인 PC-FX용『지지마라! 마검도Z』는 RPG가 되었습니다. 『닌자 쟈쟈마루군(忍者じゃじゃ丸くん)』시리즈에도 들러붙어 있던 매번 장르를 바꾸고 싶어하는 요괴가 한 짓일까요. **도와줘요 요괴 형사!**

(T)

스타 폭스(スターフォックス)

장르 : 슈팅
제작사 : 닌텐도
(任天堂)
발매일 : 93.2.21
정가 : 9,800엔

폴리곤을 다룰 수 있는 슈퍼 FX 칩을 탑재해 슈패미가 3D 우주로 발진! 투박한 폴리곤으로 『스타 워즈(STAR WARS)』같은 스페이스 오페라를 실현한 3D 슈팅. 주인공 폭스를 시작으로 동물을 모티브로 한 캐릭터들에게는 신비한 맛이 있다. 전 3루트+숨겨진 스테이지가 준비되어 있으며, 3D를 풀 활용해 분리, 합체, 변형하는 보스들도 공략해 볼 만한 가치가 있다.

슈퍼 FX 칩에 의한 슈패미 첫 폴리곤 게임

슈패미 최초의 완전 3D 게임이 등장!(참고로 3D 게임은 게임보이용 『X』가 먼저). 그런 뉴스가 나오면서, 당시의 게이머들은 무슨 소릴 하는 건지 당혹스러워 했습니다.

지금까지 『F-ZERO』 등등의 3D 같은 게임들을 잔뜩 발매하지 않았나요……?

하지만 『파일럿 윙스(パイロットウィングス)』를 시작으로 한 닌텐도 타이틀은 어디까지나 '유사3D'입니다. 오른쪽으로 왼쪽으로 핸들을 꺾으면 서킷이나 지형이 원근감 있게 변화했지만, 도트 그래픽을 회전, 확대, 축소 기능을 이용해 '그럴듯하게' 보여준 것에 불과했습니다.

당시에는 이미 1993년. 국제 꽃과 녹색 박람회에서 『프로젝트 드라군(プロジェクト・ドラグーン)』이 출전되어, 3D 슈팅을 28명이 동시에 플레이할 수 있는 체험이 실현된 지 3년 후로, 연말에는 폭발적인 3D 격투 게임 붐을 일으킨 『버추어 파이터(バーチャファイター)』의 발매를 기다리고

있었습니다. 다음 해에는 3D 게임기의 초대 패자인 플레이스테이션(PlayStation)이 발매되는 시기로, 슬슬 2D 게임기는 '전시대의 유물'이 되어가고 있던 타이밍.

그때 닌텐도는 슈퍼 FX 칩을 투입합니다. 이것은 롬 카트리지에 내장해 간단한 폴리곤(3D를 묘사하는 다각형)이나 3D 그래픽을 묘사하기 위한 칩입니다. 하지만 기본적으로는 2D 게임기인 슈패미에 추가해도, 고칼로리인 3D를 다루기엔 한계가 있습니다…….

여러 가지 제약으로 인해, 주인공의 기체는 '삼각형의 기체에 A형 날개가 달린 우주전투기'라는 심플한 형태로, 표면은 울퉁불퉁하고 장식도 없습니다. 그 이름인 아윙도 'A형 윙이니까'라는 이유로 지은 것입니다. 닌텐도의 게임 캐릭터 중에서도 가장 그리기 쉬운 메카닉 탄생!

한편, 주인공 폭스=여우를 시작으로, 동료 파일럿들도 실제 동물들이 모티브입니다. 토끼나 매와 함께 우주를 달리는 모습은, 의외로 이성인들이 공생하는 『스타 워즈』같은 느낌도 있습니다. 전투

중에 무선으로 통신을 취하며, 적기에게 뒤를 잡힌 아군기를 구하는 것도 가능합니다. '그만 돌아가고 싶다아~'라고 약한 소리를 하는 개구리(슬리피)는 내버려 두면 격추당하며, 그 이후의 스테이지에서는 나갈 수 없게 되어 쓸쓸하므로 어쩔 수 없이 헬프. 상사인 페퍼 장군(개)과 라스트 보스인 안돌프(원숭이)도 동물 모티프이며, '견원지간(犬猿之間)'입니다. 결국 장대한 스페이스 옛날이야기인 건지도 모릅니다.

시리즈 첫 번째 작품이면서 조작 시스템은 완성

전원을 켜면 무한히 펼쳐지는 칠흑의 우주. 거기에 어느새 나타난 색이 칠해진 판과 사각형……정지 화면으로 보면 굉장히 허전한 그림인데, 입체적인 움직임이 더해지면 박력이 넘칩니다. 아군의 본거지 혹성 코넬리아로 다가오는 적 모함과, 호위하는 전투기 무리는 『스타 워즈』의 스타 디스트로이어가 뇌리에 떠오르는 연출입니다. 프로듀서가 미야모토 시게루 씨인 만큼, 폴리곤 게임의 경험치 부족을 못 느끼게 합니다.

20여 년 이상 지속된 장기 시리즈의 원점이 된 초대 『스타 폭스』지만, 3D 슈팅 부분의 기본 시스템은 첫 번째 작품임에도 이미 완성의 영역에 도달해 있습니다. '블래스터로 쏘고, 탄수 제한이 있는 스마트 봄으로 적에게 큰 대미지를 입히는' 것을 주축으로, LR 버튼을 누른 채로 방향키를 입력하면 재빨리 이동하는 퀵턴이나 LR 연타로 일시적으로 무적이 되는 롤링, 부스트(가속)나 브레이크도 있어, 독 파이트를 펼치기 위한 조작은 대부분 준비되어 있습니다.

플레이어기가 날아가는 루트는 고정된 외길. 그렇지만 '정해진 길을 즐겨주었으면 한다'라고 한 만큼, 카메라 워크나 적의 움직임은 철저하게 고려해 만들어져 있습니다. 배경은 2D 도트 그래픽으로 그려졌으며, 지상에서는 하늘에 떠 있는 구름이나 설산, 우주에 나가면 가스

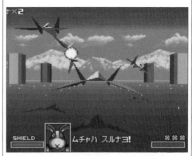

슈퍼 FX 칩 탑재로 인해, 슈퍼미에서도 3D 폴리곤을 다룰 수 있게 되었다. 종이비행기 같지만, 움직이면 스페이스 전투기로 보인다!

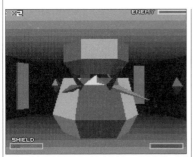

거대 요새에 침입해 좁은 통로를 빠져나가, 그 안쪽에 있는 메인 엔진을 파괴하는 『스타 워즈』가 너무 좋아요 계열 슈팅의 기본.

『스타 워즈』에서 좁은 공간을 나는 '그 장면'도 재현

닌텐도 게임의 장점이라면, 보스의 다채로움과 공략을 조합해 나가는 보람. 그중에서도 최강인 것이 레벨 6의 라스트 직전에 대기 중인 그레이트 커맨더로, 제2형태로 로봇으로 변형!

폴리곤이라는 미지의 영역에 발을 들여놓으면서도 '닌텐도다움'이 가득 담긴 초대 『스타 폭스』는, 가끔 꺼내 다시 플레이하고 당시의 열기를 다시 느껴보고 싶어지는 매력이 있습니다. 닌텐도가 처음으로 '스페이스 전투기가 넓은 우주에서 좁은 통로로 잠입하는 『스타 워즈』의 그걸' 했던, 기념할 만한 제1호니까요.

(T)

성운이나 운성 무리가 떠다녀 폴리곤의 뾰족뾰족함을 완화시키는 형태입니다.

그런 분위기로 만들어진 덕분에, '널빤지 조각을 이어붙인 종이비행기 비슷한 거'가 우주 전함과 전투기로 보이는 굉장함. 발진할 때 후방으로 선이 흘러가는 워프 표현, 빗발치듯 날아오는 적의 레이저, 선회해서 '3D 보다니!'라며 어필하는 중간 보스 등, 일본 3D 게임이 키워온 스페이스 오페라 문법의 집대성!

강철의 기사(鋼鉄の騎士)

장르 : 시뮬레이션
제작사 : 아스믹
　　　 (アスミック)
발매일 : 93.2.19
정가 : 9,800엔

일본 PC 게임계에서 압도적인 데이터량을 자랑하는 명작을 제작했던 시뮬레이션 게임의 강자 아베 타카시(阿部隆史) 씨가 독립, 본격파 육전 워 시뮬레이션을 제창하며 슈퍼 패미컴에 참전! 기다리고 기다리던 플레이어는 세계 최강의 독일 기갑사단을 이끌고 연합군을 유린하는 전투에 도전한다! 『어드밴스드 대전략(アドバンスド大戦略)』을 보며 분루를 삼켰던 시뮬레이션 게이머에게는 최고의 행복을 가져다준 작품.

본격파 워 시뮬레이션, 슈패미에 참전!

현재에 이르기까지 너무나도 마니악한 전술급 워 시뮬레이션을 제작하는 노포 제너럴 서포트(ジェネラルサポート)의 『강철의 기사』가 드디어 아스믹 발매로 **슈패미에도 진격 개시!**

우리의 독일 기갑사단이 연합국과 전차전을 벌이게 되는데, 80년대 시점에서 『태평양의 폭풍(太平洋の嵐)』이라는 최상급 난이도의 전술 시뮬레이션을 제작했던 것으로 유명한 아베 타카시 씨가 독립하고 만든 첫 번째 작품.

무엇보다 **일본사 교과서보다 두꺼운 300페이지가 넘는** 매뉴얼을 거느리고 일본은 아무리 해도 이길 수 있는 싸움이 아니었다는 것을 다각적으로 플레이어에게 가르쳐 주며, 훗날 가공 전기 작가들에게 이지스 함을 타임 슬립시키는 정도의 **치트 이외에는 승산이 없다**는 것을 통감케 했습니다.

이처럼 하드코어하고 너무나도 마니악한 워 시뮬레이션 제작에 있어서는 타의 추종을 불허하는 아베 타카시 씨의 독립 첫 번째 작품이, 만전의 준비를 마치고 슈퍼 패미컴으로 멋지게 등장한 겁니다.

당시 동부 전선의 독일 기갑사단이 테마라면, 걸작으로 유명한 메가드라이브판 『어드밴스드 대전략 -독일 전격 작전-(アドバンスド大戦略 -ドイツ電撃作戦-)』으로 당시의 시뮬레이션 게이머들에게는 친숙한 세계관인 데다, 태평양 전쟁보다 약간 쉬울 것처럼 보일 수도 있는 소재입니다.

전차전이 되면, 전차를 밀집시켜 억지로 힘으로 몰아붙여 유린하는 밀집돌격이 좋을지, 아니면 맵의 가로세로로 전차 소대를 여럿 배치해서 각개 격파를 되풀이하는 게 좋을지 망설이게 됩니다.

왜냐하면 이 게임에는 전차병들에게 경험치가 존재하기 때문에, 살아남으면 살아남을수록 강해져 앞으로 유리하게 전개할 수 있게 됩니다.

텅 빈 옆구리!
힘껏 때려 박는 주포!

그런 생각을 하면서, 진군 개시! 앞의 전차(아군)가 방해가 되어 이동할 수 없습니다. 아무래도 진행 방향을 제대로 확보하지 않으면 **평범하게 정체**되는 모양입니다.

게다가 이 게임에는 히트 포인트 같은 안이한 건 존재하지 않으며, 탄이 직격되면 운이 좋으면 소파, 대부분 대파하는 데드 오어 얼라이브 사양입니다.

심지어는 차체의 전후/좌우로 맞은 방향에 따라 방어력에도 차이가 나는 본격파.

그리고 필자의 눈앞에는 정체로 인해 얽혀 있던 우리 군의 기갑사단이 연합측 부대에게 옆구리를 공략당해 우왕좌왕하는 아비규환의 지옥도가 펼쳐졌습니다.

1스테이지인데, 전멸! ……여기서 게임 오버로 해준다면 아직 살아날 길이 있지만, 아베 타카시 씨의 뜨거운 게임 혼으로 인해 아무렇지도 않게 보충병을 투입해 **다음의 제1차 베를린 방위전으로!** 다음 스테이지는 전력비가 5배, 승률 17%……후핫핫핫핫! 편한 전쟁 같은 건 존재하지 않는다!

심플하면서도 전차전에 중점을 둔『강

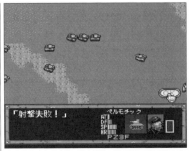

적 앞에서 전차 대정체로 위기 상황. 이후, 집중 포화를 받아 제1차 브레스트리토프스크 진공은 대패배가 되었다.

철의 기사』는, 슈퍼 패미컴용 워 시뮬레이션의 대명사가 되어, 소대의 개념을 더해 탑승원의 성장을 파워 업 시킨『강철의 기사2 사막의 롬멜 군단(鋼鉄の騎士2 砂漠のロンメル軍団)』은 특히 더 인기를 모은 작품이 되었습니다.

(A)

이하토보 이야기(イーハトーヴォ物語)

장르 : RPG
제작사 : 헥트
　　　(ヘクト)
발매일 : 93.3.5
정가 : 9,700엔

미야자와 켄지(宮沢賢治)의 동화를 전9장으로 게임화. 전투도 없고, 주문도 장비도 스테이터스도 없다. 그럼에도 『조개불(貝の火)』이나 『토신과 여우(土神ときつね)』, 『은하철도의 밤(銀河鉄道の夜)』 등의 우화를 '나'로서 체험할 수 있는 시스템은, 그야말로 역할을 연기하는 RPG! 미야자와 켄지 작품에 대한 사랑이 가득 담긴 스토리, 환상적인 분위기에 몰입할 수 있는 멋진 음악, 슈패미기에 체험할 수 있는 온리원 작품이다.

미야자와 켄지의 동화 세계를 여행하는 RPG

비에도 지지 않고 바람에도 지지 않고 ──이런 시인이나 동화 작가로 잘 알려진 미야자와 켄지. 그 작품은 다른 작가들에게 쉽게 인용되는데, 원전을 읽은 사람은 적은 것 같습니다. 필자도 『은하철도의 밤』은 『은하철도999(銀河鉄道999)』의 베이스로만 아는 쪽이었습니다.

본작 『이하토보 이야기』는 그런 미야자와 켄지의 창작 세계를 무대로 한 RPG. 옛날 등산 RPG라 불리며 눈사태와 싸우고 그러던 게임도 있긴 했지만, 켄지 월드에서 싸우면 분위기를 망치는 거죠. 『주문이 많은 요리점(注文の多い料理店)』에서 손님을 요리해서 먹어버리는 가게를 이오나즌(드퀘 시리즈의 폭발계 공격 마법-역주)으로 이겨서는 안 됩니다.

그 점에서, 이 게임은 싸움도 없지만 레벨 업도 없으며, '쇼핑'이라는 행위도 없습니다. 초대 드퀘와 마찬가지로 '2D 맵을 걸으며 여행한다'는 체재로 되어 있지만, 그 이외의 'RPG'다운 요소는 삭제되어 있습니다.

하지만 RPG는 원래 '가상 세계 속에서 주어진 역할을 플레이어가 연기하는' 것. 그런 의미로는 『이하토보 이야기』는 틀림없는 RPG라 할 수 있습니다.

켄지 월드의 잔혹함도 재현

주인공은 기차로 여행하는 도중, 이하토보의 거리를 방문한 '나'. 마을의 명사로서 유명한 미야자와 켄지를 만나러 온 것으로, 공교롭게도 부재 중. '나'는 각지에 흩어진 켄지의 7권의 수첩을 모으기 위해, 이 거리에 머물기로 결정한 것이다…….

이렇게 서장+최종장+7권의 수첩을 모으는 전9장이 시작됩니다. 각각의 장은 미야자와 켄지의 동화를 모티브로 하고 있는데, 인간의 생사에서 눈을 돌리지 않고, 판타지의 칼날로 세계의 잔혹함을 도려내는 우화를 통째로 게임화.

수첩 찾기의 제1보는 만물박사라고 알려져 있는 '동굴곰 선생님'을 만나러 가는 것. 꽃병에 꽂아 둘 은방울꽃을 가져오거나, 책을 좋아하는 선생님을 위해 시집을 가지고 오는 등의 심부름을 하고 동물의 말을 이해할 수 있는 '조개불'을 겟.

전투도 없고 따스한 느낌의, '조개불' 소유주였던 토끼 호모이의 과거 이야기. 히바리의 왕의 자식을 도와주고 조개불을 양도받아, 동물의 대장이 되었다고 합니다. 하지만 교활한 여우가 기회를 틈타 습격하고, **악을 바로잡긴 했지만 실명했다고……무거워!**

이렇게 '심부름'을 수행해 스토리를 진행해 나갈 뿐. 게임 진행상 괴롭거나 막히는 부분은 아무것도 없지만, 등장인물의 비극과 생사에 대해서는 전혀 개변이 없는 그야말로 진짜 미야자와 켄지 월드. **스테이터스에 HP는 없지만, 플레이하는 사람의 마음의 HP를 갉아먹습니다.**

미야자와 켄지 소설의 보조용으로 추천

제2장에서는 영주 개구리의 '카이로 단장'에게서 수첩을 회수하는 이야기입니다. 바가지를 씌우는 바를 경영 중인 단장에게 단장이 싫어하는 말굽버섯을 내밀어 위협하고, 빚을 지는 바람에 중노동 중이던 청개구리들을 해방시켜주는 이야기는 RPG답고, '나'도 주인공다운 활약을 해서 약간 안심했습니다.

그런데 부모가 사준 삼나무 묘목을 누군가에게 도둑맞았다며 우는 켄쥬 소년의 이야기는, 흘러가는 형세가 수상해집니다. '나'는 개들에게 탐문하거나 현장 검증을 거듭하며, 항상 켄쥬를 괴롭혔던 헤이지가 범인이라는 타당한 증거를 들이밀게 됩니다. 말라버린 삼나무 묘목도 신비한 힘을 지닌 올빼미 덕분에 부활……이렇게 일단은 해피 엔딩이지만, **원작에서는 켄쥬도 헤이지도 병사하기 때문에, 불온한 공기가 떠돌게 됩니다.**

3권째의 수첩은 『토신과 여우』의 스토리가 바탕. 토지의 신이지만 교양이 없는 토신과, 박학다식한 여우는 자작나무(의 정령)를 둘러싸고 삼각관계입니다. 여우가 '독일에 주문한 망원경이 도착하면 별을 보러 갑시다'라고 아니꼬운 얘길 하는 것이 토신은 마음에 들지 않습니다.

첫 대면인 '나'를 때려 기절시킨 토신은 사실은 좋은 녀석으로, 여우와 언젠가는 화해를……이런 내용은 없으며, 질투에 미쳐 여우를 살해합니다. 원작대로 진행되는 이야기에 대해, **주인공은 아무**

것도 할 수 없고 무력합니다.

제5장에서는 도저히 여름 같지 않은 추위가 계속되는 도중, '나'는 해결하기 위해 움직이지도 않고 (그저 켄지 팬이기 때문에) 켄지가 만나러 간다는 화산국에서 일하는 청년에게 갑니다. 냉해와 기근, 여동생과 생이별한 슬픔을 되풀이하고 싶지 않은 청년은, 화산을 인공적으로 폭발시켜 분출되는 탄산가스의 온실효과로 이하토브를 따뜻하게 만드는 계획을 성공시킵니다. 오로지 혼자만 화산에 남아서……. **현대에서는 화산재가 하늘을 뒤덮어 냉해가 심해진다는 견해도 있습니다만**, 쓸데없는 태클은 걸지 않는 상냥함.

'나'는 가는 곳마다 아이템을 모아 이야기의 플래그를 세우고, 결말은 대부분이 배드 엔딩. 미야자와 켄지 동화를 연결하기 위한 배후 인물이기에 어쩔 수 없는 일이지만, **마치 『웃는 세일즈맨**(笑ゥせぇるすまん)[1]**』의 모구로 후쿠조 같습니다.** 최종장이 『은하철도의 밤』으로, 최후의 거리에는 토신의 숲의 여우나 구스코 부도리, 토끼 호모이……죽은 사람들만 있는 와중에 『첼리스트 고슈(セロ弾きのゴ

관청에서 이 도시에 대해 물으면, 라스치진 협회(羅須地人協會, 미야자와 켄지가 농촌 지역 향상을 위해 세운 협회-역주)를 소개하는 리얼함. 무거운 스토리가 시작됩니다.

ーシュ)』의 모습도 있는, **평범한 호러입니다.**

그러한 환상적인 이야기에 딱 어울리는 BGM은 **슈패미 사상 톱클래스라 해도 좋을 명곡.** 지금 문자로 읽으면 어려운 미야자와 켄지 문학을 이해할 수 있고, 플레이 시간도 짧은 편이니 중고 소프트를 발견했다면 플레이해보는 것도 하나의 즐거움이 아닐까요.

(T)

※1 후지코 후지오A의 블랙 코미디 만화. 세일즈맨 모구로 후쿠조가 마음이 허전한 사람을 찾아가 소원을 들어주며, 몇 가지 조건을 어길 시에는 벌을 받는 내용이 되풀이되는 옴니버스 형식의 만화-역주

죠죠의 기묘한 모험(ジョジョの奇妙な冒険)

장르 : RPG
제작사 : 코브라 팀
　　　　(코브라팀)
발매일 : 93.3.5
정가 : 9,500엔

『죠죠의 기묘한 모험 파트3 스타더스트 크루세이더즈(ジョジョの奇妙な冒険 パート3 スターダストクルセイダース)』를 횡 스크롤 RPG 형식으로 게임화. 타로 카드를 이용한 독특한 게임 시스템, '폴나레프가 일본에서 서점의 점원'이라는 원작을 읽은 적이 있는 건지 의심스러운 스토리 개변! 하지만 음악이 좋으니 최후까지 플레이하게 되는 분함. 별명 '코브라 죠죠'라는 두려움에 떨며, 엉덩이 구멍이 고드름에 찔린 듯한 기분을 맛보아라!

죠죠 게임의 기묘한 인연의 시작

『죠죠의 기묘한 모험』의 게임화, 줄여서 죠죠 게임을 보며, '늘 제 값도 못하는 구린 게임에 돈을 내고 싶지 않아……'라며 화가 난 사람이 많을 겁니다. 죠스타 가문과 DIO를 옭아매는 별모양 멍 같은 인연의 시작, 그것이 이 게임입니다. 이하, '독자 여러분은 죠죠를 알고 있다'고 보고 세세한 캐릭터 설명은 생략하겠습니다.

발매는 코브라 팀, 반다이의 하시모토 명인, 즉 하시모토 신지(橋本真司) 씨가 이끄는 회사입니다. 그 후 하시모토 씨는 스퀘어 에닉스 홀딩스 사에서 입신 출세적으로 천국으로 가는 계단을 올랐습니다.

원작은 제3부의 『스타더스트 크루세이더즈』. 초능력이 형태를 가진 '스탠드'끼리 싸우는 이능 배틀 만화의 원조로, TV 애니메이션도 대인기였습니다. 게임 장르는 RPG로, 화면은 횡 스크롤. 모퉁이도 알기 어렵고, 샛길이나 가게 입구가

있는 곳에는 위쪽에 작은 △마크가 나타나는 것뿐. 무심코 알아채지 못하고 지나치면, 좌우를 영원히 어슬렁거리게 됩니다.

유치장에도 안 가고 담배도 안 피우며, 집에서 학교를 다니는 쿠죠 죠타로. 등교 중에 불량 고교생에게 포위당하면, 스탠드의 오라오라로 해치웁니다. 평범한 인간에게 너무 자비가 없지만, DIO의 육신의 싹(정신을 지배하는 세포)이 심어져 있었으므로 윤리적으로 세이프. 하지만 '○○달러를 입수했다'로 협박 성립입니다.

그 직후에 스탠드 사용자=카쿄인에게

죠타로가 다니는 학교의 수위로 변해, 학생들의 혀를 잡아 찢어버린 스탠드 사용자. 사고로 보이게 하는 암살자니까 비행기에 타란 말이다!

습격당해 부상을 입었기에 학교의 보건실로. 거기서 원작대로 카쿄인을 동료로 삼지만, 집까지 돌아가지 않고 그 자리에서 육신의 싹을 빼는데, 조셉의 파문으로 파괴되지도 않고 방치(육신의 싹은 파괴하지 않으면 주변의 다른 사람에게 기생하려는 습성이 있음-역주). **2차 피해 생기잖아!**

서점의 점원이 폴나레프!

이 게임, ROM 용량 때문인지 그냥 정신없이 때려 넣은 느낌이 있습니다.

카쿄인과 둘이서 학교의 복도를 걸어가면 타워 오브 그레이의 스탠드 사용자가. '여행 중지를'이라며 원작에서는 비행기 안에서 하는 대사를 하는데, **아직 여행 떠나지도 않았거든.**

집으로 돌아가면 죠타로의 어머니 홀리가 DIO 부활의 영향으로 고열에 괴로워하고 있었습니다. 홀리를 구하기 위해 **죠셉 일행은 스탠드에 관한 책을 찾아 거리로 나갔습니다.** 너의 허밋 퍼플은 DIO가 있는 곳을 염사할 수 있는 스탠드야!

우연히 들어간 서점의 점원이 원작에서는 타이거 밤 가든에서 합류하는 폴나레프. '이, 있는 그대로 방금 있었던 일 말할게! 무슨 소릴 하는 건지 모를 것 같

지만'이라며 **폴나레프라면 코브라 팀의 무서움을 말해주겠죠.**

거리의 가게도, 어느새 코브라 팀의 시공에 끌려들어가 있습니다. '용기의 체인'이나 '알루미늄 학생모', '지성의 의수'나 '데님 터번'……**알루미늄 학생모를 쓴 죠타로**는 여자들이 꺄악 소동을 피울 것 같군요.

말싸움으로 마음을 꺾어 스탠드 사용자에게 승리!

'별의 백금'이나 '은자의 보라' 등 스탠드 이름이 타로 카드에서 유래했던 원작을 닮아서, 게임 시스템도 카드에 집착합니다. 전투가 시작되기 전에 5장의 카드에서 한 장을 선택하고, 매번 생명력과 정신력, 방어력과 스트레스가 오르내리며 하늘에 운을 맡기는 도박입니다.

그런 시스템으로 인해, 대체 이야기가 어디까지 기묘해질 것인가에 대해 기대가 높아져버리고 말았습니다. **악에게는 악의 구세주가 있는 법이지, 후후후.**

인도로 향하는 비행기에서 잠이 들면, 악몽을 지배하는 데스 서틴의 습격. 게다가 스튜어디스가 하이프리스티스 사용자인 미들러. **그 스탠드, 환경에 녹아**

들 수 있는 해저가 아니면 강하지 않아!

그리고 호텔에 묵으면 저주의 데보의 습격. 쓰러트린 후, 또다시 출현한 걸 때려보니 옐로 템퍼런스가 변신한 모습이었습니다. 가짜 카쿄인의 레로레로는? **아군으로 변해 방심하게 만들지 않으면 의미가 없잖아.**

스탠드는 정신력이 발현된 모습······이기에, 생명력만이 아니라 정신력을 갉아도 쓰러트릴 수 있습니다. 옐로 템퍼런스는 통상 공격이 거의 통하지 않으므로, 전원이 '말하다' 커맨드로 '쳐죽여주마!' 같은 말로 공격해서 격파. **이능 배틀에서 말싸움으로 이겼습니다.**

스탠드 전투 볼거리가 있는 쪽은 그래도 나은 축입니다. 원작에서는 죠스타 일행을 전멸 직전까지 몰아넣었던 다비⁽형⁾는, **평범하게 트럼프로 패배해 DIO의 단서를 가르쳐 주는 일반인**이 되었습니다. 오잉고, 보잉고 형제도 그저 수상한 소리를 하는 서점의 점원이 되었지만, 재기불능⁽리타이어⁾되지 않은 만큼 행복할지도 모릅니다.

본체가 나오긴 하니까 좋은 거 아니냐고 투덜거릴 것 같은 캐릭터가 스틸리 댄. **엔야 할멈이 죠셉의 뇌에 심는 '러버즈의 씨앗'**······아니 러버즈는 댄의 스탠드잖아! 씨앗으로 증식하는 기생물이 된

데다, 본체는 출연도 하지 않습니다. **하지만 매뉴얼에는 댄이 소개되어 있는 불가사의함.**

좋아하는 캐릭터는 살리고 싶다, 잘 압니다. 하지만 J 가일 전에서 압둘이 부상도 일시이탈도 하지 않습니다. **목숨을 걸고 친구를 구한 명장면을 잘라낸 의미를 모르겠어!** 알레시가 죠타로와 폴나레프 "이외의 캐릭터"를 아이로 만드는 원작과의 차이 정도는 신경 쓰지 않습니다. **신경 쓰이는 부분이 너무 많거든요.**

새 스탠드 사용자 호루스에게 이기가 고독한 싸움을 도전하는 일도 없으며, 5명+1마리의 풀 멤버가 어디든 함께입니다. 이능력 배틀의 '1대1로 적의 약점을 간파한다'는 어디로 가버리고 **'스탠드 숫자로 때린다'는 곱셈이 천하포무하고 있습니다.** 적도 혼자인 주제에 1턴에 몇 번이고 공격해 오지만요.

카쿄인! 이기! 압둘! 올 생환!

강적 바닐라 아이스와의 싸움도 **지혜와 용기보다 숫자의 폭력으로 이겨낸 죠스타 일행**은, 케니 G가 만들어낸 환상을 '벽의 오목한 부분을 발견'하는 물리적으

これで勝ったな・・・

DIO를 쓰러트린 후 감동의 라스트 신. 카쿄인도 압둘도 이기도 살아 있다니, 너무 해피 엔딩이잖아!

로 좋은 눈을 이용해 깨트리고, 드디어 숙적 DIO와의 대결.

죠셉이 DIO를 염사하고, 스타 플라티나가 아스완 웨웨 파리를 정밀 묘사해 이 집트의 단서를 얻는다……는 과정 없이, **DIO가 편지로 있는 곳을 가르쳐 준 덕분에 도착했습니다.**

악의 제왕, 친절하고 외로움을 많이 타는구나!

그런 DIO와의 대결은 노멀 상태로는 '시간을 멈추는' 능력 때문에 상대도 되지 않습니다.

하지만 저택 안에서 발견한 **'시간의 학생모'**를 장비하면 멈춘 시간의 세계에 입문하는 죠타로. 카쿄인이 남긴 '멈춘 시계'의 힌트, 그걸 읽고 풀어낸 죠셉의 필사의 한 마디는 환상이었던 것이다…….

DIO&더 월드의 '무다무다무다'의 음성은 허접해서 **'우다우다우다'로 지친 샐러리맨이 술주정을 하는 소리 같습니다.** 대응되는 스타 플라티나의 '오라오라오라'도 의욕이 없으며, 정상결전이 권태감이 넘칩니다.

그런데 BGM이 너무 좋아서 약간 분합니다.

DIO를 쓰러트린 후, 떠오르는 아침 햇살을 맞는 죠타로 일행. 카쿄인! 이기! 압둘! 끝났어……**다들 살아서 곁에 있지만.** 해피 엔딩인 것 같지만, 원작을 오라오라로 다 파괴해 버린 배드 엔딩!

(T)

액션 파치오(アクションパチ夫)

장르 : 액션
제작사 : 코코넛츠 재팬
         (ココナッツジャパン)
발매일 : 93.4.9
정가 : 9,500엔

아득히 먼 지구까지 찾아와 파칭코 삼매경으로 매일을 보내는 파칭코 성인 파치오가 오랜만에 고향으로 귀환하자, 어째서인지 모성의 위기를 구하는 처지가 된다……는 횡 스크롤 액션 게임! 어디서 본 적이 있는 것 같은 풍미의 간단할 것 같은 스테이지 구성과, 그걸 밑돌 정도로 파칭코 구슬의 약점을 있는 대로 보여주는 파치오의 초성능으로 고생하라!

파치오, 녹색 고향으로 돌아가다

머나먼 고향 파칭코성을 뒤로 하고, 일부러 지구까지 이주해 파칭코에 몰두하는 범우주적 막장 인생, 파치오가 고향으로 돌아간다!

그야말로 파칭코만을 하기 위해 태어났다……고 해야 할지, 아무리 봐도 넌 파칭코대 안에서 짤랑짤랑 팍팍 날려지는 원 오브 뎀 쪽이잖아! 이런 태클을 반드시 날리게 되는 파칭코 구슬 모양의 파치오.

애초에 파치오 시리즈는 지구……라고 해야 할지, 아마도 일본 각지에 있는 파칭코 가게에 가서 파칭코를 플레이하고, 파칭코 가게의 광고용 캐릭터로밖에는 보이지 않는 파치오의 모습에 아무런 태클도 날리지 않고 공략 정보를 가르쳐주는 파칭코 애호가들과의 접촉과, 넓은 마음이 스며드는 파칭코 주체의 시리즈입니다.

파치오의 고향은 '파칭코성'인데, 먼

은하 끝에 존재하는 녹색이 풍부한 혹성이 파칭코성이라는 부분은 입속에 머금고 있던 음료 같은 걸 뿜어버리는 방면으로 독특한 취향이 느껴집니다.

파치오의 진심, 보여주실까!

이러저러해서 위기에 빠진 모성에서는, 아무리 파치오라도 파칭코 가게를 어슬렁거리지 않고 횡스크롤 액션으로 고향의 위기에 도전합니다.

조작은 십자키와 점프 버튼뿐인 심플한 설계.

당시 모든 버튼을 구사하는 조작계에 익숙해지기 힘들었던 플레이어를 위해 원 버튼으로 간단히 즐길 수 있도록 했다는데, 패미컴을 넘어 게임&워치(닌텐도 최초의 휴대용 게임기 라인업-역주)나 아타리 VCS(아타리의 고전 게임들을 즐길 수 있는 에뮬레이터-역주)의 시대까지 거슬러 올라가는 왕도복고를 이룩했습니다.

즉, 어느 정도 도움닫기를 한 후 십자

반원형의 지형, 1 버튼만으로 하는 간단한 조작. 복잡화되고 있던 액션 게임과는 일선을 그은 그 포인트만은 무척 좋았다고 말할 수밖에 없다.

키 아래를 눌러 몸을 둥글게 말지 않으면 공격이 통하지 않는 **자유롭지 않은 소닉 더 헤지혹**이 되어 있는 것입니다.

게다가 파치오는 이전부터 금속 생명체 의혹이 있는데, 걷거나 달릴 때마다 『슈퍼 마리오』 시리즈에서 마리오와 성능이 차별화된 후의 루이지도 깜짝 놀랄 레벨의 강력한 관성이 걸리는 형편.

이렇게 파칭코 구슬인 데다 제대로 멈추지도 못하는 관성의 답답함을 피처링하고, 화면상에 나오는 적에게 그냥 부딪히기만 해도 대미지를 입는, 무겁고 허약한 파치오.

혹시 파치오는 **구슬은 구슬인데 납구슬인 건가?**

게다가 이 게임에는 라이프제가 채용되어 있는데, 1스테이지부터 갑자기 파치오 2개분은 있을 법한 연속 이동 즉사

발판이 등장!

꺄아악!! 고향인 주제에 1스테이지부터 전력으로 죽이려고 하잖아!

어째서 액션 게임의 주인공이 된 걸까

파치오는 시리즈를 통해 실물 파칭코 기기는 아니지만, 게임기의 성능이 향상해 구슬의 움직임이 실물과 가까워져 실기 시뮬레이터가 대두하기 전까지는 파칭코 시뮬레이터로서 팬층에게 뿌리 깊은 인기를 얻고 있었습니다……주로 아저씨들에게.

아저씨 팬들, 그리고 중학생 무렵 교복을 입고 파칭코 가게에 가다가 정학을 먹었던 K무라 같은 어린 파칭코 팬도 있었겠죠. 지금에 와서는 진상은 역사의 어둠 너머에 있습니다.

아무리 파칭코 팬이라 해도, 아무리 그래도 어린애들에게 파칭코 구슬이 주인공인 게임을 사주면서 '이걸로 파칭코를 좋아하게 됐으면 좋겠구나'라고 바라는 아버지가 리얼하게 존재했을까를 생각해보면, 의문이 남습니다.

이 게임을 직접 살 것 같은 지인은 중학생 시절의 K무라 말고는 상상이 안 가

1스테이지부터 마치 무슨 저주처럼 등장하는 이동 발판과 즉사 바닥. 라이프 포인트의 유명무실화가 빨리도 작렬한 순간이다.

지만, 그건 필자의 교우관계가 좁기 때문입니다.

뭐, 아는 사람은 아는 파치오의 인기라는 것도, 뭐 모르는 건 아닙니다.

파칭코 구슬을 이미지로 한 마스코트 캐릭터 같은 존재인 파치오를 기용해 **간단 조작으로 누구나 즐길 수 있는 문턱이 낮은 액션 게임을 만들자는 의욕도**, 모르는 건 아닙니다.

해외의 메가드라이브에서 대인기를

모았던 소닉을 너무 의식한 액션 게임에 파치오를 기용한 것도, 뭐 백보 양보해서 좋다고 칩시다.

……하지만 액션 게임의 주인공으로서는 슬퍼질 정도로 **무겁고 미끄러지고 허약하다**는 삼박자가 갖춰진, 액션 게임의 주인공으로서의 파칭코 구슬의 디메리트를 굳이 구현한 이유는 어째서인지, 아무리 생각해도 전혀 모르겠습니다!

현재는 위대한 수수께끼가 되어…… 아니 그렇다기보다, 당시에도 위대한 수수께끼였던 난이도 선택과 라이프 포인트가 있는데도 즉사 발판 채용으로 무의미하게 만든, 액션 게임의 나쁜 쪽의 극으로 나아가버린 『액션 파치오』. 간단해 보이는 지형임에도 계속 괴로워하게 되는 파치오의 노력을 즐겨봅시다.

(A)

스트리트 파이터 II 터보
(ストリートファイターIIターボ)

장르 : 격투
제작사 : 캡콤
　　　　(카푸콘)
발매일 : 93.7.10
정가 : 9,980엔

대전 격투 게임의 알파이자 오메가, 『스트리트 파이터 II』의 속편이 슈패미에 등장! 세세한 조정이 들어간 아케이드판을 그냥 이식한 것이 아니라, 오리지널 작품을 포함했다는 점에서도, 당시의 슈패미용 대전 격투 게임으로서는 혼자 머리 하나는 앞서 가는 완성도를 자랑했습니다. 아무래도 순정 컨트롤러로 플레이하기에는 너무나 무리가 있었으며, 가정용 격투 게이머 사이에서 아케이드 스틱의 도입이 진행되는 원인 중 하나가 되기도 했다.

『스트리트 파이터 II』의 속편 등장!

이번 작품 『스트리트 파이터 II 터보』는 게임 스피드를 5단계로 선택할 수 있는 데다, 노멀 모드도 몰래 『스트리트 파이터 II 대시(ストリートファイターIIダッシュ)』사양으로 되어 있습니다.

초대부터 등장하는 8명에 더해, 처음부터 4천왕을 사용할 수 있게 되어 합계 12명의 캐릭터 중에서 선택할 수 있고 **보너스 스테이지도 전부 부활!**

……하지만 여러분이 느끼고 싶은 것은 그런 세세한 차이를 나열하는 틀에 박힌 건 아닐 겁니다.

당신과 스트리트 파이터들의 그리운 청춘 이야기

옛날, 1993년 당시의 10대, 20대의 젊은 남자들은 평소에는 게임을 거의 하지 않는 층까지 모두 게임 센터에 다니고 있었습니다.

아직 게임 센터가 네오지오의 아케이드판 『킹 오브 파이터즈94(キングブファイターズ94)』로 여성 플레이어층이 생기거나 『릿지 레이서(リッジレーサー)』『버추어 파이터(バーチャファイター)』로 본격적으로 회원들을 끌어들이기 전이었기 때문에, 게임 센터는 대전 격투 게임에서 이기느냐 지느냐의 도박장 같은 상태였습니다.

아마도 게임 센터가 가장 뜨거워지기 직전의, 가장 살벌했던 시기입니다.

그런 게임 센터에서 오랜만에 만난 반 친구나 직장 동료들과, 직접 공언하는 일은 거의 없었던 게이머로서의 게임의 즐거움에 대해 열변을 토하는 장이, 자택이나 동아리실로 초대해 '스파 II 대회'를 여는 것이었습니다.

'난 승룡권 쓸 수 있어!'라고 자랑하던 경박한 동급생의 류를 커맨드를 전혀 마스터하지 않은 날라리 장기에프가 **통상기만으로 두들겨 패기도** 하고 그랬던 겁니다.

당연히 슈패미와 『스트리트 파이터

Ⅱ』로 느슨하게 이어져 있던 스파Ⅱ 친구들은 게임 센터에서 절찬 가동 중이던 『스트리트 파이터Ⅱ 터보』를 즉각 구입 결정!

당시는 아직 버블 붕괴 이후라 취직 빙하기도 막 시작됐을 무렵인 '잃어버린 20년'의 최초 3년째 정도로, 아직 세상 사람들이 '돈이 없으니까 게임이라도 할까' 정도의 여유는 있었습니다.

3명 정도가 굉장히 싼 술집에서 무한 리필로 마실 수 있는 정도의 금액을 각출해 모아서 **사나이의 전액 선금예약**(그래도 망작으로 유명한 슈패미판『아랑전설(餓狼伝説)』을 끼워팔지 않아서 다행이었다)**으로** 사서 플레이하기도 했습니다.

참고로 전 달에 막 나온 PC엔진판『스트리트 파이터Ⅱ 대시』는 발매 전에 슈패미로『스트리트 파이터Ⅱ 터보』가 발매된다는 정보가 나오는 바람에, 유감스럽게도 그냥 패스하고 지켜보기만 하기 일쑤였던 것도 그리운 추억입니다.

이제 막 익힌 승룡권을 써보고 싶어서, 써서는 안 될 타이밍에 승룡권을 쓰는 바람에 결국 통상기에 밀려버리고 마는 류.

이처럼 지금은 이제 교류가 있기도 하고 없기도 한 당시의『스트리트 파이터Ⅱ 터보』동료들과의 느슨하고 얇지만 뜨거웠던 인연, 그런 느낌의 추억이 스트리트 여기저기에 무수히 존재하는 것입니다.

그중에서 하나의 이야기를 자신의 안에서 다시 꺼내보기 위해서도, 다시금 슈패미의『스트리트 파이터Ⅱ 터보』를 플레이해보는 건 어떨까요?

(A)

1993년

성검전설2 (聖剣伝説2)

장르 : 액션RPG
제작사 : 스퀘어
　　　　(スクウェア)
발매일 : 93.8.6
정가 : 9,800엔

원래는 '파이널 판타지 외전'으로 시작된 『성검전설』이 독립된 시리즈가 된 기념비적인 작품. 전작은 스퀘어판 『젤다의 전설』이라 일컬어졌지만, 이번 작품은 3명까지 동시 플레이 가능, 다양한 선택을 재빠르게 할 수 있는 링 커맨드, 무기나 마법을 사용하면 사용할수록 강해지는 숙련도 등 의욕적인 시험이 가득 담겨 있다. 버그가 많은 것도 유명하지만, 왕도 스토리와 BGM은 흔들림이 없는 걸작이다.

『파이널 판타지』에서 독립한 『성검전설』 제1탄

'파이널 판타지(이하 FF) 외전'이라는 수식어가 사라진 『성검전설』 시리즈가 시동! 초대는 게임보이용으로 '초코보'나 '크리스탈' 등 FF에서 온 것들이 나왔었지만, **이 게임 이후에는 그런 것들이 사라지고 완전히 독립했습니다.** 비공정 대신 세계를 날아다니는 플래미 등의 데뷔작이기도 합니다.

시골 마을에서 우연히 성검을 뽑은 소심한 소년. 하지만 그 영향으로 마을의 지하에 잠들어 있던 마물이 깨어나고, 마을을 습격합니다. 그리고 연인을 찾는 소녀와 외톨이 요정 등과 함께 세계의 명운을 좌우하는 여행을 떠나게 됩니다……. **이런 왕도 판타지 스타일의 이야기입니다.**

장르는 주인공 일행을 리얼 타임으로 조작하는 액션 RPG. 하지만 조작 캐릭터는 한 명이 아니라 세 명으로, 멀티탭을 연결하면 3명까지 동시 플레이가 가능합니다. 물론 1인 플레이도 문제없으며, 다른 2명의 캐릭터는 미리 설정한 대로 행동하고 AI로 자동으로 공격 또는 회피를 수행합니다. 셀렉트 버튼으로(복선) 조작 캐릭터도 전환할 수 있습니다.

이 게임의 조작을 인상깊게 한 것이 '링 커맨드'. 무기나 아이템, 마법, 장비, 각종 설정 등의 아이콘이 링 형태로 배치되어, 십자키로 돌려 재빨리 지정할 수 있는 구조입니다. 약간 독특한 조작도 익숙해지면 스피디합니다. 때리고 차는 단순한 조작밖에 할 수 없었던 액션 RPG에 드퀘 등 커맨드 RPG처럼 깊이가 있는 전술을 더한 것입니다.

링 커맨드, 그리고 공포의 버그

돌직구 왕도 스토리이지만, 여행을 떠나 보면 참신한 것들뿐. 초반은 동료를 모으게 되는데, '어떤 장소에서 둘 이상의 병사에게 말을 거는' 것을 잊으면 최초에 합류할 터인 프림이 동료가 되지 않습니다! **갑자기 분기를 집어넣어 놓은 것으로,** '당연한 RPG를 만들 생각은 없다'는 각오가 느껴집니다.

전투에는 '명중률'과 '회피율'이 있으며, 그저 버튼을 연타만 해서는 쓰러트릴 수 없습니다. 조무래기도 원격 공격이나 치료 마법을 사용하기 때문에, 꾸준하게 회복하거나 무기를 교환하는 등 움직임도 꽤 바쁩니다.

그러한 반복도 '숙련도'가 있기에 보상받습니다. 무기든 마법이든 사용하면 사용할수록 숙련도가 올라가며, 더욱 강력하게 성장해 나갑니다. **잘 못하는 사람이라도 '시간'이 '강함'으로 변환되는 시스템입니다.**

그리고 소중한 동료들. 초반의 초강적 타이거 키메라에게 속수무책으로 죽어버릴 때……그럴 때는, **동료들을 미끼로 먹히고 있는 틈에 필살기로 두들겨 팹니다.** 고맙다 동료여, 단백질로서!

'만세!' 하고 이겼다고 기뻐하는 순간에 **셀렉트 버튼을 누르고 있으면, 게임 진행이 멈추면서 막혀버립니다.** 이 초유명한 버그는 이 게임이 스퀘어에서의 마지막 일이었던 천재 프로그래머, **나샤 지벨리**(ナーシャジベリ)**가 남겨두고 간 선물**이었다는 설이 있습니다.

처음 보면 죽는 정도가 아니라 몇십 번이고 당해버리는 중간 보스 타이거 키메라. 간신히 이겨도 그 순간에 셀렉트 버튼을 누르고 있으면 게임이 정지하는 공포가!

미니 슈패미판에서는 아마도 버그도 고쳐지고, 순수하게 게임을 즐길 수 있을 것입니다. 키쿠타 히로키(菊田弘樹) 씨의 '소년은 황야로 향한다(少年は荒野をめざす)'나 '자오선의 제사(子午線の祀り)' 등의 수많은 명곡을 들으며, 소중한 사람들을 잃은 고통을 견디는 안타까운 이야기에 빠져보시는 건 어떨까요?

(T)

오니타 아츠시 FMW(大仁田厚 FMW)

장르 : 스포츠
제작사 : 포니 캐년
(포니·캬니온)
발매일 : 93.8.6
정가 : 9,800엔

오니타 아츠시 선수가 이끄는 프로레슬링 단체, FMW를 피처링한 작품. 시나리오는 오니타 선수 자신이 집필한 것이 특징. 오니타 선수를 포함해 FMW의 레슬러가 실명으로 등장하는 한편, 적 쪽은 전부 가공의 캐릭터로 되어 있다. 시스템은 격투 게임과 비슷하며, 공략할 때는 가드가 중요하다. 최종 스테이지를 클리어하면 쿠도 메구미(工藤めぐみ) 선수 대 컴뱃 토요다(コンバット豊田, 두 선수 모두 90년대 일본 여성 프로레슬링계의 전설·역주) 선수의 스페셜 매치를 플레이할 수 있다.

▌1499 바늘을 꿰맨 초인 ▌

'FMW는 절대로 무너지지 않는다!'라는 오니타 아츠시 선수 본인의 뜨거운 샤우팅을 들을 수 있는 귀중한 소프트가 바로 이『오니타 아츠시 FMW』입니다.

오니타 아츠시 선수는 59세(2017년 기준)로서 현역 프로레슬러(끝없이 은퇴와 번복을 반복하면서, 2022년에도 여전히 현역 프로레슬러이다-역주). 무수한 데스 매치를 경험하고, 상처를 꿰맨 숫자가 1499 바늘이나 되는데도, 지금도 계속 싸우는 초인입니다.

무릎이 분쇄 복합 골절되어 한 번은 은퇴했지만, 5만 엔의 자본으로 신 단체 FMW의 깃발을 올렸습니다. '유자철선 전류 폭파 데스 매치', '지뢰 폭파 데스 매치' 등 과격한 데스 매치를 개발합니다.

은퇴한 오니타 아츠시 선수가 기적의 컴백을 달성하고, 전신이 엉망진창이 되면서도 프로레슬링에 대한 사랑을 절규하는 모습은, 프로레슬링 팬들만이 아니라 수많은 사람들의 마음을 크게 움직이게 했습니다.

▌사도(邪道)를 넘어 SMW라는 대사도 ▌

그런 오니타 아츠시 선수가 이끄는 FMW에 악의 단체 SMW가 습격해옵니다. 오니타 선수, 타잔 고토(ターザン後藤) 선수, 삼보 아사코(サンボ淺子) 선수, 리키 후지(リッキー·フジ) 선수가 싸웁니다. 당시의 프로레슬링계에서는 SWS라는 단체가 '레슬러 빼가기'라는 터부를 범했기 때문에 힐(악역) 취급이었는데, 그 상황에서『S』로 시작하는 악의 단체를 내보냈다는 건 꽤 과감한 설정이라 할 수 있겠죠.

데스 매치 노선이기에 '사도 프로레슬링'이라는 비난을 받는 경우도 많았던 FMW지만, SMW는 그 이상의 사도가 모여 있었습니다. 살인 스모를 사용하는 일족의 후예인 야샤진 류조(夜叉神 竜蔵), 신체의 70%를 기계화한 킬러 마샬보그(キラー·マーシャルボーグ), 폭탄이 설치된 글러브를 끼고 싸우는 봄 너클즈(ボム·ナックルズ), '히피로 드롭아웃했다'라는 기술이 물의를 일으킬 것 같은 디스커버

러브(ディスカバー·ラヴ), 바바와 이노키(전설의 레슬러 자이언트 바바와 안토니오 이노키를 말함-역주)를 악마합체시킨 것 같은 타이인 잔토니오 이노바(ジャントニオ·イノバ), SM 의상을 몸에 두른 새디스트 마스크드 본디지(マスクド·ボンデッジ), 그리고 요사스러운 투기라도 봉인한 것 같은 갑주로 몸을 감싼 킹 섀도우(キング·シャドウ)……이런 무서운 멤버들.

프로레슬러의 경우, 성장 내력이나 배경이 아무리 기괴하다 해도 사실은 설정(기믹)인 경우가 많지만, 마샬보그의 어깨에서 금속 암이 늘어져 있다거나, 너클즈의 주먹이 폭발하는 등 그들은 '진짜'인 모양이라, 이런 놈들을 상대하는 FMW 전사들의 남모를 고생이 눈에 보이는 것 같습니다.

사도 프로레슬링은 격투 게임에 가깝다

사도와 사도가 싸우기 때문인지, 룰도 일반 프로레슬링과는 약간 다릅니다. 옆에서 보는 시점, 1대1, 점프 및 점프 공격 있음, 십자키를 뒤쪽으로 입력해 가드하는 등 격투 게임에 가까운 것으로 되어 있습니다.

단, 던지기는 '두 사람이 접근하면 서로 잡은 상태가 되며, 연타해서 이긴 쪽이 기술을 걸 수 있다'는 프로레슬링 게임 스타일 시스템. 게다가 '기(氣)', '근(根)', '혼(魂)'이라는 3개의 게이지가 존재하며, 잡은 상태에서 위를 입력하면 1게이지 기술, 오른쪽이나 왼쪽으로 2게이지 기술, 아래로 3게이지 기술이 발동되는 복잡한 구조입니다. 가득 차 있을 때는 몰라도, 그렇지 않을 때는 게이지 잔량에 맞게 기술을 입력하지 않으면 일방적으로 던져지기 때문에, 먼저 순식간에 구별해 사용할 수 있게 되어야만 합니다.

사도 프로레슬링이라고는 해도, 우선 **연습이 중요**한 것입니다.

형편없는 시합은 날아차기로 제압한다

자, 연습이 끝났다면 SMW의 레슬러들에게 천벌을 내리러 갑시다. 그들이 사용하는 기술의 스펙은 대개 미쳐 있는 데다, 시합장 끝에 있는 기믹에 밀어 넣을 생각밖에 없는 것 같은 형편없는(엔터테인먼트성이 결여된) 전법을 철저히 구사합니다. 가드한 다음 반격하려 해도, 던지기는 앞서 말한 대로 게이지제이기 때문

오니타 선수가 야샤진을 장외로 밀어내 지뢰로 대미지를. 이처럼 이 게임에는 기술을 걸기만 하는 게 아니라, 스테이지 기믹을 활용하는 것이 포인트이다.

흠집투성이인 데스 매치

에 한계가 발생합니다. 최적의 답은 '점프 킥의 끝만 히트시키는 것을 반복'.

『초초 패미컴』에서 다루었던 『태그 팀 프로레슬링(タッグチーム·プロレスリング)』에 이어서 프로레슬링의 신, 칼 고치(Karl Gotch) 선생님이 '자네들은 사커 보이라도 된 건가?'라고 탄식하실 것 같지만, FMW는 사도 프로레슬링이므로 문제없습니다.

선수들은 점프 전후에 무릎을 굽혀 지탱하는데, 보고 있으면 오니타 선수의 옛 부상이 무척이나 걱정됩니다. 그럼에도 점프 공격을 연발하는 걸 보면, 역시 오니타 선수는 사나이입니다.

또, 타잔 고토 선수와 삼보 아사코 선수는 애초에 점프하는 능력이 없기 때문에, 철저하게 대시 공격의 끝부분만 맞히도록 합시다.

야샤진과의 시합은 '지뢰 폭파 씨름판 데스매치'. 씨름판 밖으로 나가면 지뢰가 폭발해 대미지를 입지만, 아직 움직임이 느리기에 점프 킥 전법을 철저히 구사하면 괜찮습니다. 마샬 보그 전은 '격납고 데스 매치'로, 링 끝으로 가면 화염 방사로 불태우지만 프로레슬러는 초인이므로 아무런 문제도 없습니다.

중간 거리를 제압하는 늘어나는 펀치나 점프 펀치, 거리에 따라 가드 불능이 되는 날아 무릎 차기 등, 기계 몸이 상당히 편리해 보입니다. 플레이어의 9할이 마음이 꺾이는 난관이지만, 던지기를 성공하면 녀석을 떨어지는 운석 쪽으로 유인합시다.

이어지는 싸움은 '금망폭파 데스 매치'. 너클즈의 스펙은 약간 낮은 편으로, 바이슨처럼 날리는 대시 스트레이트를 꾸준히 가드하면서 반격하는 긴박감은 그야말로 격투 게임의 즐거움. '던지기가 게이지제만 아니었다면'이라고 되풀이하게 되는 건 유감입니다. '사이키델릭 데스 매치'는 링에 장치는 없지만, 러브 자신이 지닌 능력이 성가십니다. 돌연 독무를 뿜으면 주변이 흐늘흐늘하게 일렁이면서, 러브가 버섯 모양으로 변신합니

배경이 흐늘흐늘하게 일렁이는 중에 버섯으로 변신한 히피 디스커버 러브와 싸운다. 버섯+히피+일렁이는 배경과 약물 중독 같은 묘사가 강렬.

다. 이미 이것만으로도 **전연령용은 포기해야만 할 것** 같은 느낌이지만, 외관만 그런 게 아닙니다.

버섯 러브는 전신이 공격 판정 덩어리인 데다, 이게 전부 가드 불능이기에 미래를 버린 잭 해머마저 깜짝 놀랄 도핑 효과입니다. '격투 게임에 모드 체인지형 캐릭터의 선구자 아냐?' 같은 지식도 뇌리에서 날아가 버릴 정도의 폭력적인 스펙에, 컨트롤러를 쥔 손이 공포와 분노로 떨립니다. 이 상태는 러브 자신도 가드할 수 없는 데다 잡기를 사용할 수 없는 것 같으므로, 체력으로 이기길 바라며 난타전을 벌일 수밖에 없습니다.

이노바와의 싸움은 '전류 로프 데스 매치'. 평범해 보이는 건 사도 프로레슬링이 너무 막나간 것에 대한 부작용일까요. '어쩌면 데스 매치의 이름이 달라도,

끝으로 몰아넣었을 때 이펙트만 좀 다르기만 한 건……'이라는 의문을 지우면서 싸웁시다.

펀치는 철저히 가드하고, '16문 연수 베기'를 가드하고 점프 킥. 공방의 완급 조절이 가능한 격투 게임 느낌이 나는데도 던지기가 게이지제라는 건 역시 아쉽습니다.

본디지는 SM풍 코스튬으로, 12년 후에 레이저 라몬 HG(レイザーラモン HG) 씨가 허슬링에 참전하는 것을 예언한 것만 같습니다. 하지만 '유자철선 데스 매치'에서 그의 움직임은 화면 끝에 밀어 넣는 것에 특화되어 있으며, 코미컬한 외견과는 대조적입니다.

라스트 보스인 섀도우 전은 **'바리케이드 낙뢰 데스 매치'**.

무대가 국회의사당 앞인 건 얼핏 보기엔 당돌하지만, 이 게임의 시나리오는 오니타 선수 자신이 담당한 데다 발매로부터 8년 후 실제로 국회의원이 되었으므로, 이건 **정계 진출에 대한 열의를 한 발 먼저 게임으로 표현**한 것이 틀림없습니다. 1라운드를 따내 적이 쓰러지면 암운이 걷히고, 푸른 하늘 아래에서 최후의 결판을 내게 됩니다.

섀도우가 개심한 건가 했더니, 플레이어와 색까지 같은 캐릭터로 변신, 완전히

최종 스테이지는 국회의사당 앞의 '바리케이드 낙뢰 데스 매치'. 보스 섀도우를 쓰러트리면 오니타와 똑같은 모습으로 변신해, 구별이 가지 않게 되어 난이도가 더욱 올라간다.

최종 스테이지 클리어 후 쿠도 메구미 대 컴뱃 토요다 전을 제압하면 웨딩드레스 차림으로 축복해준다. 이 게임 발매 3년 후, 실제로 같은 카드의 대전이 실현.

구별이 가지 않는 상태로 싸움에 도전해 오므로, **이미 뼛속까지 다 썩어 있다고밖**에는 할 말이 없습니다.

▌ 진검승부가 도달하는 곳 ▌

프로레슬러들은 '손님이 기뻐하는 시합=좋은 시합이다'라는 신념하에, 시합을 달아오르게 하기 위해서라면 일부러

기술을 받아주기도 합니다.

하지만 SMW의 멤버는 이러한 프로레슬링적 가치관을 완전히 무시하고 개조나 약물로 자신을 강화한 데다, 승리 지상주의 아래 체력 게이지를 줄이기 위한 움직임만을 되풀이합니다. 서로 전혀 맞지 않는 FMW와 SMW의 싸움은, 당시의 진검 승부 편중의 풍조에 경종을 울렸던 건 아닐까요.

(Y)

파이널 판타지 USA 미스틱 퀘스트
(ファイナルファンタジーUSAミスティッククエスト)

장르 : RPG
제작사 : 스퀘어
(スクウェア)
발매일 : '93.9.10
정가 : 7,900엔

일본에서 개발되고 미국에만 발매된 『파이널 판타지 USA 미스틱 퀘스트』가 일본 국내에도 개선 발매! 타입이 다른 무기를 구별해 사용하며 진행하는 액션 RPG인가 했더니, 커맨드 전투 타입의 심플한 RPG였다. 아마도 일본인의, 일본인에 의한, 일본인의 뇌내에만 있는 뇌내 미국인을 위해 만들어진 희귀한 RPG.

아메리칸 스타일 FF, 일본에 개선 귀국!

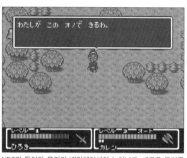
NPC가 들어와 무기의 배리에이션이 늘어나고, 새로운 무기를 구사해 새로운 지형을 개척해 나간다. 맵은 액션 RPG 스타일.

북미를 중심으로 한 해외 전용으로 개발되었던 『파이널 판타지』(이하 FF)가 일본에서도 발매 결정!

해외에서도 RPG로 알려져 왔던 FF 시리즈를 더욱 알기 쉽게, 말하자면 초보자판으로 알리고 싶었던 모양입니다. 평범하게 생각하면 RPG의 원조는 미국. 기획의 어딘가의 시점에서 '일본이 미국용으로 초보자용 RPG를 만든다는 건 좀 **주제넘은 거 아닌가요**'라는 의견이 아무데서도 나오지 않았다는 것이 신기합니다.

나무를 벨 수 있는 '토마호크', 벽을 파괴할 수 있는 '폭탄', 절벽을 올라갈 수 있는 '고양이 발톱' 등, 특징 있는 무기를 구별해 사용하면서 던전을 공략해 나갑니다.

적도 화면에 보이며, 무기도 싸우는 것 말고도 사용법이 있는 것 같습니다.

일단 적에게 다가가 미스릴 소드를 휘둘러 봅시다……미스릴 소드가 맞지 않습니다. 기세를 몰아 부딪치자, 거기서 전투가 스타트!

…이거 액션 RPG가 아니었습니다!

하지만 이렇게까지 무기에 특성을 갖게 했으면서, 어째서인지 적에게 몸통 박치기로 전투가 시작되는 심볼 인카운트 방식. 전투 자체도 **액티브 타임이 아닌** 커맨드 입력 배틀.

액티브 타임 배틀 자체는 『FF IV』부터 새로이 채용되었을 텐데, 미국과 일본을 왕복하는 동안 약간의 시차가 **발생한 모양입니다.**

몇 번을 져도 괜찮아!
(주 : 그만큼 죽기 쉬움)

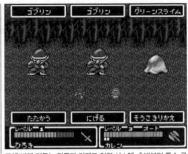

그에 비해 전투는 정통파 커맨드 입력 시스템. 초반부터 특수 공격이 팍팍 날아오는 도박장이지만, 전투를 처음부터 다시 할 수 있는 깡패 같은 상냥함이 느껴진다.

액티브 타임이 아닌 배틀에서 패배해도 괜찮으며, 그 전투의 처음부터 다시 시작하는 친절한 기능이 붙어 있습니다.

이것도 이 게임 『미스틱 퀘스트』의 전투는 일개 조무래기 전까지 매우 풍부한 행동 불능 공격 덕분에, 무서울 정도로 운에 좌우되는 요소가 만재되어 있기 때문입니다!

경우에 따라서는 이쪽의 공격이 연속으로 빗나가고, **적 몬스터의 행동 불능이 되는 상태 이상을 일으키는 특수 공격에 연속으로 걸린다**……같은 일이 빈번하게 발생하기에, 초반의 단순한 조무래기라고 우습게 봤다간 전멸하는 경우가 있습니다.

반대로 말하자면, 무리일 것 같은 강적도 강한 마음으로 포기하지 않고 계속 되풀이해 도전하면 어거지로 승리하는 것도 꿈은 아닙니다. 가지고 있는 무기나 사용하는 마법에도 상성이 설정되어 있기 때문에, 힘으로 밀어붙여서는 이길 수 없다 해도 죽어가면서 연구만 한다면, 활로가 넓어집니다. 응, 잘 생각해보니 평범하게 **죽으면서 외우는 타입**이라고도 할 수 있겠네요.

지금 와서 생각해보면, 적이 있는 위치를 눈으로 보고 알 수 있는 심볼 인카운트나 설정된 횟수만 조무래기와 싸울 수 있는 배틀 포인트 등의 시스템은 경험치를 벌기 위한 랜덤 인카운트 적을 찾아 배회하는 일이 없도록 잘 배려한, 친절하고 선진적인 시스템이었던 겁니다.

'작은 친절 쓸데없는 참견'을 영어로 뭐라고 하지

당시 일본제 RPG가 FF 시리즈 자체 이외에는 별로 유명하지 않았기 때문에, 브랜드의 힘이 있는 FF 시리즈 자체가 RPG의 재미를 해외의 초보자에게 가르쳐주자는 의도였던 모양입니다.

그 '작은 친절 **쓸데없는 참견**'에 외국

인 게이머, 특히 해외 게임 잡지의 독자 투고 페이지에서 약간 웃어넘길 수 없는 규모의 논란으로 발전하는 처지가 되었습니다. 그도 그럴 것이 『미스틱 퀘스트』는 1992년 10월에 미국에서 발매됐는데, 같은 해 12월에는 '일본에서 『FFV』가 발매되지만 미국에서는 발매되지 않는다'라고 해외 잡지에도 소개됐기 때문입니다.

해외 잡지의 독자 코너에 몰아닥친 '저 자식들 머릿속에는 우리 미국인이 얼마나 멍청하다고 설정되어 있는 거냐?', '우리는 『FFV』가 아니라 어린이용 『미스틱 퀘스트』라도 하라는 거냐!', '이딴 걸 만들 틈이 있었으면 『FFV』 로컬라이즈나 해라! 그리고 **발매되지 않은 일본의 『II』와 『III』도!**' 이런 소울풀한 원한 문구들이 블루스의 본고장인 미국의 분위기를 느끼게 합니다.

그 후, PS로 충격의 『FFVII』 발매. 당시 너무나도 미려한 영상에 세계가 깜짝 놀랐지만, '잠깐, 전에 나온 게 『III』인데 **신작이 『VII』이라니 어떻게 된 거야?**'라며 게임 잡지 내의 독자 코너의 논란의 틀을 넘어, 전 세계의 게이머들에게 발매되지 않은 FF 넘버링 타이틀이 3개 정도 있다는 것이 공식적으로 들켜버린 순간이었습니다.

지금 생각해보면 현재의 스마트폰용 Web 애플리게이션 계열 RPG의 요소를 상당히 오래 전에 먼저 채용하는 등 실험적인 부분도 많았던 이 게임 『미스틱 퀘스트』로, 너무 앞서 나갔던 부분을 재평가해보는 것도 나쁘지 않을지도 모릅니다.

(A)

배틀 마스터 궁극의 전사들
(バトル・マスター 究極の戦士たち)

장르 : 격투
제작사 : 도시바 EMI
(東芝EMI)
발매일 : '93.11.19
정가 : 9,800엔

슈패미 오리지널 격투 게임. 2×××년의 근미래 세계. 갑자기 나타난 우주인 '제노'를 쓰러트리고 자신의 소원을 이루기 위해, 8명의 파이터가 싸운다. 닌자풍의 전사나 사이보그, 수인 등 SF 애니메이션을 연상케 하는 다채로운 캐릭터들이 등장한다. 공중에서 가드하거나, 가드를 중단하고 반격, 과격한 연속기 등 자유도가 높은 시스템으로 스피디한 배틀이 전개된다. 격투 게임을 말할 때는 빼놓을 수 없는, 숨겨진 명작.

격투 게임이라는 새로운 장르

1991년 『스트리트 파이터Ⅱ』는 '격투 게임'이라는 새로운 장르의 선구자가 되어 일대 붐을 일으켰습니다. 다음 해에는 슈패미로 이식되어 료고쿠 국기관(両国国技館)에서 전국 대회가 열렸으니, 얼마나 대단한 열기였는지를 엿볼 수 있습니다.

격투 게임 자체는 1:1 대전에 특화되어 있으며, 하나의 캐릭터에 대량의 움직임을 준비한 액션 게임의 변종인데, 이것이 독립된 장르로서 인지될 정도로 인기를 모은 데는 이유가 있습니다.

지금까지의 액션 게임은 아군기가 보스에 도착할 때까지의 과정을 그리며, 완급을 조절하면서 전개되었습니다. 그에 비해 격투 게임은 게임이 시작된 순간부터 종료될 때까지, 강적과의 1:1로 싸우는 클라이맥스가 계속됩니다.

즉 보스와의 대결 장면이 연속되는 액션 영화 같은 것으로, 그런 명쾌함과 좋은 템포로 사람들을 끌어들인 것입니다.

과격하고 독특한 격투 게임

그런 격투 게임이기에, '더 하이템포로', '더 과격하게', '더 복잡하게'라는 방향으로 진화하게 되는 것은 자연스러운 형태였다 할 수 있겠죠.

이 게임 『배틀 마스터 궁극의 전사들』은 격투 게임 역사 속에서도 이채로움을 발하는, **독특한 작품**입니다.

이 게임의 커다란 특징은, '다양한 국면에서 캔슬이 걸리기 때문에 공방에 있어서 독특한 자유도를 지녔다'라는 점에 있습니다.

캔슬이란, '캐릭터가 어떤 동작을 하고 있는 도중 커맨드를 입력해 그 동작을 중단(캔슬)하고 다른 동작으로 이행'하는 테크닉을 말합니다.

원래는 『스파Ⅱ』의 개발 중에 발생한 에러로, 의도하고 탑재된 시스템은 아니었지만 **'재미있으니까'**라는 이유로 남겨졌고, 격투 게임을 대표하는 테크닉이 되었다는 일화가 있습니다. '다리 후리기를 캔슬해 파동권'이나 '어퍼 승룡권' 같은 캔슬을 떠올리는 사람도 많지 않을까요.

일반적인 격투 게임에서는 '통상기를 캔슬해 필살기'에 머물지만, 이 게임에서는 거기에 더해 '대시 공격을 통상기로 캔슬할 수 있다', '필살기를 다른 필살기로 캔슬할 수 있다', **'공격을 받고 몸이 젖혀진 상태를 캔슬할 수 있다'**, '점프계 필살기를 캔슬하면 지상 전용 필살기를 공중에서 쓸 수 있다' 등 너무나도 실험적이면서도 **너무나도 자유도가 높은 시스템**이 탑재되어 있습니다.

대시 공격→통상기→필살기→필살기……순으로 캔슬하면 기절 확정 연속기 정도는 간단히 성립하며, 캐릭터에 따라서는 공격을 받는 도중에도 캔슬 필살기로 역습이 가능하기 때문에 지문이 닳을 정도로 격렬하게 커맨드를 입력해주십시오.

게임 스피드가 전체적으로 빠른 데다, (아마도 격투 게임 사상 최초로) 공중 가드도 있기 때문에 싸움은 아무튼 하이 템포입니다.

예를 들어 '쇼'는 파동권 같은 장풍계 기술인 '뇌격권', 승룡권 같은 대공기인 '초신권', 용권 선풍각풍의 연속 차기 '풍신각', 연타 펀치인 '뇌신권', 커맨드 잡기인 '스크류 이즈나 떨구기', 대시해서 고속 타격 컴비네이션을 날리는 난무기 'V-MAX'를 지닌 주인공입니다.

까놓고 말하자면 『스파Ⅱ』의 주인공류에서 이어지는 계보이며, 이런 종류의 캐릭터는 '적이 뛰어들 수 없는 거리에서 장풍계 기술을 쏘고, 점프하면 대공기로 요격한다' 같은, 신중하며 땅에 발을 붙이고 움직이는 것이 기본 전법입니다.

하지만 그런 상식은 이 게임에는 통하지 않습니다. 필살기를 필살기로 캔슬하는 루트가 의외로 풍부한 데다, '타격을 캔슬해 쓸 수도 있고, 히트하든 가드하든 상관없이 빨아들이는 스크류 이즈나 떨구기', '컴비네이션 한 방 한 방의 기절치가 높은 건지, 반드시 상대가 기절해버리는 V-MAX' 등, 각각의 필살기의 성능이 **완전히 미쳐 있기 때문에**, '뇌격권→초신권(장풍계 기술을 대공기로 캔슬)', '초신권→뇌격권(공중에 서서 장풍계 기술을 발사하는 버그 같은 모습)', '강P→강 풍신각→약 초신권(기절 확정)', '강P→강 풍신각→약 풍신각(같은 필살기인데 왜 캔슬이)', '강P→강 풍신각→스크류 이즈나 떨구기(가드 당하든 히트하든 관계없이 들어감)', '뇌격권→V-MAX→스크류 이즈나 떨구기(장풍계 기술을 난무로 캔슬, 거기에 커맨드 잡기로 캔슬)' 등 격투 게임의 상식을 뒤

IP 132600 HI- 132600 PRESS
SYOH 62 WATTS

쇼의 '스크류 이즈나 떨구기'가 왓츠에게 작렬. 이 기술은 상대가 가드하는 중이든 기술을 맞는 중이든 상관없이 성립하는 초고성능을 자랑한다.

덮을 정도로 너무나도 **유니크한 연계** 및 연속기가 성립합니다. '학살왕' 실버맨조차 한 수 접고 들어갈 것이 분명한 잔혹한 파이트를 전개하는 것이 가능합니다.

또, 중국권법가인 '창'은 지상에서 공격을 받고 젖혀진 상태를 다양한 필살기로 캔슬할 수 있기 때문에, 커맨드 입력만 정확하다면 **'연속기를 맞으면서 캔슬 필살기로 반격한다'**라는, 다른 격투 게임에서는 불가능한 전법이 가능합니다.

이외에도, 캔슬을 구사해 공중을 날아다니는 '란마루'나, 연속기에 조합할 수도 있는 데다 가드 캔슬에도 쓸 수 있는 커맨드 잡기가 편리한 '왓츠', 돌진기 캔슬 돌진기로 하늘로 올라가는 '울반', 어째서인지 필살기 캔슬의 은혜를 받지 못한 약속된 최약 캐릭터 '알티아' 등, 너무나도 프리덤한 캐릭터가 줄지어 있습니다.

시스템을 이해하면 공격할 때는 강렬한 연속기로 확실하게 쓰러트리기를 노리며, 수비로 전환할 때는 공격을 받은 상태에서 캔슬로 탈출을 시도하는 농밀한 대전 공간이 나타나는 것입니다.

▍경기화와 가정용 게임기 ▍

다양한 캔슬로 인해, 뇌와 손가락 끝이 풀회전하며 아무튼 스피디하게 결판이 나는 『배틀 마스터』이지만, 이러한 독특한 작품이 성립할 수 있었던 것은 가정용 게임기라는 필드가 있었기 때문이겠죠.

이 시기 게임 센터에서는 대면식 대전대가 보급되어, 게임 밸런스나 파이트 스타일에 관한 논쟁이 활발하던 시기였습니다. 니가 와, 얍삽이에 대한 논쟁이나, 그때그때 강한 캐릭터로 갈아타는 스타일에 대한 시비, 기술 성능이 적절한가 아닌가……이런 테마로 얘기를 나누던 걸 기억하는 분들도 많지 않을까요. 그래요, 격투 게임은 경기화의 길을 걷고 있었던 겁니다.

하지만 가정용 게임기라면, 다소 밸런스에 문제가 있다 해도 그렇게 큰 문제가 되지 않습니다. 왜냐 하면, 게임 센터처럼 100엔을 걸고 생판 남끼리 싸우는 것이 아니라, 친구끼리 무료로 즐기니까요.

성공하면 상대를 확실히 기절시키는 연속기나, 탈출이 곤란한 연계, 캐릭터 간의 분명한 격차 등 시스템이 독특하기에 발생하는 문제는 전부 대화로 해결할 수 있습니다.

이것은 이 게임만의 예외가 아니라, '알고 있는' 사람끼리의 대전에서는 상쾌한 결판이 만들어내는 **웃음**과, 시스템을 끝까지 파고드는 **열의**, 그리고 제작자에 대한 **경의**가 있었던 겁니다.

『배틀 마스터』가 만들어낸 시스템은 다양한 형태로 훗날의 격투 게임에 계승되었습니다.

필살기로의 캔슬은 필살기를 초월한 초필살기로 캔슬하는 '슈퍼 캔슬'(『스트리트 파이터Ⅲ』, 『KOF 99』 등)로. 공격을 받았을 때 젖혀진 상태에서 캔슬하는 것은 전용 게이지가 있을 때만 사용할 수 있는 '사이크 버스트'로(『길티 기어 이그젝스(ギルティギア イグゼクス)』 등).

이 게임은 격투 게임을 말할 때 이름이 나오는 경우가 별로 없지만, 그 공적은 커다란 것이었다고 할 수 있겠지요.

(Y)

록맨X(ロックマンX)

장르 : 액션
제작사 : 캡콤
（カプコン）
발매일 : 93.12.17
정가 : 9,500엔

패미컴에서 신세를 졌던 캡콤의 친숙한 명작 횡 스크롤 액션 게임의 금자탑『록맨』시리즈가, 드디어『록맨X』로 슈퍼 패미컴에 등장! 그 완성도는 팬을 대만족시켰는데, 신편『X』시리즈의 서장이 되는 이 게임이 발매된 것이 패미컴판『록맨6』이 발매되고 겨우 1개월 후였기 때문에, 시리즈 발매를 기다리던 팬들을 힘들게 만들기도 했다.

■ 초 매운 맛 액션, 슈패미에도 등장!

패미컴에서 한 시대를 풍미한 캡콤의 명작 액션 시리즈『록맨』이『록맨X』로 슈패미에도 등장!

패미컴 시대부터 이어진 전통인 적 보스의 무기를 사용할 수 있게 되는 것을 시작으로, 도전하는 보람이 있는 높은 난이도와 다채로운 공격, 각 스테이지의 공들인 연출이 중후함을 더한 스토리를 지탱하며,『코믹 봉봉(コミックボンボン, 당시의 만화 잡지로, 록맨의 코믹스판을 연재했다-역주)』파 플레이어도 대만족.

『록맨』시리즈가 사랑받는 이유, 그것은 높지만 **올바른 난이도**.

적 보스의 공격 패턴이 개성적이고 다채로운『록맨X』에서는, 보스별로 약점이 되는 필살 공격이 있으며, 입수처는 다른 보스입니다. 즉, 다른 보스를 쓰러트리고 빼앗을 필요가 있습니다. 없어도 어떻게든 될 가능성도 있지만, 필연적으로 고전하게 됩니다.

보스의 무기와는 별개로『X』를 강화하기 위한 다양한 효과가 있는 파츠를 모으는 도중, 풋 파츠의 입수로 고속 대시를 사용할 수 있게 되면 고속 이동으로 적이 공격의 틈을 노리기 전에 적 자체를 화려하게 스루!

신중하게 하나씩 적을 쓰러트리며 나아갈 것인지, 막히지 않기 위해 적을 통째로 무시할 것인지. 파츠를 모으면 공략의 가능성이 단숨에 넓어지게 되어 있습니다.

특히, 대부분의 보스를 포함하여 적을 일격으로 해치울 수 있을 정도로 위력이 높은 **파동권** 파츠는 꼭 갖고 싶지만, 입수 조건이 모든 파츠를 모으고 모든 보스를 쓰러트린다는, 파동권이 없어도 클리어할 수 있는 실력이 있을 것이 조건이라는 면은 애교로 봐야 할까요.

■ 틀리지 않았던『록맨』

이 게임『록맨X』시리즈의 경우, 애초

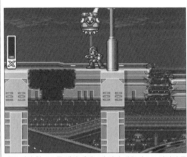

다른 명작 횡 스크롤 액션 게임보다 약간 매운 맛으로 완성된 록맨. 있는 대로 공을 들인 연출과 다채로운 기믹의 연속!

에 공략에 능청을 부리기라도 하지 않는 한 적의 지형 파괴로 인한 불합리한 발판도 등장하지 않습니다. 어디까지나 강력한 것은 적의 공격으로, 불합리한 배치의 발판으로 괴롭힘을 당하는 일은 거의 없습니다.

게다가 『X』 자체는 벽에 달라붙기&기어 올라가는 것도 가능. 초반부터 팍팍 등장하는 발판을 부수는 적은, 쓰러트리거나 벽에 달라붙음으로서 불합리한 발판 문제를 해소하고 있습니다.

'불합리한 발판'이란, 일반적으로 게임 도중 떨어지면 즉사인 발판의 아슬아슬한 곳까지 가면, '화면 오른쪽에 다음 발판이 잘려 보이며 등장→발판 넓이는 주인공 2캐릭터분 이하→화면 구석에서 부활하는 조무래기가 마구 등장→밟으면 즉사. 최소한 대미지→게다가 왼쪽이나 오른쪽으로 미묘하게 튕겨남→주인공의 탄이 아슬아슬하게 닿지 않음→심지어 **최초의 스테이지부터 튀어 나옴**'을 말하는 것으로, 여기에 해당하는 수가 많으면 많을수록 불합리도가 높아진다고 해도 되겠죠.

생각해보면 횡 스크롤 액션의 시조인 『슈퍼 마리오』라면 2캐릭터분의 발판은 최초의 최초에는 등장하지 않는데, 적은 기본적으로 **위에서 밟으면 쓰러트릴 수 있기 때문에** 용납되고 있었습니다.

그런 불합리한 발판 게임이 횡행하던 시대 배경 속에서, 이 게임 『록맨X』 시리즈가 대표하는 현대에도 계승된 횡 스크롤 액션 게임은, 난이도가 아무리 높다 해도 **불합리한 발판 게임은 아니다**라는 것은, 어떤 의미로는 시대의 필연이었던 건지도 모릅니다.

(A)

도럭키의 동네야구 (ドラッキーの草やきう)

장르 : 액션
제작사 : 이미지니어 줌
(イマジニアズーム)
발매일 : '93.12.17
정가 : 9,800엔

전설의 하비 PC X68000으로 수많은 걸작 게임을 발매했던 줌이 이미지니어와 태그를 맺고 슈퍼 패미컴에 참전! X68000 시대부터 매뉴얼 등에 자주 등장했던 마스코트 NEKO, 새 이름 도럭키가 슈퍼 패미컴에서 주역을 맡았다. 전문지 『The 슈퍼 패미컴』의 수수께끼의 연재는 이를 위한 서론이었던 건가 중얼거렸던 작품.

이미지니어 줌의 애니멀 동네 야구!

X68000의 액션 게임으로 이름을 알린 소프트 하우스 줌(ZOOM)의 마스코트 캐릭터 NEKO와, 그 유쾌한 동료들이 동네 야구로 승부!

당초에는 NEKO로 슈퍼 패미컴 전문지 『The 슈퍼 패미컴』에 만화가 연재되었는데, 연재 도중에 갑자기 이름을 모집해서 결정된 이름이 도럭키였습니다.

어째서인지 동물 야구단의 팀 중에는 코카 콜라 사가 유니폼을 제공하고 있었고, 팀 이름도 당시의 주력 청량음료의 이름이 달려 있습니다.

아무래도 주력 음료인 만큼, 각각 코카 콜라나 아쿠에리아스, 스프라이트 등 인기 음료의 이름이 달려 있는데, 역시 당시에 인기 있었던 것 같은 **베지타베타만은 어떤 음료였는지** 생각나지가 않습니다.

자, 이 게임은 코미컬한 동물들의 야구가 테마.

수수께끼의 팀 '엠파이어 헬선더 디스트로이어즈'의 도전을 받은 도럭키와 다른 동물들은, 특별히 대전 상대가 지정되지 않은 것이 원인이 되어 가장 강한 팀이 **엠파이어 이하 줄임**의 도전을 받아들이기로 하고 열투를 벌입니다.

그렇다고는 해도, 운동 부족 해소를 위해 야구를 갓 시작한 동물들이기 때문에, 시합이나 특훈을 거듭하며 조금씩 능력을 상승시켜 마구나 타법을 익혀 나가게 됩니다.

이런 특훈으로 능력을 단련하며 수비나 배팅의 요령을 익힐 수 있도록 되어 있는 것도 포인트입니다.

접대 게임의 탈을 쓴 악마

이 게임은 연도마다 발매되는 『프로야구 패밀리 스타디움(プロ野球ファミリースタジアム)』이나 『실황 파워풀 프로야구(実況パワフルプロ野球)』 시리즈 같은 시리즈물 프로 야구 게임과는 다르게, 어디까지나

겉모습은 팬시한 동물 베이스볼. 하지만 마구가 있고, 타법이 있으며, 2단 점프가 있는 등 하드한 난이도를 자랑해, 처음 해보면 당연히 질 수밖에 없다!

한 판 한 판 즐기는 야구와 굉장히 비슷한 동네 야구 게임.

프로 야구 게임에서는 좋아하는 팀이 만년 B급 상태의 바닥에서 허덕이는 팬들에게는, 팀의 전력에 절망적인 차이가 있는 상황인 경우도 자주 일어나기도 했습니다.

그렇다기보다, **지금도 그러기 일쑤입니다.**

하지만 『도럭키의 동네야구』에서는 당시의 프로야구 팀(의 선수층)과는 전혀

관계가 없는 동물 야구! 만년 B급의 비애를 게임에서도 맛보는 그런 일은 없습니다. 모두 공평하게, 외견만으로 팀을 선택해도 됩니다! ……접대받는 쪽에서는요.

그래요, 이 게임에서는 1인 플레이로 묵묵히 연습하고 시합을 되풀이해, 미리 팀을 키워두는 것이 전제!

실제로 평범하게 하면 초기의 『파워풀 프로야구』의 도깨비 난이도는 몰라도, 『패미스타』라면 1인 플레이로 컴퓨터에게 뒤쳐지지는 않을 정도의 접대 야구 게이머였던 필자가 **여유로 10점차 콜드 게임 패배**를 맛보고 말았습니다.

이 게임은 만년 B급에 허덕이던 구단 팬들에게, A급 단골 구단 팬을 접대라는 명목 하에 흠씬 두들겨 패서 속을 후련하게 하기 위한 가짜 접대 게임이었다고 할 수 있겠죠.

(A)

1993년

파이어 엠블렘 문장의 수수께끼
(ファイアーエムブレム 紋章の謎)

장르 : 시뮬레이션 RPG
제작사 : 닌텐도
　　　　(任天堂)
발매일 : 94.1.21
정가 : 9,800엔

닌텐도를 대표하는 시뮬레이션 RPG. 패미컴으로 발매된 첫 번째 작품을 리메이크한 제1부와, 속편인 제2부 구성으로 되어 있다. 시뮬레이션에 인간 드라마를 도입한 게임 시스템이 특징. 사망한 캐릭터는 기본적으로 되살아나지 않는다는 대담한 시스템으로 잘 알려져 있다. 제1부가 오리지널과 비교해 마일드하게 조정되어 있는 한편, 제2부는 초반의 난이도가 특히 높다.

▌유닛이라는 이름의 사람들이 자아내는 드라마

'시뮬레이션 RPG'라는 장르의 기초를 만든 『파이어 엠블렘(FE)』. 슈퍼 패미컴 최초의 『파이어 엠블렘』은, 패미컴의 첫 번째 작품의 리메이크+그 속편이라는 구성으로 되어 있습니다.

시뮬레이션은 플레이어의 말(유닛)로 전차나 비행기 등의 병기를 '생산'해 싸우게 하여 전술을 겨루는 것이 일반적이었습니다. 하지만 『FE』 시리즈는 '이름이 있는 개인'을 조작해, RPG처럼 경험치를 벌어 성장시키는 것입니다. 『파이어 엠블렘』의 첫 번째 작품에서 거슬러 올라간다면, 5년 전 일본제 컴퓨터 시뮬레이션의 선구자인 『현대 대전략(現代大戰略)』(1985년)의 시점에서 시뮬레이션에 RPG 스타일의 경험치와 성장 개념을 도입하려는 시도가 행해졌습니다.

『파이어 엠블렘』 시리즈는 여기서 더 나아가, 병기가 아닌 개인을 유닛으로 만들어 **더욱 깊은 감정이입**을 촉진, **역사물** 같은 드라마를 만들어내는 데 성공했습니다.

『파이어 엠블렘』의 유닛들은 고유의 이름을 지녔으며, 사망하면(극히 일부의 예외를 제외하면) 되살아나지 않습니다. 모두가 게임의 무대인 '아카네이아 대륙'에서 살아가는 사람들이며, 각각의 인연이나 드라마를 지니고 있습니다. 그러므로 어떤 사람의 지인이 적군에 있을 경우는 말을 걸어 동료로 만들 수도 있으며, 그 사람이 죽은 경우에는 이러한 이벤트는 일어나지 않습니다.

사람의 대용품은 없으며, 병기처럼 '잃어버려도 동형기를 생산하면 된다'는 식으로 대처할 수는 없는 겁니다.

이 작품부터는 인연이 깊은 사람들끼리 가까이 있으면 '지원 효과'가 발생해 명중률 등이 상승합니다. 형제나 연인끼리라면 서로에게 '지원 효과'가 미치는데, '엘리스로부터 마릭에게는 지원 효과가 성립하지만, 반대는 무리'처럼 의미 깊은 것들도 있어서 플레이어의 **상상력을 자극**합니다.

'페가서스 나이트'가 돌출된 순간, 천적인 활 공격이 날아온다. 당한 동료는 기본적으로 돌아오지 않으므로, 이것만은 피하고 싶다.

엔딩에서는 생존 멤버의 그 후 이야기도 볼 수 있기 때문에, 어떻게든 살려주고 싶다는 마음이 싹트고, 사망 시에 사랑하는 사람의 이름을 부르는 모습은 눈물을 자아냅니다.

또, 유닛은 각각의 패러미터에 '성장률'이 존재해, 기본적으로 '젊고 미숙한 자일수록 성장을 기대할 수 있고, 등장 시점에서 강한 자나 노인은 성장하기 어렵다'라는 설정으로 되어 있습니다. 즉, 강한 부대를 육성하려면 누가 성장할 것인지를 잘 파악해야만 합니다. 플레이가 진행되면, 새로운 동료의 가입을 기뻐함과 동시에 쓸모가 없어질지 아닌지를 감정하게 되는 자신을 발견하게 될 것입니다.

개인 드라마에 감정을 이입하고, 어떻게 되는지 지켜보고 싶다고 바라는 마음과, 강한 집단을 만들기 위한 냉철한 선별, 상반되는 두 가지 관점 사이에서 마음이 흔들리게 됩니다.

체험하는 역사가 게임의 이야기에 새로운 가능성을 낳는다

첫 작품의 리메이크인 제1부는 패미컴판보다도 난이도가 낮은 편입니다. 앞서 말했던 '성장률'을 상승시키는 효과를 주는 '별의 오브'도 활용한다면, 더욱 자유도가 높은 육성이 가능할 겁니다. 진짜는 제2부부터입니다.

'귀중한 아이템을 가지고 도적이 도망치지만, 조금이라도 돌출되면 적군으로부터 집중 공격을 받는다', '아군이 분단되어 있는 데다, 요새에서 산더미 같은 증원이 쏟아져 나온다', '적과 싸우며 광대한 사막에서 아이템과 동료를 모은다', '두 나라의 병사가 배치되어 있는 전장에서, 한쪽만을 쓰러트리지 않도록 하며 싸운다' 등의 고도의 행동이 요구됩니다.

저돌맹진하지 말고, 상대의 행동 범위를 파악해 유인하며, 하늘을 나는 적에게 궁병으로 공격하는 등 철저하게 천적 유닛으로 요격하며, 적의 증원은 진형을 짜서 대기하며, 키우려는 동료에게 경험치

1 6 1

용병 오그마와 수수께끼의 사나이 시리우스의 긴박한 대화. 캐릭터들의 드라마를 시뮬레이션에 도입해, 여성들의 지지도 얻었다.

를 몰아주어 성장시킨다……등, 제1부에서 익힌 노하우를 풀로 활용해 신중하고 견실한 싸움을 진행해 나가는 것입니다.

캐릭터들이 자아내는 드라마도 더욱 깊이 있게 만들어졌습니다. 미니 슈패미에서 즐기실 분들을 위해 스포일러는 피하겠지만, 제1부에서 같이 싸웠던 자가 적으로 돌아서 주인공 마르스와 플레이어가 함께 괴로워하게 됩니다. 끊임없이 변하는 운명과 잔혹한 현실 속에서 싸우는 모습은 마치 역사물 같습니다. 그들의 싸움을 **플레이하며 체험하고 있기 때문에**, 감정이 크게 움직이게 됩니다.

유닛이 인간이기에 묘사되는 드라마

이므로, 『FE』는 게임의 스토리텔링에 새로운 가능성을 가져온 것입니다.

시리즈 종료의 위기를 넘어 계승된 『파이어 엠블렘』이즘

매상 부진으로 인해 한 번은 시리즈 종료의 위기에 처했던 『파이어 엠블렘』이지만, 시리즈의 집대성적인 작품 『파이어 엠블렘 각성(ファイアーエムブレム 覚醒)』(2012년)에서 **부활**. 현재는 스마트폰 애플리케이션 『파이어 엠블렘 히어로즈(ファイアーエムブレム ヒーローズ)』(2017년)이 전개되고 있으며, Nintendo Switch 신작도 예정되어 있습니다(2022년 현재, 닌텐도 스위치용으로 파이어 엠블렘 무쌍과 파이어 엠블렘 풍화설월, 파이어 엠블렘 무쌍 풍화설월 등 3작품이 발매되어 있다-역주).

이 작품을 즐긴 후에 신작 작품들을 접하며 『FE』이즘이란 무엇인가를 생각해보는 것도 재미있지 않을까요.

(Y)

슈퍼 메트로이드(スーパーメトロイド)

장르 : 액션 어드벤처
제작사 : 닌텐도
　　　　(任天堂)
발매일 : 94.3.19
정가 : 9,800엔

장비를 입수해 행동 범위를 넓히고, 난관을 돌파하는 2D 액션. 힌트 메시지가 존재하지 않기 때문에, 맵에 숨겨진 수수께끼는 자신의 눈으로 발견해야만 한다. 해외 인기가 굳건한 데다, 이 게임을 오마주한 작품도 많아 '메트로바니아'라는 장르명이 탄생했다. 또, 사무스와 메트로이드의 만남이 묘사되는 전일담 『메트로이드 II』가 2017년 9월에 닌텐도 3DS로 리메이크되었다.

과묵하고 고요한, 수수께끼와 신비의 소우주

『메트로이드』 시리즈의 세 번째 작품으로, 하나의 장르를 구축한 것이 『슈퍼 메트로이드』입니다.

주인공 사무스는 특수한 파워드 슈트로 몸을 감싼 은하의 바운티 헌터. 자신을 모친으로 흠모하며 따르는 생물 병기 '헤비 메트로이드'를 되찾기 위해, 혹성 제베스로 향합니다.

이 게임에서 묘사되는 세계를 한 마디로 표현하자면 **고요하지만 수수께끼로 가득한 소우주**라고 해야 할까요. 제베스는 요새화되어 있으며, 복잡한 구조와 혹독한 자연 조건이 몇 번이고 사무스의 앞길을 가로막습니다. 하지만 이 게임은 한결같이 과묵합니다. 수수께끼 풀이를 위한 힌트를 말해주거나, 심부름 퀘스트를 마치면 문의 열쇠를 준다거나, 조크로 그 자리의 분위기를 완화시켜주는 그런 NPC는 일절 존재하지 않습니다. 앞으로 나아가기 위해서는 맵상의 수수께끼를 스스로의 눈으로 발견하고, 시행착오를 거쳐 풀어낼 필요가 있습니다.

'수상한 막다른 길을 폭파시켜봤더니 구멍이 뚫려 앞으로 갈 수 있게 되었다', '잠깐 샛길로 빠져 봤더니 실은 아이템이 숨겨져 있었다' 정도는 당연한 것입니다. 자칫하면 '거기에 수수께끼가 있다는 것조차 눈치 채지 못하는' 경우도 드물지 않습니다. 의미심장하게 보이는 지형이나, 앞으로 갈 수 있을 것 같은 막다른 길에서 이것저것 시험해보게 되지만, 앞으로 갈 수 없는 것은 '장비가 부족'한 건지, '액션이 형편없는' 건지, '사실은 아무것도 없는 장소'이기 때문인지 한 번 고민하기 시작하면 끝이 없습니다.

그런 만큼, 수수께끼가 풀렸을 때의 기쁨은 정말로, 정말로 큽니다. 디지털 세계의 수수께끼 풀이는 얼마든지 난이도를 올릴 수 있지만, 이 게임의 수수께끼는 '너무 어렵지 않고 푸는 보람이 있는' 절묘한 라인으로 되어 있는데, 이런 면은 닌텐도다운 밸런스 감각이라 할 수 있겠지요.

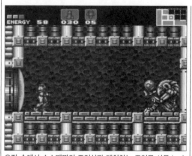

유적 속에서 수수께끼의 조인상과 대치하는 주인공 사무스. 수수께끼로 가득한 맵을 탐색하는 이 게임은, 훗날 무수한 오마주 작품을 탄생시키게 된다.

최단 시간 클리어를 목표로 계속해서 타임 어택이 이루어지고 있는데, 수수께끼 풀이의 즐거움과 액션 게임으로서의 재미가 융합되었기 때문에, 이러한 파고들기가 계속되고 있는 게 아닐까요.

상상력을 자극하는 SF 호러 스타일의 게임 세계

이렇게 숨겨진 방을 발견하거나, 보스를 쓰러뜨리거나 하다 보면 다양한 장비를 얻게 되어 사무스의 행동 범위가 점점 넓어집니다. 보통 상태라면 들어갈 수 없을 것 같은 좁은 덕트도, '모핑 볼'로 몸을 공 모양으로 만들면 통행이 가능해집니다. '그래플링 빔'으로 매달려, 넓은 틈새를 타잔처럼 뛰어 넘습니다. 점프로는 올라갈 수 없을 것 같은 세로로 긴 구멍도, '아이스 빔'으로 적을 얼려 발판으로 삼으면 괜찮은······이런 식입니다.

'액션 게임으로서 **장비를 능숙하게 사용할 줄 알아야 하는**' 것이며, '열쇠나 통행증 등 그 물건이 있으면 무조건 앞으로 갈 수 있는 아이템'이 아니기 때문에, 잘 됐을 때는 깊은 만족감을 얻을 수 있습니다.

이 게임은 발매된 지 20년이 지나도

『슈퍼 메트로이드』는 심오한 게임 플레이만이 아니라, 연출이나 분위기 표현이라는 부분에서도 우수합니다. 말로 하는 것이 아니라, 플레이어의 상상력을 자극하는 작품입니다.

제베스는 옛날 영화를 자랑하던 조인족의 유적과 혹독한 자연이 뒤섞여 있는 장소. 조용한 BGM에 더해, 의사소통이 가능한 NPC가 없다는 점이 어우러져 금단의 땅에 발을 들여놓아버린 것 같은 공포가 피어납니다. 그야말로 체험하는 SF 호러.

새로운 영역에 발을 들여놓을 때는, **탐색의 즐거움과 미지에 대한 공포**라는 상반된 감정이 가슴 속에서 소용돌이칩니다. 이 게임의 연출에서 특별히 인상 깊은 것은, 원숭이 같은 '에테콘'과 타조 같은 '다쵸라'입니다. 기본적으로 적만

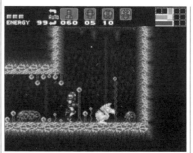

나갈 수 없을 것만 같은 구멍의 바닥에서, '다쵸라'가 탈출 시범을 보여준다. 여기서 말이 없는 것이 플레이어에게 강한 인상을 남기게 된다.

연출이 비범합니다. 과연 그들은 누구인가? 이처럼, 이 작품은 모든 곳에서 플레이어의 상상력을 자극합니다.

'메트로바니아'라는 장르로

있는 제베스이지만, 그들은 아군. 탈출 불가능하다고 생각되는 구멍의 바닥에 살고 있으며, 최초에 찾아갔을 때는 '막혀버렸나!'라며 절망해버리고 맙니다.

하지만 그들은 '킥 클라임(삼각 뛰기)'이나 '샤인 스파크(공중 돌진)' 등의 이동 테크닉을 보여주며, 그대로 하면 훌륭하게 탈출할 수 있는 것입니다. 여기서 그들이 **말을 하지 않는** 것이 『슈퍼 메트로이드』다운 부분. 게임에 말이 넘치기 시작한 1990년대에서, 일부러 말하지 않는 뺄셈

이 게임은 2010년대의 게임 업계에도 계속해서 커다란 영향을 미치고 있습니다. 인디 게임 계에서는 이 게임에서 영감을 받은 것으로 보이는 『캐슬 바니아 심포니 오브 더 나이트(악마성 드라큘라X 월하의 야상곡, 悪魔城ドラキュラX 月下の夜想曲)』를 본뜬 작품이 다수 탄생했고, 급기야는 메트로이드+캐슬바니아를 합쳐 **'메트로바니아'**라는 장르명이 일반화된 것입니다.

사무스의 모성이 테마의 하나인 이 작품이 정말로 장르를 낳은 어머니가 된 것으로, 『메트로이드』의 DNA는 앞으로도 계속 계승되겠지요.

(Y)

개굴개굴 케로피의 모험일기 잠들어 있는 숲의 케로린느
(けろけろけろっぴの冒険日記眠れる森のけろにーぬ)

장르 : RPG
제작사 : 캐릭터 소프트
(キャラクターソフト)
발매일 : 94.3.25
정가 : 6,980엔

산리오 캐릭터 대상에서 1위에 빛난 적도 있으며, 헬로 키티와 패권을 다투는 인기 캐릭터 케로피. 지금은 거의 볼 수 없게 된 개구리라도, 슈패미와 함께 빛나던 시기가 있었다! 걸프렌드인 케로린느가(도넛에 덤으로) 납치되어, 산리오의 동료들과 함께 구출하러 간다. 적에게 찔려도 그 자리에서 되살아나는 근성왕 개구리, 단 2시간이면 끝나는 대모험으로 GO!

▌설마 했던 '부활의 주문' 방식!!

도넛 연못에 살던 활기차고 모험을 좋아하는 인기남 케로피. 옛날엔 헬로 키티와도 어깨를 나란히 하던 산리오의 전 톱스타가 슈패미에 상륙! 1990년 산리오 캐릭터 대상에서 1위에 빛나고 몇 년 후, **케로피가 가장 전성기였던 시기의 게임화입니다.**

케로피가 걸프렌드인 케로린느와 숲으로 하이킹을 떠납니다. 그때, 숲 안쪽에서 드래곤이 나타나, 간식인 도넛을 훔쳐갔습니다. 거기에 덤으로 납치된 히로인 케로린느.

마을로 돌아온 케로피는 이 마을에 전해지는 무서운 사실을 듣게 됩니다. 마물의 이름은 제루스로, 마물이 가장 좋아하는 도넛을 숲으로 가져가서는 안 된다던가. **그런 중요한 건 기억 좀 해!**

케로피는 돈 대신 알사탕 100개를 들고 쇼핑을 갑니다. 하지만 상점에 간판이 없기 때문에, 뭘 파는 건지는 들어가

보기 전에는 알 수 없습니다. 가게에 진열된 아이템도 이름뿐이고 설명이 없습니다. '수고했어 베개', '핸드 콤팩트', '브라 꽃꽃'……써보기 전까지는 효과가 불명인 러시안 룰렛 자본주의입니다.

그리고 당황스러운 것이 일기가게의 존재. 책장 앞에 서면 '삐오보아삐', '모자 하세고' 등의 문자가. 설마 부활의 주문? 응응, 아이들을 위해서 가격을 저렴하게 하기 위해 배터리 백업을 탑재하지 않은 거군요……이 게임, 정가 6980엔의 어른 가격이었잖아!

▌이상하게 수수한 파티 멤버 ▌

모험을 좋아하는 케로피인 만큼 장르는 RPG, 개나 거품이나 벌 괴물과 '싸우다', '도구', '마법'에 의한 배틀도 있습니다. 하지만 적에게 당해도 죽지 않고, 그 자리에서 되살아나는 친절함. **계속 죽어도 되살아나며 골을 향해 기어가는 좀비 케로피가 눈앞에 떠오릅니다.**

마법으로 작은 오카리나를 잠수함으로 바꾸는 키티 씨. 이쪽이 전력을 다하면 사건도 금방 해결되는 게 아닌지…… 역시 산리오 월드의 정점에 서 있는 마왕이다.

게다가 경험치가 없으며, 전투력 상승은 이벤트뿐. 승리로 얻을 수 있는 알사탕으로 아이템을 구입할 필요도 거의 없으며, 전투에 의미가 없습니다. **RPG가 아니어도 되지 않아?**

우선 교회의 로버트 신부님이 잃어버린 성서를 찾기 위해, 점술사에게 점을 쳐달라고 하게 됩니다. '물과 배'라는 힌트를 보고 '앗 알았다! 선착장이야'라고 말하는 케로피……**플레이어가 생각하게 해!**

'아무것도 생각하게 하지 않는' 대접은 철저해서, 옆 마을로 가는 루트도 길이 나 있는 대로 걷기만 할 뿐입니다. 타아보(たあ坊)를 동료로 삼기 위해 네이버 타운으로 가니, 서커스를 보러 갔다고 합니다. 자 찾아보자!라며 걷기 시작하니, 마을 외곽에 있어서 3분 만에 종료.

로켓으로 우주를 가질 않나, 잠수함으로 수중을 잠수하기도 합니다. 스케일은 크지만, **우주에서 수중으로 가는 것은 '지진으로 발밑에 구멍이 뚫려 있었다'라며 호쾌한 숏 컷**으로 넘어가기 때문에, 줄거리를 읽고 있는 것 같은 기분입니다.

산리오 캐릭터도 차례로 등장하며, 마이멜로디나 키티도 참전! 그렇다고는 해도, 아무것도 하는 일 없이 얼굴을 보여줄 뿐. 다만 **키티는 오카리나를 잠수함으로 개조하는 수수께끼의 기술력을 발휘합니다.**

최종적인 파티는 케로피, 타아보, 한교동. **이상하게 수수한 멤버**입니다. 클리어에 걸린 시간은 2시간, **얏호, 2주차 할 수 있다!**

(T)

파이널 판타지VI (ファイナルファンタジーVI)

장르 : RPG
제작사 : 스퀘어
(スクウェア)
발매일 : 94.4.2
정가 : 11,400엔

슈패미로 나온 『파이널 판타지』의 넘버링 타이틀 최종작, 등장! 미려한 그래픽과 장엄한 BGM, 그리고 캐릭터들의 군상극과 게임 시스템이 훌륭하게 융합된 슈퍼 패미컴 최고봉의 RPG로서 사람들의 기억에 남았다. 이 게임 이후로, 이 게임과 동등한 레벨의 영상과 음악을 겸비한 작품은 전부 합쳐도 10개도 되지 않는다. 높은 퀄리티를 자랑하는 너무 일렀던 오파츠.

슈패미에 등장! 궁극의 완성도의 판타지

슈패미가 발매되었다고는 하지만, 쉽게 손에서 놓을 수가 없었던 것이 패미컴입니다. 그것은 명작 RPG의 속편이나, 본체의 연구가 극한까지 진행되어 세련된 게임이 **아직도 패미컴에서는 현역이었기 때문**입니다.

하지만 패미컴에서 이어지는 대작 RPG들의 슈패미 이행이 빠른 페이스로 계속해서 전개되어 거의 종료. 1992년 12월의 『파이널 판타지Ⅴ』가 발매되었을 무렵에는 결정타가 되었는지, 패미컴도 드디어 TV대 바로 아래라는 부동의 위치에서 은퇴를 강요당하게 되었습니다.

생각해보면 『파이널 판타지』 시리즈는 슈패미 등장 초기인 1991년 7월에 『Ⅳ』가 발매되는 등, 이름을 알린 대작 RPG 중에서도 가장 빨리 슈패미로 옮겨온 시리즈였습니다.

그리고 대부분의 RPG가 슈패미로 옮겨 왔고, 패미컴이 드디어 벽장으로 들어

간 지 1년 후 정도의 시기. 그런 백화요란의 황금기를 맞이한 슈패미에, 드디어 발매된 것이 『파이널 판타지VI』입니다.

치밀한 도트 그래픽에 의한 다크한 세계

'마도 아머'라는 기동 병기에 탄 가스트라 제국 병사 빅스와 웨지, 그리고 그들을 따르는 명백히 다른 두 사람보다 강력한 마도 아머의 힘을 끌어내도록 세뇌된 수수께끼의 소녀 티나. 그런 티나가 어떤 계기로 자유의사를 되찾고, 트레저 헌터인 록에 의해 구출되는 부분에서 시작되는 군상극입니다.

어두운 평원에서 마도 아머를 타고 나아가는 제국병들이 화면에 비추는 『FF VI』의 도트 그래픽은 그야말로 다른 차원입니다. 기존 게임들과는 **명백하게 선을 긋는 훌륭함**이었습니다.

20년 이상 전의 게임임에도 불구하고, 지금 봐도 최신 스마트폰의 게임과 비교

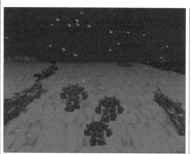

설원을 나아가는 가스트라 마도 아머 소대. 마음을 잃은 채로 가스트라 제국병 빅스와 웨지에 이끌려 간 소녀는 참극을 일으키게 된다.

해 손색이 없을 정도로 치밀한 도트 그래픽을 보여줍니다. 다크한 묘사는 취향이 갈리기는 하지만, 아무리 낮게 잡아도 슈패미에서 이 정도 수준의 도트 예술을 실현한 게임은 이 게임 이후를 포함해도 10개도 되지 않겠죠.

티나와 록의 만남에서 시작되는 도주가 동료들을 불러들이고, 가스트라 제국과 대마도사 케프카의 추적으로 인해 대가스트라 제국 반란조직으로 종결되어 가는 것입니다.

참고로 이 케프카는 슈패미 역사에도 이름이 남을 정도로 누구나 인정하는 **정말로 증오스러운 적**으로, 인간의 혐오스러운 부분……궁극적으로는 마음의 약함을 응축한 듯한 훌륭한 캐릭터를 보여주어 **『진 모모타로 전설**(真·桃太郎伝説)**』의 카루라에 전혀 밀리지 않는 악당스러움**

을 발휘합니다.

그 외의 대부분의 적 캐릭터들이 가지고 있는 **뒤틀린 정의나 신념조차 갖지 않은, 아무것도 없는 괴물**로서의 케프카의 본성이 발휘되는 것이 『FFVI』의 하이라이트라고도 할 수 있을 정도겠죠.

정말로 나쁜 녀석으로서의 본능에 충실한 케프카의 세세한 악행 하나하나가 쌓여, 반란군인 리터너만이 아니라 케프카가 있는 가스트라 제국까지 언덕길에서 굴러 떨어지듯이 혼돈의 소용돌이에 빠지게 됩니다.

어떤 의미로는 『진 모모타로 전설』이 모모타로 일행과 카루라에 의한 선과 악의 이야기였던 것처럼, 『FFVI』는 티나 일행과 케프카에 의한 **정의와 부정의의 이야기**였던 것입니다.

홀수작과 짝수작의 완전 융합!

옛날 FF 시리즈는 시스템 중시의 홀수작과 시나리오 중시의 짝수작이라 일컬어졌습니다.

『Ⅰ』, 『Ⅲ』, 『Ⅴ』가 대부분의 멤버들이 교체 없이 진행됩니다.

하지만 『Ⅱ』, 『Ⅳ』는 게스트격인 캐릭

ガード「帝国の魔導アーマー！？
とうとうこのナルシェにまで！

설원을 답파하고 나르셰에 도착한 가스트라 제국의 마도 아머
소대. 마도 아머 앞에서는 저항도 덧없이 유린당하고 만다.

터가 레벨도 낮고 초기 장비도 좋지 않은
데다, 이탈 시에는 **아끼던 강한 장비를
가진 채로 더 굿바이하는** 것도, 그러한
평가가 된 원인일지도 모릅니다.

그럼에도 잘 만들어진 짝수작의 시나
리오와 홀수작의 우수한 시스템을 언젠
가 같이 즐길 수 있으면 좋겠다, 이렇게
생각하며 패키지를 여는 플레이어도 많
았을 겁니다.

그런 짝수작인 『FFVI』는, 전투 시스템
도 『FFV』에서 다듬어진 액티브 타임 배
틀을 고차원으로 승화!

빠르면 빠를수록 다음 행동 타이밍이
빨라지는 시스템을 이용하면서, 캐릭터
별로 존재하는 특수한 능력과 장비, 액세
서리의 상성을 파악해 나가며 싸웁니다.

적이 숨거나 껍질에 틀어박히기도 하
는 액티브 타임 배틀 특유의 틈도 전략에
활용하며, 턴 제에서 거의 벗어났던 『FF
V』에서 더 파워 업을 이룩했습니다.

그런 홀수와 짝수라 불리던 시행착오
의 결과, 여기 패미컴과 함께 발달한 턴
제 RPG는 슈패미의 이 게임으로, 하나의
완성형을 보여주게 된 것입니다.

어떤 의미로는 아이러니하게도, 『FF
VI』가 너무 빨리 등장해버리는 바람에,
이후에 이 게임과 동등한 레벨의 영상과
음악과 완성도를 겸비한 슈패미 작품은
전부 다 더해도 10개도 채우지 않는 수
준이 되어버리고 말았습니다.

결과적으로, **등장이 너무 빨랐던 오파
츠**(당대의 기술로 만들었다고는 믿어지지 않는 경이로
운 유물 등을 말한다-역주)라고도 할 수 있습니
다.

RPG 제작자의
'우주의 법칙이 흔들린다!'

당시 사전에 게임 전문지에서 대특집
을 준비하고, 필자도 기대하고 있었지만,
진짜로 곤란해 했던 것이 같은 시기에 슈
패미로 RPG를 만들던 전 동료인 K 씨.

당시 스퀘어는 PC로 기선을 잡았던
니혼 팔콤(日本ファルコム)과 마찬가지로
게임 개발자라면 누구나 놀랄 정도로 높

은 대우로 게임 개발자를 모으고 있었습니다.

그런 스퀘어가 내놓은 『FFVI』라는 성과에, 옛날부터 게임을 만들며 살아왔던 전 동료는 경악했습니다.

원래 PC 게임 개발자였던 K 씨는 슈패미에 탑재된 음원의 강력함에 충격을 받았고, 그 후에 슈패미용 게임을 만들기 위해 전직한 DTM(데스크톱 뮤직) 아티스트였습니다. 전직한 곳에서 만들던 RPG를 간신히 『FFV』에 밀리지 않을 정도의 레벨까지 갈고 닦았는데, 완성 직전에 발매된 것이 이 게임 『FFVI』입니다.

그 완성도를 보고 팀 내부도 어수선해졌습니다. 사장은 『FFVI』와 비교해도 밀리지 않을 레벨까지 그래픽과 음악의 질을 올려!'라는 밥상뒤집기를 시전했고, 결과적으로 **신작 RPG를 반 정도 만들**

수 있을 정도의 예산과 시간을 『FFVI』에 맞서기 위한 브러시 업에 쏟아 부어, 발매가 상당히 늦어져 시대는 플레이스테이션으로 옮겨가기 시작했습니다.

여기서 K 씨처럼

● 이번에는 포기하고 신작으로 옮긴다
● 뭐가 어떻게 되든 달라붙어 질을 올린다

라는 선택지가 일본만이 아니라 세계 레벨에서도 수많은 RPG 개발팀에 내밀어졌을 것입니다.

『FFVI』란 RPG의 수준을 올린 작품이며, 일본의 RPG를 RPG 마니아의 세계에서 세계의 게이머에게 인지시킨 계기가 된 작품이라 할 수 있겠죠.

(A)

전일본 프로레슬링 파이트다퐁!
(全日本プロレス ファイトだポン!)

장르 : 액션
제작사 : 메사이아
(メサイア)
발매일 : 94.6.25
정가 : 9,800엔

자이언트 바바(ジャイアント馬場)나 점보 츠루타(ジャンボ鶴田), 미사와 미츠하루(三沢光晴)에 카와다 토시아키(川田利明), 스턴 한센(スタン・ハンセン)……'사천왕'과 '초세대군 VS 성귀군' 등 황금기를 맞이한 전일본 프로레슬링의 공인 아래, 말판 놀이 게임 탄생! 귀여운 SD 캐릭터가 된 프로레슬러들이 콩트나 시합을 벌인다. '16문 킥'이나 '타이거 드라이버' 등, 좋아하는 레슬러 전용의 기술 카드를 모을 수 있는 것도 불타오른다.

럿셔 키무라 등의 선수가 SD 캐릭터로

슈패미가 군림하던 90년대, 그것은 **자이언트 바바를 정점으로 하는 전일본 프로레슬링이 황금기를 맞이했던 시기입니다.** 전일본 프로레슬링 공인 게임도 이런 분위기를 타고, 본격파 작품도 차례로 등장했습니다.

그 모든 것을 제작한 것이 메사이아라는 회사. 왕도 프로레슬링 게임인『전일본 프로레슬링』과『전일본 프로레슬링 세계 최강 태그(全日本プロレス 世界最強タッグ)』에 이어 세 번째 작품으로, **장르는 말판 놀이!** 둘이서 대전할 수 있는 모드도 있지만, 볼륨 면으로는 혼자서 즐기는 시나리오가 있는 말판 놀이가 메인입니다.

신세대의 육탄으로 싸우는 리얼 항쟁도 뜨거웠지만, 베테랑 선수들의 '패밀리 군단 VS 악역상회' 등 엔터테인먼트 느낌이 강한 노선도 인기가 있었습니다. 이 게임은 후자에 좀 더 가까우며, 전일본 봄의 열기가 그립습니다.

리얼 노선이었던 앞의 두 작품과는 다르게, 레슬러들이 데포르메되어 등장합니다. 항상 팬들이 성원을 보내던 모습, 구체적으로는 **바바 씨 일행이 팬티 한 장 차림으로 말판 위를 활보하는 모습을 볼 수 있습니다.**

그런 SD화된 도트 그래픽이 개성이 강한 레슬러들의 특징을 잘 포착해서, 본인이다!라고 알 수 있을 정도로 잘 만들어져 있습니다. 럿셔 키무라(ラッシャー木村)가 귀엽게 그려진 게임은 유일무이하며, 카와다 토시아키의 격정은 작은 캐릭터로도 가차 없습니다. 다만 시나리오에서 '아랫사람에게 화풀이하는 왕따' 같은 묘사는 **'데인저러스K(デンジャラスK, 카와다 토시아키의 닉네임)'의 데인저러스는 그런 의미가 아니라고** 태클을 걸고 싶어지기도 합니다.

등장 레슬러는 이 외에도 미사와 타우에(타우에 아키라, 田上明), 코바시(코바시 켄타, 小橋建太) 등 사천왕과, 후치(후치 마사노부, 渕正信)나 키쿠치(키쿠치 츠요시, 菊地毅), 스턴 한센과 스티브 윌리엄스(スティーブ・ウィリ

프로레슬링 시합은 말판 놀이에서 주운 카드로 덱을 짜서 싸우는 카드 배틀. 럿셔 키무라 등 왕년의 선수들과 재회할 수 있다!

アムス) 등의 외국인 선수도 참전합니다. **어디선가 본 것 같은 이름의 비슷하게 생긴 게 아닌 '본인'의 파워는 과연 전일본 공인의 강력함으로, 가슴이 뜨거워집니다!**

▌스피디한 자이언트 태풍! ▌

말판 놀이는 주사위를 굴리는 대신 버튼을 누르면 왼쪽 아래의 게이지가 움직이며, 손을 뗐을 때 멈춘 숫자만큼 움직이는 시스템입니다. 좀 특이하긴 하지만 **익숙해지면 게이지를 보고 눌러서 원하는 숫자를 나오게 할 수 있습니다.**

맵의 칸은 파랑, 빨강, 노랑과 이벤트의 4종류. 파랑에 멈추면 시합에서 사용할 수 있는 카드를 받으며, 이벤트 칸에서는 전일본 레슬러들의 유쾌한 콩트가 시작됩니다. 이즈미다(이즈미다 쥰, 泉田純)가 '럿셔 씨 무슨 일이세즈미다?' 같이 억지로 어미를 붙인다거나, **차에 치일 뻔한 카와다가 스핀킥으로 대항하거나** 하는 세계관입니다.

문제는 남은 두 가지로, 빨강은 카드를 랜덤으로 몰수당합니다. 그리고 노랑은 조무래기들과의 시합이 있으며, 이기면 카드를 받을 수 있지만 지면 몰수행. 하지만 파랑은 리스크 없이 카드를 입수할 수 있기 때문에, 빨강과 노랑에는 전혀 메리트가 없습니다. **말판 놀이 숫자 게이지 누르기, 완전 중요!**

시합은 카드 배틀 게임으로 되어 있는데, 도중에 입수한 카드로 덱을 구성해 싸웁니다. 다만 리얼 타임으로 진행되기 때문에, 멍하니 있으면 기술만 계속 걸리다가 패배하고 맙니다.

카드를 선택해 기술을 사용하며, 플레이어와 적 중 빨리 낸 쪽이 유효가 되어 기술을 걸게 됩니다. 걸린 기술은 카드를 몇 장 정도 사용하면 반격기를 사용할 수 있습니다.

사용한 카드는 뒤집어져 일정시간 봉인되며, 전부 뒷면일 때는 아무것도 할 수 없습니다. 먼저 시도한 쪽은 한 장인데 비해, 반격하는 쪽은 그 이상……**즉 먼저**

공격한 쪽이 압도적으로 유리합니다!

작은 기술은 대미지가 적은 대신 반격을 쉽게 당하지 않으며, 큰 기술은 그 반대. 그러므로 작은 기술을 4, 큰 기술을 1의 비율로 덱을 구성해두면 작은 기술을 계속 연계해서 쓸 수 있습니다. **일방적으로 마구 공격하는 초S 프로레슬링!**

물론 바바 씨에게도 적합해, 엘보→찹→코코넛 크래시→16문 킥이 물 흐르듯이 연결되는 자이언트 태풍 같습니다. **스턴 한센을 스피드로 농락하는 바바**를 볼 수 있는 건 이 게임밖에 없지 않을까요.

특정 선수밖에 쓸 수 없는 고유기나 선수에 따라 쓸 수 없는 카드도 있으며, 16문 킥도 그 사람뿐. **문설트하는 바바 씨를 볼 수 없어서 약간 아쉽습니다.**

라스트 보스는 메카 자이언트 바바

시나리오는 처음에는 5개 중에서 자유로이 선택할 수 있으며, 전부 클리어하면 6번째가 출현. 여기까지 마치면 최종 스테이지의 막이 열립니다. 바쁜 바바 사장님 대신 렀서 키무라가 군단을 이끈다거나, 카와다가 스트레치 플럼(서브미

자이언트 바바의 파워를 카피해 모든 것을 파워 업했다는 메카 바바가 라스트 보스. 움직임이 느린 것도 카피했으므로 별로 무섭지 않다.

션 기술 중 하나로 변형 드래곤 슬리퍼-역주) 선인을 만나러 간다거나, 강화 합숙에서는 **키가 큰 얼룩말 가면이 도와주러 달려오는 것**등이 그레이트 제브라(타이거 마스크의 등장 캐릭터. 얼룩말 무늬의 코스튬을 입었다-역주)를 본 것처럼 기쁜 부분입니다.

그런 프로레슬링 괴사건을 뒤에서 조종하는 결사가 노리는 것은 **전인류의 프로레슬러화**로, 최후의 자객은 메카 바바. '너희들은 져도 몇 번이고 싸울 수 있는데, 내 레슬러는 한 번 지면 다들 그걸로 끝이잖아!'라며 게임 시스템의 단점을 지적하면서도 대단원.

이 게임의 발매로부터 20여 년. 레슬러의 대부분이 은퇴하거나 고인이 되셔서, 가슴이 뻥 뚫리고 찬바람이 휘몰아치는 것 같습니다…….

(T)

슈퍼 스트리트 파이터 II
(スーパーストリートファイターII)

장르 : 격투
제작사 : 캡콤
　　　(カプコン)
발매일 : 94.6.25
정가 : 10,900엔

격투 게임 붐을 일으킨 『스트리트 파이터 II』 시리즈의 신작. T 호크, 페이롱, 디제이, 캐미 등의 신 캐릭터가 추가되어, 풍부한 배리에이션의 배틀을 즐길 수 있다. 당시는 료고쿠 국기관에서 대회도 열리는 등, 분위기가 크게 달아오르기도 했다. 참고로 속편인 『X』는 대전 툴로서 20년 이상 친숙한 인기작이 되었으나, 슈패미로는 이식되지 않았다.

4명의 신 캐릭터에게 환호와 당혹스러운 소리가

슈패미의 『스트리트 파이터 II』 시리즈 최종작이 이 게임 『슈퍼』. 전 일본이 대전 격투 게임 붐으로 들끓는 와중에, 하나의 전환점이 된 작품입니다.

최대의 변화는 T 호크, 페이롱, 디제이, 캐미 등 4명의 신 캐릭터가 등장한 것. 지금까지 바이슨이나 베가 등 CPU 전용 캐릭터를 인간이 조작할 수 있도록 승격하는 일은 있었지만, 순수한 신 캐릭터가 추가된 것은 처음이었습니다. 대전 격투의 중심이던 『스파 II』가 어떤 캐릭터를 제시할지, 플레이어의 기대는 크게 높아졌습니다.

게임 센터에서 가동을 개시한 『슈퍼』였지만, 신 캐릭터에 대해서는 환성에 더해 당혹스러운 목소리도 있었던 것이 사실입니다.

연속기의 일반화 등 격투 게임이 화려해지고 있었던 것이 이 시기. 매운 맛 격투 게이머들은 더욱 과격하고, **알기 쉽고**

고성능이며, 상대를 압도해 이길 수 있는 캐릭터를 바라는 면이 있었습니다. 류나 켄, 가일이 '장풍계 기술로 상대를 점프하게 하고, 대공 필살기로 격추하는' 것처럼 '필살기를 조합해 안정된 승리 패턴을 구축할 수 있는 자'를 바라고 있었다고 바꿔 말해도 되려나요. 현재의 소셜 게임이나 인터넷 게임에서 '신 카드'나 '신 직업'에 기대하는 것과 비슷한 부류인지도 모릅니다. 대전대가 일반화되고, 이기지 못하면 플레이를 중단하게 되었다는 점 때문에서도, 이러한 캐릭터에 대한 수요는 높아졌습니다.

하지만 신 캐릭터 4명은 착실하게 통상기의 거리 재기(기술의 리치를 파악해, 적의 공격을 피하고 자신의 기술을 히트시키는 것)를 중시한 **상급자용 성능**. 상대를 봉쇄해 해치우는 것이 아니라, 싸울 때 불확정 요소가 따랐습니다.

현재는 콘셉트를 이해하게 되어 수많은 팬을 매료시킨 4명이지만, 당시는 아직 신인인 이단아였습니다. '대공기를 지녔지만 상대를 점프시키기 위한 장풍계

류 대 T 호크. 호크는 공중에서 점프 궤도를 바꿀 수 있는 기술과, 무적 대공기 등을 지니고 있어 종래의 캐릭터와는 다른 움직임이 가능.

대전의 당연함을 바꾸는 방문자들

그런 『슈퍼』가 가동된 지 8개월 후 이식된 것이 슈퍼 패미컴판입니다. 자택에서 느긋하게 연습할 수 있게 되면서, 신 캐릭터 4명에 대한 이해도가 더욱 깊어진 것은 필자만은 아니겠죠.

그들의 성능은 대전 신의 그때까지의 '당연함'을 뒤엎는 것에 주안점을 두었던 것이었습니다. '콘돌 다이브'로 점프 궤도를 바꿀 수 있어 장풍계 기술에 강렬한 카운터가 가능한 T 호크. 지금까지의 연속기를 넣을 때는 점프 공격에서 연결하는 것이 일반적이었는데, '열화권'으로 지상의 접근전에서도 폭발력을 발휘할 수 있는 페이롱. 모으기&연타라는 새로운 커맨드를 도입한 디제이. 장풍계 기술이 아니라 예리한 지상기로 상대를 견제하고, 조급해져 점프한 상대를 '캐논 스파이크'로 격추하는 캐미.

모두가 사람끼리의 대전, 통상기를 얼마나 적재적소에 사용하는지, 지상에서의 거리 재기가 중시되며, 대전 게임으로서의 경기성을 의식한 성능인 것은 아닐까요.

이 게임에는 최대 8명까지 참가할 수 있는 토너먼트나 단체전, 타임 어택 등

기술이 없다', '커맨드 잡기가 있지만 기존의 장기에프보다 잡기 거리가 좁다' 등, 기존 캐릭터들과 비교당해 버리는 것은 어쩔 수 없는 일이었겠죠.

당시의 CPU는 플레이어의 작은 움직임에도 예리하게 반격하는, 소위 말하는 '초반응'형. 가동 초기에 신 캐릭터로 안정적으로 승리하는 것이 어려웠던 것도, 이러한 풍조에 박차를 가하게 된 건지도 모릅니다.

또, 지금까지의 캐릭터가 소년 만화 스타일의 화사함과 애교를 지닌 디자인이었던 것에 반해, 4명은 실사풍인 데다 스타일리시합니다. 이 차이도 그들의 이단아 느낌을 두드러지게 했다고 할 수 있겠죠.

캐미가 점프한 춘리를 격추! 캐미는 예리한 지상기와 무적 대공기, 그리고 장풍계 기술을 뚫을 수 있는 기술을 함께 지녔다.

유저들 사이에서 자연스럽게 발생했던 놀이가 공식 모드로 탑재되어 있습니다. 그러한 의미로도, 슈퍼 패미컴의 『스파Ⅱ』최종작에 어울리는 작품이라 할 수 있겠죠.

경기성이 중시되는 지금이기에

1992년의 『스파Ⅱ』이후, 료고쿠 국기관에서 열리던 전국 대회도 이 작품을 마지막으로 막을 내립니다.

그 후, 슈퍼 패미컴으로 캡콤제 격투 게임을 즐기려면, 1998년 **설마 했던 이식**을 달성한 『스트리트 파이터 ZERO2』를 기다릴 수밖에 없었습니다. 하나의 단락이 찾아온 것입니다.

격투 게임에서 대전 시의 경기성을 중시하게 되어, e스포츠로서 대대적으로 전개되는 지금이기에, 이 게임을 다시 한 번 즐김으로써 새롭게 알게 되는 것과 사랑스러움과 그리움과 재미가 탄생하지 않을까요.

(Y)

파치슬로 연구(パチスロ研究)

장르 : 시뮬레이션
제작사 : 마법 주식회사
(魔法株式会社)
발매일 : 94.7.15
정가 : 9,500엔

실기 시뮬레이션의 파도가 슈퍼 패미컴에도 몰려왔다! 당시 인기였던 기종 4대와 로케이션 테스트로 끝난 1대, 이 게임 오리지널 1대를 포함해 총 6기종을 즐길 수 있다. 파치슬로(파칭코와 슬롯머신의 합성어로, 파칭코장에 배치되는 슬롯머신을 말한다-역주) 초보자에게도, 파칭코광이나 슬롯머신광들이 자주 말하는 '따긴 하지만 하는 게 시시하다'의 의미를 알기 쉽게 실감하게 해준다. 파치슬로 가게와 음식점밖에 없는 밑바닥 도박장 '매지컬 타운'에서 살아남아라!

슈패미에도 등장! 파치슬로 실기 시뮬레이션

일진월보하는 파칭코와 파치슬로 업계.

패미컴 시대에는 가공의 기계가 주류였던 것도 지금은 옛날이야기로, 슈퍼 패미컴으로 성능 업! 드디어 실기 시뮬레이터의 시대로 돌입!

당시 대인기 기종이었던 다이토온쿄(大東音響)의 『장가스 I 』『장가스 II 』, 파이오니아(パイオニア)에서는 『시티 보이 II 』, 『무사시 II 』와, 테스트로 끝난 『하나미』, 그리고 이 게임 오리지널 기계인 『바이칼』등 합계 6기종이 수록되어 있습니다.

필자는 파칭코를 어렸을 적 아버지에게 이끌려서 몇 번 갔던 적은 있지만, 이 게임을 플레이하고 **태어나서 지금까지 단 한 번도 파치슬로를 플레이한 적이 없다**는 사실을 깨닫고 말았습니다.

기억을 더듬어보니, 어릴 적에 백화점의 게임 코너에 있는 슬롯머신을 가지고 논 적이 있을 뿐이었습니다.

솔직히 파치슬로 같은 건 다 똑같을 거 아니냐며 우습게 보고 있었기 때문에, 전부 똑같이 보여서 차이를 모르는 건 아닐까 하며 내심 벌벌 떨면서 연구 모드를 플레이.

일단 『하나미』를 플레이 한 후에는 『하나미』가 매장에 설치되지 않았던 이유를 어찌 어찌 이해할 수 있게 되었고, 파치슬로에 대해 터무니없는 착각을 하고 있었다는 사실을 깨닫는 처지가 되었습니다.

밑바닥 도박장 '매지컬 타운'

대강 기계들의 특징을 파악했으니, 이제 실전 모드로 돌입!

초기의 파칭코 게임 『파치오군(パチ夫くん)』부터 전통처럼 이어지는 RPG 테이스트의 거리 매지컬 타운.

눈앞에, 자택 주변은 전부 파치슬로 업소와 음식점뿐이라는 지옥 같은 거리가 펼쳐집니다.

파치슬로 같은 건 다 똑같다고 생각했던 시기가 있었습니다. 그런 초보자의 확신을 분쇄해버릴 정도로 납득이 가는 창고행 기계.

이 파치슬로 업소에 가서 2,000메달 이상을 벌면 그 업소는 클리어……인데, 딴 메달을 사용할 곳도 역시 파치슬로 업소 아니면 음식점.

어쩌면 파치슬로 업소와 음식점밖에 보이지 않는 건 주인공이 **그 이외의 것에 흥미가 없기 때문**이고, 헤어 살롱이나 옷가게 같은 것도 있을지도 모르지만, 아무리 가봐도 파치슬로 업소 아니면 음식점.

애초에 계속 잃거나 술집에 빠져서 메달이 바닥을 드러내면, 당연히 슬롯도 할 수 없게 됩니다.

무일푼이라도 뭔가를 먹게 해주시는 밥집의 할머니 이외에는 아무도 상대해

주지 않게 되는 데다, 터무니없는 이자라도 좋으니까 메달을 빌려주는『사채꾼 우시지마(闇金ウシジマくん, 사채를 중심으로 한 이야기를 다루는 인기 만화-역주)』조차도 존재하지 않는, 어떤 의미로는 상냥한 매지컬 타운.

그럴 때는 몰래 역의 플랫폼에서 거리를 떠나는 열차에 뛰어 들어, '매지컬 타운이 아닌 어딘가'로 혼자서 여행을 떠나는 주인공……**대체 무슨 게임이야 이거!**

지금 생각해보면 필자의 지인 중에서도 파치슬로로 푹 빠져버리는 바람에, 대학에도 제대로 나오지 않고 학비까지 손을 대는 바람에 중퇴&집세도 밀려서 야반도주한 후배 H오카라는 사람이 있었습니다.

그의 인생을 충실하게 게임화한 것처럼 보여서, 나도 모르게 눈시울이 뜨거워지는 작품입니다. 인생 경험도 길어지면, 한 명쯤은 이 게임의 주인공 같은 사람과 만났던 일을 생각하게 되는 일도 있지 않을지.

(A)

와일드 건즈(ワイルドガンズ)

장르 : 슈팅
제작사 : 나츠메
(ナツメ)
발매일 : '94.8.12
정가 : 9,200엔

패미컴으로 무수한 명작 이식과 문제작을 남긴, 하면 잘 하는 나츠메가 슈퍼 패미컴으로 진지하게 만든 게임! 흙먼지와 초연과 바보 같은 깜짝 기계들이 북적거리는 SF 서부극 세계에서 마초 건맨과 다리가 예쁜 미녀의 상쾌한 총격 액션 개시! 피하기보다는 쏴라! 조준보다는 난사해라! 적보다 많이 쏘는 쪽이 승리다! 덤으로 구르는 동안에는 무적이다! 이런 서부극의 이론을 가르쳐 주는 쾌작.

슈패미 황금기의 걸작 액션 등장!

지저분하고 더러운 서부의 건맨 클린트와 아름다운 다리를 드러낸 서부의 미녀 애니가 설명이고 뭐고, 서부의 불한당들과 전쟁!

일본에서는 그냥저냥이었지만, 해외에서는 얕볼 수 없는 인기를 자랑했던 아케이드 게임 『카발(CABAL)』의 흐름을 이어받은 협력형 전장 액션 게임의 기대작 등장입니다!

해외에서는 해외 패미컴인 NES를 시작으로 가정용으로 이식되었지만, 일본에서는 전혀 가정용으로 발매될 기색이 없었던 『카발』 타입의 **정통 진화계**라 할 수 있습니다.

조작 캐릭터인 클린트와 애니 모두, 장인이 꼼꼼하게 채워 넣은 원숙한 도트 그래픽 예술.

90년대 슈퍼 패미컴 시대의 숙련된 화면 연출과 함께, 가정용에도 아케이드를 이기지는 못해도 절대로 밀리지는 않는 고저스한 그래픽과 사운드가 찾아왔음을 확실하게 알려줍니다.

오리지널리티를 내기 위해, 필요도 없는 요소를 살짝 비틀어서 내왔던 인스파이어 계열이여 안녕!

하이퍼 총격 타임의 시작이다!

이 게임 『와일드 건즈』가 아류도 포함해서 카발계라 불리는 이유, 그것은 **샷 버튼을 누르지 않아 총을 쏘지 않으면 클린트와 애니가 이동하고, 버튼을 누른 상**

마초 카우보이 클린트와 외모가 아름다운 애니. 손에 든 총의 사이즈가 차이가 너무 나는 것 같기도 하지만, 성능적으로는 완전히 같으므로 안심하고 애니를 사용하자.

처음에는 의외로 노멀한 적들도 후반이 되면 성가심 레벨과 변태성이 마구 상승하는 것은 90년대라는 시대 탓인지도 모르지만, 아마도 나츠메 탓일 것이다.

태라 총을 쏘고 있으면 조준이 이동……
하는 카발계 게임의 독특한 조작계를 채용했기 때문입니다.

적이 쏘는 탄은 맞히면 없어지는 데다 파워까지 모이며, 쏘면서도 점프 버튼 한 번만 누르면 무적 롤링으로 맞는 판정이 사라져 화려하게 회피!

나이프를 들고 찔러 오는, 클린트나 애니의 근접 총탄 무효남은 죽기 전에 샷 버튼을 누르면 정수리를 홈런!

게다가 샷 버튼을 연타하면 투망으로 적을 마비시키는 것도 가능하지만 **이건 함정.**

……아무래도 슬금슬금 다가오는 나이프 사나이를 홈런으로 날려버릴 생각으로, 황급히 샷 버튼을 연타해 투망을 던지지 않도록 하기 위한 것인 모양입니다.

자, 『와일드 건즈』의 기본 플레이 방법은 이상입니다. 즉, 탄을 가능한 한 마구 쏟아붓고, 날아오는 탄환은 최대한 쏴 없애고, 어쩔 수 없을 때는 롤링으로 피한다. 나이프 사나이와 날아오는 다이너마이트는 샷 버튼을 다시 눌러 대처한다.

이런 '맞기 전에 쏜다'의 마음가짐으로, 서부임에도 기계와 변태의 비율이 가속도가 붙어서 늘어나는 서부의 불한당들을 다 쓸어버리기 개시!

'날다람쥐처럼 활공해오는 목숨 아까운 줄도 모르는 놈', '갱차를 필사적으로 밀면서 나타나는 로봇', '석탄 수송 버킷 위에서 허리를 흔드는 변태' 등, 뭔가 돌이킬 수 없는 방향성으로 진화해버린 불한당들에게, 정의의 총탄이 아닌 **오물은 소독해야 한다**는 정신을 때려 박아줍시다!

참고로, 둘이서 동시에 플레이할 때도 동일 캐릭터 협력 플레이가 가능한 부분도, 이 시대의 '친구 접대'라는 슈퍼 패미컴의 중요한 역할을 확실하게 파악하고 있습니다.

대체로 걸작
가끔 초문제작
시대의 효웅 나츠메

나이프를 가지고 조용히 클린트를 SALHAE하러 오는 조무래기와, 베여버린 클린트. 가까이 접근하면 당황해버리는 것이 건맨의 숙명.

그런 당시의 걸작 액션『와일드 건즈』의 발매처는 나츠메.

당시 메이저한 일반 게임 전문지 독자들 사이에서는 그다지 친숙하지는 않았지만, 왠지 **얼터너티브한 느낌**의 게임계 전문지 중에도 특히 마니아 취향의 잡지에서는 접할 기회가 있었던 게임 제작사입니다.

패미컴 시대부터 아는 사람은 아는 명이식으로 숨겨진 실력을 보여주면서도, 일부러 자사 발매일 때만은『동방견문록(東方見聞錄)』같은 너무나도 전위적인 게임을 발매해서『슈퍼 마리오3』발매로 끓어오르던 **쇼와 종료 직전의 일본에서는 설명하기 어려운 무언가를** 끼얹는 소프트 메이커로 기묘한 정평이 나 있었습니다.

하지만 90년대에 들어오면서, 나츠메가 만든 이식작이나 판권 캐릭터 게임은 대개 꼼꼼하고 견실하게 만들어져 있었습니다.

『동방견문록』일은 잊고 견실한 개발사로서 믿어도 되려나?⋯⋯라고 안심하기 시작할 무렵, 마치 노린 것처럼 전설

의 플레이스테이션판『북두의 권 세기말 구세주 전설(北斗の拳 世紀末救世主伝説)』에 클리어 후 캐릭터들의 대사를 자유로이 바꿀 수 있는 광기의 **세기말 시어터**를 우쭐한 듯이 집어넣는 꼴을 보여주었습니다.

마치 잊혀진 시절에 뭔가를 저질러서, 득의양양한 표정으로 유럽을 카오스로 던져 넣는 **게임계의 독일** 같은 존재감을 자아내고 있다고도 할 수 있겠죠.

(A)

마더2 기그의 역습(MOTHER2 ギーグの逆襲)

장르 : RPG
제작사 : 닌텐도
(任天堂)
발매일 : '94.8.27
정가 : 9,800엔

초대 『MOTHER』의 발매로부터 5년, 하드를 슈패미로 옮겨 그래픽과 음악 등 모든 면을 업그레이드시킨 RPG 시리즈 제2탄. 첫 번째 작품과 마찬가지로 이토이 시게사토(糸井重里) 씨가 게임 디자인 및 시나리오를 작성했으며, 마음이 따뜻해지는 사이사이에 독도 섞여 있는 독특한 대사 처리는 이번 작품에도 건재. 키무라 타쿠야(木村拓哉, 일본의 배우. 국민적 아이돌이었던 SMAP의 전 멤버-역주) 씨를 기용해 '머~더~'라고 노래하면서 내용은 전혀 다루지 않는 CM이 초현실적이었다.

▎고(故) 이와타 사토루 씨와 『MOTHER2』 ▎

'어른도 아이도, 누나도'—이토이 시게사토 씨가 직접 카피 문구를 쓴 『MOTHER2』는 이토이 시게사토 씨의 '게임을 만들고 싶다'는 꿈이 이루어진 시리즈의 두 번째 작품입니다. 하지만 거대한 규모의 게임이 세상에 나오기까지의 길은 수많은 사람들의 힘과 마음이 지탱하고 있는 것.

특히 『MOTHER2』는 고(故) **이와타 사토루**(岩田聡)[※1]**의 향수가 진하게 남아 있습니다.** 전작인 『MOTHER』가 발매된 직후부터 개발이 시작되어 수 년간, 시나리오와 그래픽, 음악 등 구성 요소들이 속속 만들어지고 있었는데, 게임을 구동하는 프로그램이 벽에 부딪쳐 난항을 겪고 있었습니다.

그 사태를 타개하기 위해 나타난 것이 이와타 씨. 이토이 씨에게 '**지금 있는 걸 살리면서 다시 만들어 나가는 방법이라**면 2년. 처음부터 다시 만들어도 된다면 **반 년**'이라고 말했고, 실제로 1년 만에 완성에 도달했습니다. 게임 잡지에서의 소개도 '전체 프로그램/개발 시스템 설계/배틀 섹션의 프로그램 및 전투 프로그램 담당'이라고 적혀 있었는데, **거의 게임 전체입니다.**

그렇게 두 사람의 교류도 깊어져, 이토이 씨에게 Macintosh의 사용법을 가르쳐 주고 사무실에 LAN을 도입한 것도 이와타 씨가 한 일입니다.

『거의 일간 이토이 신문』 사이트가 만들어져, 거기서의 대담에서 가능성을 본 이와타 씨는 닌텐도 사이트에 개발 현장의 목소리를 전하는 『사장이 알립니다』 코너를 개설하게 된 경위입니다. 『MOTHER2』는 일개 게임에 국한되지 않고, 닌텐도의 피와 살이 된 것입니다.

※1 닌텐도의 대표적인 게임들의 프로그래머였으며, 4대 사장으로 모두가 함께 할 수 있는 게임을 만드는 닌텐도의 방향을 확립한 인물-역주

쾌적한 전투 등 스트레스 프리한 완성도

얼마 전까지는 한적한 시골 마을이었던 오네트. 거기 사는 소년 네스(이름은 변경 가능)는 어느 날 밤, 굉음과 경찰차 사이렌 소리에 놀라 깨어납니다. 뒷산에 떨어진 거대한 운석을 보러 간 네스는 경찰에게 쫓겨나고, 마지못해 침대로 돌아갑니다. 하지만 커다란 노크 소리 때문에 다시 눈을 뜬 네스. 그 후, 거대한 운명의 소용돌이에 휘말려들게 될 줄도 모르고…….

최초의 파티는 네스, 미묘하게 믿을 수 없는 개, 도움이 안 되는 악우 포키. 뒷산에서는 벌레처럼 생긴 미래인 붕붕이 동료가 되며, 첫 보스전에서도 압도적인 강력함을 발휘하며 도와줍니다. 그 후, 곧바로 포키의 어머니에게 맞아 죽으면서 퇴장. 너무나 **갑작스럽게 아방가르드한 전개입니다.**

'미래 세계를 지배하는 사악한 기그의 계획을 저지해줘…….' 유언과 함께 '소리의 돌'을 맡게 된 네스는, 인류의 명운을 등에 지고 여행 출발! 세계 각지에 있는 8개의 파워 스팟을 돌면서, '소리'를 기억시키는 모험의 시작입니다.

초대 『MOTHER』의 속편인 만큼, 스

이름을 결정할 때 '좋아하는 먹을 것'(체력 회복 시의 식단)이나 '멋있다고 생각하는 것'(PSI의 명칭에 쓰인다)까지 입력 가능. 장난으로 이름을 지으면 나중에 후회하게 된다.

트레스 프리한 방향으로 개선되어 있습니다. 우선 적의 이동을 맵 상에서 확인할 수 있는 '심볼 인카운트'제가 되어, 전투를 피할 수 있게 되었습니다. **초대 MOTHER 종반부에서 조무래기들이 라스트 보스급으로 너무 강해 플레이어에게 지옥을 보여준 것에 대한 반성**인 것 같습니다.

대미지나 회복은 HP가 단숨에 변하는 것이 아니라, 드럼 롤이 회전하며 서서히 늘어나거나 줄어드는 방식으로. 뭐가 기쁘냐면, 한 방에 즉사하는 대미지를 입었을 때 드럼이 제로가 될 때까지 전투를 끝내면 세이프. 드퀘식을 답습하면서, 금방 회복 또는 적을 쓰러트리면 살수 있다! 등 리얼 타임 느낌이 있는 배틀을 맛볼 수 있는 것입니다.

한 턴에 쓰러트릴 수 있는 약한 적이

라면, 적 쪽에서 도망치거나, 접촉해도 한 방에 결판을 내는 쾌적함, RPG는 전부 이런 스타일로 만들도록 의무화시켜야 하겠네요.

전투 신은 배경에 수상한 파형이 흔들리는 사이키델릭한 것으로, **왕도인 드퀘에서는 할 것 같지 않은 기믹이 한가득**. 그런 전위적인 RPG에 닌텐도가 관여했다는 점이 운명의 장난을 느끼게 합니다.

무대는 현대. 스타트 지점은 지방 도시. 돈은 갈취로 빼앗는 것이 아니라, 아빠에게 전화해 은행 계좌로 입금 받는 사회에 적응된 형태.

펜슬 로켓 20은 중간 보스도 순식간에!

검과 마법의 세계도, 근미래 SF도 아닌, 세계관은 현대 사회 느낌입니다. **거리에서 적 아저씨를 쓰러트려도 돈은 주울 수 없습니다**(현금 갈취에 해당합니다). 그 대신, 돈은 은행에 입금되어 현금 인출기에서 인출할 수 있습니다. 아빠에게 전화를 걸면 'ㅇㅇ입금했어'라고 말하며 송금해주는 흐름입니다.

전화는 집부터 원숭이밖에 없는 비경까지, 가는 곳들마다 설치되어 있으며, 택배사에 전화해서 짐을 맡기거나 찾고, 피자 배달까지 주문할 수 있는 문명의 감사함.

즉 집에도 연락을 취할 수 있다……는

것으로, 잠시 엄마에게 전화하는 걸 빼먹으면 네스가 향수병에 걸려 **한창 싸우는 중에 의욕이 없어지거나 공허해지기도 합니다.**

여기서 타이틀인 『MOTHER』를 회수!

인류의 명운을 짊어진 네스와 여행하는 동료는 셋. 작은 여자아이지만 신비한 힘(PSI)을 지닌 폴라, 천재 과학자의 아들로 기계도 잘 다루는 제프, 신비의 나라 람마 왕국의 왕자로 문무 양쪽 모두 달인인 푸(이상, '맡기다'를 선택했을 때 최초로 후보로 나오는 이름).

밸런스가 잘 잡혀 있는 것 같지만, 폴라는 공격적인 PSI가 모여 있는데 회복계를 하나도 배우지 못하고 HP, 방어력도 낮아 다루기가 어렵습니다. 제프는 통상 공격은 화력이 부족한 느낌이며, 푸는 다양한 공격과 회복 PSI를 지녔으면서도 PP(마력)이 적어 어중간합니다. **공격과 회복 양쪽이 가능한 네스가 죽으면 무너지는 유리 파티**입니다.

하지만 제프만이 쓸 수 있는 '펜슬 로켓20'은 대부분의 중간 보스를 한 방에 묻어버리는 밸런스 브레이커급. 심지어 상점에서 그냥 파는 아이템입니다. **경험치를 찔끔찔끔 모을 시간이 없는 어른은 돈으로 두들겨 패!** 이런 느낌인 거로군요.

▌상냥함 속의 트라우마 ▌

네스는 전세계를 여행하는데, 교외의 자택부터 도회지 인근 마을, 고층 빌딩이 늘어선 도심과 부자들을 위한 휴양지, 심지어는 사막과 마경도 돌아다닙니다……아이가 성장함에 따라 체험한 세계가 넓어지고, 거기에 'TV나 책에서 본 그 장소가!'도 섞여 있는 훌륭한 여정입니다.

주인공 네스의 주요 무기는 배트로, 사람이나 짐승에게 휘두르는 처참한 광경이 떠오를 것 같지만 절대로 목숨은 빼앗지 않습니다. '**곤란한 아저씨는 정신을 차렸다!**'나 동물이라면 '**얌전해졌다!**' 등, 대사 돌리기로 구해주는 상냥함.

그런 자비로운 세계 속에 살짝 독을 흘려 넣는 것이 이토이 시나리오. 마을 사람들이 모두 행복으로 가득 찬 '해피 해피 마을'은 교주님의 말씀에 따라 집이나 동물까지 모두 파랑으로 칠해져 있어서, 마을 안은 소까지 새파란 상태! 적 캐릭터로 나오는 '난폭한 신자'의 고깔 모자에는 'HH'라고 적혀 있는데, **그거 KK……**. 본고장 미국에서는 아무래도 위험했는지, 북미판(Earthbound)에서는 HH가 삭제되었습니다.

그리고 신비한 세계 매지컨트에서 동료가 되는 플라잉맨은 전투 중 힘이 다하면 묘비가 세워집니다. 전부 5명 있기 때문에, 최대 5개의 묘비. 처음에는 '쓰고 버리는 캐릭터인가' 하고 대수롭지 않게 취급했던 플레이어를 몰아붙이는 방향으로, **묘비명도 전원이 달라서, 돌이킬 수 없는 생명의 무게를……**우와아아아악!!

▌곁에 있던 악우를 구하지 못하는 애절함 ▌

'약간 크다 싶은 음량으로 즐겨주십시오'라고 설명서에도 적혀 있는 것처럼, 음악은 『MOTHER2』의 생명 중 하나. 뮤지션인 스즈키 케이이치(鈴木慶一) 씨와

적은 쓰러트리거나 죽이지 않는 생명윤리적으로 상냥한 시스템이지만, '해피해피 마을'이 아무리 봐도 컬트 교단인이라든지, 다른 방향으로 마구 공격해온다!

『포켓몬』 등의 타나카 히로카즈(田中宏和) 씨가 힘을 합쳐, 이토이 씨의 무모함에 어울려 전력을 다한 성과입니다.

애초에 이 게임은 '소리'를 모으는 이야기이며, 지명에도 자이언트 스텝 등 음악에 관련된 것들이 슬쩍슬쩍 보입니다.

몇 번이고 신세를 지게 된다고 해야하나, 이쪽에 신세를 지는 중요 캐릭터도 음악 관련으로, 블루스 밴드인 톤즈라브라더스(トンズラブラザーズ, 해석하면 줄행랑 브라더스 정도가 된다-역주). 가는 곳마다 속아서 빚을 지고, 아직 어린 네스 일행이 빚을 갚게 하는……이런 짓을 질리지도 않고 되풀이하는 글러먹은 어른입니다. 하지만 도와준 답례로 음악+도트 그래픽으로 밝은 분위기로 펼쳐지는 무대가 후끈 달아오릅니다.

'♪돈, 그것은 갖고 싶은 것, 돈, 무척 이나 갖고 싶은 것(중략) ♪하지만 자유는 더 갖고 싶어♪' 이런 노래는 원래의 모티브인 블루스 브라더스보다 더 눈물이 날지도 모릅니다.

힘으로 밀어붙여서는 해결이 되지 않는 라스트 배틀은 물론, 『MOTHER』 시리즈의 상징인 도세이 씨(どせいさん)의 마을에서의 커피 브레이크는 불의의 습격이었습니다.

'앞으로의 여행도 지금까지 이상으로 길고 괴로운 것이 되겠지. 하지만 너라면 괜찮아. (중략)결코 잃어서는 안 되는 것……그건 용기야.'

현실 세계에 있는 우리에게도 용기를 주는 『MOTHER2』.

하지만 네스의 악우였다가 적으로 배신한 포키는? 자기중심적이고 짓궂은 데다, 신흥 종교의 교주에게 빌붙었다가, 최종적으로는 기그의 오른팔이 됩니다.

게다가 속편인 『MOTHER3』에서는 그런 일을……. **구세주라 해도 주변 사람을 구하지 못하는 생생함**이 『MOTHER』 시리즈를 계속 마음속에 남아 있게 하는 거겠죠.

(T)

외출한 레스터~레레레의 레(^^;
(おでかけレスタ~れれれのれ (^^;)

장르 : 액션
제작사 : 아스믹
　　　　(アスミック)
발매일 : '94.9.16
정가 : 8,900엔

오프닝으로서는 있을 수 없는, 마치 슈퍼 패미컴이 버그가 난 것만 같은 BGM 속에서, 아마도 소설판 『레나스(レナス)』를 읽으며 등장하는 바보 같은 주인공 레스터. 스쿨 카스트 최하위에 속할 것만 같은 너드에다 겁쟁이 주인공이 『레나스』의 속편을 보기 위해 무인도 탈출에 도전! 하지만 그 도중에 의치도 않게 인기를 끄는 레스터! 『레나스』 속편, 어떻게 될 것인가?

히어로는 너드다!

패미컴 시대부터 계속해서 계승되어 온 액션 게임의 캐릭터. 마리오나 록맨 같은 순수한 액션 히어로부터, 카케후(カケフくん)[1], 타시로 마사시(田代まさし)[2], 데몬 코구레 각하(デーモン小暮)[3] 등의 뮤지션까지 액션 게임의 주인공으로 참전!

그리고 슈패미 시대가 된 1994년, 드디어 레스터의 등장입니다!

오타쿠라고 미리 선전한 상태로 일본에서 데뷔한 레스터지만, 해외에서는 긱(Geek)이라는 이름의 너드[4]에 가까운 나이스하다고는 말하기 어려운 가이입니다.

참고로 긱과 너드와 오타쿠에는 약간

씩 뉘앙스에 차이가 있긴 하지만, 모두 다 스쿨 카스트에서는 가장 밑바닥에 위치하기에 미국에서도 거의 동일시하니 신경 쓰지 맙시다!

부둣가에서 짐에 기댄 채로 『레나스』를 읽다가 잠드는 바람에, 그대로 화물선에 실렸는데 그 배가 해적의 습격을 받아 침몰! 겁에 잔뜩 질려 떠내려 온 무인도에서 스타트!

이 오프닝 도중에 흐르는 BGM 말인데, 플레이어의 의욕을 돋워야 할 오프닝으로서는 있을 수 없는 레벨이라고 해야 하나, **'카트리지 잘못 꽂아서 버그난 건가?'** 하고 불안해지게 만드는 불협화음을 연주합니다.

레스터, 무인도에 서다!

간신히 무인도에 도착한 레스터는 순수한 너드인 만큼, 말도 안 되는 치킨 하트의 소유주입니다.

절벽은 수직 점프로 매달리고, 넓은

※1 FC판 카케후 군의 점프 천국 스피드 지옥이라는 게임의 주인공으로, 당시 인기 있던 아역 배우 카케후를 주인공으로 캐스팅했다-역주
※2 일본의 연예인. FC판 타시로 마사시의 프린세스가 가득해라는 게임의 주인공으로 나왔다-역주
※3 헤비메탈 밴드 세이키마츠(聖飢魔II)의 보컬로, 세이키마츠 악마의 역습이라는 FC용 액션 게임에 등장-역주
※4 nerd. 한 분야에 깊이 몰두하며 머리는 좋지만 사회성이 떨어지는 사람을 주로 지칭하는 말. 간단히 말하면 미국판 오타쿠를 뜻하는 말이다-역주

물 흐르는 듯한 애니메이션으로 게나 거북이한테서 도망치는 레스터. 해적 상대라면 아무렇지도 않게 칼을 찌르는 모습에서 마음의 어둠이 느껴진다.

발판은 제대로 발판 끝을 확인한 다음 뛰어 넘는 등 기본 부분은 당시 유행하던 『페르시아의 왕자(プリンスオブペルシャ)』의 흐름을 따르고 있습니다.

게를 보고는 겁을 먹고, 약간 높은 벼랑 끝에 가까이 가면 다리가 움츠러지며, 거북이를 보면 달려서 도망치는 등 **다채로운 얼간이 액션까지 유려한** 애니메이션으로 즐기게 해줍니다. 하지만 그건 초반뿐.

아무래도 스테이지 2의 바늘산을 넘을 때 뭔가를 홀홀 털어버린 모양이라, 그 이후에는 쓸데없이 유려한 얼간이 액션을 하지 않고 스테이지에 맞섭니다.

얼간이 액션을 하는 동안에 죽을 것 같아서일까요.

신중하게 돌멩이나 부메랑 등 무인도이기에 가능한 아이템을 구사해 진행하는 동안, 얼간……**현지의 주민 분**이 오셨습니다. 말이 통하는 것만으로도 고마운데, 구릿빛 피부의 비키니 미인입니다.

구릿빛 피부 미인의 추장 구조 부탁에, 의연히 의욕을 보여주는 레스터!

이젠 게를 본 것만으로 쪼는 얼간이 짓과는 작별입니다! 구릿빛 피부의 미인에게 멋진 모습을 보여주기 위해 단신으로 해적의 아지트로 쳐들어가, 해적 무리에게 **주저 없이 검을 들이대는** 레스터 씨.

여자를 위해서라면 남자도 죽일 수 있는, 멋진 액션 게임 히어로 탄생의 순간에 입회했다고 할 수 있습니다.

아무리 의욕이 넘친다 해도 살인을 아무렇지도 않게 생각하게 되는 건, 성장은 성장이지만 **성장의 방향성으로는 좀 그렇지 않나** 하는 생각이 들 수밖에 없겠죠.

(A)

1994년

커비 보울(カービィボウル)

장르 : 액션
제작사 : 닌텐도
(任天堂)
발매일 : 94.9.21
정가 : 7,900엔

별의 커비, 슈퍼 패미컴에 첫 등장! 본편인 횡 스크롤 액션이 아닌 골프와 당구와 비슷한 무언가로 보이는 구기에 참가! 물론 커비는 볼로 등장하게 된다. 심플해 보이는 외견과는 다르게 전략성과 파고들기 요소와 대전의 흉악함은 골프보다 오히려 게이트볼을 방불케 한다. 커비 시리즈 중에서 이 게임을 제일 처음 접해본 꼬마 플레이어도 많은 작품.

▌커비, 골프 비슷한 무언가에 도전!

닌텐도가 자랑하는 친숙한 핑크색의 둥근 녀석, 커비가 구기에 도전!

물론 커비의 역할은 역시 **공**. 플레이어는 골프를 치는 요령으로, 드라이버나 퍼터를 사용했을 때처럼 커비를 날리거나 굴리면서 적에게 부딪치게 해 쓰러뜨려 나갑니다.

마지막 한 마리가 남은 시점에서 그 적이 **골프장의 볼을 넣는 그 구멍**, 즉 컵이 되며, 다음 스테이지로 갈 수 있게 되는 것입니다.

얼핏 보기에는 골프와 당구의 하이브리드인 것처럼 보이지만, 실은 이 적에게 커비를 부딪치게 하는 부분에 전략성이 있어서, 오히려 **게이트볼과 묘수풀이 장기의 중간**이라고 하는 편이 좋을 것 같습니다.

커비를 칠 때마다 커비의 기력이 하나씩 줄어들고, 제로가 될 때까지 컵 인 하지 못하면 커비의 잔기가 줄어드는데, 적을 한 마리 쓰러뜨릴 때마다 기력도 회복됩니다.

잘만 하면 원샷으로 모든 적을 쓰러뜨리고 컵 인 하는 것도 꿈은 아닙니다. 물론 그러기 위해서는 코스상에 만재한 장치를 풀 활용할 필요가 있습니다.

홀인원으로 가는 해법은 비교적 초반의 코스에서조차 상상도 되지 않습니다.

어떤 순서로 적을 쓰러뜨리고, 어느 적을 컵으로 할 것인가? 최단 순서로 클리어하는 것이 목표라면, 우선 그것부터 차분하게 생각해볼 필요가 있습니다.

평범하게 플레이하면 비교적 괜찮은 스코어로 클리어할 수 있는 문턱이 낮은 『커비 보울』이지만, 상급자용 스코어 어택을 노린 해법을 짜내야 하면 얘기가 좀 달라지는 모양입니다.

▌인의가 없는 커비 보울의 길 ▌

커비를 굴릴 때 궤도를 바꾸고, 날릴 때 타점에 따라 스핀을 걸거나 친숙한 카

적을 쓰러트리고 컵을 노리는 커비. 여기서 성공하면 다음 스테이지로 갈 수 있지만, 한 방에 할 수 있게 되기까지는 상당한 정진이 필요하다.

피 능력을 사용하는 등의 요소는 평범하게 플레이할 때는 거의 사용하지 않겠죠.

하지만 그런 약간의 포인트가 **스코어 어택이나 대전에서 맹렬히 싸우기 위한 파고들기 요소**가 됩니다.

누가 뭐래도, 5세 때 선물 받은 이후 10년 이상 플레이하는 코어 플레이어가 세계 여기저기에 있어서 대전을 즐기고 있다는 점이, 『패널로 퐁(パネルでポン)』 등 과 비슷한 부분이 있는 모양입니다.

골프에 가까운 겉모습과, 첫 인상이 좋은 동그란 핑크 구슬 커비는 슈패미와 SNES의 첫 번째 커비 시리즈이기도 해서, 세계적으로 '어렸을 적 부모님이 처음 사주신 커비가 이 게임이었다'라는 플레이어도 많은 모양입니다.

골프나 당구였다면 처음에는 약간 유리했을 터인 아버지의 마음을 모르는 건 아니지만, 실제로는 게이트볼이나 묘수풀이 장기와 비슷해서 사실상 유리한 점이 없는 데다, 커비 특유의 변신 능력에 대한 적응이 빠른 아이들에게 금세 이길 수 없게 된 모양입니다.

그렇게 많은 사람들에게 첫 번째 커비 게임이 된 이 게임 『커비 보울』 어린 시절을 떠올리며 대전 플레이를 즐겨보는 것도 나쁘지 않겠지요.

(A)

진 여신전생 if…(真·女神転生if…)

장르 : RPG
제작사 : 아틀러스
(アトラス)
발매일 : 94.10.28
정가 : 9,990엔

너무나도 하드한 세계관 때문에 거의 일본 국내에서만 전개되었던 대인기 RPG『진 여신전생』시리즈에, 뭔가 조금 다른 외전작이 등장! 복수와 단죄를 위해 7개의 대죄를 범하고, 닫혀버린 마계를 만든 마신황 하자마에 맞서, 주인공과 동료들은 어떻게 행동할 것인가? 세계적으로도 인기를 모은『페르소나(ペルソナ)』시리즈로 가는 분기점이 되기도 했던 작품.

진 여신전생 시리즈에 외전 등장

시사적인 문제, 잔혹한 현실……당시, 세계는 21세기를 아직 맞이하지 않았습니다. 그런 시대의 일본과 세계.

일본을 시작으로, 전세계에서 노스트라다무스의 예언 같은 '종말 사상'이 만연하고 있었습니다. 종말 사상이라는 건 이젠 필요가 없어서 대부분의 사람들은 흑역사와 함께 기억의 저편에 봉인해두었을 테지만, 간단히 말하자면 **'세계가 끝나고, 믿는 자만이 구원받는다'**라는 사상입니다.

1995년에는 옴진리교가 '지하철 사린 사건'을 일으켜, 종말 사상 자체를 믿지 않던 사람들조차 **종말 사상을 등에 업은 테러**가 연속으로 발생하는 건 아닐까 두려워할 정도였습니다.

그런 시대에 눈을 돌리지 않고 맞서, 슈패미로 세상에 질문을 던진 것이『진 여신전생』시리즈!

남코가 발매했던 패미컴 시대부터 다크하고 하드한 세계가 화제가 되었는데, 드디어 아틀러스가 자사 브랜드로 발매하게 되면서 엄니를 드러낸 현대 일본이 무대인 하드코어 RPG입니다.

바로 그 다크하고 스파르타한 세계관에 이끌린 팬이 많았던 시리즈의 외전, 그것이『진 여신전생 if…』입니다.

만약 구세의 힘을 손에 넣은 용자가 마왕이 되었다면?

만약,『여신전생』이라면 나카지마, 그리고『진 여신전생』이라면 휠체어를 탄 남자 STEVEN이 만든 악마 소환 프로그램을 손에 넣은 히어로가 암흑의 길을 걸었다면……?

그런 **'만약의 세계'**가 이 게임『진 여신전생 if…(이하 if)』입니다.

커뮤니케이션 능력에 문제가 있는 고독한 천재 하자마 이데오는 세상에 풀린 악마 소환 프로그램으로 악마를 사역해 세계 구제의 길을 걷지 않고, 마신황 하자마가 되는 길을 선택한다.

스스로를 욕보였던 카루코자카 고교와, 그 세계에 나타난 하자마가 7개의 대죄를 단죄하기 위해 만든 마계가 무대가 되는 『진 여신전생 Ⅰ·Ⅱ』의 외전격인 작품입니다. 카루코자카 고교에 갇혀버린 주인공은, 하자마보다 늦게 악마 소환 프로그램을 입수하게 됩니다.

유미, 찰리, 레이코, 그리고 2회차부터 선택할 수 있게 되는 아키라 중에서 누군가를 동료로 삼아, 하자마가 만들어낸 색욕 이외의 7개의 대죄를 모티브로 한 마계 던전에 도전합니다.

주인공이 사망하면 대개 다짜고짜 게임 오버가 되는 것이 『여신전생』 시리즈의 특징인데, 이 게임에서는 게임 오버되지 않습니다.

삼도천을 건너기 직전에, 동료와는 다른 가디언이라 불리는 **특별한 악마가 빙의되는 것**이 특징입니다. 이 가디언으로 변하는 것이 『여신전생』 시리즈 중에서는 이질적인 부분입니다.

……어딘가에서 들은 적이 있는 시스템이라고 생각하는데, 이 게임에서는 가디언이라 부르는 존재, 다른 아틀러스 작품인 **『페르소나』**쪽이 더 유명할 테죠.

페르소나의 시초

이 게임 『if』는 가디언의 빙의 등의 시스템은 물론, 카루코자카 고교에서의 학교생활에 스팟을 맞혔다는 점, 나아가서는 『진 여신전생』의 외전이면서도 그 후 시리즈로서 독립한 『페르소나』 시리즈가 분리되는 기점이 된 작품이라 보는 것이 스태프 면에서도 알기 쉬울지도 모릅니다.

『페르소나』 시리즈는, 학교생활을 보내는 고교생들(때때로 어른이나 개나 로봇)이 『if』에서 말하는 가디언, 즉 **나는 그대, 그대는 나**인 페르소나의 힘에 각성해 세계의 악과 싸우는 대인기 시리즈입니다.

특히 거의 일본의 독자적인 존재였던 『프린세스 메이커(プリンセスメーカー)』나 『두근두근 메모리얼(ときめきメモリアル)』 등의 연애 시뮬레이션 게임에서 진화한, 캘린더로 관리되는 일본의 리얼한 학생생활이 무대인 것과는 다른, 독자적인 것으로 발전했습니다.

하지만 일본의 달력 관리형 연애 시뮬레이션 게임은 『사쿠라 대전(サクラ大戦)』 등 일부를 제외하면 대부분 해외에서는 발매되지 않았습니다.

게다가, RPG 등에 연애 시뮬레이션 요소가 잔뜩 뿌리를 내리고, 무대가 지방

193

魔神皇（マジンノウ）とよぶ

악마 소환 프로그램을 얻었음에도 불구하고, 히어로보다 마신황이 되는 길을 선택한 남자 하자마 이데오. 히어로가 되지 못한 그의 이야기이기도 하다.

RPG인 WRPG와 다른 부분을 말하고 있는 것뿐입니다.

지금 『페르소나』 시리즈가 '세계 3대 JRPG 시리즈 중 하나'로 불릴 정도로 해외에서도 인기가 있는 것은, 역시 연애 시뮬레이션 요소가 해외에서도 통하는 것이었다는 증거입니다.

세계로 비상하는 전 니나라 게임

옛날 슈패미에서의 『진 여신전생』 시리즈는 너무나도 종교적인 배경이 두터운 세계관이었기 때문에, 일본에서는 열광적인 코어 팬 층이 있었지만 해외에서는 발매되지 않았습니다. 말하자면 일본 이외의 전세계에서 '니나라(おまえ国, 너희 나라에서는 안 팔아)' 시리즈였습니다.

그 이유는 『진 여신전생 Ⅰ・Ⅱ』에 등장한 로우와 카오스라는 개념의 로우는, 완전히 세계가 끝나고 믿음 있는 선민들만 구원받는다고 해야 하나, 오히려 그 선민들이 적극적으로 세계를 끝내기 위해 노력하는 본말 전도의 종말 사상이 진하게 반영되어 있기 때문이었습니다.

물론 악마 소환 프로그램을 손에 넣었음에도, 세계에 절망해 마신황 하자마가

도시, 시골, 도내 등 어딜 봐도 현대 일본 이외의 그 무엇도 아닌 슈퍼 국내용 세계관.

시스템, 세계관 모두, 덤으로 스토리도 일본 이외에서는 있을 수 없을 정도로 슈퍼 일본 로컬! 그럼에도 전 세계에서 대인기!

일본제 RPG는 JRPG라 불리며, 호리호리하고 선이 얇은 소년소녀가 세계를 구하는 설정과 커맨드 입력 방식이 **흔하고 케케묵었다면서**, 현재는 보통 그다지 높은 평가를 받지 못합니다.

하지만 『페르소나』 시리즈는 그런 **결점이라 불리는 부분이 크게 드러난 채로** 국내만이 아니라 해외에서도 대히트했습니다.

이건 일정 부분은 맞는 면도 있지만, 말하자면 **즐길 수 없는 이유로서 서양**

되어 단죄와 복수로 세계를 닫아버렸던 하자마 이데오를 중심으로 한 이야기인 이 게임 『if』도 예외는 아닙니다.

총이 있는 나라였다면 자신의 머리를 쏴버리거나, 난사 사건을 일으켜버릴 것만 같은 음울한 인물을 모티브로 삼았다는 점도 있어서, 기독교적인 종말 사상이 전면에 내세워져 아웃이었던 『진 여신전생 Ⅰ·Ⅱ』보다도 『if』쪽이 어떤 의미로는 더 어려웠던 건지도 모릅니다.

하지만 해외에서는 원망의 소리도 높았던 '니나라' 게임의 대표작이라고도 할 수 있는 『진 여신전생』도 『진 여신전생 Ⅲ』이후로는 발매되었고, 『if』의 흐름을 이어받은 『페르소나』시리즈도 매상으로 일본을 뛰어 넘을 기세입니다.

어떤 의미로는, 종말 사상이 정말로 리얼한 세계의 적이었던 시대가 끝나고, 세계의 적이 새로운 무언가로 바뀌었다

말이 통하는 악마와는 교섭도 가능. 동료가 되도록 어르고 달래기도 하고, 선물을 주는 것도 효과적. 때로는 위협할 필요도 있다.

는 것을 나타내는 거겠죠.

한번 소멸되었다가 현재는 부활한 아틀러스 최대의 간판 시리즈로서, 세계적으로 최고 레벨이라는 평가를 받는 JRPG 시리즈로 성장했습니다.

그런 『페르소나』와 『진 여신전생』, 두 가지 시리즈의 분기점이 된 이 게임을 되돌아보는 것도 좋을지도 모릅니다.

(A)

슈퍼 동키콩(スーパードンキーコング)

장르 : 액션
제작사 : 닌텐도
(任天堂)
발매일 : '94.11.26
정가 : 9,800엔

오랫동안 나올 차례가 오지 않았던 동키콩이 부활! 닌텐도와 영국 레어(RARE)사의 기술력이 합쳐져, 슈패미의 한계를 초월하는 아름다운 그래픽을 탑재한 횡 스크롤 액션. 2대째 동키콩과 파트너인 디디 2마리가 한 조로, 악어 크렘린 군단에게 빼앗긴 바나나를 되찾는다. 전세계에서 약 930만개나 판매량을 올리며 대히트, 슈패미의 유종의 미를 장식한 시리즈 첫 번째 작품.

▌슈패미의 한계를 초월한 3D CG

때는 1994년. 초대 플레이스테이션과 세가 새턴도 등장해, 2D에서 3D로 급속도로 전환되던 시기의 일. 그러는 와중에 '가정용 게임기에서 가장 아름다운 3D CG를 자랑하는 건 나다'라며 나선 것은, 도트 그래픽밖에 다룰 수 없는 2D 하드라 여겨지던 슈패미의 『슈퍼 동키콩』!

울창하게 우거진 정글은 그림자도 짙고 습도까지 느껴지게 하며, 어두운 동굴 속에서도 깊이감이 전해지고, 출구에 가까워질수록 개방감을 보여준다. 무엇보다 반짝반짝 빛나는 아름다운 크리스탈 터널……

'슈패미의 한계를 초월한 작품'이라는 말에 거짓은 없음. 3D CG로 보이는 캐릭터나 배경은 미리 3D 모델을 렌더링한 다음 2D 화상으로 데이터를 변환해두는 '프리렌더'라는 방식입니다.

거기에 여러 가지 색을 초고속으로 점멸시켜, 원래 슈패미가 발색할 수 있는

것보다 더 풍부한 색 수를 실현했습니다. 있는 기술을 몽땅 쏟아부어, 하드의 한계를 돌파한 것입니다.

그런 초고도의 소프트웨어는 영국의 게임 회사 레어와 닌텐도의 태그에 의한 것. 미야모토 시게루 씨의 말에 의하면, 레어의 사장이 '당신은 마리오나 젤다 등 잔뜩 품고 있으니까, 이제 동키콩은 못하는 거 아냐? 우리가 하게 해줘'라고 하면서, 멋있는 CG를 가지고 왔다던가.

레어의 대표작은 싸우는 개구리 액션 게임 『배틀 토드(バトルトード)』. 동물 게임 노포가 반쯤은 은퇴 상태였던 콩에게 손을 뻗어준 것은 행복한 만남이었습니다.

차세대기 붐이 일던 와중에, 『슈퍼 동키콩』은 전세계에서 약 930만개가 팔리는 대히트를 기록했습니다. 라이벌인 마리오가 두고 가버렸던 동키콩은 시리즈 세 번째 작품이 대성공하면서 부활했고, 말기 슈패미를 든든하게 지탱해 주었습니다.

프리 렌더에 의해 슈패미의 한계를 초월한 깊이감과 아름다운 그래픽을 실현한 기술력! 말기 슈패미를 달아오르게 한 공로자다.

▌선대 동키콩은 노화 ▌

이번 동키콩은 마리오와 싸웠던 초대 『동키콩』의 2대째로 다른 고릴라(정확히는 손자). 즉, 동키콩은 세습되는 이름이었던 것입니다. 선대는 크랭키 콩이라 불리며, 장황한 푸념의 형태로 어드바이스를 해주는 장로로 등장합니다. 가끔 옛날이야기를 나누며, **불로불사인 마리오에 비해 고릴라는 나이를 빨리 먹는구나⋯⋯** 하며 무상함을 느꼈습니다.

주역은 동키콩과 친구인 디디콩 두 마리가 한 조. 파워풀한 동키콩과 잽싼 디디콩이 대활약하는 횡 스크롤 액션입니다.

두 마리는 동시에 조작할 수 없으며, 한쪽 캐릭터를 조작하는 동안 다른 한쪽은 대기하게 됩니다. **상황에 따라서 터**치로 교대할 수 있으며, 특징을 살려 플레이를 진행하는 식입니다.

Y버튼으로 대시, B버튼으로 점프, 밟아서 적을 쓰러트리는 기본 조작은 마리오 시리즈와 동일합니다. 독자 요소로서는 Y버튼으로 대시하면서 굴러서 몸통 박치기로 해치우는 '롤링 어택'.

적을 쓰러트리면 쓰러트릴수록 가속되어 상쾌하지만, 밟기만 통하는 적도 있고, 디디로는 너무 가벼워서 동키로만 쓰러트릴 수 있는 등, 적에 따라 대응은 다양합니다.

롤링 어택 중에는 한 번만 공중 점프가 가능하며, 이게 아니면 닿지 않을 것 같은 건너편이나, 회수→발판에 복귀하지 않으면 얻을 수 없는 아이템 등도 있습니다. 이 요소를 이해하지 못했을 때, **'어떻게 얻는 거지⋯⋯' 하면서 시행착오를 반복하며 마구 죽었던 것도 좋은 추억**입니다.

▌주역인 동키콩은 놀랍게도 정리 해고 ▌

움직임은 둔하지만 단단한 적도 쓰러트릴 수 있는 동키와, 움직임이 가볍지만 힘이 약한 디디. 힘과 기술로 서로를 보완하는 전개가 되리라는 예상은 배신당했고, 실제로는 디디만 대활약하게 되었습니다.

신체가 큰 동키는 피격 판정도 크고, 최강의 핸드 스텝 공격은 쓸 만하지만 발을 멈추기 때문에, 디디로 장해물을 뛰어넘는 편이 템포가 좋아지고 스피디해 안전합니다. **적을 쓰러트리는 것에 별다른 메리트는 없습니다.**

조작하는 한쪽에서 미스하면 다른 쪽으로 바통 터치하게 되는데, 구멍에 떨어지거나, 교대한 후에도 발판이 없어서 낙하하는 등 실제로는 한 방에 더블 사망하는 비극도 잦은 편입니다. 닌텐도와 미야모토 시게루 씨가 감수했다고는 하지만, **해외 제작사인 레어가 만드는 게임은 기본적으로 '서양 게임'이며**, 성능이 떨어지는 캐릭터가 살아남을 여지는 '일부러 제약하고 하는 플레이' 같은 것 외에는 없습니다. 안녕이다 동키콩!

속편인 『2』나 『3』에서도 동키콩은 금방 붙잡혀서 플레이어 캐릭터에서 제외되며, 게임 제목임에도 사실상 정리 해고당하는 비극에 처하게 됩니다. **동키콩은 닌텐도의 캐릭터고, 레어 사가 권리를 지니고 있지 않기 때문에**……라는 억측을 하는 사람 누굽니까.

지금 한다면 new 3DS판

바나나를 100개 모으기, 풍선 얻기, 각 스테이지에 숨겨져 있는 'K, O, N, G' 패널 모으기 등, 잔기를 늘리는 방법은 다양합니다. 후반 스테이지에서는 회수도 어려워지지만, 초반으로 돌아가면 간단히 늘릴 수 있는 포인트가 있어 스톡을 모아두는 건 어렵지 않습니다.

즉 '마음껏 죽어주십시오'라는 뜻입니다. 마리오 시리즈보다 난이도는 엄격하며, 절대로 플레이어를 봐주지 않습니다.

하지만 밸런스 조절은 절묘해서, 미스를 거듭할 때마다 요령을 알게 되어 막혀 있던 곳을 빠져나갔나 싶으면 또 막히는 곳이……등 **수행과 다음 과제'를 되풀이하면서 향상심을 부채질해 나가는 스타일입니다.**

무대는 6개의 에어리어+α로 나뉘며, 각각 중간 보스를 포함해 6~7스테이지로, 총 40스테이지 이상의 볼륨입니다.

정글이나 동굴, 광산, 바다 속 등 리얼한 배경 속에서, 다채로운 기믹이 가득합니다. 나무통 대포로 공중으로 발사되고, 갱차를 타고 폐갱을 달리고, 로프를 타고 건너갑니다. **고릴라의 대모험이라는 이미지 그대로입니다.**

여기에다 레어 나름대로의 '닌텐도 스타일'도 플러스.

동물인 코뿔소나 청새치 등 도와주는 '애니멀 프렌드'는 요시 같고, 특정 지점에 나무통을 부딪치게 하면 나타나는 보너스 스테이지도 있습니다. 그러한 숨겨진 스테이지를 전부 찾아내면, 달성률이 '101%'가 되는 것도 얄미울 정도입니다.

완만하게 난이도가 올라가는 것이 즐겁다……이런 생각을 할 때쯤 나타나는 것이 마의 화이트 마운틴(에어리어 4). 최초의 스테이지인 '눈보라 계곡'은 나무통 대포를 계속 타면서 공중을 건너가게 되는데, 나무통이 회전하는 데다 벌인 징거(완전 무적)이 상하 또는 반원을 그리며 방해합니다. 게다가 눈보라 CG가 시야를 차단하며, **슈패미의 모든 능력으로 플레이어를 괴롭힙니다!**

뭐 이렇게 도중에 난이도가 명백하게 망가져버린 스테이지나, 새로운 에어리어 돌입 직후에는 세이브가 불가능해서

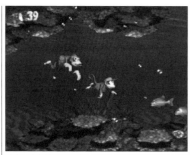

닌텐도 퀄리티를 만족시킴과 동시에, 개발은 영국의 레어 사이기 때문에 서양 게임의 엄니도 있다. 수중 스테이지에서도 쫓기다 죽는 경우도 있다.

세이브 지점 직전에 게임 오버가 되는 등 부자연스러운 부분도 있었지만, 속편에는 해소되어 '슈퍼 패미컴 사상 최고 화질'이라 자랑하던 『3』에서 일단 시리즈가 완결됩니다.

이 게임은 new 3DS판 버추얼 콘솔로도 플레이가 가능한데, **'통째로 저장'으로 어려운 곳 직전에서 세이브해두고 실수하면 '통째로 복원'으로 다시 할 수 있으므로 완전 추천합니다.**

(T)

볼텍스 THE FX ROBOT BATTLE
(ヴォルテックス THE FX ROBOT BATTLE)

장르 : 액션
제작사 : 팩 인 비디오
(パック・イン・ビデオ)
발매일 : '94.12.9
정가 : 9,800엔

미려한 도트 그래픽으로 눈부시게 아름다운 게임들이 팍팍 발매되던 슈퍼 패미컴. 다만 그런 슈패미에도 '느리다'라는 결점이 있었다. 그런 슈패미의 결점을 보완하기 위해 탑재된 슈퍼 FX-칩을 최대로 활용해, 만반의 준비 끝에 폴리곤 로보 지금 출격! 로보 이외의 모습으로 변형하는 것은 메리트 이상으로 디메리트가 많은 자발적 난이도 상승 시스템이 애교.

█ 슈퍼 패미컴도 하면 된다! █

유럽에서만 발매되었던 해외 패미컴인 NES로 경이의 3D를 실현한 스페이스 슈팅 『ELITE』, 게임보이로 전차전을 실현한 『X』를 지나, 슈퍼 패미컴에서도 『스타 폭스』가 드디어 유사 3D가 아닌 본격 3D를 실현!

『스타 폭스』가 보여준 3D 세계의 가능성을 로봇 배틀로 승화시킨 것이 이 게임 『볼텍스』입니다.

로봇, 전투기, 전차, 그리고 뭔가 아무튼 단단한 수수께끼의 껍질 같은 걸로 화려하게 변형하는 기체를 조종해 싸웁니다.

처음에는 이걸 모르고 로봇만으로 싸웠지만, 변형을 알게 된 후에는 변형을 화려하게 구사하면서, **결국 변형 중에 두들겨 맞고 죽게** 되어 자발적으로 난이도를 올릴 수 있게 되었습니다. 즉, 스토리성은 확실하게 있다는 걸 알았습니다. 이것도 미션 설명이 전부 카타카나인 데다 적당한 타이밍에 다음 문장이 표시되어, 카타카나에 완전히 약해져 버린 아저씨는 **설명을 다 읽을 수가 없는** 사양이었기 때문입니다.

█ 볼텍스, 격동의 사지에 서다 █

이 게임은 부제에 『THE FX ROBOT BATTLE』이라 적혀 있는 것처럼, 슈퍼 패미컴의 폴리곤 능력을 대폭 강화시켜주는 슈퍼 FX 칩을 탑재해 당시 유행하던 3D 표시 능력을 대폭 확장시켰다는 것이 세일즈 포인트였다는 걸 알 수 있습니다. 실제로 앞서 발매된 메가드라이브나 PC엔진과 비교해도 화상 처리 이외의 **처리 속도가 느리다**는 문제가 있던 슈패미를 아는 당시 유저들에게는, '잘도 이 정도까지 해냈구나!'라며 **감회가 남달랐던** 작품입니다. 스토리가 무슨 소린지 모르겠다는 점만 제외하면, 완성도도 나이스!

하지만 이 게임의 발매 시기는 1994년 12월 9일, 세일즈 포인트인 3D에 특화된

기동 전사, 집중 포화 한 가운데에서 대지에 서다! 당황해서 변형 같은 걸 했다간, 집중 공격을 받아 처음부터 대핀치의 진수를 맛볼 수 있다.

차세대기 초대 플레이스테이션이 발매되고 약 1주일 후였으며, 세가의 차세대기 세가 새턴 발매 2주일 후!

메가드라이브의 기능을 확장시키는 슈퍼32X에다 NEC의 차세대 개발 실패작 PC-FX, 심지어는 미국에서 온 허접한 자객 Atari Jaguar 등, 그냥 발매된 신형 게임기를 다 사모으기만 해도 대졸 신입사원의 보너스가 통째로 다 날아갈 차세대기 대전이 개막된 시기였습니다.

즉 이 시기의 게이머는 신형 게임기는 무조건 발매일에 사겠다는 맹세를 했던 **부자일수록 돈이 없는** 무서운 상태였던 것입니다.

심지어 플레이스테이션에는 게임 센터에서 절찬 가동 중이던 신예 3D 레이싱 『릿지 레이서(リッジレーサー)』가, 세가 새턴에는 게임 센터에서 이하동문인 『버추어 파이터(バーチャファイター)』가 본체와 동시 발매되었던 시기로, 선진적인 3D 기술에 마음을 빼앗긴 새로운 것을 좋아하는 게이머들에게는 솔직히 다른 게임을 할 시간조차 없는거나 다름없었습니다.

그런 격동의 시대에 묻히기 일쑤였던 『볼텍스』 당시의 차세대 몬스터 머신에겐 계란으로 바위치기였을지도 모르지만, 최소한 시대에 흔적을 남긴 작품으로서 돌이켜 보는 것도 좋을지도 모릅니다.

(A)

201

미소녀 전사 세일러문S 장외 난투?! 주역 쟁탈전
(美少女戦士セーラームーンS 場外乱闘?! 主役争奪戦)

장르 : 격투
제작사 : 엔젤
(エンジェル)
발매일 : '94.12.16
정가 : 9,980엔

미소녀 전사들이 싸우는 사회 현상 같은 애니메이션이 게임화. 원래는 여자아이나 소녀들을 대상으로 한 방송이었으나, 게임은 남성이 좋아하는 격투물로 되어 있다. 격투 게임이라고는 해도, 캐릭터의 성능 구축이 유니크해서 단순히 그림을 『세일러문』으로 바꾸기만 한 것은 아니다. 스피디한 공방을 가능케 하는 시스템과, 공들인 밸런스 조정으로 10년대에 플레이해도 신선한 감이 있는 작품으로 완성되었다.

세일러 전사들이 주역을 둘러싸고 리얼 배틀

중학생 소녀들이 변신해서 세일러복 같은 코스튬으로 몸을 감싸고, 사람들을 위협하는 적과 싸우는 것이 『미소녀 전사 세일러문』 시리즈. 캐릭터성이 확실한 세일러 전사들의 매력과, 여아 대상 애니메이션으로는 드문 배틀로 인해, 유치원에 다니는 소녀들부터 커다란 친구들까지 폭넓은 인기를 얻어 **사회현상**이 되었습니다.

그런 **여아 대상 애니메이션과 대전 격투**라는 물과 기름 같은 재료를, 둘 모두에 대한 사랑으로 퓨전시킨 것이 이 게임입니다.

스스로의 힘에 취해 거만해진 세일러 문을 더는 두고 볼 수 없게 된 세일러 플루토 일행이 정신을 다잡기 위한 격투 시합을 제안합니다. 이게 어느 틈엔가 '승자는 주역이 될 수 있다'가 되어, 주역의 자리를 둘러싼 '세일러 전사'&수습 9명이 싸우게 되었습니다.

주역이 되면 애니메이션판을 재현한 오프닝에서 중앙에 출연할 수 있으며, 타이틀 화면의 로고도 자신의 것으로 바뀝니다. 작중 인물이 주역의 개념을 알고 있는 부분은 '너무 자유로운 나머지 작가를 SALHAE하러 가는' 데드풀 씨처럼 제4의 벽을 넘는 것처럼 보이지만, AKB48 등의 아이돌 그룹 내에서 센터 경쟁을 하는 것과 비슷하다고 생각하면 아무런 문제도 없습니다.

아군인 세일러 전사들끼리 싸우는 것이 허용된 것은 당시이기에 가능했던 자유분방함. 세뇌당한 것도 아니고, 가짜도 아닌, 완전 제정신인 진짜끼리 길거리에서 진짜 배틀을 벌이는 것입니다.

세일러 마즈가 세일러 문에게 연속 따귀를 날리고, 세일러 비너스의 체인이 세일러 머큐리를 마구 두들겨 팹니다. 심지어는 소녀에게 꿈을 선물하는 '나카요시 편집부(なかよし編集部, 나카요시는 일본의 여아 대상 만화 잡지로, 당시 세일러 문이 연재되었다-역주)'에서 파워를 자랑하는 세일러 주피터가 아직 어린 꼬마 세일러 문을 **자이언트**

마즈가 머큐리에게 진심을 담아 따귀를 날린다! 격투 게임이기에 볼 수 있는 광경이다. 배경에는 레이의 할아버지와 유이치로가! 원작 리스펙트가 엿보인다.

스윙으로 마구 돌리는 등, 카오스 공간이 출현합니다.

이 시리즈의 영향을 강하게 받은 배틀 애니메이션인 『프리큐어(プリキュア)』 시리즈에서는 동료끼리의 싸움이 여아의 트라우마가 되어, 터부시되던 시기가 있었음을 생각해보면, 상당히 대담한 설정이라 할 수 있겠죠.

세일러 전사를 대전 격투로 몰아넣다

이러한 게임이지만, 당시의 유행 시스템을 받아들이고 원작을 리스펙트한 마니아들이 탐낼 만한 작품으로 완성되었습니다.

시스템으로는 '약'→'강' 순으로 타이밍을 맞춰 버튼을 누르면 공격이 연결되는 체인 콤보, 무적 시간을 지닌 뛰어 물러나기인 백 스킵, 가드를 중단하고 각종 행동으로 이행하는 가드 캔슬, 핀치 시에 해금되는 초필살기 등 1994년의 최첨단을 채용.

공격할 때는 찬스를 놓치지 않고 연속기를 날리고, 수비할 때는 가드 캔슬 필살기로 반격하거나, 상대의 던지기를 읽고 백 스킵으로 회피하는 등 긴장감 넘치는 싸움을 즐길 수 있습니다.

『세일러 문』 시리즈를 대전 격투화할 때, 문제가 되는 것이 필살기 선택. 왜냐하면, '세일러 전사'들은 대전 격투에서 주력이 되는 타격기보다는 장풍계 기술 쪽을 더 많이 지니고 있기 때문입니다.

예를 들어, 세일러 문의 경우는 약 10종류, 세일러 마즈는 6종류 정도의 장풍계 기술을 가지고 있기 때문에 상당히 다채롭습니다. 그대로 격투 게임에 몰아넣을 경우, 서로가 원거리에서 다양한 장풍계 기술만 계속 쏘고 상쇄되면서 시합이 전혀 움직이지 않는, 황금성투사 급의 천일 전쟁이 다발할 가능성이 농후합니다. 그렇다고 해서 장풍계 기술의 발사에 제한을 걸면 시스템이 너무 복잡해지고, 상쾌함이 결여됩니다.

이 문제에 대해 스태프가 도출해낸 결

론은 '장풍계 기술의 엄선과 차별화'. 장풍계 기술은 2종류 정도로 억제하고, 그 궤도나 용도를 다른 것으로 했습니다. 장풍 싸움은 발생한다 해도, 시합이 쉽게 교착되지는 않습니다.

예를 들어 세일러 마즈의 경우, 불꽃의 새가 상승하며 나는 '파이어 소울 버드'와, 뱀이 땅을 기어가는 '마즈 스네이크 파이어' 등 2종류의 장풍계 기술을 소유하고 있습니다. 전자는 궤도가 높아 앉아 있으면 간단히 피할 수 있기 때문에, 중간 거리에서 점프 방지용으로 깔아두는 것이 유효합니다. 반대로 후자는 점프로 피할 수 있기 때문에 지상전용입니다. 궤도가 낮으므로 다른 장풍계 기술과 상쇄되지 않는 경우도 많으며, 리드하고 있을 때는 같이 맞는 걸 노리고 날릴 수 있는 세일러 마즈다운 적극적인 활용을 생각해볼 수 있습니다.

또, 세일러 주피터라면 높은 위치를 수평으로 나는 '슈프림 선더', 번개 기둥을 세우는 공중 장풍계 기술 '주피터 코코넛 사이클론'을 쓸 수 있기 때문에, 중간 거리를 전자로 제압하고, 후자를 상대의 기상에 맞춰 깔아두고 던지기의 포석으로 삼는 전법이 가능합니다.

이처럼, 장풍계 기술 하나를 쓸 때도 **격투 게임 스타일로 머리를 쓰는** 약간 테크니컬한 느낌으로 되어 있으므로, 이 부분은 조정의 승리라 할 수 있겠죠.

장점을 키우고, 원작도 재현한다

각 캐릭터의 성능도 각각의 장점을 키우는 방향으로 튜닝되어 있습니다. 꼼꼼하게 원작을 재현한 요소도 잔뜩 담겨 있으며, '지금까지의 격투 게임과는 어딘가 다른 캐릭터를 만들고 싶다'는 제작진의 의욕이 전해져 옵니다.

예를 들어 세일러 머큐리는 모으기 커맨드 장풍계 기술을 지닌 소위 말하는 모으기 캐릭터입니다. 격투 게임 스타일로는 모으기 캐릭터=방어적이라는 의식이 있는데, 이 게임에는 통하지 않습니다. 모으는 데 필요한 시간이 굉장히 짧은 데다, 발도 빨라서 곽곽 거리를 좁히면서 꾸준히 모으기를 성립시켜, 장풍계 기술과 통상기로 압박해 나가는 어그레시브한 전법이 가능합니다. 게다가 대공기가 '대각선 위로 발사되는 장풍계 기술'이기 때문에, 상대의 움직임을 미리 읽으면서 싸우는 지적인 전법이 요구되는 부분 등이 원작을 재현한 것 같은 부분입니다.

세일러 문의 필살기 '소닉 크라이'는

'공격'이나 '방어' 등의 패러미터에 포인트를 할당하는 'ACS'. 주목해야 할 것은 '장난기(おちゃめ)'. 필살기 등이 미스할 확률이 올라가는 이 게임 독자적인 항목이다.

울음소리가 초음파로 변하는 공격. 원작이나 애니메이션에서는 거의 나올 일이 없었는데, **'울보인 여자아이가 용기를 내서 싸운다'**는 초기의 그녀를 알기 쉽게 표현한 기술이며, 이걸 도입한 부분 또한 원작에 대한 리스펙트라 할 수 있겠죠.

최종 보스인 세일러 우라누스는 초고속인 데다 발꿈이 무적인 전방 대시와 커맨드 잡기를 지니고 있어, 가드 캔슬을 구사하면 멀리 떨어진 곳에서도 순식간에 육박해오는 경이로운 기동력을 발휘합니다. 틈만 있으면 커맨드 잡기로 상대를 지면에 메다꽂는 것도 가능합니다.

이처럼, 원작 재현과 게임 캐릭터로서의 사용 감각, 양쪽 모두를 연구해 만들어낸 게임입니다.

격투 게임을 여아에게 전하다

당시 사회현상을 일으켰던 『세일러문』 시리즈지만, 필자를 포함한 남성들은 가족들 몰래 녹화해서 보는 등 굉장히 위축되어 있었습니다.

그런 만큼, 배틀로 가득한 남성 원리적인 게임화인 이 게임을 보고 '아아, 나 말고도 남성팬이 있구나'라고 기쁘게 느꼈던 것입니다.

이 후에도 시리즈는 게임화되었지만, 퍼즐 게임 등 여아들이 즐길 수 있는 장르가 메인이 되었습니다. 이 게임은 남성 시청자의 마음이 의외의 형태로 튀어나온, 어떤 의미로는 이단적인 작품인 건지도 모릅니다.

(Y)

1994년

슈퍼 파이어 프로레슬링 SPECIAL
(スーパーファイヤープロレスリングSPECIAL)

장르 : 스포츠
제작사 : 휴먼
발매일 : '94.12.22
정가 : 11,500엔

연타가 아니라 타이밍에 맞춰 버튼을 눌러 기술을 거는 프로레슬링 게임. 프로레슬링 팬들에게 강한 지지를 받아, 20개가 넘는 작품이 발매되었다. 기술 하나만 봐도 다양한 배리에이션이 있으며, '레슬러 에디트' 기능에서는 이것들을 조합해 자신만의 레슬러를 만들 수 있다. 시나리오는 '실버 사건(シルバー事件)', 『NO MORE HEROES』의 스다 고이치(須田剛一) 씨가 담당. 정열로 가득한 프로레슬링 세계가 묘사된다.

프로레슬링과 『파이어 프로레슬링』 두 개의 세계는 밀접한 관계에 있다

1994년. 일본에는 **두 개의 프로레슬링**이 존재했습니다.

링 위에서 남자들이 피와 땀을 쥐어짜내는 현실의 프로레슬링. 그리고 슈퍼 패미컴의 화면 속에서 전개되는 『파이프로』, 즉 『파이어 프로레슬링』. 현실의 프로레슬링과 같은 대진을 『파이프로』로 즐긴다.

결코 실현되지 않을 꿈의 대결을 『파이프로』로 플레이한다. 게임에 수록되어 있지 않은 신인이 데뷔하면, 에디트 기능으로 작성한다. 두 개의 프로레슬링은 필자 안에서는 떼려야 뗄 수 없는 관계였습니다.

프로레슬링 잡지를 읽은 후에는 높아진 열기 그대로 『파이프로』를 했고, 시합 중계를 보고 나면 에디트한 레슬러의 기술과 패러미터를 조정하고, 프로레슬러

가 격투가에게 패배하면 리벤지 매치로 제재를 가한다.

너무나도 많은 레슬러를 만들었기 때문에, 카트리지 본체만으로는 칸이 부족해져서 주변기기인 '터보 파일※1'을 구입하기도 했습니다. 『파이프로』는 비디오 게임임과 동시에, 프로레슬링 시뮬레이션이었으며, 필자라는 개인이 프로레슬링에 품은 마음을 부채질하는 **러브 레터 편지지** 같은 것이었습니다.

연타가 아니라 타이밍. 레슬러의 내면을 압박하는 『파이프로』

……이렇게 갑자기 급발진해봐야 솔직히 당혹스러우실 테니, 우선 비디오게임으로서의 『파이프로』를 알아보도록 하죠.

1989년에 PC엔진으로 처음으로 발매되었던 『파이프로』는, 다른 프로레슬링

※1 아스키에서 개발한 FC, SFC용 보조 저장 장치. 시뮬레이션 등 몇몇 게임에 대응되었으며, SFC용은 터보 파일 트윈이라는 이름이었다-역주

주인공인 모리오 스미스(純須社夫)와 빅 슈타이너가 맞붙는다. 이 게임의 잡기 기술은 연타 횟수가 아니라, 타이밍을 잘 맞춰 버튼을 누른 쪽의 기술이 걸리는 독특한 방식.

게임과는 크게 다른 존재였습니다. 첫 번째 작품에서 이미 16명이나 되는 레슬러가 등장했으며, 이 게임에서는 70명을 돌파. 기술 숫자는 **700종을 넘는** 광기(칭찬임)의 볼륨입니다.

예를 들어, 보통 프로레슬링 게임이라면 백드롭은 1종류지만, 이 게임은 '백드롭', '점핑 백드롭', '안기식 백드롭', '안기식 백드롭 홀드' 등 거는 방식이 다른 4종류가 등장하는 세밀함.

이런 기술은 전부 도트 그래픽으로 묘사되어 있으며, 작은 레슬러들이 약동하는 모습은 그야말로 예술이라 해도 과언이 아닙니다.

이러한 기술을 걸 때의 시스템도 독특했습니다. 당시의 프로레슬링 게임은 연타 승부가 일반적이었습니다. '레슬러끼리 붙잡았을 때 버튼을 연타해, 더 많이

누른 쪽의 기술이 걸린다'는 형식으로, 최선을 다해 버튼을 누르는 행위와 레슬러의 강함이 링크되어, 신체를 이용해 시합을 하고 있는 기분이 들 수 있습니다.

한편, 플레이어의 체력이 유한한 데 비해 무한의 연타력을 지닌 CPU의 우위성이 높고, 연사 스틱 등의 기기 개입이 쉬워서 시합이 단조로운 것이 되기 일쑤라는 문제도 있었습니다.

『파이프로』는 여기에 메스를 들어, 타이밍 승부를 도입했습니다. 즉 '잡은 레슬러가 허리를 낮추는 순간에 맞춰 버튼을 한 번 누르고, 딱 맞는 타이밍에 입력한 쪽의 기술이 걸리는' 것입니다. 버튼을 누르는 것이 **너무 빨라서도 안 되고 느려서도 안 되며**, 물론 연사 스틱도 소용이 없습니다.

한 번 타이밍에 대한 감만 잡으면 패배를 모르게 될 것 같지만, 그렇게 되지는 않습니다. 서두르거나 당황하면 타이밍이 어긋나고, 감을 되찾으려면 시간이 걸리기도 합니다. 또, 컨디션이 좋을 때는 연속으로 기술을 걸 수도 있고, 한 번 무너져도 바로 다시 태세를 재정비할 수도 있고⋯⋯이런 식으로 시합에 흔들림이 발생합니다. 멘탈이나 기분 부분이 시합을 좌우하는 것으로, 재미있는 시스템이라 할 수 있겠죠.

1994년

어떤 표현이 더욱 현실에 가까운지는 레슬러 자신에게 물어볼 수밖에 없겠지만, 연타 승부가 힘에 포커스를 둔 일반인들이 본 프로레슬러를 표현한 것이라면, 타이밍 승부는 힘은 당연히 갖고 있다는 전제 하에 링에 올라간 레슬러 자신의 내면을 재현한 것이라 바꿔 말할 수 있을지도 모릅니다.

군웅할거의 프로레슬링계. 그것은 사상의 전시장과도 비슷하다

이 게임이 발매된 1994년 당시, 프로레슬링계는 군웅할거의 상태였습니다. 사고방식이나 파이트 스타일이 다른 수많은 단체가 격전을 벌이고 있었습니다.

'밝고, 즐겁고, 그리고 격렬하게'를 슬로건으로 내세운 **왕도 프로레슬링**을 지향하는 전일본 프로레슬링(全日本プロレス). 프로레슬링이야말로 최강, '**킹 오브 스포츠**'라는 신념 하에 경합하는 신일본 프로레슬링(新日本プロレス). 그리고 프로레슬링의 독특한 쇼맨십을 없애고, **격투기로서의 측면을 추구**한 'UWF'와, UWF가 분열한 '링스(リングス)', 'UWF 인터내셔널(UWFインターナショナル)', '프로페셔널

레슬링 후지와라파(プロフェッショナルレスリング藤原組)'. 사도 프로레슬링을 지향하며, 자신들의 육체를 전류 폭발로 괴롭히는 'FMW'.

어떤 단체가 강한가? 어디가 제창하는 프로레슬링이 진짜인가? 팬들도 또한 활발하게 의견을 내며 싸웠고, 프로레슬링 주변은 사상의 전시장 같은 양상을 띠게 되었던 겁니다.

이 시절의 프로레슬링 망상 최대의 테마는 '**내가 레슬러라면, 어느 단체에 들어갈까**'였습니다. 삼국지나 전국시대를 사랑하는 사람이 자신은 어느 주군에게 충성할 것인지를 망상하는 것과 비슷한 것으로, 프로레슬링 팬의 머릿속에서는 다양한 이야기가 전개되고 있었던 겁니다.

프로레슬링 망상을 이루어 주는 '챔피언 로드'

그런 망상을 이루어주는 것이 이 게임의 1인용 모드인 '챔피언 로드'. 플레이어는 프로레슬링 도장에 갓 입문한 주인공 '모리오 스미스(디폴트 이름. 변경 가능)'가 되어, 격동의 프로레슬링계를 전전하게 됩니다.

프로레슬링 팬으로서 눈여겨 봐야 할

것은, 도장을 졸업한 후 소속 단체를 직접 선택한다는 점입니다.

신일본이나 전일본, UWF를 떠오르게 하는 'VIEW JAPAN', 'OLIVE JAPAN', 'UWH' 등의 단체에 소속될 수 있습니다. 'VIEW JAPAN'에서 투혼 삼총사 비슷한 사람들과 싸웁니다. 'OLIVE JAPAN'에서 사천왕 프로레슬링의 아성에 도전합니다. 그리고 'UWH'에서는 단체의 분열을 직접 체험할 수 있는 것입니다.

참고로, 필자의 첫 플레이는 링스 스타일의 '콩스'로 가서 마에다 아키라 형님 비슷한 사에바 아키라나 해외 격투가 군단과 열전을 전개하게 되었습니다. 플레이하는 것이 즐겁기도 하지만, 끝나가는 것이 너무 아까운 **꿈만 같은 시간**이었습니다.

멘탈이 약한 주인공은 싸움의 피로와

世間一般から認知されていないスポーツなのよ。
八百長は八百長らしく目立たないようにやっていなさいよっ！

스미스가 마음에 두었던 레이코. 오빠가 프로레슬러인 사에바 아키라이기에 프로레슬링을 좋게 생각하지 않는다. 그 격렬한 언동은 섬세한 스미스에게 깊은 상처를 주게 된다.

グレートパンサーが去った偏跡は、
U戦士達に大きな陰を落としていた。
個々の思惑が入り乱れ、
ねじれたベクトルが元に戻ることはなかった。

'챔피언 로드'에서 격투기색이 강한 'UWH'가 분열된다. 시나리오는 당시의 프로레슬링계가 모델로, 팬은 감동의 눈물을 흘릴 만한 것이다!

은사의 죽음, 그리고 은밀하게 마음을 두고 있던 가토 레이코의 마음이 담기지 않은 말에 정신과 육체에 대미지가 축적됩니다. 싸우는 의미를 잃고, 술에 빠져 사는 등 헤매는 주인공. 그러는 와중에 재기에 성공하고, 프로레슬링이 최강이라는 환상을 두들겨 부순 그레이시……가 아니라, 스테이시 유술과 싸워 승리. 전 세계에서 최강 레슬러가 모이는 '세계 선수권'에 출장해, 릭 플레어(Rick Flair)와 비슷한 딕 슬렌더와의 최종 결전에 도전하게 됩니다.

이 모드의 포인트는 문장 하나하나마다 시나리오를 담당한 스다 고이치 씨의 **펄펄 끓어오르는 엄청난 정열**이 보인다는 것에 있습니다.

신일본, 전일본이 제창한 프로레슬링과 UWF 계열의 격투기 노선, 어느 쪽 노

얼티밋 대회풍의 8각형 링에서 보이스 스테이스와 싸우는 스미스. 이 대회는 마운트 자세로 타격하는 것을 허용해 충격을 주었는데, 이 게임도 마찬가지다.

선이 옳은 건지는 모른 채로, 얼티밋 대회나 그레이시 유술에 유명 레슬러가 패배함에도, 그래도 강해지려고 합니다. 그런 프로레슬링계의 고뇌와 혼돈이 스다 씨의 독특한 문장으로 센시티브하게 표현되어 있습니다. 정확한 장르 분류로는 '시나리오가 있는 액션 게임'일 테지만, 플레이할 때는 비주얼 노벨처럼 마음이 흔들립니다.

UWF 붕괴의 고요하고 쓸쓸한 느낌. 외부 인간에게 '짜고 치는 승부'라며 매도당하는 괴로움. 잔혹한 얼티밋 대회에 대한 망설임. 1994년 당시의 프로레슬링 사정을 아는 사람이라면, 작중에서 묘사되는 일들 하나하나가 마음에 울립니다. 이야기를 통해 그 시절의 프로레슬링과, 그때 자신이 품고 있던 마음에 맞선다는 의미로, '챔피언 로드'는 프로레슬링을

비추는 거울인 건 아닐까요.

1994년의 필자는 이야기의 결말에서 울었습니다. '세계 선수권'에 승리하고, 모든 것을 손에 넣은 주인공. 자신의 멋진 모습을 보고 프로레슬러를 목표로 하는 새로운 세대에게 희망을 맡기며 권총으로 **자살**합니다. 정점을 손에 넣고 허무함을 견딜 수가 없었던 걸까요. 육체가 한계를 맞이했던 걸까요. 절정인 채로 전설이 되고 싶었던 걸까요. 답은 명확히 이야기되지 않으며, 모든 것은 상상할 수밖에 없습니다. 어느새 필자에게 이 게임은 **마음에 박힌 가시처럼** 된 겁니다.

그리고 2017년 필자는 다시금 결말에서 울었습니다.

프로레슬링을 사랑한다면 살았으면 됐을 것. 절정의 힘을 유지하지 못한다 해도, 더 큰 강함을 바랄 수 없다 해

세계 선수권에서 딕 슬렌더에게 승리하고, 최강의 자리에 오른 스미스. 프로레슬링에 대한 깊은 사랑을 다시금 자각하고, 새로운 세대에게 희망을 맡긴다.

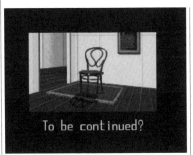

To be continued?

세계 선수권으로부터 3일 후. 총성과 함께 보이는 빈 의자가 스미스의 자살을 암시한다. 스미스가 죽음을 선택한 이유는 플레이어 자신이 찾을 수밖에 없다.

도, 조금만 더 치사하고 편하게 살아도 되잖아. 마음에 찔린 가시는 빠지지 않았고, 그게 **'작품'**이구나라는 생각이 들었습니다.

▌ 2017년 『파이프로』 부활 ▌

2017년 7월, 『파이프로』가 PC로 『파이프로 월드(ファイブプロワールド)』로 부활을

이뤄냈습니다.

주인공이여. 전자의 강 건너편에서, 새로운 『파이프로』가 보입니까? 지금의 프로레슬링계는 그 시절보다 더 엔터테인먼트라는 느낌입니다.

이쪽은 본격적으로 문장의 세계에 발을 들여놓았고, 프로레슬링과 게임의 콜라보 흥행이 있으면 몇 번인가 기사를 쓴 적이 있었는데, 이건 당신 덕분일지도 모릅니다.

『파이프로』계도 잘 지내서, 신작에서는 전세계의 팬들이 겨우 10일 만에 약 6,000개 이상의 에디트 레슬러를 올렸습니다. 『파이프로』의 혼, 당신이 미래로 이어준 희망은 **계속해서 계승되고 있는** 겁니다.

지금까지 신작이 나올 때마다 플레이했던 것처럼, 이번에도 당신을 에디트하기로 하겠습니다. 그럼 다음에 또.

(Y)

제3장
1995 ○ 2000

Chapter 03
1995-2000

게임기가 이어 온 이야기
현재에도 숨 쉬는 슈패미의 계보

글=아베 히로키

슈패미의 여명

슈퍼 패미컴은 1990년대 전반이라는 시대를 상징하는 게임기였다.

그것은 슈패미 이전에 카트리지 교환으로 새로운 게임을 즐기고, PC의 공부라는 건전함을 배제하며, 나아가 홈 컴퓨터가 아닌 범용 게임 전용기, 즉 가정용 게임기라는 시장을 만들어 낸 패미컴이 80년대라는 시대 그 자체를 만들었던 것과 비슷하다.

슈패미는 본질적으로 '슈퍼'한 '패미컴'이었다.

그래픽이 아름다운 메가드라이브도, 음악이 아름다운 PC엔진도 아닌, 게임 문화나 시대의 문맥적으로 패미컴의 계보를 직접 이어받았다.

다만 단순히 같은 닌텐도에서 후계기로 발매되었다는 의미가 아니라, '가정용 게임기의 왕도'라는 계보를 이어받았다는 뜻이다.

자, 여기서 슈패미에 대한 기억을 캐내보자.

90년대가 시작되고 바로 등장한 슈패미는, 다채로운 발색 수와 회전, 확대, 축소 기능이라는 특수 화상 처리 기능, 중후한 8채널 ADPCM 음원이 커다란 특징이었다. 당시로서도 표현력에 특화된 만듦새였다고 해도 좋을 것이다.

하지만 표현력에 특화된 만큼, 어딘가 밀리는 부분이 있기 마련이라, 가장 영향을 많이 받은 것이 처리 속도였다.

실제로 슈팅 게임은 1991년 전후라는 터무니없이 이른 단계에서 처리 속도 면에서 한계가 찾아왔고, 액션 게임이라도 잘 단련된 기술력을 지닌 특정 회사

외에는 만족할 만한 결과물을 만들 수 없는 것이 현실이었다.

상당히 먼저 발매되었던 PC엔진이나 메가드라이브가 처리 속도를 가장 중요시했던 것과는 달랐으며, 처리 속도 자체는 어떤 의미로는 표면적으로 눈에 잘 띄지 않지만 치명적인 문제라고도 할 수 있다.

그렇기에 패미컴에서 슈패미로 옮겨 온 닌텐도 팬은 슈패미 발매로 분발해, 편집증적인 집착으로 만들어져 경이로운 완성도에 이른 후기 패미컴의 액션 게임을 플레이했었다.

그때 메가드라이브는 메가CD를 발매하며 첨단 아케이드나 오리지널 액션 게임의 흐름을 앞서 달려가고 있었고, PC엔진은 CD-ROM으로 가장 빨리 옮겨 일본 국내산 PC인 PC-9801 시리즈의 타이틀에 애니메이션과 음성을 더한 호화 이식으로 플레이어의 이목을 모으고 있었다.

이처럼 당시의 가정용 게임기는 각각의 근본적인 부분에서 다른 길을 걸어가며 공존하고 있었다. 1992년 9월 27일의 『드래곤 퀘스트 V 천공의 신부』에서 시작된 슈패미의 노도의 RPG 러시 전까지는.

시대를 바꾼 대용량 미디어

슈패미는 앞서 해설한 대로, 본질적으로는 표현력에 특화된 구조로 되어 있다. 그렇기에 초기에는 처리 속도가 느리기도 해서, 회전, 확대, 축소 기능을 보여주는 개인기 같은 게임에 의존하고 있었다.

하지만 대용량 메모리를 탑재한 카트리지만 있다면, 그 표현력을 최대한으로 살릴 수 있다.

이 시대, 대용량 ROM 메모리는 '산업의 쌀'이라 불렸고, 휴대 전화와 수요 쟁탈전을 벌이면서 가격이 폭등했다. 이때 폭등한 대용량 ROM의 대량 생산이 기술 혁신을 불렀고, 드디어 1992년 가을에 슈패미의 진가……대용량 ROM 카트리지를 채용한 RPG와 시뮬레이션 RPG라는, '이야기를 엮어내는 미디어로서의 게임'이라는 시대가 도래한 것이다.

『드래곤 퀘스트Ⅴ』이후, 다음 달에는『진 여신전생』, 12월에는『파이널 판타지Ⅴ』, 다음 해 3월에는『메탈 맥스2(メタルマックス2)』가 발매되었다.

RPG 팬이라면 반드시 플레이해야 할 초대작 RPG들이 플레이가 끝나기 전에 계속해서 발매되는, 그런 상황이 처음 발생한 것이 이 시기였다고 해도 좋을 것이다. '기대의 신작 RPG를 플레이하고 싶은데, 나오기 전에 클리어를 못할 것 같아!' 같은, RPG 팬에게는 기쁜 시대가 현실에 나타난 것이었다.

초대작에 국한되지 않는다면, 1992년 1월에『로맨싱 사가(ロマンシング サ·ガ)』, 4월에는『헤라클레스의 영광Ⅲ 신들의 침묵(ヘラクレスの栄光Ⅲ 神々の沈黙)』등 후세에 큰 영향을 미친 작품도 발매되었다.

참고로 말하자면, 도전적인 내용과는 반대로 패키지를 보면 '이건 위험한데!'라고 직감하게 되어버리는, 아쉬움의 진수를 모은 듯한 패키지 디자인이 물의를 일으켰던『소울 블레이더(ソウルブレイダー)』나, 만화가인 아이하라 코지(相原コージ)가 캐릭터 디자인을 담당했던『마카마카(摩訶摩訶)』라는 괴작도 발매되어, 그야말로 슈패미는 '이야기를 엮어내는 미디어'로서의 황금 시대를 맞이한 것이었다.

하지만 그 대가로 슈패미의 대용량 소프트, 특히 RPG의 가격이 하나에 1만 엔이라는 가격에 가까워졌고, 서서히 그 선을 넘게 되었다. 그것이 훗날 큰 문제가 되어, 소위 말하는 차세대기, 1994년 즈음의 가정용 게임기가 롬 카트리지에서 CD-ROM 등의 광학 미디어로 전환하는 계기가 되었다고 할 수 있을 것이다.

미래에 뿌려진 가능성의 씨앗

대용량 ROM이 가능해지고, 1992년 중반이 지나면서 시작된 RPG의 황금기에는 패미컴 시대부터 이어지는 시리즈 초대작 이외에도 수많은 타이틀이 발매되었다.

그중에는 『테일즈 오브 판타지아(テイルズ オブ ファンタジア)』나 『스타 오션(スター オーシャン)』처럼 현재까지 지속되는 대작 브랜드가 된 것도 있다. 일본 텔레넷(日本テレネット)의 일부 개발 스태프가 독립해 울프 팀(ウルフチーム)을 설립하고 『테일즈 오브 판타지아』를 개발, 그 울프 팀의 일부 개발 스태프가 독립해서 『스타 오션』을 개발했다──는 것도, 이 시대이기에 가능했던 활발한 인재 교류를 보여주는 대목이다.

이런 시대 배경과, 1995년을 경계로 한 플레이스테이션, 세가 새턴으로 발매된 차세대기들의 엄청난 존재감, 그리고 질적으로는 1994년 4월의 『파이널 판타지VI』에서 정점을 찍은 슈패미 RPG의 명확한 선긋기.

이로 인해, 1992년의 『드래곤 퀘스트V』에서 시작된 슈패미 RPG의 양적 인플레이션에 이어, 1994년 『파이널 판타지VI』부터는 질적인 인플레이션도 시작되게 되었다.

애초에 신작이 발매될 때마다 질적인 인플레이션을 일으켰고, 게임 플레이어에게는 꿈을, 개발자에게는 악몽을 보여줬던 것이 『파이널 판타지』 시리즈의 약속된 전개였으나, 『VI』의 완성도는 각별했다.

하지만 그런 혹독한 상황 속에서, 『파이널 판타지VI』으로 인한 질적 인플레이션에 과감하게 맞서, 끈질기게 노력하던 RPG 판매 회사와 개발 회사가 있었다.

독특하고 섬세한 세계관을 지닌 『레나스(レナス)』 시리즈의 아스믹. 일본풍 록을 담은 『카부키 록스(カブキロックス)』를 발매해, 『여신전생』 이외의 존재감을 드러냈던 아틀러스. 액션과 던전을 잔뜩 채워 넣은 『카오스 시드~풍수회랑기~(カ

オスシード~風水回廊記~)』, 연애를 담은 『에스트폴리스 전기(エストポリス伝記)』 시리즈를 해외에서 히트시킨 타이토(タイトー). 전차 거스터마이즈 세기말 RPG 『메탈맥스(メタルマックス)』와 정통파인 『헤라클레스의 영광(ヘラクレスの栄光)』 등 패미컴 때부터의 전통을 지켜온 데이터이스트(データイースト)……등.

상당히 마니악한 게임 팬 이외에게는 그다지 눈에 띄지 않았던 RPG나, 여러 외적 요인으로 인해 시리즈로서 현재까지 이어져 오지 못했던 RPG에도 명작은 있다는 소리다.

이렇게 슈퍼미 시대, RPG는 이야기를 표현하는 매체로서 진화했다. 옛날 메가드라이브의 CM에 나왔던 '바가지 머리 아저씨', 이토 세이코(いとうせいこう, 일본의 엔터테이너-역주) 씨가 부르짖었던 것이 옳았다고 할 수밖에 없을 것이다.

RPG의 굴레에서 벗어난 RPG

하지만 이렇게 생겨난 RPG의 굴레, 이야기나 세계관에서 독자적인 방법으로 탈출을 시도하려는 움직임도 있었다. 어떤 종류의 자연스러운 섭리로 탄생한 문제 RPG. 『초 쿠소게』 시리즈를 사랑하는 분들에게는 익숙한 수수께끼의 작품들이다.

우선 수수께끼의 작품군 대표인 『마카마카』.

엄청난 버그 숫자와 하찮은 소재로, 발매 당시 '게임은 대체 어느 정도까지 버그가 있어도 발매가 허가되는 걸까?'라는 문제에 도전하는 것 같은 작품이었다.

하지만 아이하라 코지는 이 버그 투성이의 『마카마카』를 발매한 2년 후, 쇼에이 시스템(ショウエイシステム)에서 『이데아의 날(イデアの日)』을 발매한다. 이쪽은 『마카마카』와는 180도 달라져 패키지의 분위기와 어울리는, 스태프는 거의 똑같음에도 시리어스한 내용의 괜찮은 작품으로 변화했다.

말하자면, 아이하라의 진심을 개발자에게 전하기 위해『마카마카』라는 게임 하나가 필요했다.

『마카마카』만이 아니라, 당시는 유명인이 대충 만들었다고 생각되기 일쑤였음에도 불구하고, 실은 그럴 생각이 있던 건 퍼블리셔 쪽이고, 유명인 쪽은 정말 진심으로 게임 제작에 임했다는 케이스도 존재했다. 그 열의가 약간 겉돌게 되었다 하더라도.

이것만 봐도 알 수 있듯이, 이 당시에는 게임 개발을 놀이의 연장으로 부끄러워하거나, 진심으로 할 일은 아니다라고 생각하는 인간이, 아이러니하게도 게임 개발자 쪽에 남아 있었던 것이다.

연출가인 코가미 쇼지(鴻上尚史)의『G.O.D 깨어나라 부르는 소리가 들려 (G.O.D 目覚めよと呼ぶ声が聞こえ)』, 만담가(落語家)인 사이유테이 엔죠(三遊亭円丈)의『ZANVAS Ⅱ』등 저명한 미디어 관계자가 진심으로 게임을 개발했던 것이 이 시대였다.

『마카마카』외에도, 표현의 자유의 한계를 섹드립이라는 방법으로 재보려고 했다고밖에는 생각되지 않는『러브 퀘스트(ラブクエスト)』, 테이블 토크 RPG가 밑바탕이 되면서 오히려 수많은 슈패미 게이머들의 테이블 토크 세계 입문을 미연에 방지해버렸다고 생각될 정도로 엉망이었던『진 성각(真·聖刻)』. 마찬가지로 '어째서 테이블 토크 RPG 대가가 만들었는데 이렇게 돼?! 혹시 테이블 토크 RPG라는 건 따분한가?'라는 의문을 품게 했던『사이버 나이트(サイバーナイト)』.

개인적으로는 굉장히 좋아했지만, 그럼에도 '번역가는 좀 더 신경 써서 선택하는 게 좋겠다'는 생각이 들었던 해외 사이버 펑크 RPG『섀도우 런(シャドウラン)』등이 슈패미계의 도가 지나친 탈선작의 대표격이라 할 수 있다.

물론 이 노선에서 유명했던 것이, 행운의 텍사스 히트와 완전 꽝의 확률이 너무나도 확실하게 대립하고 있었기 때문에 '기쁘지 않은 동전 던지기'라 불리던 당시의 반프레스토(バンプレスト)와 유타카(ユタカ)의 존재다.

지금은 반다이 계열 게임의 완성도는 안정되어 있지만, 그 당시 반다이 계열 퍼블리셔가 필사적으로 진행하던 품질 개선 시행착오가 실패했었다면, 현재

일본의 게임은 괴멸적인 상황이 되었을지도 모른다.

현재에 숨 쉬는 슈패미의 계보

현재, 슈패미의 계보를 따르는 '레트로 게임의 진화 계열'이라 불리는 게임은 RPG나 시뮬레이션 RPG를 포함해, PC라는 플랫폼 위에서 일본 주체의 동인 소프트나 해외 주체의 인디 게임으로서 일대 세력을 자랑하고 있다.

개인이나 10명 이하라는 적은 인원으로 개발할 수 있는 규모의 게임을 간단히 정리해보면 자연스럽게 슈패미 세대의 게임처럼 된다는 실정에 더해, 슈패미 세대에 대한 동인/인디 게임 개발자들의 마음이 강하다는 것도 하나의 원인일 것이다.

특히 『UNDERTALE』로 대표되는 해외의 인디 계열 RPG 개발자는 『MOTHER』시리즈에서 이어졌고, 『루세티아~아이템 상점 시작하는 법~(ルセッティア~アイテム屋のはじめ方~)』 등 일본 국내의 동인 소프트 개발자는 『떠돌이 시렌』의 영향을 엿볼 수 있다.

어떤 작품도 보통 PC만 가지고 있다면 'Steam' 등의 온라인 스토어에서 쉽게 입수할 수 있다.

금전적으로 보상을 받는 경우가 많다고는 할 수 없는 인디/동인 소프트 개발자가 그래도 슈패미의 흐름을 따르는 주옥같은 게임들을 계속 만들어내는 이유는, 심플하게 '어린 시절 정신없이 즐겼던 것 같은 게임을 나도 만들어보고 싶다'라는 마음 외에는 없다. 현재도 기묘한 게임이나 바보 같은 게임, 완성도가 낮은 게임은 인디/동인 소프트를 중심으로 수없이 발매되고 있다. 하지만 90년대처럼 명백하게 게임을 싫어한다고밖에는 생각할 수 없는 개발자가 만든, 그 울적함이 다 훤히 보이는 것 같은 무참한 게임이 거의 존재하지 않는다는 점은, 현재의 인디/동인 소프트의 커다란 특징이라 할 수 있다.

'만든 당사자에게조차 사랑받지 못한다는 것을 느끼게 하는 게임'은 플레이해도 어쩐지 구슬프다. 그런 게임은 다행히도 요즘은 쉽게 볼 수 없다.

이게 바로 게임 문화가 성숙해지고 있다는 성과일지도 모른다.

현재는 슈패미의 흐름을 이어받은 인디/동인 소프트만이 아니라, 슈패미 시절 한 시대를 풍미했던 명작 『파이어 프로레슬링 월드(ファイヤープロレスリングワールド)』, 『와일드 건즈 리로디드(ワイルドガンズ・リローデッド)』, 『우미하라 카와세(海腹川背)』 등 슈패미의 숨결을 그대로 현재에 전해주는 시리즈 최신작이나 이식작마저 존재한다.

슈패미가 그대로 진화한 것 같은 영혼의 후계작은, 옛날 게임 소년이었던 개발자에 의해 낡지만 새로운 무언가로 개발되어, PC나 휴대용 게임기, 가정용 게임기에서 다운로드 전용 판매 작품으로서 플레이어에게 전해지는 다운로드 판매 시스템이 충실해지고 있다.

이렇게 화려하게 흩날리는 명작, 양작, 괴작이 판매되는 날을, 버추얼 콘솔을 플레이하면서 기다려야 하지 않겠는가.

크로노 트리거(クロノ・トリガー)

장르 : RPG
제작사 : 스퀘어
　　　　(スクウェア)
발매일 : 95.3.11
정가 : 11,400엔

당시는 별개의 회사였던 스퀘어와 에닉스의 협력 하에 『V 점프(Vジャンプ)』에서 연재되던 개그 연재 기획 『드래곤 판타지』가, 설마 했던 형태로 대실현! 별 거 아닌 계기로 시작된 수수께끼가 수수께끼를 부르는 타임 패러독스의 끝을 목표로, 크로노는 원래 만날 리가 없었던 다른 시대의 동료들을 모아 시공을 두루 돌아다니는 모험을 떠난다! 우선 한 번 클리어한 다음부터가 진짜인 게임.

▌꿈의 콜라보 『드래곤 판타지』?

만약 『파이널 판타지』의 스퀘어와, 『드래곤 퀘스트』의 에닉스가 함께 게임을 만든다면? 이라는 잡지 기획 『드래곤 판타지』가 게임 종합지 『V 점프』에 게재되고 몇 해……라고 할 정도의 시간도 지나지 않았을 때.

『파이널 판타지』의 프로듀서인 스퀘어의 사카구치 히로노부(坂口博信), 『드래곤 퀘스트』의 호리이 유지(堀井雄二)와 토리야마 아키라(鳥山明)가 집결한 꿈의 프로젝트 『크로노 트리거』를 발표!

정말로 만들고 있었던 거냐, 아니, 『드래곤 판타지』가 아니었냐!

……이런 태클이 있긴 했다. 물론 지금이야 '스퀘어에닉스'라는 하나의 회사로 합병되어 『파이널 판타지』의 캐릭터와 『드래곤 퀘스트』의 캐릭터가 공존하는 게임도 나오지만, 당시 스퀘어와 에닉스는 **합병 전**이었으며 RPG의 일본 양대 산맥 상태였습니다.

'그럴 리가 없잖아!'라고 생각하면서, 너무나도 말이 안 될 것 같은 『드래곤 판타지』의 기사를 읽곤 했습니다.

하지만 잘 생각해보니 당시 호리이 유지는 에닉스의 임원도 사원도 아니었고, 아스키에서는 『포춘 스트리트(いただきストリート)』를, 반다이에서는 『패미컴 점프 Ⅱ(ファミコンジャンプⅡ)』를 만드는 등 폭넓게 활약하고 있었던 것이 떠올랐습니다.

새삼스럽게 프리랜서였다는 사실을 다시 떠올리자, 잡지까지 끌어들인 장대한 블러프(허풍)로 이런 말도 안 되는 일이 가능할지도 모른다고 생각하게 만들었다는 것을 깨달았습니다. 그리고 다시 한 번 주도면밀한 계획과 거대한 구상에 감탄했습니다.

▌노 모어! 역사 개변

가르디아 왕국 천년제가 한창일 때, 주인공 크로노는 소꿉친구인 발명 소녀 루카의 새로운 발명품을 구경……이라고 해야 하나, 오히려 뭔가 실수나 하진 않을지 감시하기 위해 축제 회장으로 갑니다.

그 회장에서 만난 여자 아이 마를과 함께 축제를 즐기는 동안, 시공을 초월한 트러블에 말려들게 되는 것입니다.

불안정해진 시공의 단층을 **빠져나가**, 벼락치기식으로 시간에 개입하고 다음 사건에 개입하지 않으면 안 되는, **타임 패러독스 문제**가 도미노 쓰러트리기처럼 발생!

모순이나 문제를 해결할 때마다 새롭게 발생하는 모순과 문제를 해결하기 위해, 현대, 과거, 미래를 날아다니는 처지가 됩니다.

과거에서 일어난 문제를 해결하기 위해 발생한 작은 차이가 미래 세계에서는 커다란 문제로 발전할 때마다, '그렇게 작은 일이 **이렇게 큰 일이 일어나는 방아쇠**가 되는 거냐?!'라며 경악하게 되는 나비효과는, 멀리는 PC의 장편 SF 소설 『타임 시크릿(타임시크릿)』부터, 근대에는 애니메이션화되기도 한 상정 과학 어드벤처 『슈타인즈 게이트(슈타인즈 게이트)』에 이르는 타임 패러독스물의 진수입니다.

과거 세계에서 동료의 선조님을 구출한 것이 원인이 되어, 현재에는 **테러리스트=탈옥한 사형수로서 쫓기게 되기까지 하는** 초반의 클라이맥스를 맞이할 때쯤이면, 시공의 인과율과 **코펜하겐 해석에 의한 파동 개방의 수속의 범위 밖의 사상**=감당할 수 없는 것에 손을 대버린 것에 대한 죄와 벌을 뼈저리게 배우게 되겠죠.

이처럼 공을 들여 만든 최고의 이야기는, 최고의 킬링 타임용이라 할 수 있는 것입니다.

전략으로 유리하게 진행되는 ATB 2.0

이렇게 인과율이라는 건드려서는 안 될 것을 건드려 버린 데다, 모험이라는 이름의 도피행을 계속하는 주인공 크로노와의 여행을 함께 하는 동료가 늘어나면 연계해 사용할 수 있는 기술이 늘어납니다.

이것도 이번 『크로노 트리거』에 채용된 전투 시스템은 ATB(액티브 타임 배틀) 2.0.

이동과 전투가 장면이 전환되는 타입이 아니라, 이동의 연장선상에서 적과 조우하면 그대로 배틀이 전개되는 타입입니다.

少女「ゴ、ゴメンなさい！
だいじょうぶ？」

천년제 회장에서 만난, 이 시점에서는 수수께끼의 여자아이 마를. 두 사람의 만남이 타임 패러독스의 기점이 되어, 크로노 일행을 시공을 둘러싼 모험으로 끌어들이게 된다

턴제가 아닌 리얼 타임으로 시간이 경과하는 속에서, 행동 게이지가 모이면 공격, 필살기, 아이템 사용 등을 할 수 있습니다.

발매한 회사 자체가 다르지만, 시뮬레이션 RPG 같은 내려다보는 형태의 전투 시스템이 리얼 타임이라는 부분 이외에는 **반다이의 『패미컴 점프 II』를 방불케 하는** 것은 쌍방을 감수한 호리이 유지의 영향일지도 모릅니다.

레벨이 오르면 특정 캐릭터끼리 행동력 게이지를 소비해 2인기, 3인기 등의 합체기를 익힙니다.

이 합체기의 효과 범위는 직선상이기도 하고, 캐릭터가 둘러싼 범위이기도 하며, 지정한 장소의 범위이기도 할 뿐 아니라, 효과 범위 자체도 다채롭습니다. 그에 따라 종반의 보스전에 대비해 적을 잘 몰아넣기 위한 캐릭터의 배치 위치를 생각해야 하는 전략성도 요구됩니다.

액션 RPG인지 아닌지의 판단 기준에 **전투 중에 갑자기 전화가 왔을 때 대응하면 죽느냐 아니냐**라는 것이 있는데, 이 게임도 예외는 아니라, 보스 전투 중 행동 게이지가 모이기를 대기하고 있을 때 정말로 쓸데없는 전화가 와서는, '별 일 아니면 **얼른 끊어줘**'라는 말을 잘 포장해서 했음에도 불구하고, 부득부득 이유를 캐물어서 전멸하는 처지가 되기도 했습니다.

그런 의미로도 이 게임 『크로노 트리거』는 훌륭한 액션 RPG라고도 할 수 있습니다.

다음은 어째서 액션 RPG를 플레이할 때만 쓸데없는 전화가 오는 건지를 연구해봐야 하는 건지도 모릅니다.

예상은 배신당하고, 기대는 초월하는 작품

이 게임 『크로노 트리거』는 타임 패러독스물 특유의 '일의 인과'를 따르는, 어떤 의미로는 미스테리 소설 스타일의 시나리오입니다. 거기에 ATB 2.0을 활용한 전략적인 전투 시스템을 스퀘어 최전

ウパン「ささあ、ちょう戦するのは何と こんなにカワイらしい娘サンだ！ ささ、どーぞこちらへ！」

크로노의 소꿉친구인 천재 발명 소녀 루카가 발명한 물질 전송 장치. 아름다운 도트 그래픽은 슈패미 절정기의 스퀘어이기에 가능한 것이었다.

성기의 도트 그래픽에 의한 미려한 화면과 사운드, 토리야마 아키라가 가장 컨디션이 좋았던 시대의 매력적인 캐릭터 디자인으로 마무리한 완성도.

이런 것들로 인해『크로노 트리거』는 『드래곤 퀘스트』와『파이널 판타지』의 장점만을 취한 것 같았던『V 점프』의 블러프 기사인『드래곤 판타지』의 예상을 배신했느냐 안 했느냐 정도를 넘어서, 그 거대한 기대를 가볍게 뛰어넘어 나타났습니다.

그리고 첫 번째 플레이에서 수없이 남아 있던 수수께끼와, 아무리 후회해도 모자랄 것 같은 선택지가 소화불량인 상태로 엔딩을 맞이했을 때 표시되는 **강해져서 뉴 게임**의 문자에서 시작되는 2주차! 여기서 진정한『크로노 트리거』의 답 맞추기인 2주차, 크로노의 모험이 시작되는 것입니다.

이처럼 슈패미 굴지의 명작 RPG로서 꽃을 피웠던『크로노 트리거』는, 버추얼 콘솔로도 플레이 가능! 게다가 전투 시스템의 흐름을 이어받은 스퀘어 에닉스의『제물과 눈의 세츠나(いけにえと雪のセツナ)』도 발매되어 있습니다.

슈패미 시대부터 RPG 팬이었다면『크로노 트리거』와『제물과 눈의 세츠나』를 비교해 가며 플레이해보는 것도 최고로 사치스러운 시간 때우기 체험이 아닐까요.

(A)

제4차 슈퍼 로봇 대전
(第4次 スーパーロボット大戦)

장르 : 시뮬레이션 RPG
제작사 : 반프레스토
　　　　(バンプレスト)
발매일 : 95.3.17
정가 : 12,800엔

마징가Z와 건담, 컴배틀러V 등 역대 슈퍼 로봇들이 판권의 벽을 넘어 함께 싸우는 인기 시리즈의 제5탄이자 슈패미 최종 작품. 전작보다도 참전 작품이 증가했으며, 전투 그래픽도 슈패미의 한계에 도전하는 퀄리티를 자랑한다. 풍부한 정신 커맨드, 뉴타입이나 성전사 등의 특수 기능, 적 턴에도 반격 수단이나 방어, 회피를 매뉴얼 입력이 가능해진 것 등 이후 시리즈의 기초를 확립했다.

판권의 벽을 초월한 슈퍼 로봇 꿈의 크로스 오버!

SD 캐릭터로 표현된 슈퍼 로봇들이 함께 싸우는 시리즈 5번째 작품이 슈패미에 등장! **지금도 오랫동안 히트 중인 브랜드의 기초를 다진 것**이, 바로 이 게임 『제4차 슈퍼 로봇 대전』입니다.

초대 『슈퍼 로봇 대전』에서는 로봇들이 의사를 지닌 생명체였지만, 두 번째 작품인 『제2차』에서는 원작대로 '파일럿이 로봇에 타는' 형태가 되었고, 세계관도 연결되지 않았습니다.

『제3차』는 전작의 DC 전쟁 후에 일어난 인스펙터 전쟁, 『EX』에서는 게임 오리지널 작품인 『마장기신 사이버스터(魔裝機神サイバスター)』를 중심으로 한 라 기아스 사건이 묘사되었다……이런 식으로, **이 게임은 DC 전쟁 시리즈의 4번째 작품이자 완결편**입니다. 슈패미용 슈로대(약칭)로서는 『제3차』, 『EX』에 이은 3번째 작품입니다.

등장 작품은 『기동전사 건담(機動戦士ガンダム)』과 『마징가Z(マジンガーZ)』, 『겟타로보(ゲッターロボ)』와 『성전사 단바인(聖戦士ダンバイン)』 등 현재도 레귤러인 작품들에, 『중전기 엘가임(重戦機エルガイム)』이나 『투장 다이모스(闘将ダイモス)』 등 추가 4작품입니다. 플러스, 숨겨진 요소로 『건담 센티넬(ガンダムセンチネル)』과 『New Story of Aura Battler DUNBINE』도 참가합니다. 전작보다 로봇, 시나리오의 볼륨 모두 대폭 증가되어, 과연 이것이 로봇 애니메이션 완구의 총본산 반다이의 관련 회사 반프레스토 개발의 저력!이라 중얼거릴 만큼 충실합니다. 다른 회사였다면, **각 로봇의 판권 허가를 받는 동안에 마음이 꺾여버렸을지도** 모릅니다.

슈패미의 한계에 도전한 전투 그래픽

『슈로대』 시리즈의 원류로 거슬러 올라간다면 판권 작품의 크로스 오버를 처

마징가Z의 브레스트 파이어도 화려하게! 로봇들의 필살기 애니메이션은 매번 '슈로대'시리즈의 볼거리다.

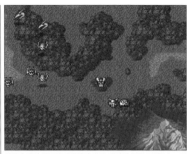

아무리 게임 하드가 진화한다 해도, 맵상의 로봇 표현은 'SD 도트 그래픽'. 『슈로대』 시리즈 전체에서 지켜지고 있는 전통 예술이다.

음으로 실현했던 '콤파치 히어로 시리즈'가 있지만, 당시처럼 **건담에 샅바를 두르고 스모를 시키는 허술한 시대는 끝났습니다.** 이미 고령화가 진행된 팬(예를 들어 『무적 초인 점보트3(無敵超人ザンボット3)』가 1977년 방영으로 18년 전)을 대상으로, 각 작품의 세계관까지 확실하게 믹스되어 있습니다.

『제3차』의 인스펙터 사건으로부터 3개월. 지구권에서는 『기동전사 Z건담』의 티탄즈가 지배를 굳혔으며, 우주에서는 자비 가를 대신해 『무적 강인 다이탄3(無敵鋼人ダイターン3)』의 돈 자우서의 무리가 DC를 장악했습니다. 새로운 전쟁의 기운이 높아지는 와중에, 아오키가하라에 『중전기 엘가임』의 다바 마이로드 일행이 나타난다……라는, 전작의 스토리와 앞뒤를 맞추기 위해 시나리오 라이터들의 고생이 장난이 아니었다고 합니다. 그런데도, 발매 당시 필자는 '사소한 얘긴 됐으니까 빨리 게임이나 하게 해줘'라며 데모를 팍팍 넘겨버렸으니, 면목이 없습니다.

설명 데모를 반쯤은 흘려들을 정도로, 슈로대의 전투신은 전작보다도 강화되어, 눈을 뗄 수 없을 정도의 완성도로 되어 있었습니다. 마징가Z의 브레스트 파이어도 굉장히 두꺼워졌고, 건담은 적의 판넬을 베어 내며, 애니메이션에서 동경했던 그 장면을 훌륭하게 재현했습니다! **슈패미 최후의 슈로대인 만큼, 하드의 능력을 최대한으로 끌어내도록 노력한 모양입니다.**

무자비한 슈로대 격차, 그리고 휴케바인의 비극

『슈로대』시리즈는 시뮬레이션 RPG, 즉 전략 게임과 로봇과 파일럿들을 키우는 RPG 부분으로 이루어져 있습니다.

그냥 이기기만 하면 된다면 바둑이나 장기라도 상관없지만, 『슈로대』를 플레이하는 것은 '슈퍼 로봇이 좋기 때문'이기에, **좋아하는 작품의 캐릭터를 키우는 것이 커다란 즐거움입니다.**

하지만 원작에서의 능력 차이는 게임에도 충실히 이식되어, **평범한 인간인 코우 우라키는 천재인 아무로 레이를 무슨 짓을 해도 따라갈 수가 없습니다.** 예를 들어 훗날의 시리즈 작품에서는 경험치와는 별개로 '파일럿 포인트'가 있어 캐릭터에 대한 애정을 능력과 등가 교환할 수 있도록 되었지만, 이 게임에는 그런 요소는 없습니다. **노력으로는 메울 수 없는 압도적인 슈로대 격차가 막아서는 것입니다.**

슈로대 격차는 작품 사이에도 있으며, 튼튼함이 장점일 터인 『마징가』 계열은 의외로 약하고, 강화해도 후반에는 대미지를 심하게 입기 일쑤입니다. 반대로 굉장한 우대가 두드러지는 것이 『성전사 단바인』 계열로, 강력한 오라 베기를 마음대로 쓸 수 있습니다. 특히 숨겨진 유닛인 서바인은 회피도 굉장히 높아서, **적의 한가운데에 던져두면 반격으로 상대가 전멸할 정도.**

후반에 '단쿠가와 컴배틀러V 어느 쪽을 해고(다른 부대로 보낸다)'하는 이벤트는 지금도 자주 회자됩니다. 양쪽 다 다수의 기체로 분리 합체하기 때문에 '유닛 숫자가 너무 많이 늘어나니까'가 원인으로 추측되며, 역시 슈패미의 한계에 너무 심하게 도전했던 모양입니다. 이때 **'약하니까'라며 망설임 없이 버리는 사람이 많았던 단쿠가** (훗날 제4차 슈퍼로봇대전 S에서는 대폭으로 강화되어 명예를 회복했지만, 그때는 어느 한쪽을 고를 필요가 없었다-역주)에게 행복이 있기를…….

슈패미 최강 최후의 『슈로대』가 된 이 게임. 그중에서도 오리지널 로봇인 휴케바인은 여러 사정으로 인해, 시리즈 25주년 기념작인 『슈퍼 로봇 대전V』에서 기적의 부활! **어째서 '부활'인 것인지, 자기 책임으로 조사해보시기 바랍니다.**

(T)

싸워라 주군님 일본제일
(であえ殿様 あっぱれ一番)

장르 : 액션
제작사 : SUNSOFT
발매일 : 95.3.31
정가 : 9,800엔

높은 기술력에는 보증수표가 붙어 있던 선 전자, 즉 선소프트가, 가지고 있는 힘을 전부 '바보 같음'에 쏟아 부은 시대극 액션 게임. 무대는 에도 시대 초기일 텐데, 화성에서 우주비행사와 싸우는 자유로움. 커맨드 필살기 등 세세한 시스템도 있긴 있는데, 마초한 '마력 모드' 앞에서는 밥상뒤집기다! 전통의 '주먹밥 던지기'도 상당히 잘못된 방향으로 진화를 이룩했다.

▌ '이쪽'으로 돌아온 선소프트 ▌

녀석들이 '이쪽'으로 돌아왔다……**바보 게임을 만들면 타의추종을 불허하는 신뢰의 브랜드 선소프트**가!

선 전자, 즉 선소프트는 높은 기술력으로 정평이 나 있는 제작사입니다. 세가의 업소용 게임 『판타지 존(ファンタジーゾーン)』이나 『애프터 버너(アフターバーナー)』를 차원이 다른 스펙 차이가 있는 패미컴으로 이식할 때 '어떻게 미사일하고 화면을 회전시킨 거지?'라고 놀라게 할 정도로.

그런 하이퍼한 기술력을 대각선 위쪽 방향으로 전부 방출해야 선소프트. 한 사람이나 두 사람이 들고 일어서기에, 농민 잇키(一揆)='집단으로 반란을 일으킴'이라는 단어의 정의와 모순되는 『잇키(いっき, 아케이드, FC로 발매된 농민 반란 액션 게임. 국내 오락실에서는 농민 봉기 정도의 제목으로 가동되었다-역주)』. 일본에서 처음으로 패미컴의 음성 합성을 실현해, 18초에 걸쳐 말하는 오프닝이 너무나도 굉장해서 게임 본편

을 잊어버리기 일쑤인 『미토 고몬(水戸黄門)』. 주인공이자 외국인 고고학자의 스승이 『잇키』의 농민 곤베라는 걸 알게 되는 **『아틀란티스의 수수께끼(アトランチスの謎)』의 엔딩도 너무나도 수수께끼였습니다.**

슈패미에서는 괜찮은 게임을 계속 만드는 중견 제작사로 차분하게 지내왔지만, 드디어 『싸워라 주군님』이라는 '이쪽'으로 돌아왔습니다. 뭐라고 해야 할까요 이 느낌. 참고 또 참아왔던 베트남 참전 용사가 분노를 폭발시키는 '**람보 분노의 선소프트**'라고 해야 할까요.

▌ 마초한 마력 모드로 힘으로 밀어붙이다 ▌

때는 전국 시대가 막 끝난 에도 시대. 태평한 세상을 따분해하던 **바보 군주에게 아버지의 망령**(마초)이 나타나, 정체를 알 수 없는 기적을 느꼈다고 말합니다. 이와 동시에 일본에 찾아온 바보 왕자,

아빠의 망령의 꼬임에 넘어가 일본 유랑을 시작한 바보 주군&바보 왕자. 공격 범위는 좁다. 얼간이 둘에게 사회의 쓴맛을 가르쳐 주는 게임인가?

역시 돌아가신 아버지의 **'일본은 황금의 나라니까 완전 신나'**라는 꼬드김에 넘어가 일본 전국을 여행하게 됩니다. 이렇게 바보 주군님과 바보 왕자의 기묘한 여행길(2인 동시 플레이 가능)이 시작됩니다.

오프닝부터 **'최고야 최고 봉주~르'**라는 기묘한 노래를 듣게 하는 광기 작렬. CD 음원도 아니고 음악 게임도 아닌데, **음성을 위해 한정된 ROM 용량을 할당하는 선소프트 혼**이 강림했습니다.

그리고 본편. 바보 주군은 쥘부채를 휘두르고, 왕자는 장미를 던져 적을 공격합니다. 이렇게 적으면 정말 바보 같을 것 같지만, 쥘부채가 닿는 범위는 굉장히 좁고, 장미도 탄막 슈팅처럼 파파파팍 날아가는 게 아니라 한 번에 하나. 8방향으로 이동할 수 있는, 즉 사방팔방에서 공격이 쏟아져 오는 액션 게임이기 때문에,

의외로 지루합니다. **대충대충 플레이하면 순식간에 물량 앞에 눌려버리고 맙니다.**

그래서 둘 모두 당시의 격투 게임에서도 유행이던 커맨드 기술이 있습니다. 바보 주군은 →←→A 순으로 빠르게 입력하면 회전 베기, →←↓→A로 화면 끝까지 닿는 장풍계 기술을 발사합니다. 바보 왕자는 →←↓→B로 힙 어택, 연속기 돌려차기로 근처의 적을 쓰러트리는 등, 통상기의 약점을 커버하는 필살기를 지니고 있습니다.

이렇게 게임 실력을 연마해야 하는 시스템을 투입했지만, **힘으로 밀어버릴 수 있는 '마력 모드' 덕분에 전부 밥상 뒤집기!**

적을 쓰러트리면 '○%'(○는 숫자)라 적힌 아이템이 나올 때가 있는데, 이걸 얻으면 %게이지가 증가. 게다가 50%를 넘었을 때 X버튼을 누르면 근육 불끈불끈, **마초한 아버지의 영이 빙의되어 마력 모드가 발동됩니다.**

이 모습이 되면 최강이며, 세세한 조작이니 공방 따위 아득한 저편에 두고 오게 됩니다. 마초는 공격력도 공격 범위도 너무나도 굉장한 데다, **보스 클래스라도 몇 발이면 굉침**됩니다.

적의 공격을 당하면 포즈를 취하며 게

초 슈퍼 패미컴

근육 불끈불끈 마력 모드로 클리어하면 강제적으로 주군님의 포즈를 봐야 한다. 이것은 대화력으로 편하게 플레이한 벌인가.

이지가 줄어드는데, 변신 중에도 %를 회수하면 회복되고, 옵션 설정에 따라서는 스테이지 시작부터 끝까지 마력 모드로 아무렇지도 않게 통과할 수도 있습니다.

모처럼 공들여서 커맨드 기술도 만들었으면서, 마력 모드를 넣는 바람에 다 헛수고가 되었습니다. **고급 요리에 벌꿀을 마구 뿌리는 것처럼 서비스가 너무 과하다는 느낌, 이게 바로 선소프트!**

일본 스테이지는 논에 대한 리스펙트

스테이지는 9개가 있으며, 내역은 일본 4개와 세계 4개, 그리고 라스트 스테이지로 이루어져 있습니다. 대강 줄거리를 정리하자면, '일본을 혼란의 소용돌이에 빠트리려 하는 토쿠가와 Yeah!야스를 벌했더니 우주인에게 조종당하고 있었다고 고백하며, 진정한 적을 쓰러트리기 위해 세계를 돌다가, UFO를 쫓아갔더니 화성에 있었다'라는 식입니다. **'트럭에 치였더니 이세계에 전생해 있었다'** 정도의 흔한 스토리입니다.

참고로 스테이지 9개의 순서는 자유로이 선택할 수 있으며, 바로 중간 보스인 Yeah!야스에게 도전해도 상관없습니다. %게이지도, 전체 공격인 봄에 해당하는 두루마리도 없기 때문에 메리트도 없으며, 한 번 스타트하면 빠져나올 수 없기 때문에 한없이 함정에 가깝지만, **얼른 클리어하고 싶을 때 추천합니다.**

닌자나 사무라이, 지장보살 등이 습격해오는 일본 스테이지는, 바보 주군과 바보 왕자의 조작을 익히기 전에 마력 모드로 힘으로 밀어붙여 클리어. Yeah!야스도 2~3발 때리면 제정신으로 돌아왔기 때문에(격파) 기억에 별로 남아 있지 않습니다.

일본 스테이지에서 이상하게 마음에 스며들었던 것은 아름다운 논. 맑은 수면에 비치는 것은 빠져들 듯한 푸른 하늘과, 거기서 진홍색 폭염을 일으키는 마력 모드. **과연 『잇키』의 선소프트, 논에 대한 리스펙트가 장난 아닙니다.**

231

주먹밥 던지기는
주먹밥이 폭발!

地球はこのふっかつした、はおー
ノーブナガ様がいただくのだ！！

141

이런 녀석들을(주: 플레이어)에게 속았나 하며 격렬히 화내는 노부나가님. 하지만 '하오 노 부나가 님'이라 자칭하는 것, 본인도 바보 월드에 물들어 있다.

구해준 돌고래를 타고 간류지마에 가기도 하고, 옛날이야기와 검호가 뒤섞인 일본편이 끝나면 세계로 비상!

중국은 쿵후와 팬더와 무장, 메뚜기기근에 보스가 젠지(페킨?)(젠지 페킨[ゼンジ-北京], 일본의 탤런트이자 마술사-역주). 인도는 카레를 던지는 수행승과 사이바바(인도의 영적인 지도자이자 교육자였던 인물-역주)가 기다리고 있으며, 10초 만에 생각해낸 듯한 프리덤한 스타일로 국제 문제로 발전하진 않을까 오싹할 정도입니다.

그렇게 위장이 찌릿찌릿한 상태로 있으면, 아라비아 스테이지에서는 '아부라카다부라 세계 정복이다 마물놈 아부라'라며 어미에 아부라를 붙이는 터번 아저씨가 보스. **머리를 쓰는 것을 철저하게 거부한 스타일에 감동!**

'이렇게 바보 같은 자식들 때문에(세계 정복을) 방해받은 거냐!'라고 화내는 노부나가(오다 노부나가, 織田信長) 님에게는 고개를 가로로 저을 뿐. **모든 흑막 그레이 형 우주인도 마력 모드로 순식간에 해치웠기 때문에, 잘 기억나지 않거든!**

그런 메인 스테이지도 그렇지만, 선소프트다움이 120% 응축된 것이 보너스 스테이지입니다. 하나는 근육을 보여주는 포징 승부로, **포즈에 대응되는 버튼을 누르면 모범 포징을 따라합니다.**

또 하나는 주먹밥 던지기. 주먹밥을 캐치하는 건 『잇키』에서 이어받은 전통이지만, 주먹밥을 먹는 대신 쥘부채와 주먹으로 박살. **폭발하는 주먹밥은 이게임뿐!**

(T)

따끈따끈 하이스쿨(できたてハイスクール)

장르 : 시뮬레이션
제작사 : BPS
(비・피・에스)
발매일 : 95.7.7
정가 : 9,990엔

세상은 CD-ROM의 파워를 얻고, 가라앉던 진흙 배 PC-98 시리즈의 이식으로 더욱 달아오르던 보이스와 애니메이션 포함된 미소녀 게임 백화요란! 용량으로는 그런 게임에 도저히 승산이 없는 슈퍼 패미컴에서도, 적긴 하지만 미소녀 게임이 등장했다. 교사 겸 이사장으로서, 부임 기간 전체를 쏟아부어 학교를 무한히 증, 개축해 나가는 학원 경영 시뮬레이션.

■ 미소녀 게임 가뭄인 슈패미에 구세주 등장!

때는 미소녀 게임 백화요란의 시기인 1995년. 세상은 PC 계열에서는 침몰해가는 진흙 배 NEC의 PC-98 시리즈가 Windows 95의 등장을 계기로 본격적으로 국민PC에서 **전직** 국민PC가 되었던 시대.

PC-98 멸망을 계기로 PC에서 엑소더스를 하듯이 이식되는 명작 어덜트 게임의 공세에 대해, PC엔진 말기에 탄생한 『두근두근 메모리얼(ときめきメモリアル)』에서 시작된 CD-ROM 전제의 오리지널 미소녀 게임이 받쳐치는, 그야말로 미소녀 게임 전국 시대!

PC 계열에서 온 강력한 외래종, 이식 에로 게임을 내세운 세가 새턴에 오리지널 미소녀 게임으로 대항하는 플레이스테이션.

그런 양 기종을 중심으로 왕성해진 가정용 미소녀 게임 무브먼트 도중, 슈퍼 패미컴 유저는 '에로 게임 계열의 중진 엘프(エルフ)가 참가한 새턴', 『아이돌 프로모션 스즈키 유미에(アイドルプロモーションすずきゆみえ)』가 있는 플스', '닌텐도를 믿고 NINTENDO 64 발매를 기다림', 『천외마경3(天外魔境3)』이 나오리라 믿고 PC-FX' 등 4개의 미래 중에서 선택해야만 했습니다. 이 시점에서 새턴이나 플스를 선택하지 않고, NINTENDO 64만을 기다렸던 슈패미 유저도 많았던 모양입니다.

제4의 선택지 **PC-FX를 구입한 사람**은, 10년 이상 지난 후 플레이스테이션2로 나올 때까지 믿었던 모습이 비장했던 모양입니다. 뭐, 몇 안 되는 에로 게임 이식작의 **검열이 가장 약하다**는 메리트도 있었으므로, 인생이 나쁘기만 했던 것은 아닙니다.

이 시대의 골치 아픈 선택지 중에서, 그럼에도 꾹 참으며 차세대기(당시)를 선택하지 않은 슈패미 유저도 미소녀 게임이라는 것을 즐겨보고 싶다!

……그럴 때 나타난 오리지널 작품이 바로 이 게임 『따끈따끈 하이스쿨』과 『유

진의 흔들흔들 걸즈(遊人のふりふりガール
ズ, 유진은 당시 인기 있던 19금 작가-역주)』였던
것입니다.

미완의 대기, 영원히 공사 중

주인공은 재벌가 장남으로, 신분을 숨
긴 채로 낮에는 교사, 방과 후에는 베일
속의 이사장으로서 학교 건물의 철거&
건설에 정진하는, 미소녀 게임판『심시
티』입니다. 우선 이름, 생일, 혈액형을 정
하고 게임 스타트. 아야오리 메구미, 카
쿄인 시즈카, 시이나 세리아, 이즈미 키
라라 중에서 누구를 육성할 것인지 선택
할 수 있습니다.

하나같이, **누구를 골라도 별로 기쁘지
않은 비주얼**의 여고생인 것은, 결코 20
년이라는 시대의 흐름 때문만은 아닙니
다. 여기서 선택받지 못한 여자는 기본
적으로 앞으로 게임 속에서 엮이는 일이
없는, 맨 투 맨 청춘이 시작되는 것입니
다.

3층 건물인 교사를 돈을 지불해 자유
자재로 다시 만들거나, 모든 건물을 가정
교실 온리인 교사나, 학교 부지를 꽃밭으
로 채워버리는 것도 가능!

다만 철거하기 전에는 반드시 원래 있

미소녀 육성 시뮬레이션 게임처럼 보이는 공부 풍경. 교과가 '지
력'으로 대충 뭉뚱그려져 있는 것이 너무 대담해서 불안감을 조
성한다.

는 건물을 부수는 작업이 들어갑니다.
그냥 지면이라 해도 예외는 아닙니다.
게다가, 2층, 3층은 아래층에 뭔가 건물
의 일부가 생겨야 비로소 증축할 수 있
는, 굉장히 당연한 시스템이 '반드시 한
번은 빈터로 만들어야만 한다'라는 독자
적인 룰 덕분에, '1층의 비어 있는 공간에
음악 교실을 증축하려고 했더니, 3층부
터 1층까지 위쪽 공간을 **전부 부숴야만
한다**'는 사태가 발생합니다.

철거가 귀찮아서 교사 3층에 이런 저
런 교실을 너무 많이 채워 넣으면, 나중
에 아래층을 개축하고 싶어질 때 위에 세
워져 있는 교실들을 눈물을 머금고 부숴
야 하는 처지가 되는 시스템입니다.

미소녀 게임에서
팍팍 멀어져 가는 학교 운영

최근의 스마트폰 게임 등에 익숙해지면, 방을 개축할 때는 보통 그대로 개조할 수 있고, 하물며 상하층의 사정 따위 생각하지 않아도 되는 **여유로운 시스템** 덕분에 게임에 대해 응석을 부리고 있다는 사실을 통감하게 됩니다.

이리하여, 학생들의 학력을 올리기 위해 항상 교사를 철거&건축! 항상 날아오는 태풍과 번개의 대피해를 만나도 철거&건축! 천재지변 대국 일본이라는 입지 때문인지, 생각나는 대로 마구 개조해대는 주인공 때문인지, 학교의 일부가 부서지지 않은 시기 따위 없다는 엄청난 상태의 스쿨 라이프가 계속됩니다.

여고생 한 명 육성하는 데 영원히 공사가 계속되는 『따끈따끈 하이스쿨』이지만, 플레이하는 감각은 그야말로 **공사 중 하이스쿨** 그 자체.

증축과 개축에 중독되어 플레이하다 보니, 문득 '이 자식은 왜 매주 여고생은 제쳐 두고 사무실과 교사 증개축 미팅만 하는 거야?'라는 걸 깨닫게 됩니다. 여고생과의 대화도, 집사와의 대화도, 대부분 전부 교사 개축을 위한 탐문 조사밖에 없는 꼴입니다.

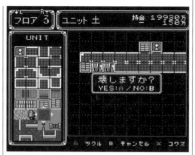

파괴가 없으면 재생도 없다! 교사나 체육관을 파괴하고는 재건축하는 행위를 끝없이 되풀이한다. 내버려 둬도 재해로 아무렇지도 않게 부서진다.

이 게임의 주인공은 이사장으로서 학교 운영과 교사 증개축에 너무 힘을 쓰는 바람에, 그만 교사로서의 본분을 너무 대충대충 하는 부분을 보며 일말의 불안감을 느낍니다.

광학 미디어의 벽은 높았다!
……하지만

슈패미로 노력한 미소녀 게임으로서의 『따끈따끈 하이스쿨』.

그렇지만 역시 ROM을 사용한 카트리지와 광학 미디어인 CD-ROM은 용량 차이를 어떻게 하기 어렵고, 애니메이션이나 성우분들의 보이스의 은혜를 최대한으로 받는 미소녀 게임은 슈퍼 패미컴에서는 어려운 점이 있는 것도 사실. 이 게

임에서도 역시 여학생과의 대화 배리에
이션이 부족하다거나, 용량 관계로 음성
이 없는 등 대담하게 대용량화를 하기 전
의 ROM 카트리지의 비애를 맛볼 수 있
었습니다.

그렇기에 학생과의 커뮤니케이션을
꾀하는 교사와, 학교 건축에 열중하는 이
사장이라는 방향성으로 대담하게 승부
해본 거겠죠.

그런 노력을 학교의 증축 요소 말고
이벤트 늘리는 데 쓴다거나, 패키지 디
자인은 미소녀 게임 전문지의 표지나 에
로 만화로 친숙한 니시키 요시무네(にし
き義統) 씨를 기용했으니, 하다못해 **여고
생 캐릭터의 얼굴만이라도 비슷하게 만
들어본다거나**, 그런 방향성의 노력을 바
랐습니다.

그렇다고는 해도, 그건 『더 블랙 오닉
스(ザ·ブラックオニキス)』로 PC RPG계에서
한 시대를 풍미한 뒤로 10년, 테트리스
로부터도 꽤 세월이 경과한 BPS의 사풍
으로서, **어떻게 해도 남는 버터 냄새** 자

なんか・・よくわかんない・・・．
もう勉強なんてやりたくな〜い！

웃어도 미인이 아니라면, 화를 내도 미인이 아니다. 이 게임의 히
로인의 얼굴 수준이 이상한 문제는 틀림없이 시대 탓은 아닐 터.

체를 즐겨야 하는 건지도 모릅니다.

······역시 여고생 그래픽이 **당시에도
상당히 거시기했던 것**이 가장 심각한 문
제였고, 살짝 비틀어 CD-ROM이 아닌
것을 원인이라 **생각해보려 했지만 실패
했던** 겁니다.

시대가 흘러도 그 거시기한 그림은 낡
지 않았고, 언제 봐도 거시기하다는 것을
떠올리게 해주는 작품, 그것이 『따끈따
끈 하이스쿨』인 것입니다.

(A)

리쿠르트 시뮬레이션 취직 게임
(リクルートシミュレーション 就職ゲーム)

장르 : 시뮬레이션
제작사 : 이미지니어
　　　　(イマジニア)
발매일 : 95.7.28
정가 : 11,800엔

시대는 호황의 시대에서 극한의 취직 빙하기로. 그런 버블 마무리 시대에 찾아온 것이 이 게임 『취직 게임』이다. 서문의 의미의 본질은 약간씩 달라지면서도, 젊은이들이 취직 활동으로 지금도 곤경에 처해 있다는 점은 전혀 변하지 않았음에 경악하라! 기업에서 요구하는 인물상 이 한 때 '의식이 높은 계열'이라며 야유를 받았던 인물상 그 자체인 면이 시대를 느끼게 하는 작품.

광란의 시상대에서 극한의 빙하기로

80년대의 광란의 버블 호경기 시대, 당시 대학을 졸업한 사람은 슬슬 50대로 가는 길에 접어들기 시작했을 지금.

그 후 찾아온 버블 붕괴로 인한 취직 빙하기에 유성처럼 등장한 것이 이 작품, 『취직 게임』!

게임 개시 직후의 프롤로그 부분을 천천히 읽어보면, 버블의 잔향이 약간 남아 있으면서도 전체적으로는 2013년경에 발매되었다 해도 별로 위화감이 없는 내용에 '아, 최근에야 비로소 좀 나아졌구나'라고 대략적인 상황이 최근까지 전혀 변하지 않았음을 깨닫게 됩니다.

8월이 되어 취직 활동을 시작한 주인공에게 소꿉친구(여), 동호회 친구(여), 기분 나쁜 장발, 타카하시 명인——유급한 선배 4명은 어처구니가 없어 합니다.

……어 그러니까, 플레이어인 필자는 제대로 된 취직 활동 같은 걸 해본 적이 없습니다만, 졸업년도의 8월부터 대졸 신입 취직 활동을 개시하는 건 아무래도 상당히 위험하다는 걸 알게 되었습니다.

이 주인공이 신나게 두드려 맞는 난장판 속에서, 긴머리가 **더 많이 내정 받는 쪽이 소꿉친구와 사귀는 거다**라는 90년대 트렌디 드라마 같은 소리를 하는 부분 또한, 버블의 잔향이 느껴집니다.

다른 건 몰라도 메모는 필수!

이 게임의 기본은 마을을 돌아다니며 친구, 지인 및 일류 기업 근무 중인 대학 선배 여러분과 잡담을 하게 되는데, 처음에는 아무 생각 없이 휘적휘적 돌아다니면서 여유를 즐기다보니, 빨리도 막혀버리고 말았습니다.

이것은 별 거 아닌 대화 속에 취직에 필요한 정보가 아무렇지도 않게 섞여 있고, 다시 들을 수 없는 것이 원인입니다

이 게임 『취직 게임』에서는 대화 이력이 없기 때문에, 그런 중대 정보는 일단

게임 개시 전의 프롤로그 문장. 1995년 이후의 어느 시대라 해도 위화감이 없는 불경기 느낌에 눈물이 흐른다.

흘러가면 전혀 남지 않는 데다 '몇 월 며칠에 어느 회사나 카페에서 선배의 이야기를 듣는다'는 중요 정보도 메모해주지 않는다=중요한 건 플레이어가 직접 메모해야 한다는 사실을 가르쳐줍니다.

메모해두지 않으면 문자 그대로 막혀버리며, 이 사실을 파악한 후에는 직접 맵을 작성하고, '어느 역의 어느 부근에 어떤 가게와 회사가 있으며, 언제 어디서 만난다'라는 취직용 메모를 직접 꼼꼼하게 만들게 되었습니다.

이렇게 메모를 적으면서 드디어 취직 활동의 상황이 정리되기 시작했습니다. 우선 엔트리 시트(이력서, 자기소개서 등의 입사지원서-역주)를 보낸 취직 희망 회사에서 선배의 호출이 발생했습니다. 여기서 'ㅇ일의 ㅇ요일에 어디의 카페에서 만납시다'라는 정보가 생겨나는 것입니다.

여기서 취직은 고사하고 졸업할 생각 자체가 전혀 없는 타카하시 명인 선배가 자꾸 불러내서 자신의 성격에 대해 묻는데, 가끔 '아이돌 좋아해?' 같은 걸 물어서 **'전혀 흥미 없다'며 무심코 진짜로 대답해버렸고,** 그게 설마 홍보직을 모집하던 기업에서 굉장히 불리하게 작용하리라고는 전혀 생각지도 못했습니다.

이렇게 메모를 의지하면서 선배를 방문하고, 면접을 보는 착실한 취직 활동을 진행해 나갑니다.

█ 인류의 적, 싸우는 커플 █

이러는 동안, 항상 신세를 지는 대학의 취직과 누님이 오랜만에 남자친구와 데이트를 한다는 정보를 듣게 되었습니다! 구경꾼 근성을 발휘해 현장인 카페에 몰래 가보니, 남자친구는 놀랍게도 동경하던 엘리트 증권맨! 싸우는 두 사람을 이용해 **어떻게든 자신의 취직 활동으로 연결하고 싶어서** 호시탐탐 기회만 노리는 주인공은 이미 훌륭한 취업귀신입니다.

하지만 이 게임은 어디서 어떤 선택지가 재앙을 부를지 처음 봐서는 거의 알 수가 없는 정도가 아니라, 마음대로 되는

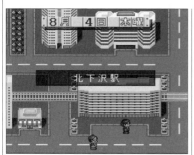

취직을 위해 세세한 정보는 발로 뛰면서 얻고 직접 메모해두어야 한다. 스마트폰 신세를 계속 지게 되는 현재에서는 잊어버리기 일쑤인 철칙을 똑똑히 깨닫게 해준다.

일이 없습니다.

갑작스럽게 취직과의 누님이 주인공에게 쿡쿡 맹렬한 어택을 개시한 겁니다!

아무래도 **취업을 위해 아부할 생각으로 누님에게 상냥하게 대했던 것이 원흉**인 모양입니다.

엘리트 증권맨에게서는 '그녀를 돌려줘' 같은 소리를 듣지만, 달라붙어 있는 **누님을 제발 좀 떼어줬으면** 하는 건 이쪽이란 말이야!

실제로 처음 플레이하면 절반 정도의 플레이어는 거의 반드시 취직과 누님에게 붙잡히게 됩니다. **연상의 누님은 조심하도록 합시다.**

취직은 자작 메모 딕분에 어느 정도의 성과는 훌륭하게 달성했지만, 대학 생활 쪽은 소꿉친구도 서클 친구도 도망쳐버리는 가혹한 결말을 맞이하게 되었습니다.

취직 활동은 그렇다 치고, 대학생 생활치고는 심한 꼴을 당했다고 돌이켜 생각하면서 타이틀 화면을 다시 잘 봤더니, 'TRENDY DRAMA'라는 문자가 떡하니.

취직 활동의 기본을 배우면서 트렌디 드라마의 질척한 느낌도 즐길 수 있는 이 게임, 90년대부터 오랜 세월 동안 지속되던 취직 빙하기가 드디어 끝날 것 같은 지금이기에 플레이해볼 가치가 있을지도 모릅니다.

(A)

슈퍼 마리오 요시 아일랜드
(スーパーマリオ ヨッシーアイランド)

장르 : 액션
제작사 : 닌텐도
　　　　(任天堂)
발매일 : 95.8.5
정가 : 9,800엔

마리오가 어렸을 때 요시와 만났었다! 『슈퍼 마리오 월드』에서 첫 등장했던 공룡 요시가 주역으로 발탁된 2D 액션 게임. '알 던지기'와 '버티기 점프', '힙 어택' 등 조작도 다채로워, 『슈퍼 마리오』 시리즈의 집대성이기도 하다. 슈퍼 FX 칩을 탑재해 그림책 같은 배경과 캐릭터의 부드러운 움직임을 실현한 비주얼도 필견.

▌아기 마리오와 요시의 만남 ▌

『슈퍼 마리오 월드』의 명조연이었던 요시, 액션 게임의 주역 데뷔! **루이지를 제처 두고!!**

요시는 전작보다 옛날에 마리오와 만났습니다. 황새가 갓 태어난 마리오 형제를 옮기고 있을 때, 엉금엉금 일족의 마귀가 습격. 마리오를 보호한 요시는 루이지도 구해내고 두 사람을 부모에게 보내주기 위해 모험을 떠납니다……

언제나의 마리오 스타일의 2D 액션 같지만, 실제로 해보면 조작 감각은 크게 다릅니다. 요시가 혀를 늘려 '적을 먹는' 것은 전작과 같지만, 이번에는 먹은 적을 삼켜 '알을 만드는' 액션과 '알을 던지는' 액션이 추가되었습니다. 만든 알은 요시의 뒤쪽에 따라다니기 때문에 귀엽지만, 안에 있는 적을 생각하면 약간 유감입니다.

알은 반원형의 커서가 움직이며, 버튼을 누르면 발사합니다. 멀리 떨어져 있는 적을 쓰러트리는 것 외에도, 장치를 움직이거나 이동할 수 없는 장소에 있는 아이템을 얻는 등 알이 없으면 앞으로 진행할 수 없는 부분도 있습니다.

공중에서 점프 버튼을 계속 누르면 발을 파닥파닥거리면서 잠시 떠오르는 '버티기 점프'도 있습니다. 몇 번이고 버티다 보면 체공 시간을 늘릴 수 있는 데다, 적의 머리를 밟고 더 높이 점프할 수도 있습니다. 훗날 마리오 본편에도 채용된 힙 드롭도 이 게임이 첫 등장으로, **'어떠냐 한 번 능숙하게 써봐라'라는 듯이 테크니컬함을 요구합니다.**

요시는 적에게 부딪쳐도 죽지 않지만, 등에 탄 아기 마리오가 비눗방울에 갇혀 뜨면서 카운트다운이 개시됩니다. 시간이 다 되면 아기를 데려가 미스이며, **마리오가 우는 소리가 귓가에 남아서 굉장히 뒷맛이 더럽습니다!**

마리오 시리즈의 감각으로 플레이하면 아기가 팍팍 납치됩니다. 요시는 인간형이 아니기 때문에 점프 감각을 파악하기 어렵고, 관성이 작용해 발판도 미끄러져 떨어지고, 적에게 부딪쳐서 떨어지

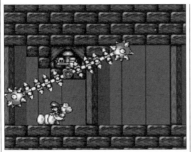

적을 먹어 알로 바꾸는 능력을 가지고, 아기 마리오를 부모에게 전해주기 위한 모험 길을 가는 요시. 자신의 알인데도 던져버리는 취급이 좀 심하다는 생각이 들기도.

지, 구멍에 빠지지.

게다가 스테이지별로 점수를 매기기 때문에 **50점 이하라면 낙제생이 된 기분**. 그래서 100점을 목표로 하면, 한 번의 실수도 용납되지 않는 악마 같은 본성을 드러낸다!

2D 액션 최후의 전사, 미니 슈패미에 수록!

이 게임은 GBA용 『슈퍼 마리오 어드밴스3(スーパーマリオ アドバンス3)』에 리메이크판이 수록되었지만, 닌텐도의 최신 하드에서 과거의 게임을 완전 이식하는 버추얼 콘솔화는 밀리고 있었습니다. **『스타 폭스』와 마찬가지로 슈퍼 FX 칩을 탑재했기 때문에, 기술적으로 어렵다고 여겨졌기 때문입니다.**

여기서 칩의 파워는 '굉장한 2D 액션의 실현'에 주입되었으며, 손으로 그린 듯한 배경, 풍부한 요시의 표정, 적, 아군 모두의 부드러운 움직임, 스테이지 구성이나 기믹도 하드에 얽매이지 않기에 굉장히 공을 들여, 어느 쪽으로 가야 할지 모르고 헤매게 될 정도로 '스태프가 하고 싶은 거 다 한' 게임입니다.

발매는 1995년, 이미 플레이스테이션과 세가 새턴도 나와 있던 시절입니다. **차세대 하드와 정면으로 싸우는 요시.** 이 게임이 미니 슈패미에 수록된 것은, 왠지 '보상을 받은' 듯한 감개무량한 느낌이 있습니다.

(T)

택틱스 오우거 Let Us Cling Together
(タクティクスオウガ Let Us Cling Together)

장르 : 시뮬레이션 RPG
제작사 : 퀘스트
　　　　(クエスト)
발매일 : 95.10.6
정가 : 11,400엔

슈패미 최고의 게임은 무엇인가? 그 화제가 나오면 반드시 이름이 거론되는 작품이 등장! 오우거 배틀 사가의 장대한 세계의 이야기로, 주인공 데님이 평화를 얻기 위해 선택할 수밖에 없는 희생의 크기는 플레이어에게 깊은 감동을 준다. 애초에 평화를 얻기 위해 암살하는 것은 올바른 선택이었나? 미려한 쿼터뷰 시점으로 시스템 면에서의 흐름을 이어받은 『파이널 판타지 택틱스(ファイナルファンタジータクティクス)』 시리즈도 전개 중.

■ 역대 최강의 시뮬레이션 RPG 등장!

세상에는 1994년에 발매된 게임기들이 늘어서 있고, 기상천외하고 황당무계하고 **진기한** 차세대의 실험적인 게임이 한창일 때!

그러던 와중에 우리의 슈패미는 원숙한 황금기를 맞이했습니다. 차세대 게임기라고는 해도 등장 초기에는 준비할 시간이 필요한 **RPG나 시뮬레이션 RPG**는 많이 나와 있지 않았습니다.

'역시 RPG나 시뮬레이션 RPG는 슈패미지' 이런 분위기 속에서 등장한 것이 『전설의 오우거 배틀(伝説のオウガバトル)』의 속편인 『택틱스 오우거』였습니다.

등장 시에는 『오우거 배틀』의 시리즈이기도 해서 굉장히 기대가 높았지만, 어째서인지 게임 화면은 입체적인 쿼터뷰로 확 바뀌었고, 전투도 리얼 타임이 아니게 되어 아무리 봐도 게임 시스템 자체는 **완전히 별개의 것**이었습니다.

다만 호의적인 눈으로 보면 화면 퀄리티는 압도적으로 향상되었고, 훌륭한 그 래픽은 그야말로 장인의 예술이라고도 할 수 있습니다.

오히려 지금은 『전설의 오우거 배틀』이 『택틱스 오우거』의 전작이란 위치가 되어버렸을 정도로 평가가 바뀌었지만, 발매 당시에는 이 대담한 시스템 변경이 길할지 흉할지 모르는 상황이었습니다.

하지만 이 쇄신은 완전히 대박!

애초에 세일즈포인트였던 하드한 시나리오가 더욱 중후해져, 시뮬레이션의 진수인 전략성도 대폭 상승합니다. 전체적으로 강하게 만드는 평균형도, 몇 명의 캐릭터만 강력하게 키우는 것도 가능하며, 캐릭터의 성장 요소도 대폭으로 향상되었습니다.

석화 마법인 페트로클라우드를 익히게 한 너무나도 최강인 하보림 씨와 **기타 등등**(주인공은 테러나이트)이란 편성이 되는 플레이어도 많았던 모양이지만, 육성 방식은 자유!

생각해 보면 1990년, 패미컴으로 『파이어 엠블렘 암흑룡과 빛의 검(ファイアー

エムブレム 暗黒竜と光の剣)』이 등장해 시뮬레이션 RPG라는 장르가 확립되고, 그 후 겨우 5년 만에『택틱스 오우거』까지 도달한 것은 놀라운 진화속도였다고 할 수 있겠죠.

피투성이의 전쟁활극, 드디어 개막!

무참한 학살의 풍경. 마을은 불타고, 사람들은 무자비하게 죽어간다. 압도적으로 미려한 도트 그래픽이 처음부터 스타트!

RPG는 애초에 성립 과정부터 어린이를 위한 것은 아니었습니다.

그때까지는 개성은 있어도 감정은 없는 등장 유닛에 캐릭터성을 갖게 하고, 전쟁이나 세계의 종국을 무대로 한 군상극으로서 시나리오를 짜나가는 RPG와 시뮬레이션이 융합한 것이 시뮬레이션 RPG인 것입니다.

단 한 수의 빈틈에 목숨을 잃는 장절한 전투 속에서, 수많은 사람들이 스러져가는 처참한 시나리오가 매치되는 토대가 정비된 것입니다. 이 게임은 그야말로, **그걸 그대로 보여주는 게임**이라 할 수 있습니다.

피로 피를 씻는 민족 정화의 도가니가 된 발레리아 섬에서, 암흑 기사단장 살해를 꾀하는 소수 민족 월스타 인 데님과, 그의 누나 카츄아, 그리고 친구인 바이스.

단 세 사람이 암살 계획을 결행합니다.

지형에 고저차가 있는 쿼터뷰 화면에 슈패미의 그래픽을 최대한으로 살린 도트 그래픽 애니메이션에 놀라게 되지만, 그 미려한 화면에 감탄하고 있으면 **바로 시작되는 처참한 대학살**에 깜짝 놀라게 됩니다.

그리고 그대로 주인공 데님과 명백하게 의욕이 없어 보이는 카츄아, 복수할 생각은 있지만 **테러리스트처럼 거친 인격으로 변모하고 있는 바이스** 등 단 세 사람뿐인 암살 계획으로 이어지는 것입니다.

하지만 바이스가 입수한 정보는 어중간한 것으로, 표적의 이름은 랜슬롯이었지만 암흑기사단장 랜슬롯이 아닌 제노비아를 추방시킨 성기사 단장 랜슬롯 일행.

그 후, 랜슬롯 일행의 도움을 받아, 처형 직전이던 월스타 인의 지도자 론웨 공작 구출에 성공합니다.

하지만 그것은 고뇌와 분노와 절망이 뒤얽히는, 처참하고 장절한 권모술수가 소용돌이치는 전투의 개막일뿐이었던 것입니다.

애증이 마구 소용돌이치는 섬 발레리아

애초에 최초의 암살 계획 시점에서, **자신과 남동생만 괜찮다면 뒷일은 정말 아무래도 좋았던** 누나 카츄아의 음험함과, 마음 밑바닥에는 데님에 대해 뭔가 생각하는 것이 있는 바이스의 뒤틀림이 잘 드러나는 것이 『택틱스 오우거』시나리오의 진수!

착각해 습격한 상대가 고결한 성기사단장인 랜슬롯이 아니었다면, 도저히 어떻게 할 수 있는 상황이 아니었습니다.

나중에 발레리아의 전란에서 부각되는 누나와 친구의 성격 때문에, 데님이 문제가 아니라 **발레리아에 살아가는 사람들의 운명이 크게 휘둘리게** 됩니다.

카츄아는 표면적으로는 평화를 사랑하는 박애주의자처럼 보이면서도, 때때로 언동 구석구석에 **자신과 데님의 평온을 어지럽히는 놈은 절대로 용서하지 않겠다**는 단호한 자기중심적인 의지가 엿보입니다.

데님에 대해 왈가왈부하는 녀석에게는 과격한 견제를, 데님이 봐주지 않는 것 같으면 주의를 끌기 위해서인지 **돌이킬 수 없는 레벨의 무서운 독선적인 행동**을, 데님과 자신에게 관계가 없다면 적, 아군 상관없이 더욱 무서운 레벨로 독선적인 행동을 조절하는 능력을 발휘. 그런가 했더니, **상대의 마음을 찌르는 압도적인 무관심**에 휘둘립니다.

바이스는 일단 태어난 환경에서 오는 소꿉친구인 데님과의 차이가, 친구이기에 마음에 계속 앙금이 쌓이고 있습니다. 언동이 거칠고, 점점 난폭해지는 것을 알 수 있습니다.

그리고 론웨 공작 구출 후, 그때까지는 데님의 선택에 계속 반론을 펼쳤음에도 함께 싸워왔던 유대감이 산산이 부서지게 됩니다.

이런 **바이스의 일생일대의 대반론**이 바로, 이 게임 『택틱스 오우거』의 시나리오의 루트 분기를 결정할 정도입니다.

……잘 생각해보면, 동생을 지나치게 사랑하는 누나와, 누나를 지나치게 사랑하는 동생과, 누나를 좋아하는 친구라는

「택틱스 오우거」의 전투 신. 고저차가 있는 지형을 이용하면서 싸워 나간다. 발레리아를 아비규환에 빠트리는 카츄아는 하이프리스트.

어떤 의미로는 꼭 막혀버린 삼각관계가 지옥 같은 발레리아 민족을 더 큰 지옥으로 몽땅 밀어 넣었다고도 할 수 있습니다.

운명의 수레바퀴

이렇게 압도적인 세계관과 치밀한 도트 그래픽과 높은 수준의 파고들기 요소로, 『택틱스 오우거』는 희대의 명작 시뮬레이션 RPG로서 현재도 슈퍼 패미컴 역사에 남는 작품이 되었습니다.

게임보이 어드밴스로도 외전인 『knight of lodis』가 발매되었고, 『전설의 오우거 배틀』도 속편인 『person of lordly caliber』가 NINTENDO 64로, 외전인 『제노비아의 황자(ゼノビアの皇子)』가 네오지오 포켓(NEOGEO POCKET)으로 각각 발매되었습니다.

그리고 2010년에는 플레이스테이션 포터블(PSP)로 『택틱스 오우거 운명의 수레바퀴(タクティクスオウガ 運命の輪)』가 발매! 이것은 시스템이 재정리되고 추가 장면과 에피소드도 증가한, 완전판이라고도 부를 수 있는 내용이었습니다.

이처럼 널리 퍼진 오우거 배틀 사가, 우선 버추얼 콘솔로 가볍게 시험해보는 것부터 시작해서, 거기서부터 오우거 배틀 사가의 세계에 발을 들여놓아 봅시다.

(A)

패널로 퐁(パネルでポン)

장르 : 액션 퍼즐
제작사 : 닌텐도
(任天堂)
발매일 : '95.10.27
정가 : 5,800엔

접대의 왕도인 팬시한 낙하형 퍼즐 게임이 닌텐도에서 등장! 슈퍼 패미컴에서는 놀라울 정도의 저가격에다, 메르헨 스타일의 디자인. 게다가 대전 시에는 순수한 실력 차가 그대로 드러나 버리는 진검 승부 계열의 게임 플레이로, 겨울방학에 세뱃돈을 강탈하러 온 초등학생들을 울리기 위해 검은 실력을 유감없이 발휘했던, 당시 꼬마들에게 세상의 무서움을 가르쳐준 스파르타한 작품.

귀여운 척하지만
아주 제대로 딱딱하다!

때는 슈패미도 발매된 지 5년, 라이벌 차세대기인 플레이스테이션과 세가 새턴이 격전을 벌이던 시절. 슈패미에는 닌텐도 오리지널인 신작 낙하형 퍼즐 게임이 등장!

꽃의 요정 립이 아래에서 위로 올려 보내는 패널을 교환해가면서, 요정의 세계에서 다른 요정들과 대전합니다.

가로나 세로로 최소한 3장이 모이면 패널이 사라지는 정통파 스타일이지만, 이 사라지면 떨어지는 것을 미리 읽어 연쇄를 노려 패널을 교환해 나갑니다. 이 연쇄가 깔끔하게 성공하면 패널로 퐁 마스터로 가는 길이 보이기 시작합니다.

하지만 심플한 룰과 척 보기에는 익숙해지기 쉬울 것 같은 외관과는 다르게, 연쇄 난이도는 낙하형 퍼즐 중에서도 최고 레벨!

다른 낙하형 퍼즐 게임에는 있는 얼핏 보면 게임을 복잡하게 만드는 것 같은 파워 업 아이템 같은 것은 존재하지 않기 때문에, 자유로이 노릴 수 있게 되기까지 상당한 단련이 필요합니다.

그 결과, 다른 낙하형 퍼즐과 비교했을 때 접전이 쉽게 일어나지 않게 되어, 우연한 연쇄로 역전하는 일이 거의 없는 순수한 사고형 게임 플레이가 됩니다.

보기와는 다르게 플레이어끼리의 레벨이 다르면 접전조차 되지 않는 하드 코어한 시스템이기 때문에, 체감적으로는 10번 하면 9번 이상은 잘하는 쪽이 이기는, 터프해서 나쁠 건 없는, 강해지지 못하면 살아남을 수 없는, 비할 데 없는 진검 승부 대전이 되었습니다.

특히 주인이 열심히 파고들었을 경우, 소프트 주인≧형제자매＞친구＞아버지 위에, 10년 이상 매일 패널로 퐁을 플레이하시는 **어머니가 절대 왕자로서 군림**하는 강자의 서열 구조가 고정되기 일쑤로, 다른 낙하형 퍼즐처럼 접대용 플레이에는 어울리지 않는 면이 있습니다.

가격은 놀랍게도 5,800엔!

이처럼 이 게임 『패널로 퐁』은 진검 승부를 벌이면서도 심플한 면이 특징이지만, 가격은 놀랍게도 5,800엔이라는 당시의 슈패미 소프트치고는 굉장히 전략적인 저가격 노선이었던 면도 주목하고 싶은 부분입니다.

이 게임 『패널로 퐁』 발매 전후의 페이지에 실린 작품의 정가를 보면 아실 수 있듯이, 대부분 1만 엔 전후, 조금 대작이면 아무렇지도 않게 1만 엔을 훌쩍 넘어버리는 것이 슈패미 소프트의 가격대였습니다.

확실히 지금과 비교하면 비싸다……고 생각할지도 모르지만, 이 당시에는 소니의 플레이스테이션의 게임 정가가 굉장히 낮게 설정되어 있었던 점도 잊어서는 안 됩니다. 『철권(鉄拳)』이든 『릿지 레이서(リッジレーサー)』든 5,800엔으로, 정가가 높은 게임이라도 8,800엔이었습니다.

귀여운 외관과는 다르게, 우연에서 이어지는 일발역전의 여지를 일부러 최소한까지 줄인 엄격한 게임 시스템.

새턴도 『버추어 파이터(バーチャファイター)』를 8,800엔에 발매했지만, 95년에는 『버추어 파이터2』를 6,800엔에 발매해, 서서히 플레이스테이션용 소프트의 저가격 노선에 대항했습니다. 이러한 시대 배경도 있었기에, 비싸다는 느낌을 떨쳐낼 수 없었던 것입니다.

그러던 와중에 드디어 닌텐도 자체에서도 고가격 노선을 스스로 탈피하려 한 작품으로서 주목해야 할 게임이라 할 수 있겠죠.

(A)

이상한 던전2 떠돌이 시렌
(不思議のダンジョン2 風来のシレン)

장르 : RPG
제작사 : 춘소프트
(チュンソフト)
발매일 : 95.12.01
정가 : 11,800엔

천 번은 즐길 수 있는 『토르네코의 대모험 이상한 던전(トルネコの大冒険 不思議のダンジョン)』에 팬대망의 속편 등장! 첫 번째 드퀘 이외의 외전작은 로그라이크 계열이라 불리던, 낡고도 새로운 RPG의 원류를 이어받은 것이었다. 속편으로서 문제점을 꼼꼼하게 개선한 이 게임은, 그야말로 '2편에 꽝은 없다'라는 격언을 온 몸으로 표현하는 듯한 대명작으로 이름을 남겼고, 현재도 이어지는 시리즈로까지 성장했다.

▌천 번은 즐길 수 있는 RPG 등장!

깊이 눌러 쓴 삿갓이 트레이드마크이며, 말하는 족제비인 코파와 함께 여행하는 『떠돌이 시렌』이 게임사에 첫 등장!

매번 다채로운 함정이 번하는 지형을 모험하면서, 여행 도중에 우연히 만난 만만치 않은 캐릭터를 때로는 돕고, 때로는 도움을 받으면서 답파해 나갑니다.

시렌이 한 번 행동할 때마다 모든 적과 아군도 한 가지 행동을 하는, 시뮬레이션 게임에 채용되는 턴 베이스와는 약간 다른 게임 플레이는, 한 번이라도 잘못 움직이면 즉사로 연결되는 국면으로 변하는, 그야말로 묘수풀이 장기의 진수를 느낄 수 있습니다!

장기는 그렇다 치더라도 운 요소가 거의 없으며, 거의 실력이 전부인 소위 말하는 **유한 확정 완전 정보 게임**이지만, 일거수일투족에 전략의 모든 것을 걸어도 때때로 찾아오는 피할 수 없는 죽음!

아무리 생각해도 빠져나갈 길이 없는 절망적인 국면에서 활로를 찾아내고, 헤쳐 나간(하지만 대개는 죽는) 곳에는 또 다른 시련의 연속이 기다리는, 그것이 『이상한 던전2 떠돌이 시렌』의 진수라 할 수 있습니다.

▌Live Die Repeat

살고, 죽고, 반복한다……이것은 할리우드에서 영화화되기도 한 사쿠라자카 히로시(桜坂洋)의 소설 『All You Need Is Kill』의 DVD/블루레이판의 해외 타이틀이기도 합니다(할리우드의 영화판은 톰 크루즈가 주연한 엣지 오브 투모로우-역주).

죽은 순간 되살아나, 거의 무한히 똑같은 전장에서 전투를 반복하는 남자의 이야기로, 작가 자체는 플레이스테이션으로 발매된 『고기동 환상 건퍼레이드 마치(高機動幻想ガンパレード・マーチ)』의 영향을 받았다고 했지만, 오히려 다양한 죽는 배리에이션, 되풀이 되는 숫자, 그리고 레벨 업은 물론 아이템도 창고에 맡기

기라도 하지 않는 한 가져갈 수 없으므로 **플레이어 자신의 경험치를 올릴 수밖에 없다**는 점 등, 『이상한 던전』과 통하는 부분이 있습니다.

이 게임의 주인공 떠돌이 시렌은 결코 약하지 않을 테지만, 사소한 일 하나로 **아무튼 죽습니다.**

'썩은 주먹밥과 잡초까지 먹으면서 버텼는데 아사', '눈찌르기 오류에게 두 번이나 속는 바람에 둔족 스위치를 밟고 귀신무에게 당한다', '일직선으로 적을 유인했더니 가장 안쪽에 있던 꼬마 탱크가 아저씨 전차로 레벨업했다(그리고 죽었다)' 등등, 『시렌』의 재미있는 죽음 콘테스트가 유행하기도 했습니다.

……그렇습니다, **재밌는 죽는 모습으로 웃을 수 있는 것도 초반**일 때뿐.

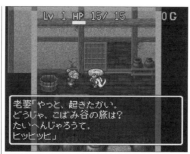

몇백 번이나 보게 되는 여관 할머니와의 대화. 깨어날 때마다 모든 것을 잃어도, 플레이어의 마음에 새겨진 경험만은 가지고 올 수 있다

▌죽음보다 괴로운 일도 있다! ▌

창고에 아이템 보존과 장비품 강화를 본격적으로 고려하게 되고, 나아가서는 플레이어 본인이 학습하면서 비약적으로 생존률이 향상됩니다. 하지만 죽음에 대비해 장비를 정비하기 시작하게 되고 나서부터가 『이상한 던전』 시리즈의 진짜 시작입니다!

'동료가 된 오류와 해골 마도사를 두들겨 패고 있었는데, 적 한 가운데에 단신으로 텔레포트', '육성한 카타나를 넣어둔 분열 항아리를 도둑 바다사자에게 도둑맞고, 쫓아가는 도중에 사망', '우연히 손에 넣은 팔찌가 주먹밥으로 바뀜' 등등, 시렌이 **10회 죽는 것보다 더 괴로운** 전력의 붕괴적 타격이 발생합니다.

여기서 또 하나, 강화할 무기 방어구는 한 종류에 국한되지 않도록 한다는 얻기 힘든 교훈을 하나씩 쌓아올리게 되는 것입니다. 그리고 창고의 항아리를 손에 넣어, 사용법을 익혔을 때쯤에는 시렌의 죽음조차도 계획적으로 하게 되는 강철의 마음을 지닌 떠돌이가 될 수 있는 것입니다.

……네? 창고를 쓰지 않고 다시 한 번 클리어하지 않으면 흉악한 숨겨진 던전

인 '페이의 최종 문제'에서 **험한 꼴을 당한다고요?** 일단 클리어하는 법을 학습해 둔 보람이 있군요!

초 마이너였던 로그라이크 RPG

이 게임 『떠돌이 시렌』은 정확하게는 『이상한 던전2 떠돌이 시렌』. 『2』라는 것은 물론 최초의 『이상한 던전』인 『토르네코의 대모험』이 있었다는 말입니다.

『이상한 던전』 시리즈는 **로그 라이크 계열**이라 불리는 것.

그때까지 가정용으로는 전혀 발매되지 않았던 데다, 유사작조차 일본에서는 거의 나오지 않은, 그때까지 친숙하지 않았던 PC RPG 여명기의 걸작 『ROGUE』의 계보를 잇는 게임 시스템이었기 때문입니다.

『울티마(ULTIMA)』의 이동 시스템과 『위저드리(Wizardry)』의 전투 시스템과 『소년점프(少年ジャンプ)』의 대접하는 마음으로 일본에 세기의 대RPG 붐을 일으킨 첫 번째 드퀘 관련작 **『토르네코의 대모험』은 로그 라이크.** PC 게임도 약간 알던 RPG 마니아들이 뜨거워졌습니다.

로그 라이크 계열! ……생각해 보면

90년대 전후부터 패미컴으로 『던전 방랑기(タンジョン放浪記)』라는 로그 라이크 계열 RPG가 잡지 광고에 게재되었고, 소개 기사를 읽었더니 명백히 『ROGUE』의 계보! 그게 드디어 손에 닿는 곳에!

애초에 『ROGUE』 자체가 미니컴퓨터가 있는 대학이나 기업 연구실 사람 아니면 일부 PC 마니아 외에는 실제로 플레이하지 못했고, **다들 알지만 아무도 즐겨 본 적이 없는 게임**의 대표격인 상태였습니다.

하지만 잔혹하게도 『던전 방랑기』는 영화에 한 순간 화면이 찍힌 것을 마지막으로 발매 연기를 거듭했고, 결국 발매 중지. 일본 첫 번째 패미컴 로그 라이크 계열 작품의 발매는 꿈같이 사라졌습니다.

일본에서도 일단은 PC로 1986년 PC-98/88판이 발매되었지만, 아스키 아트(문자)만으로 구성된 게임에 12,800엔을 내기는 아무래도 주머니 사정상 너무 힘들었기 때문에, 1993년에 발매된 『토르네코의 대모험』 이전에 『ROGUE』를 체험해본 것은 **부르주아나 공과대학생뿐이었던** 겁니다.

▌『이상한 던전』의 세계 ▌

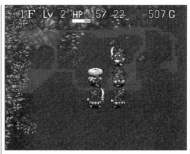

무기도 없고, 방패도 없고, 레벨도 낮은 초반의 초반에서 갑자기 산적에게 포위당한 시렌. 시렌은 살아남을 수 있을 것인가?(힌트: 살아날 수 없음)

로그 라이크 계열 RPG라는 일본에서는 마이너한 장르가 있으며, 부르주아도 아니고 근처에 공과 대학도 없는 슈퍼미 게이머는 일단 『이상한 던전 토르네코의 대모험』에 도전해, 그 게임으로 로그 라이크 계열의 재미를 깨달았습니다.

초대 『이상한 던전』은 '천 번 즐길 수 있는 RPG'라는 도전적인 캐치프레이즈와 함께 등장한 『드래곤 퀘스트』 시리즈 최초의 외전작 『이상한 던전 토르네코의 대모험』이었습니다.

이 게임 『떠돌이 시렌』을 말할 때 일단 피할 수 없는 것이 전작인 『토르네코의 대모험』과, 거기 이르기까지 **괴로움을 견디던 시절**입니다.

우선 『드래곤 퀘스트』 본편 시리즈의 세계관과 설정을 이어받은 시리즈 작품은 현재는 한창 꽃을 피우고 있지만, 『토르네코의 대모험』이 발매되기 전까지 『드퀘』는 『드퀘』 본편 시리즈 외에는 존재하지 않았습니다. 여기서 처음으로 『드퀘』라는 수식어를 단 본 적도 없는 스타일의 RPG에, 드퀘 팬들은 굉장히 당혹스러워 했습니다.

『토르네코의 대모험』은 이 작품에서 시작된 『떠돌이 시렌』 시리즈에 국한되지 않고, 『포켓 몬스터』나 『세계수의 미궁(世界樹の迷宮)』, 『건담』, 『초코보(チョコボ)』 등 다른 회사 게임의 외전으로서도 콜라보를 이루며 현재에 이어지는 『이상한 던전』 시리즈의 원점으로서, 현재도 계속해서 빛나고 있는 것입니다.

(A)

힘내라 고에몽 반짝반짝 여행길 내가 댄서가 된 이유
(がんばれゴエモン きらきら道中 僕がダンサーになった理由)

장르 : 액션
제작사 : 코나미
　　　 (コナミ)
발매일 : '95.12.22
정가 : 9,980엔

코나미의 과학력은 세계 제이이이이이이이일! 슈퍼 패미컴의 서드 파티 중에서는 게임의 완성도로 세계 최고의 자리를 스퀘어나 춘소프트, 캡콤 등과 경쟁하던 코나미의, 어린아이부터 커다란 친구들까지 즐길 수 있는, 매번 친숙한 『힘내라 고에몽』 시리즈의 슈패미 최종작! 내가 댄서가 된 이유는? 애초에 내가 누구던데? 답은 엔딩에서!

▌고에몽 또 또 등장!
……몇 번째 작품이더라?

『Mr. 고에몽(Mr.五右衛門)』이 가부키 같은 생김새로 혜성처럼 게임 센터에 등장한 지 몇 년이 흘렀습니다.

패미컴에서는 『힘내라 고에몽』이 대용량 2메가 롬을 탑재해 등장한 이후로, 외전 RPG가 되기도 하고 『코나미 와이와이 월드(コナミワイワイワールド)』에 카메오로 출연했던 것도 시리즈 팬에게는 그리운 추억입니다.

이처럼, 대체 관련작이 몇 작품이나 있는지 의견이 갈리는 시리즈이지만, 슈패미에서 피날레를 장식했던 것이 이 게임 『힘내라 고에몽 반짝반짝 여행길 내가 댄서가 된 이유』입니다.

『힘내라 고에몽』 시리즈를 리얼 타임으로 전 작품을 따라가면서, 전체의 스토리를 파악하는 팬은 적긴 해도 있었던 모양입니다.

……이것도 이 시리즈는 『드래곤 퀘스트』나 『파이널 판타지』 같은 RPG에서조차 채용하지 않았던 과거 시리즈 작품의 스토리 면에서의 속편이라는, 어떤 의미로는 신규 플레이어에게는 차가운 방정식을 적극적으로 채용!

당시는 등장 캐릭터의 관계성이 거의 설명되지 않고 전개되는 것 자체를 그렇게 이상하게 생각하는 플레이어가 적었던 건지도 모릅니다.

왜냐 하면, 당시 『힘내라 고에몽』은 『코믹 봉봉』 등의 코단샤(講談社) 계열 유년지에서 만화판이 연재되었고, 나중에 이 게임 『반짝반짝 여행길』의 설정으로 애니메이션까지 제작될 정도로 지명도가 있었기 때문입니다.

이런 식으로 매번 설정을 리셋하는 법칙을 무시할 수 있었던 것은, 꼬마들과 시리즈 팬 사이에서는 나름대로 지식이 공유되고 있었기 때문에 가능했던 대담한 곡예였다고 할 수 있겠죠.

코나미가 이것저것 다 담은 특제 곱빼기 덮밥!

패미컴부터 슈패미 시대의 코나미라면, 『슈퍼 마리오 브라더스』로 대표되는 횡 스크롤 액션에서는 『악마성 드라큘라』 시리즈, 『파이널 파이트』로 친숙한 벨트 스크롤 액션에서는 슈패미의 『틴에이지 뮤턴트 닌자 터틀즈(ティーンエイジ·ミュータント·ニンジャ·タートルズ)』 시리즈 등, 완성도가 높은 주옥같은 명작들이 즐비합니다.

그런 코나미의 『반짝반짝 여행길』은, 마을에서는 벨트 스크롤 액션이며, 스테이지에서는 횡 스크롤 액션으로 잘 구별되어 있습니다.

고에몽, 에비스마루, 사스케, 야에 등 캐릭터들의 개성과 약간의 능력 차이가, 가뜩이나 당시 인플레이션 상태였던 횡 스크롤 액션 게임 전체적으로 발생하는 문제인 **발판 난이도 인플레이션** 때문에, 초반부터 컨티뉴를 연타하는 꼴이 되고 맙니다!

소지금이 줄어드는 걸 아까워하지 말고, 돈을 던져서 난이도를 낮추는 금전만능 플레이도 가능하니 한숨은 돌릴 수 있겠죠.

이렇게 발판으로 고생하는 부분을 넘어가면, 있는 대로 공을 들인 보스전 미니 게임이 기다리고 있습니다.

실은……인간이었습니다!

이 게임 『반짝반짝 여행길』을 소개할 때는, 애니메이션이나 만화도 있기 때문에 고에몽 월드라고도 부를 수 있는 세계관이 원래 대상인 어린 친구들이나 커다란 친구들에게는 널리 공유되고 있다는 점과, 그렇기 때문에 중간 작품부터 플레이하면 스토리를 파악하는 데 약간 어려움을 겪는다는 것은 이미 설명해왔습니다.

하지만 정작 중요한 **이 게임의 스토리를 전혀 소개하지 않았다는 것**을 눈치챈 분도 많을지도 모르겠습니다. 게임을 구입한 『고에몽』 시리즈 팬은, 매번 매번

벨트 스크롤 액션 형태인 마을 풍경. 우주 정서가 넘쳐흐르는 스페이스 마을 사람들의 모습을 보고, 평범하게 적인 줄 알고 공격해서는 안 되는 일이었다(과거형).

횡 스크롤 타입의 액션 스테이지. 처음부터 험난한 발판과 짜증 나는 적 배치로 인해 고전은 필수. 옛날에는 잘도 이런 걸 클리어했구나 하고 나 자신을 칭찬해주고 싶다.

이 수단 저 수단을 다 쓰면서 시작되는 언제나의 초 전개 오프닝을 처음에 감상하게 됩니다.

이번에는 처음부터 『키테레츠 장군 맥기네스(奇天烈将軍マッギネス)』부터 등장 중인 거대 로봇 '고에몽 임팩트'가 갑자기 말하기 시작하고, 사실은 **임팩트 별에서 온 임팩트 성인이었다**며 커밍아웃을 합니다. 충격적인 전개에 어느 정도는 내성이 있는 『고에몽』 시리즈 팬들조차도 경악할 만한 초 전개!

물론 고에몽 임팩트를 모르는 플레이어는 약간 버려두는 느낌으로 진행됩니다.

경악했다고 해야 할지, **'너 할아버지가 만들었잖아'**라거나 **'조종석 있잖아'** 같은 약간의 모순에는 일체 대답하지 않는 경악의 커밍아웃을 고에몽 임팩트에게 직접 듣는 부분부터 시작하는 처지가 되는 것입니다.

……왜냐 하면, 사실 발매 당시는 『신세기 에반게리온』이 한창 방송 중일 때!

그야말로 '서드 임팩트' 레벨의 커밍아웃을 '고에몽 임팩트'에게 받아버린 플레이어.

'거대 로봇이 사실은 인간이었다'라는 소재는 시기적으로 생각해도 기적적인 소재 겹치기(ネタ被り)[1]이긴 했지만, 당시 『고에몽』 시리즈를 따라오던 팬의 입장에서 보면 아연실색할 정도의 초 전개였습니다.

이 초 전개 오프닝은 문자 그대로 **고에몽 임팩트** 그 자체였던 당시 시리즈 팬의 충격을 곱씹으면서 플레이해보는 것도 좋을지도 모릅니다.

(A)

※1　제작, 구상 중이던 소재를 우연히 다른 사람이 먼저 발표해버리는 것을 말함. 표절과의 차이점은 완전히 우연이라는 점-역주

두근두근 메모리얼 전설의 나무 아래에서
(ときめきメモリアル 伝説の樹の下で)

장르 : 시뮬레이션
제작사 : 코나미
　　　　(コナミ)
발매일 : 96.2.9
정가 : 9,980엔

'PC엔진은 이 게임을 위해 태어났다'라고까지 일컬어졌으며, 당시의 게임 업계에 태풍의 눈 중 하나였던 전설의 연애 시뮬레이션 게임이 슈패미로 이식! 음성은 없지만, 그 점 이외에는 틀림없이 만족할 수 있는 완성도에 유저들도 안심. 훗날 JRPG나 시뮬레이션 게임에도 커다란 영향을 미쳤으며, 일본 게이머의 가치관에 큰 변혁을 가져온 작품.

PC엔진은 이 게임을 위해 태어났다!

1994년 PC엔진 슈퍼 CD-ROM2로 조용히 발매되어, 기적의 대히트를 기록한 『두근두근 메모리얼』이 드디어 슈패미로 이식! 1994년이라면 물론 차세대기들이 차례로 발매된 시대. PC엔진도 슬슬 본격적으로 종식이라는 느낌이 나던 시절의 일입니다.

그런 시기에 발매된 충격적인 미소녀 게임. 그것이 『두근두근 메모리얼』이었습니다.

주인공은 소꿉친구인 용모단정, 두뇌 명석, 명랑쾌활, **냉혹비정**한 4박자를 모두 갖춘 슈퍼 소꿉친구 후지사키 시오리와 같은 사립 키라메키 고교에 입학했습니다.

거기서 여자애에 관한 것이라면 아무런 보상도 요구하지 않고 무엇이든…… 설령 그것이 **여동생의 3사이즈**라 해도 가르쳐주는, 그 자신에게는 어떤 이익이 있는 건지는 전혀 알 수 없는 '편리한 남자', 사오토메 요시오와 친구가 됩니다.

그리고 주인공은 키라메키 고교의 생활을 만끽하기 위해 공부를, 동아리 활동을, 운동을, 커뮤니케이션을…열심히 노력합니다. 당면한 목표는 지금은 그림의 떡, 키라메키 고교 유수의 미소녀가 된 소꿉친구 후지사키 시오리를 낚는 남자가 되는 것으로, 사나이다움을 갈고 닦는 활동을 열심히 하게 됩니다. 하지만 그러기 위해 근성과 운동과 예술 등 사나이다움을 갈고 닦는 데 정진하면 할수록 새로운 여자아이들과 만나게 되는 기쁜 연쇄가 시작됩니다. 새로운 여자아이와 알

사립 키라메키 고교에 입학한 주인공. 지금은 아직 모든 면에서 능력치가 낮은 주인공의 노력과 근성의 벼락 인기남 스쿨 라이프가 시작된다!

96年4月4日(木)

藤崎「どうしたの？
私の顔に、何かついてる？」

동급생인 퍼펙트한 여고생 후지사키 시오리. 이 소꿉친구가 돌아보는 그런 남자가 되기 위해, 모든 고교 생활을 건다!

게 되면 요시오에게 전화, 데이트 스팟 때문에 곤란하면 요시오에게 전화, 할 일이 없으면 요시오를 불러내고, 일단 요시오를 철저하게 이용해 여자아이들과 알아 나가는 것입니다.

이렇게 주인공은 3년에 걸쳐 사나이 다움을 연마하고, 누가 어딜 봐도 **전혀 빈틈이 없는 궁극의 꽃미남 생명체로** 성장해 나가……지만, 여자아이들에게 너무 데이트 신청을 많이 받아 휴일에 쉴 틈도 없게 될 때쯤에는, 여자아이들 사이에서 너무 인기 있는 주인공에 대한 분노와 질투의 폭탄이 자라기 시작합니다.

그렇게 되면 나란히 늘어서 자라기 시작한 질투의 폭탄을 처리하기 위해 데이트를 신청하고, 어르고 달래서 지금 이곳으로 다가오고 있는 파국을 피하는 모습은 그야말로 소 잃고 외양간 고치기!

인기가 있는 것도 의외로 괴롭다는 사실을 깨닫게 해줍니다.

그리고 운명의 졸업식까지 폭탄을 모두 처리해내거나, 아니면 폭탄 처리에 실패해 폭탄이 폭탄을 부르는 **키라메키 고교 최악의 남자**로 추락할 것인지는 실력과 운에 달렸습니다! 졸업식 날, 전설의 나무 아래서 기다리는 것은 과연 누구일까요?

처음으로 키라메키 고교의 생활을 한 번 끝낸 후, 역시 PC엔진은 이 게임을 위해 태어났다고 확신했습니다.

▌ 슈패미판, 여기가 다르다! ▌

그럼, 노력과 근성과 정보 수집, 그리고 치밀한 폭탄 처리로 3년간의 하이스쿨 라이프를 만끽하는 『두근두근 메모리얼』. 슈패미판은 '오프닝이 잘렸다', '캐릭터 보이스가 없다' 등 CD-ROM이 아니기에 생략된 부분이 있는 것이 사실입니다. 하지만 '동작이 경쾌하다', '게임 기동이 빠르다', '일부 이벤트 추가', '화를 냈을 때의 **얼굴이 약간 무섭지 않다**' 등 ROM 카트리지이기에 가능한 메리트도 확실히 존재합니다.

▌게임성이라는 애매한 단어 ▌

지금은 생각하기 어려운 일이지만, 당시에는 아직 **미소녀 게임은 게임성이 낮다**는 고정관념이 만연한 상태였고, 또 **실제로 완성도가 유감스러운 느낌의 미소녀 게임들도 마구 양산되던 시대였습니다**. 이런 상황에서 명백하게 게임의 미래를 격변시킬 연애 시뮬레이션이라는 게임성이 높은 미소녀 게임이 제시된 것입니다.

현재는 게임에 대한 연구가 진행되어 **'게임성이라는 건 상당히 조잡한 말이다'**라는 인식이 되었고, 게임을 표현하기 위해 쓰면 부끄러운 단어가 되었습니다. 하지만 당시는 '완성도가 별로라 마음에 들지 않는 게임을 표현하기 위한, 가볍게 쓸 수 있는 그럴싸한 느낌의 단어'로서

남용되고 있었던 겁니다.

하지만 게임성이라는 단어는 **'애초에 게임성이란 게 뭐지?'**라며, 이후 철저하게 캐묻게 됩니다. 결국 오랜 기간에 걸쳐, 어떤 종류의 사람들과 함께 사라지는 운명이었던 겁니다.

▌1994년의 벽과 그때까지의 게이머 ▌

『두근두근 메모리얼』과 그 뒤를 잇는 연애 시뮬레이션의 흐름은, 주로 RPG나 비약적으로 대용량화한 CD-ROM을 전제로 한 어드벤처 게임의 극적인 진보, 그리고 1994년에 발매된 게임기들에 의해, **'미소녀 게임은 게임성이 낮다'**는 고정관념 그 자체가 철저하게 파괴되어가

부자, 미형, 이사장의 손주라는 삼박자를 갖춘 미형 캐릭터 이주인 레이. 빈정대기만 하고 실제로 방해는 하지 않는 수수께끼의 라이벌.

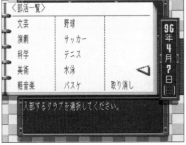

오는 사람 막지 않고 가는 사람 잡지 않는 동아리 활동은 물론 어디에도 입부하지 않아도 상관없다. 열심히 해서 성과를 낸다 해도, 굉장히 간단하게 퇴부 가능하다.

뭘 하는 건지 잘 모르겠는 과학부에 입부. 히모오 씨가 말을 걸어준다. 동아리 활동에서 만나는 패턴의 여자아이도 있다.

매일 동아리 활동에 힘쓰는 주인공. '남자다움을 갈고 닦는다!'고 맹세한 것치고는 입학 시의 근성은 극단적으로 낮다.

게 됩니다.

그리고 '게임 속에서 미소녀나 꽃미남과 연애해도 된다'라는 새로운 룰이 일본제 게임에 갑자기 동시다발적으로 채용되어, 원래부터 거대했던 일본제 게임의 영향력이 전세계에서 더욱 거대화하는 흐름이 발생했습니다.

……유감이었던 것은 여기서 '게임을 따라가지 못하게 된 종래의 게이머'들의 존재로, 1994년의 벽을 넘지 못했던 친구들이 몇 명이나 존재합니다.

틀림없는 청춘의 한 페이지였다

1990년대 중반은 수많은 새로운 게이머를 끌어들임과 동시에, 수많은 탈락자도 만들어냈습니다.

게임 팬의 수지타산으로 볼 때는 명백히 커다란 플러스가 되긴 했지만, 게임 화제가 메인인 술자리 등에서는 명백하게 얘기가 엇나가기 시작했고, 게임의 최전선에서 매우 즐거워하며 돌격해 나가는 차세대기 팀의 화제를 서서히 따라가지 못하게 되어 페이드 아웃하는 사람들을 확인하는 건 쓸쓸한 일이었습니다.

아마도 각자 심경이나 환경의 변화가 있었을 것이고, 1990년대 중반이라는 게임 업계의 대변혁기에 나름대로의 생각이 있었던 건지도 모릅니다.

그 후……게임을 사지 않고 주위들은 지식만 가지고 악담만 하는 사람들이 나타났습니다. 심지어 특정 분야의 지식으로 서로 두들겨 패다가 낄낄 웃는 오타쿠의 등용문이라고도 할 수 있는 PC 통신

초 슈퍼 패미컴

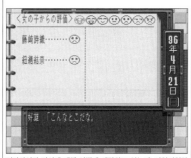

<女の子からの評価> 😊😊😊😊😊😊😊

藤崎詩織……… 😟

如瀬結奈……… 😟

96
年
4
月
21
日
(日)

詩織「こんなとこだね。」

여자아이가 자신에 대해 어떻게 생각하고 있는지, 시원시원하게, 알기 쉽게, 직구로 가르쳐 주는 친구 요시오. 입학 당시 시오리의 호감도가 낮아서 쇼크를 받는다.

의 게시판에서.

어째서 새로운 게임을 하는 걸 포기한 건데. 어째서 하지도 않은 게임을 바보 취급 하는 거냐고! 게임에 대한 험담은 팍팍 하더라도, 최소한 직접 즐겨보고 확인해보기 전에는 그 게임의 진짜 **잘못된 방향성**은 보이지 않습니다.

'아무래도 1994년에 발매된 게임기들을 사지 않았다는 건 알겠어. 하지만 **가장 추천하는 『두근두근 메모리얼』은 슈패미로도 발매**되었거든? 이걸 안 하는 놈은 게이머가 아니야!'라고요.

개인적으로 이때 PC 통신에 적었던 문장이라고 해야 하나, 싸웠던 내용들이, 『초 쿠소게』부터 이 책『초 슈퍼 패미컴』까지 20년 이상 지속되는 『초○○』시리즈가 탄생하는 계기가 되긴 했습니다만.

이처럼, 정말로 인생을 바꾼 게임『두근두근 메모리얼』을 다시 플레이하고, 1990년대 중반의 시대의 달콤 쌉싸름한 분위기를 떠올려 보는 것도 하나의 즐거움일지도 모릅니다.

(A)

바하무트 라군(バハムート ラグーン)

장르 : 시뮬레이션 RPG
제작사 : 스퀘어
　　　　(スクウェア)
발매일 : 96.2.9
정가 : 11,400엔

왕도 정통파 시뮬레이션 RPG가 스퀘어에서 등장! ……이렇게 딱히 우습게 봤던 것도 아닌 플레이어를, 단 한 명의 등장인물이 일으킨 부조리한 정신적 폭력이 습격! 시나리오 라이터가 중복되어 PS용 소프트 『레이싱 라군(レーシングラグーン)』과 관련이 있다는 소문도 있지만, 라군어(語)라 불렸던 서정적인 시는 아직 등장하지 않은 과도기적인 작품.

▌부유대륙 세계를, 잡혀간 왕녀를 되찾아라!

하늘에 떠 있는 수많은 대륙인 라군 세계를 무대로, 드래곤을 타고 조국을 멸망시킨 제국에 반기를 드는 반란군의 이야기. 잡혀간 왕녀를 되찾아라!

그런 이 게임 『바하무트 라군』은 스퀘어가 제작한 시뮬레이션 RPG입니다.

도입 부분이나 소개 기사는 좋게 말하면 왕도, 실제로는 약간 혼해서 식상한 느낌이 나는 설정으로 보였기 때문에, 발매 당시에 그냥 흘려보낸 플레이어도 많았을 것입니다.

하지만 이 게임 『바하무트 라군』은 왕도 시뮬레이션 RPG를 예측하던 플레이어들을 **아비규환의 수렁**으로 떨어트려 주었습니다.

▌드래곤을 인도해 지형의 의표를 찔러라!

반란군 동료와 팀을 이루어 행동하는 드래곤의 존재가 특징입니다.

이 드래곤은 동료가 내리는 대략적인 지침에 따라 반자동으로 싸우기 때문에, 드래곤 자체는 강하지만 **대강 생각한 대로 움직여 준다면 럭키**인 유닛입니다.

이 드래곤을 잘 유도하는 것과, 동료들이 맵 위에서 마법을 사용함으로써 지형 자체에 영향을 줄 수 있다는 것이 다른 시뮬레이션 RPG와의 결정적인 차이입니다.

동료는 통행 불능인 강을 얼려서 건너가거나, 이동력이 크게 떨어지는 **숲을 태우고 그 후 불을 꺼서 이동하기 쉽게 만드는**……등의 숏 컷 방법이 무수히 존재합니다. 이 지형에 대한 마법 행사로 인해, 적의 허를 찌르고 밀집한 적진에 범위 마법을 날리는 것도 가능해지는 것입니다.

거기에 접근한 아군의 같은 계열 마법

ビュウ　　　　クロスナイト　　Lv 1 HP 818 SP 3
ラッシュ　　　ナイト　　　　　Lv 1 HP 750 SP 21
ビックバック　ナイト　　　　　Lv 1 HP 770 SP 20
トゥルース　　ナイト　　　　　Lv 1 HP 761 SP 21

드래곤에 내리는 명령은 대략적인 행동 방침 지시뿐. 생각대로는 잘 움직여주지 않는 데다, 성격이 거칠기 때문에 뭇매를 맞지 않도록 신중하게 명령을 내려야 한다.

으로 인한 추가 지원 공격 등을 더해, 강행돌파한 다음 적을 효과적으로 통구이로!

기본적으로는 평범하게 싸워도 난이도는 그다지 높지 않지만, 이 지형에 대한 마법과 추가 지원 공격으로 인해 생각하면 생각할수록 기발한 공략법이 발견되는 것도 이 시대의 진화한 시뮬레이션 RPG이기에 가능한 훌륭한 연출이라 할 수 있습니다.

전투에서는 이길 때마다 다 쓸 수 없을 정도의 아이템이 아낌없이 떨어지는데, 그 차고 넘치는 아이템은 장비할 수 있을 것 같은 귀중한 무기 및 방어구 이외에는 기본적으로 **드래곤의 위장으로 직행**.

드래곤은 기본적으로 뭐든지 먹기 때문에, 망가진 무기나 방어구라도 팍팍 피

와 살로 바꾸어 형태를 돌연변이시킵니다. ……잘 생각해 보면 무기나 방어구라도 먹고 팍팍 모습을 돌연변이시키는 것 자체가, **어쩌면 슬라임 계통의 무언가**인 건 아닐까 하는 기분이 들지 않는 것도 아닙니다.

요요의 기묘한 망언

이 게임은 생각대로 행동해주지 않는 드래곤을 유도하는 시뮬레이션으로서의 면모 외에도, 미션 막간에 함께 싸우는 동료들의 속셈이나 일상을 엿볼 수 있는 **군상극으로서의 측면**도 있습니다. 스토리의 근간에 관련되기에 자세한 설명은 피하도록 하겠습니다. 하지만, 이 게임 『바하무트 라군』이라면 역시 히로인 요요의 **슈퍼 프리덤한 행동!**

애초에 요요라고 하면, 플레이하지 않은 게이머들 사이에서도 '슈퍼 패미컴 천하제일 글러먹은 히로인 대회의 독보적인 우승자'라는 별칭이 붙은 인재입니다.

멋대로 주인공을 전 남친으로 인정해 버리고는 그 앞에서 새 남친과 꽁냥거리는, 주인공 뷰에 대한 요요의 배신은 이제는 이야깃거리 레벨이라고도 할 수 있습니다.

261

カーナ王
「ヨヨ……わかるのだな？
バハムートの想いが……」

신룡 바하무트의 생각을 알 수 있는 카나 왕국의 왕녀 요요. 분위기 파악을 못하는 행동 때문에 주인공과 반란군을 혼란에 빠트리지만, 그것 또한 바하무트의 마음을 너무 잘 알기 때문.

요소요소에서는 계속해서 자신은 나쁘지 않다는 식으로 몰고 가며, **꼭 해야 되는 일만 시킬 수 있고**, 지금도 눈앞에 있음에도 불구하고 점점 멋대로 성장해서 색이 바랜 세피아색 추억으로 취급하며 있는 대로 이용당하는 주인공의 입장이 말이 아닙니다.

그런 주인공 뷰의 편을 들어주는 것은, 하필이면 **멘탈만이라면 요요에게 압승할 정도의 소녀의 힘을 발휘하는** 변태 영감님, 즉 전함 파렌하이트 선장 센닥 정도입니다.

심지어 주인공은 전 여친인 요요가 새로운 남친과 한쌍의 바퀴벌레 같은 짓을 해서 분위기가 악화되고, 점점 마음이 갈기갈기 찢어지는 반란군을 지도자의 입장에서 다잡으면서 계속 싸울 수밖에 없는 것입니다.

스토리가 진행되면서, 이래도 버티냐는 듯이 요요에게 짓밟히는 주인공의 순정은 차치하고서라도, 그런 요요의 남의 눈은 신경도 쓰지 않는 자기중심적인 행동으로 인해 세계를 구하기 위해 모인 동료들의 단결심이 갈기갈기 대붕괴!

진행하면 할수록 단결된 마음이 당혹스러움을 거쳐 그냥 무관심과 의무감으로, 그저 끝난 후의 앞날에 대한 희망으로 변해가는 과정이 상세히 묘사되는 것이 이 게임 『바하무트 라군』의 진정한 모습! ……이거 진짜 시뮬레이션 RPG 맞지?

빗케밧케는 훨씬 어른이었다

……뭐, 요요가 얼마나 글러먹었는지에 대한 소문, 아니 별 생각 없이 여친의 이름 같은 걸 붙여버렸던 플레이어의 아비규환을 익히 들었기 때문에, '이 녀석이 요요구나! 일단 **중학생 시절 물렸던 개** 이름이라도 붙여둘까'. 평소에는 기본 설정 그대로 두거나 내 이름을 붙이는데, 다른 이름으로 결정해서 정말 다행이었다고 할 수밖에 없습니다.

그렇다고는 해도, 역시 이 정도로 참

```
「1位……サラマンダー
 2位……ポチ
 3位……たなか
 4位……好きな女の子の名前
```

드래곤의 이름을 추천하는 빗케밧케. 이야기의 핵심을 찌르는 명대사. 드래곤의 이름을 추천하고 있다는 사실을 잊어서는 안 된다.

상일 줄은 생각도 못했기 때문에, **옛날 물렸던 개에 대한 증오**까지 늘어나버릴 것만 같아졌습니다.

부순 것은 주인공의 순정만이 아니라, 모여 있던 반란군의 화합 그 자체였던 겁니다. 즉, 요요라기보다도 이 게임『바하무트 라군』자체가 같은 뜻으로 모인 집단을 붕괴시키는, 흉악한 서클 크래셔의 이야기였다는 것!

……그런데, 『바하무트 라군』에서 주인공의 부하, 빗케밧케가 처음으로 이름을 지을 때 추천 4위가 '좋아하는 여자애의 이름'이었습니다.

이것은 드래곤에 이름을 지어줄 때의 추천입니다. **요요에게 그 이름을 붙이는 건 전혀 추천하지 않았다**는 것을 깨달았습니다.

비록 주는 먹이에 따라 모습이 완전히 바뀌어버리는 드래곤이라는 이름의 부정형 생물로밖에 생각하지 않는다 해도, 모습 정도는 바뀌어도 **결코 배신은 하지 않는 드래곤에 좋아하는 여자애 이름을 붙이는 편이 훨씬 낫다**고 처음에 살며시 가르쳐주는 것입니다.

잘 생각해 보면 히로인에 해당하는 포지션만 보더라도, 좋게 말하면 약물 의존증, 나쁘게 말하면 **마약 중독자 누님**인 프레데리카나, 도중까지 서브 히로인으로 만들었던 것을 뭔가의 이유로 **할아버지로 바꾼** 걸로밖에는 안 보이는 소녀 감성이 너무 높은 노인 센닥 등, 독특해도 너무 독특한 반란군 동료들.

그중에서도 빗케밧케는 덜렁대는 부하를 연기하면서도 이미 어른이었다는 점과 더불어, 시나리오를 담당한 토리야마 모토무(鳥山求, 이후 파이널 판타지13 등의 시나리오와 디렉터를 맡는다-역주) 씨는 **시나리오 집필 시에 대체 얼마나 지독한 연애를 했던 걸까**……하는 생각을 해보는 것도 하나의 여흥일지도 모릅니다.

(A)

슈퍼 마리오 RPG(スーパーマリオRPG)

장르 : RPG
제작사 : 닌텐도
(任天堂)
발매일 : 96.3.9
정가 : 7,500엔

전세계적인 대히트작 『슈퍼 마리오』가, 스퀘어의 협력을 받아 RPG로 등장! 언제나의 횡 스크롤 액션에서 쿼터뷰가 되었으며, 깊이도 볼륨 업. 명작이지만 숫자가 적은 당시 닌텐도의 RPG에 대한 딜레마를 해소하기 위해 시행착오를 되풀이한 결과로 『포켓몬스터』와 함께 나온 답이라고도 일컬어지는 작품.

▍마리오, RPG가 되다 ▍

패미컴 발매 당시부터 현재에 이르기까지 계속해서 닌텐도의 얼굴을 맡고 있는 마리오가 드디어 RPG로 등장!

심지어 개발은 『파이널 판타지』 시리즈 이외에도 야심적인 RPG를 계속해서 발매하던 스퀘어가 협력!

매번 질리지도 않고 나쁜 짓을 하는 쿠파와, 매번 질리지도 않고 납치당하는 피치 공주와, 매번 질리지도 않고 구하러 가는 마리오.

버섯 왕국의 주민들도 무심하게 '아, 또구나'라며 계절의 풍물시처럼 자신의 역할을 연기합니다.

하지만 이번에는 처음부터 성에서 쿠파와 싸우는 부분에서 스타트.

당연하다는 듯이 쿠파는 쓰러트렸지만 멋지게 피치 공주를 구해내지는 못하고, 마리오의 자택까지 날려지는 부분에서 이야기가 시작됩니다.

지금까지의 마리오 시리즈와는 다르게 쿼터뷰 화면이 되었지만, 이동 시에 점프를 사용해 각종 장치들을 넘어가는 부분은 그야말로 마리오.

적이 보이는 심볼 인카운트 방식 전투도, 버튼을 누르는 타이밍에 따라 공격력이 증가……한다기보다, 기본적으로 버튼을 누르는 타이밍이 정확하다는 것을 전제로 밸런스가 잡혀 있기 때문인지, 오히려 **실패하면 공격이 약해진다**고 생각하는 편이 더 나을 것입니다.

일단 공격을 실패하면 당황해서 연속으로 공격을 실패하며, 단순한 조무래기 전에서 갑자기 위기에 빠지기도 하는 면도 긴장감을 자아냅니다.

처음에는 도구점에서 장비를 구입해 장비하거나, 여관에서 묵는 것 자체에 '지금 마리오 하고 있는 거 맞지'라며 석연찮은 무언가를 느낄 수도 있지만, 피치나 쿠파 등 친숙한 동료, 마로와 지노 등 **친숙하지 않은 동료**가 늘어남에 따라서 RPG의 무대가 된 마리오의 세계의 깊이를 느낄 수 있게 될 것입니다.

처음부터 클라이맥스! 피치 공주를 구하기 위해 언제나처럼 쿠파와 싸우는 마리오.

▌닌텐도 RPG의 전환기 ▌

『슈퍼 마리오 RPG』는 1994년 발매된 차세대기들이 격렬히 싸우던, NINTEN-DO 64 발매를 몇 개월 앞둔 시기에 발매되었습니다.

차세대의 씨앗으로 『MOTHER』 시리즈에 이기면 몰라도 절대 밀리지는 않는 기대도의 신작 RPG를, 당시로서는 아무래도 고가가 되기 쉬웠던 ROM 카트리지임에도 불구하고 과감하게 저가격으로 투입했다는 점에 놀랐습니다.

당시 닌텐도 타이틀 중에서는 『MOTH-ER』 시리즈 이외에 이렇다 할 간판 RPG 시리즈 자체가 없었습니다.

그리고 이 게임 『슈퍼 마리오 RPG』가 발매되기 겨우 10일 전에는 게임보이용으로 『포켓몬스터 레드, 그린(ポケットモンスター赤·緑)』이 발매되었습니다.

RPG라면 슈퍼 패미컴이라 일컬어지면서도, **RPG의 질은 높아도 숫자가 적었던** 닌텐도가 품고 있던 딜레마.

이 딜레마를 어떻게 하기 위해 시행착오를 거듭한 결과로서 싹을 피운 것이, 늦긴 했지만 NINTENDO 64 발매 직전이라는 시기였던 건지도 모릅니다.

(A)

별의 커비 슈퍼 디럭스
(星のカービィ スーパーデラックス)

장르 : 액션
제작사 : 닌텐도
(任天堂)
발매일 : 96.3.21
정가 : 7,500엔

『별의 커비』 시리즈의 7번째 작품으로서, 시리즈의 아버지인 사쿠라이 마사히로 씨가 디렉터를 맡은 액션 게임. 초대 커비의 리메이크나 레이스, 동굴 탐험 등 여러 가지의 게임이 모인 옴니버스 형식으로, 초보자부터 상급자까지 폭넓게 즐길 수 있다. 『꿈의 샘 이야기』(夢の泉の物語)에서 처음으로 등장했던 카피 능력을 물려받은 것 외에도, 둘이서 협력 플레이를 할 수 있는 헬퍼도 추가되었다.

HAL 연구소의 구세주, 커비!

둥글고 귀여운 인기 캐릭터 커비. 이 얼빠진 듯한 캐릭터가 없었다면, **지금의 닌텐도도 없었겠지요.**

개발 회사인 HAL 연구소(HAL研)는 옛날 경영이 어려웠지만, 시리즈 제1탄인 『별의 커비』가 대성공한 덕분에 사업을 재정립하고, 당시 톱이었던 이와타 사토루 씨가 닌텐도의 사장이 되는 흐름으로 이어졌습니다. 원래는 『팅클 포포(ティンクルポポ)』라는 타이틀로 2만 6천 개의 주문을 받아두었던 것인데, **미야모토 시게루 씨가 '조금만 건드리면 굉장히 재밌어진다'고 해서 발매를 중지하고 다시 만들어,** 전 세계에서 500만 개가 팔린 대히트작으로 변한 좋은 이야기도 있습니다.

이 게임 『별의 커비 슈퍼 디럭스』(이하 『SDX』)는, 커비의 아버지 사쿠라이 마사히로[1] 씨가 직접 제작한 것입니다. 다른

※1 桜井政博. 일본의 게임 디자이너. 닌텐도에서 별의 커비 시리즈 및 스매시 브라더스 시리즈 등을 제작했다−역주

스태프가 만든 시리즈 작품은 초대의 분위기를 중요시하지만, 사쿠라이 씨 버전의 『커비』는 **매번 노 리미트!** 넘치는 아이디어가 꽉꽉 눌러 담겨 있습니다.

굉장한 볼륨과 굉장히 지워지기 쉬운 세이브 데이터

초기 커비의 액션은 '적을 빨아들인다', '토해낸다'의 2가지였지만, 두 번째 작품인 『꿈의 샘 이야기』에서 카피 능력이 더해졌습니다. 이 게임에서는 그 능력이 대폭 충실해져, 종류나 효과도 증가했습니다. 이로 인해 초보자는 흡수하기 쉽고 강한 능력으로, 상급자는 세심한 조작이 가능한 것으로……이런 식으로, **실력에 맞춰 폭넓게 즐길 수 있습니다.**

카피 능력을 지닌 상태로 A버튼을 누르면, 헬퍼가 등장합니다. 커비의 편을 들어주는 것만으로도 든든한데, 헬퍼는 2P 캐릭터로 조작할 수도 있어서 **친구나 가족과 둘이서 즐길 수 있는 기쁨.**

미니 게임이라기에는 너무나도 충실한 게임 충실도. 초반의 보스 다이나 블레이드가 '메타 나이트의 역습'에서 도우미로 나타나는 것이 불타오른다.

이 게임은 하나의 덩어리가 아니라, 여러 개의 게임이 채워져 있는 옴니버스 형식입니다. 그렇다고 해서 미니 게임 모음집이 아니라, **하나하나가 볼륨도 있고 파고들기 요소도 깊이가 있는 등 본격적으로 만들어져 있습니다.** 각각 장르까지 다른 손이 많이 간 작품입니다. '봄바람과 함께(はるかぜとともに)'는 초대 게임보이판을 짧게 리메이크한 것. 난이도도 낮게 만들어져, '조작 연습 스테이지'를 겸하고 있습니다. '하얀 날개 다이나블레이드(白き翼ダイナブレイド)'도 비슷한 분위기로, 초보자에게도 재밌어~! 하고 손짓하는 느낌.

'격돌! 구루메 레이스(激突! グルメレース)'에서는 데데데 대왕과 음식물 줍기 경쟁 레이스 게임……이지만, **영 점 몇 초를 겨루는 자신과의 싸움이 진짜입니다.** '진정한 라이벌은 너 자신의 기록과, 친구의 하이스코어다!'라고 부채질하면서, 마니아용으로 본색을 드러내기 시작했습니다.

동굴을 탐색해 아이템을 모으는 '동굴 대작전(洞窟大作戦)'은 넓은 맵도 그렇고 공들인 장치들도 그렇고 『메트로이드』급이며, '메타나이트의 역습(メタナイトの逆襲)'은 하드 코어한 액션과 메타나이트의 멋에 스며들게 됩니다. '은하에 소원을(銀河にねがいを)'에서는 카피 능력을 봉인 당한 대신, 최종적으로는 모든 능력을 언제든지 사용할 수 있는 커비 무쌍!

엄청난 볼륨이면서도, 세이브 데이터가 쉽게 지워지는 것으로도 유명한 『SDX』. 처음부터 몇 번이고 다시 하는 기쁨을 익힌 슈퍼 마조히스트 게이머들에게는 '0% 0% 0%'(세이브 데이터가 사라졌음)**를 다시 만날 수 없을 것 같은 미니 슈패미판은 뭔가 부족할지도…….**

(T)

이토이 시게사토의 배스 낚시 No.1
(糸井重里のバス釣り No.1)

장르 : 낚시
제작사 : 닌텐도
　　　　(任天堂)
발매일 : 97.2.21
정가 : 7,800엔

『MOTHER』 시리즈의 이토이 시게사토&HAL 연구소의 신작은 놀랍게도 배스 낚시 게임이었다! 플레이어는 초보자 배스 앵글러로서, 아카호시 호수에서 블랙 배스 낚시를 체험. 그때의 취미를 철저하게 담아 만든 작품으로, 마니악하게 만들었으면서도 이토이 시게사토의 작품답게 문장은 어딘가 독특하고 유머러스한 면이 있다. 스포츠 피싱 특유의 실력 차이가 두드러지는 부분을 잘 다듬은 조정은 역시 대단하다.

■ 배스 낚시에 도전!

이 게임 『이토이 시게사토의 배스 낚시 No.1(이하 배스 낚시)』는, 대작 게임의 한 가지 요소인 낚시에 스포트라이트를 주고, 그중에서도 대상을 배스 낚시로 한정했습니다. 그 대신, **파고들면 정말로 배스 낚시를 잘하게 되는** 것을 목표로 만들어진 본격파 작품이라고 광고했습니다.

낚시라면 역시 대작 RPG나 MMORPG의 미니 게임! 이럴 정도로, 단골 게임으로 채용되어 있습니다.

특히 MMO RPG 등에서는 게임 도중에 모험을 전혀 하지 않고, 낚시만 하는 플레이어를 발견하는 것도 어떤 종류의 풍물시 같은 것입니다.

『동물의 숲(どうぶつの森)』 시리즈나 『젤다의 전설』 시리즈를 플레이하는 동안에도, 정신을 차려 보면 낚시나 **폭탄을 이용한 다이너마이트 물고기 잡이**만 하고 있을 때도 있습니다.

■ 이 게임을 파고들면 정말로 배스 낚시를 잘하게 된다?

배스 낚시 초보자로서 아카호시 호수에 찾아 온 플레이어.

이쪽은 완전히 아무것도 모르는 초보이며, 초보자를 위해 알기 쉽게 설명해준다는 건 알겠는데, 처음 보는 낚시 전문 용어를 필사적으로 머리에 집어넣습니다.

……일단

● 배스가 있는 장소에 루어를 던진다
● 대를 조종해서 미끼가 살아 있는 것처럼 보이게 한다
● 물고기가 걸린 순간 낚시 바늘을 건다
● 날뛰며 도망치려 하는 물고기를 약하게 한다
● 서서히 릴을 감아 가까이 오게 한다
● 낚아 올린다

이런 6개의 단계로 나뉘어 있습니다. 애초에 루어의 바늘을 거는 것 자체도 섬

세한 테크닉이 필요하며, 낚싯줄과 대의 강도가 아슬아슬할 때까지 사냥감을 서서히 약하게 만들어 가까이 끌어옵니다.

걸린 사냥감이 잡어인 블루길이거나 할 때는 왠지 모르게 히트했을 때의 손맛으로 알 수 있게 되긴 하지만, 이게 진짜로 배스 낚시를 잘 할 수 있게 된 건지 아닌지는 **의문이 남습니다.**

대형 배스가 히트했을 때는, 실제로 낚아 올릴 때까지 수십 분 격투를 해야 하는 경우도 자주 있으며, 그게 스포츠 피싱인 배스 낚시의 진수인 모양이지만, 이 게임에서도 거물일수록 완전히 낚아 올릴 때까지 비슷할 정도의 시간이 걸릴 때도 있습니다.

리얼 배스 낚시와 게임 배스 낚시의 차이

실제 배스 낚시와 이 게임의 『배스 낚시』에서 틀림없이 말할 수 있는 것, 그것은 실제 낚시를 한 적이 있는 사람이라면 누구나 아는 일이지만, '물고기가 있는

블랙 배스가 히트! 줄이 끊어지지 않도록, 신중하게 지치게 만들면서 릴을 감아 올린다. 거물과 싸우게 되면 신중한 장기전이 필요하다.

곳에 바늘을 던지면 낚을 수 있지만, 없는 곳에서는 아무리 숙련된 낚시꾼이라 해도 낚을 수 없다'는 것.

힌트에 의존하면서 블랙 배스가 있을 것 같은 **포인트를 계속해서 찾고, 루어를 계속 캐스트하는 것**이 낚시에서 가장 중요한 부분으로, 최소한 바다낚시에서는 물고기가 없는 곳에서는 아무것도 낚이지 않습니다.

너무나도 당연해서 매번 쓰는 것도 좀 그렇지 않나 싶지만, 물고기가 없는 곳에서는 낚을 수 없다는 것을 깨닫게 해주는 작품이라 할 수 있겠죠.

(A)

269

동급생2(同級生2)

장르 : 어드벤처
제작사 : 반프레스토
(반프레스토)
발매일 : 97.12.1
가격 : 3,000엔

원래는 PC용 18금(일본은 성인 등급을 18금, CERO-Z 등급으로 표기한다-역주) 게임이었지만, 연애를 강하게 내세우고 캐릭터를 깊이 파고든 드라마성이 유저의 눈물샘을 자극해, 가정용 게임인『두근두근 메모리얼』과 나란히 연애 게임 황금기를 쌓아올린 걸작 게임의 이식판. 이미 슈패미가 시대에 뒤처진 기기가 된 상태였기 때문에 창고행이 될 뻔했지만, '닌텐도 파워'(ニンテンドウパワー) 전용 소프트 제1탄으로 등장! 공략 가능한 캐릭터는 줄어들었지만, 이동하기 쉬운 맵 등 노력이 엿보이는 완성도이다.

닌텐도 파워로 전설의 (전) 에로 게임 등장!

에로 게임 레전드 대작, 닌텐도 하드로 이식! 원래 초대『동급생』은 성욕이 남아도는 주인공이 히로인들을 꼬시는 18금 게임이었습니다. **실행 파일 이름도 'nanpa.exe'였던 것**은 흔들리지 않는 사실입니다.

하지만 욕망을 나누는 똑 부러진 히로인들 중에서, 달콤 씁쓸한 청춘인 타나카 미사 시나리오가 특출한 인기를 자랑했기 때문에, 속편인 이 게임『2』에서는 연애 방향으로 풀 스윙. 역시 성 표현도 있는 에로 게임이지만 마음이 통하는 드라마성이나 공략하는 보람도 더 깊어져, 동시대의 가정용 게임기에서 화제였던『두근두근 메모리얼』과 함께 **연애 게임 황금기의 개막을 장식한 존재**입니다.

슈패미판의 발매는 1997년으로, 가정용 게임 이식으로서는 세가 새턴판이나 PS판보다도 더 늦게, 가장 나중에 발매되었습니다. 이렇게까지 예정이 늦어진 것은 슈패미 말기이기에 시장이 있을지가 위험했기 때문인데, 그럼에도 발매가 가능했던 것은 '닌텐도 파워'(이하 NP) 덕분입니다.

NP란 닌텐도와 로손(LAWSON, 일본의 대형 편의점 체인-역주)이 제휴해 편의점에 설치된 기기인 'Loppi'로 게임 소프트를 구입해 내려 받을 수 있는 서비스였는데, 이 NP의 전용 신작 제1탄으로서『동급생2』가 발탁! 즉, **디스크 시스템의『젤다의 전설』같은 위치였던 것입니다**(개인의 견해입니다).

슈패미의 표현 규제에서 살아남은 '가슴'

그러는 필자도『동급생2』의 중력에 혼이 이끌려, 인생이라는 이름의 위성 궤도가 크게 어긋나버린 사람 중 하나. 『초에로게』등의 책 시리즈에서도 PS판의 피규어 12개가 든 거대한 상자를 그냥 다 드러내놓고 지하철로 옮기는 수치 플레이를 만끽했던 일을 가끔 말했었습니다.

이벤트 CG 하나하나까지 뇌세포에 각인시켜온 솔저로서, 역시 신경 쓰이는 것은 이식의 집착도. 원전인 PC-9801판을 쾌적하게 플레이하기 위해, 당시는 10만 엔 가까이 하던 하드 디스크(20MB)를 『동급생2』만을 위해 구입했던 과거의 자신에 대해 거짓말을 할 수는 없습니다.

이미 1997년 당시는 시대에 뒤처졌다고 해도 좋은 노병 슈패미, 비력한 표현력을 쥐어 짜내 재현된 미소녀들의 그래픽은……**아슬아슬하게 합격!** 화면의 해상도, 도트 숫자도 오리지널 PC판에는 전혀 미치지 못하지만, **닌텐도 하드로 에로 게임 그래픽을 재현하려 한 것만으로도 대흥분.**

에로 게임을 가정용으로 이식할 때 넘어야 할 두 번째 허들이 '표현 규제'라는 벽입니다. PS용에서도 속옷 등 성적인 냄새가 나는 표현은 팍팍 잘려나가 '정치적으로 올바른 전 에로 게임'이 되어 있었기에, 걱정하던 참이었습니다.

'내가 싸움을 걸어도, 류노스케는 가슴만 만진단 말이야'(히로인 중 한 명인 미나미카와 요코의 대사).

닌텐도 하드에서 가슴! 단어 사냥에서 살아남은 가슴! PC판에서 PS판으로 이식될 때 잘렸던 표현도 몇 가지가 부활해, '승소'라 적힌 종이들 들고 뛰어다니고 싶은 기분입니다.

연상은 거의 공략 불가, 진정한 의미의 '동급생' 게임으로!

이 게임은 주인공인 류노스케를 조작해 야소하치 마을과 인근 마을인 키사라기 마을의 맵을 돌아다니는 어드벤처 게임. 시간대에 따라 있는 곳이 달라지는 여자아이들과 만나 대화를 거듭해, 호감도를 상승시켜 시나리오를 진행시킵니다.

슈패미판에서는 PC판보다 작아진 맵을 이동하는 종래의 이동 외에도, **전체 맵에서 장소를 선택해 워프가 가능해졌습니다.** 작은 건물에 들어가려다가 도트가 어긋나서 짜증나는 일이 없어집니다!

한 지붕 아래 살면서 혈연관계는 아니지만 '오빠'라 부르는 유이(여동생 모에), 이웃에 사는 소꿉친구 토모미(불행 모에), 그리고 숨겨진 캐릭터라 불리며 높은 인기를 자랑했던 스기모토 사쿠라코(병약 모에지만 놀라운 회복력) 등 3대 히로인은 이 작품에서도 건재. 거기에 새로이 공략할 수 있는 무녀인 나구모 마야도 추가되었습

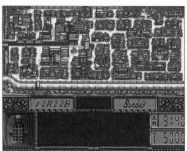

슈패미로 이식되어 전체 맵에서 각 포인트로 워프할 수 있게 되었다! 이 기능은 PC판을 철야 공략할 때 있었으면 했다.

'슈퍼 패미컴 유저 여러분, 안녕하세요'라면서 제4의 벽을 넘는 대사를 날리는 이카리노 보츠코. 아무와도 플래그를 세우지 않으면 엔딩을 볼 수 있다.

니다.

그리고 이카리노 보츠코도 공략할 수 있게 되었습니다. **원작에서 메인 캐릭터가 되었어야 했지만 캔슬된 분노로 거리에 출몰하던 괴인과 연애 플래그를 세울 수 있다니, 누가 이득인지!**(이카리노 보츠코라는 캐릭터 이름 자체가 출연이 캔슬되어 분노했다라는 뜻을 담고 있다-역주)

유이, 토모미, 사쿠라코는 메인 디시이며, 본편 스타트 직후인 22일에는 보육원 보모인 야스다 아즈미를 공략하기 위해 보육원으로 갑니다. 그 도중에 야소하치 역에 들르면, 타나카 미사와 딱 마주치고. **너 너, 25일까진 나타나지 않는 거 아니었어……? PC판과 타임 차트가 달라졌다!**

이렇게 보육원에 다니면서 시나리오를 진행하고, 해를 넘기면서 친밀해졌는

데, 이야기가 거기서 스톱. 조사해보니, 타나카 미사 이외의 연상 캐릭터는 공략 불가로 변경! **진정한 의미로『동급생』게임이 된 거였습니다.**

용량 제한 탓인지 공략 가능한 캐릭터나 BGM 등이 삭제된 슈패미판『동급생 2』하지만 **그 여파로 기분 나쁜 부자 라이벌 사이온지의 BGM이 왕 변태인 요시키와 같아져서, 꼴 좋구나 하고 대폭소**할 수 있었으니 됐어!

(T)

슈퍼 펀치아웃!!(スーパーパンチアウト!!)

장르 : 액션
제작사 : 닌텐도
(任天堂)
발매일 : 98.3.1
정가 : 1,905엔

완성도가 매우 높았지만 미국에서만 발매되었고, 일본에서는 로손의 닌텐도 파워 다운로드 전용 소프트라 숨겨진 채로 지나가버렸던『슈퍼 펀치아웃!!』. 그래서 플레이어가 적었고, 카트리지 실물을 가지고 있는 사람은 더 적은, 너무 늦어버린 숨겨진 명작. 요즘 말하는 '니나라(너희 나라에서는 안 팔아)' 문제를 다시금 부각시킨 슈퍼 패미컴 말기의 문제작.

▌괴인 복싱 재등장!

이름 없는 평범한 선수가 복싱계의 헤비급 선수에 도전!

게임 센터에서도, 패미컴에서도 인기를 끌었던 통쾌 괴인 복싱『슈퍼 펀치아웃!!』이지만, 놀랍게도 닌텐도 파워 전용 소프트로서 조용히 등장!

아케이드판『펀치 아웃!!』의 속편인 아케이드판『슈퍼 펀치 아웃!!』에서 추가된 괴인 복서들과, 오리지널 괴인들이 추가된 그야말로 시리즈의 집대성입니다.

이번에도 가드나 좌우 스웨이로 괴인의 펀치나 킥을 피하고, 좌우 펀치로 안면과 보디에 공격을 날리면서 괴인들을 쓰러트리며 나아가는 기본 부분은 같습니다.

하지만 원래 몇 번이고 괴인들에게 매트에 다운당하면서 약점과 공략 패턴을 파악하고, 자기자신의 초 반사신경으로 한 순간의 틈을 찔러 이겨 나가야 하기에, 공략법은 알고 있다 해도 플레이어 자신의 컨디션 여하에 따라, 도중에 생각지도 못한 패배를 맛보기 일쑤라는 점 또한 패미컴판에서 무엇 하나 바뀌지 않은 스파르타한 부분입니다.

오히려 3명째까지는 기합만으로도 두들겨 패서 승리할 수 있는 패미컴판보다 약간 난이도가 상승했으며, 이 게임에서는 2명째부터 슈퍼 팻맨이라 복부에 대한 공격이 통하지 않는 베어 허거를 상대로, 패미컴판의 슈퍼 팻맨 타입 캐릭터였던 킹 히포와 비슷할 정도로 고전하게 됩니다.

▌난이도도 파워 업!

여기서부터는 노력과 근성만으로는 통하지 않는 권선일여(拳禅一如, 주먹과 정신이 하나가 되는 경지를 말함-역주)의 깨달음의 경지가 요구되는『펀치아웃!!』의 세계. 상대의 공격과 반격을 예상하고, 모르면 죽을 수밖에 없는 필살 펀치를 몸을 돌려 피하며, 한 순간 찾아 온 괴인의 틈을 찔러 필살기인 슈퍼 펀치와 러시를 퍼붓습니다.

이쪽의 펀치를 가드하게 만들어 반격
시키고, 그 카운터를 지르는 것은 물론
당연한 일입니다.

앞으로 나아감에 따라 일격 일격이 라
이프 게이지를 전부 가져가버릴 정도인,
문자 그대로 필살 펀치를 연타한다거나,
필살 펀치의 징조라 할 수 있는 예비 동
작이 거의 없는 **노 타임 필살 펀치**를 날
리는 세계적 레벨의 괴인이 계속해서 등
장합니다.

실제로 하면서 비교해봤지만, 패미컴
판보다 등장 괴인이 늘어났음에도 불구
하고, 명백하게 난이도가 상승했습니다.
'이런 게 말이 되냐!'라는 마음마저 무로
돌아가고, 상대의 **공격과 반격**을 읽고,
반사 신경과 공략법을 초월한 권선일여
의 경지에 도달하지 못한다면 이기고 앞
으로 나아갈 수 없습니다.

인간을 그만둔 놈들과 싸우려면 인간
을 그만둘 수밖에 없습니다.

인지를 초월한 괴물들이 서로 싸우는
곳, 그것이 『슈퍼 펀치아웃!!』의 세계인
것입니다.

혹시 안 팔리리라 생각했나?

전작, 특히 11년 전에 발매된 일본의
패미컴판은 챔피언에 당시 압도적인 복
싱 헤비급 왕자였던 마이크 타이슨을 기
용했고, 심지어 해외에서는 기본적으로
마이크 타이슨이 나오지 않았기 때문에
해외의 레트로 게임 컬렉터 사이에서는
일본 여행 때 반드시 갖고 싶어지는 게임
이기도 했습니다.

슈퍼 패미컴판은 그런 패미컴판의 시
스템에 패미컴판에 등장하지 않았던 아
케이드판의 괴인이 재등장한 중간적인
분위기라 할 수 있겠죠.

다만 이번 작품부터는 정식으로 일본
어에도 대응되며, 패미컴이나 아케이드
판에서는 영어로 무슨 말을 하긴 하는데

반투명 기능으로 대전 상대가 보이게 되었고, 자신도 상대도 크
게 표시할 수 있게 되었으며, 박력이 늘어난 것도 슈퍼 패미컴이
기에 가능한 것이었다.

시리즈 팬 대망의 일본어 대응! 지금까지 영어라 무슨 소릴 하는 건지 불명이었던 아이들도 '별다른 소린 하지 않는다'는 것을 알고 안심하고 플레이 가능.

무슨 소릴 하는 건지 몰랐던 당시의 영어에 약한 꼬마들에게도 약간 친절해졌습니다.

친절해졌다고는 해도 졌을 때는 대부분 시시한 욕이나 한다거나, 세컨드 또한 **실은 별로 대단한 소리는 하지 않는다**는 걸 알게 되는 방향성의 친절함.

애초에 패미컴 시대는 영어 온리였기 때문에, 나중에 영어 공부를 약간 한 다음 패미컴판을 다시 플레이해보면 역시 영어로도 별로 대단한 소린 하지 않았다는 것이 새삼 판명되었습니다.

이번 『슈퍼 펀치아웃!!』은 플레이어 캐릭터가 전작의 리틀 맥에서 직접 이름을 붙일 수 있는 '무명씨'로 변경되어 있습니다.

11년 후에 발매된 Wii판 『펀치아웃!!』에서는 리틀 맥이 다시 주인공으로 복귀했습니다.

이렇게 거의 12간지가 한 바퀴 돌 때마다 신작이 발표된 호흡이 긴 시리즈인 것입니다.

이처럼 난이도, 볼륨 모두 파워 업 한 지고의 주먹다짐 『슈퍼 펀치아웃!!』.

일본에서는 어째서인지 **닌텐도 파워 다운로드 전용 소프트**였던 것이 난점으로, 시리즈 팬이라 해도 로손이 가까이에 없는 시골 거주자 등의 이유로 다운로드하지 못한 플레이어도 많았던 것이 굉장히 유감입니다.

현물이 거의 존재하지 않는다는 의미에서도, 버추얼 콘솔로 재등장하기를 기다리는 작품이라 할 수 있겠지요.

(A)

헤이세이 신 오니가시마 전편
(平成 新·鬼ヶ島 前編)

장르 : 어드벤처
제작사 : 닌텐도
(任天堂)
발매일 : '98.5.23
정가 : 3,800엔

80년대 중반 패미컴 디스크 시스템용으로 발매되었던 옛날이야기 어드벤처 게임의 스핀오프가 슈패미에 등장! 원래는 사텔라 뷰용으로 배신되던 게임을 슈패미만으로도 즐길 수 있도록 다시 만들었다는 경위를 지녔다. 모모타로(桃太郎)나 우라시마타로(浦島太郎), 킨타로(金太郎)나 산넨네타로(三年寝太郎) 등의 리믹스를 따스한 음악과 엄격한 미니 게임으로 이야기하는 '옛날이야기 선물 세트'이다.

▋전작은 디스크 시스템용 어드벤처 ▋

옛날옛날~어떤 곳에 할아버지랑 할머니가 살고 계셨어요(중략). 강에 흘러 내려온 컵라면 같은 밥그릇에 뜨거운 물을 붓자, 안에서 기운 찬 남자아이가 튀어 나왔습니다라니……컵라면?

패미컴 디스크 시스템은 ROM 카트리지보다도 대용량으로, 데이터를 덮어 쓸 수도 있는 미래의 미디어. 어디까지나 1986년 시점에서는……. 아무튼, 닌텐도가 지금까지는 없었던 게임을 목표로, 『젤다의 전설』 등 수많은 신기축 게임이 탄생하는 계기가 된 가제트입니다.

그중 하나가 『패미컴 옛날이야기(ふぁみこんむかし話)』로, 장르는 어드벤처. '이동', '대화' 등의 커맨드를 선택해 이야기를 읽고 진행시키는, 당시 시점에서도 그리웠던 형태입니다. 하지만 액션 중심이던 닌텐도에게는 새로운 도전이었습니다.

'모모타로'=남자아이와 '카구야히메'=

여자아이를 주인공으로, '우산 쓴 지장'이나 '은혜 갚은 학' 등 다양한 옛날이야기를 섞은 일본 옛날이야기 리믹스.

입력하는 커맨드는 두루마리 형태로 표시되며, 대사는 전부 세로 쓰기. 일본풍 정서가 넘치는 음악에 빠지게 되지만, 난이도는 상당히 엄격합니다. 우산 쓴 지장에 우산을 씌워주지 않고 쓰러트리면, 벌이 떨어져 아기가 괴물로! 이런 배드 엔딩도 자주 발생합니다.

수수께끼 풀이는 거의 노 힌트이며, 아무것도 없는 풀 더미에 몇 번이나 '보다'를 사용하면 킨타로가 나온다거나, 부조리하고 불친절해 여기저기서 자주 막히게 됩니다. 단, 그건 당시의 감각으로는 '서비스'였습니다. 아직 ROM이나 디스크의 용량이 적어 볼륨이 부족한 시대에 팍팍 진행하게 되면, 모처럼 구입한 게임이 금방 끝나버리고 맙니다. 그 당시의 '불친절함'은 길게 즐길 수 있도록 하기 위해……라는 친절함이었던 것입니다.

새로운 시험으로서, 예를 들어 '사람

바꾸기(ひとかえる)' 커맨드. 이걸 이용해 남자아이와 여자아이의 조작을 전환해 협력해서 위기를 헤쳐 나갈 수 있는, 훗날의 **'재핑'**(시점 전환)**의 선구자**격이었습니다. 원래 소재인 옛날이야기를 알고 있기 때문에 걸리는 함정도 있으며(너구리의 진흙 배 등), '짓궂은' 대접도 보통이 아닙니다.

배드 엔딩은 '끝입니다'라는 내버린 듯한 메시지와, 절망을 부르는 음악도 무섭습니다. 하지만 배드에 들인 공은 굉장한 화제가 되어, **게임을 클리어하는 것보다 배드를 컴플리트하는 쪽이 더 재미있습니다.** 과연 미야모토 시게루 씨가 감수한 어드벤처!

수행 동물이었던 개, 원숭이, 꿩의 스핀오프

그 혼을 이어받은 소프트가 『헤이세이 신 오니가시마』. 원래는 위성 방송 시스템인 사텔라 뷰용이던 『BS 신 오니가시마』를 슈패미 단독으로 즐길 수 있도록 전, 후편으로 리메이크한 것으로, 옛 수도인 교토(京都)에 있는 닌텐도다운 시리즈일지도 모릅니다.

이번에는 속편이라기보다는 외전. 전작에서 주인공들과 함께했던 개, 원숭이, 꿩이 동료가 될 때까지의 경위를 알 수 있습니다.

전편의 제1화에서는 할아버지와 할머니한테서 자란 개 링고. 이 할아버지는 뿌리면 마른 나무에 꽃을 피울 수 있는 가루를 가지고 있었습니다……링고의 원래 모티브는 '꽃 핀 할아버지'의 개였습니다.

1장은 그 가루를 도둑맞았기 때문에, 링고의 수사가 시작됩니다. '이동' 커맨드→실제로 걸어다니는 '움직임'이 있는 것이 닌텐도다운 느낌으로, 화면이 전환될 때마다 '이동'을 선택하는……이런 면이 귀찮기도 합니다.

마루 밑에서 자고 있었는데, 마을에 숨어 든 도둑의 간계를 목격한 가정부, 아니 링고가 분주하는 제2의 사건. '여길 파라 멍멍'을 도둑맞은 돈을 숨긴 장소와 엮는다거나, 가난하지만 솔직한 할아버지를 돕기도 하는 하트풀한 한때.

그 후, 도깨비가 마을에 찾아와 마을 사람들의 혼을 뽑아가는 쇼킹한 방향 전환은 약간 심장에 좋지 않습니다. 행복하게 살았답니다가 되면, '패미컴 옛날이야기'로 연결되지 않을 테니 어쩔 수 없습니다.

야만바에게서 도망치는 미니 게임이 너무 호러다

원숭이 마츠노스케 편에서는 짓궂음 레벨도 서서히 상승해, '이런 걸 어떻게 알아!'가 슬슬 나오기 시작합니다. 여행을 떠나는 허가를 얻기 위해, 병에 걸린 장로를 치료할 수 있는 '미야미즈(宮水)'를 찾게 되는데, 동굴 속에서 이동을 실수하면 온천에 떨어지는, 『드퀘Ⅱ』의 론다르키아 같은 함정이.

여행을 떠나면, 납치된 연인 오우메를 구하는 야만바(山姥) 편이 엄청난 호러 느낌으로 가득합니다. 일부러 물웅덩이에 굴러서 진흙을 뒤집어쓰지 않으면 지장보살에 섞여 서지 못하고 잡아먹히며, 하룻밤 묵으면 옆방에서 식칼을 슥슥 가는 소리……. 오우메를 무사히 구출! 했나 싶었더니, 문에 버팀목을 깜빡하는 바람에 잡아먹히는 **식인(원숭이) 카니발**입니다.

아지트에서 도망친 후에는, 절벽의 발판을 뛰어넘어야 합니다. 타이머가 나타나고, 제한 시간 내에 올바른 방향을 선택해야 합니다. **이 게임의 2년 후에 등장한 『쉔무(シェンムー)』의 QTE보다 먼저!** 『타임 걸(タイムギャル)』 등 레이저 디스크 게임을 따르는 것이기도 합니다만.

전편의 최대의 난관인 야만바 편. 문의 버팀목을 깜빡하는 바람에, QTE를 실수해서……계속해서 먹히는, 이 장면은 어째서인지 서바이벌 호러.

절벽 아래로 내려간 후에도 통나무를 타고 강을 내려가는 추격전. 상하로 피하지 않으면 즉사하는 스타일의 미니 게임이 계속 등장하며, **치밀했던 어드벤처가 갑자기 육체파 게임이 되어갑니다.**

클리어 후에는 『패미컴 옛날이야기』 본편을 즐길 수 있다

후편의 최초는 3마리의 수행 동물 중 꿩인 오하나가 유폐된 오토히메 님을 구출하는 미션.

동물 동료들을 지휘해 '용궁의 사당 앞에서 너구리 타누 씨가 오토히메로 변해서, 원숭이인 분키치를 사당 앞에서 유인해낸다(중략). 꿀벌에게 신호를 보내 분키치를 찌르게 한다'는 **세세한 순서를 세우는 오하나의 노고는 눈물이 앞을 가립니다.**

실제로는 플레이어가 하게 만들기 때문에 눈물이 나옵니다.

오토히메는 전작의 주인공 중에서 여자아이의 전생의 모습입니다.

그 다음 장에서는 남자아이의 전생인 (우라시마)타로의 신상에 무슨 일이 있었는지가 밝혀집니다.

오토히메는 스스로의 사명을 다할 뿐이지만, 타로는 도와준 거북이에게 구슬 상자를 갓 떠맡은 상태……**사건에 말려들 것 같은 느낌이 장난 아닙니다.**

최종 결전은 『패미컴 옛날이야기』에도 있었던 이야기의 리메이크. 도깨비와 싸우지만 '빗나감', '명중' 등을 눈으로 보고 눌러야 하며, 적이 '엉터리 술'을 사용하면 룰렛의 움직임이 엉망이 되어 공격이 전혀 히트하지 않는다거나, **최후의 최후에 점프해 용의 꼬리에 달라붙는 타이밍은 아무리 엄격해도 그렇지 정도라는 게 있는 것 아닌지…….**

닌텐도의 몇 안 되는 어드벤처 중에서, 아이들에게 향수와 트라우마를 새긴 시리즈의 유종의 미를 장식한 슈패미의 전후편.

우라시마타로(오토히메와 타로) 두 사람에게 전생에 저지른 '원죄'를 짊어지게 하고, '산넨네타로'나 '용신전설' 등 민화나 신화를 짜 넣은 장대한 패치워크는 이렇게 막을 내렸습니다.

익숙한 이야기가 마음에 스며드는 것을 돕고, 선택이나 조작을 실수했을 때 나오는 머리를 쥐어뜯고 싶어지는 음악은, 『슈퍼 마리오』로 잘 알려진 콘도 코지(近藤浩治) 씨의 걸작 중 하나입니다.

눈을 감으면 떠오르는, 용의 발에 짓밟히거나, 야만바에게 먹히거나, 바위 틈새에 떨어져 다시 시작한 추억……**허들을 너무 올렸잖아!** 이렇게 버티기 힘들었던 것도 클리어 후 『패미컴 옛날이야기』 본편을 즐길 수 있게 됨으로써 보상받습니다. 아니, 이쪽이 난이도가 더 높긴 하지만.

(T)

패미컴 문고 시작의 숲
(ファミコン文庫 はじまりの森)

장르 : 어드벤처
제작사 : 닌텐도 (任天堂)
발매일 : '99.7.1
정가 : 2,381엔

산 속 깊은 곳의 시골 마을로, 혼자서 할아버지를 만나러 간다……거기서 시작되는 이상한 소녀 코바시와의 만남으로 인해, 도시 아이인 '나'가 용기를 쥐어짜내 쿠즈노키 마을에 전해지는 전설에 전력으로 맞서는 주브나일 어드벤처(Juvenile adventure, 보통 중학생 정도의 사춘기 청소년들의 모험 이야기를 다루는 내용-역주). 당시 폭발적 진보를 되풀이해 황금기를 맞이했던 어드벤처 게임계에 나타난 작지만 상쾌하게 마음에 남는 단편 작품.

어딘가 그리운 쇼와의 끝의 시작의 시대

여름방학 어느 날, 시골 산 속 '쿠즈노키 마을'에서 승려로 사는 할아버지의 집으로 놀러가기 위해, 혼자서 전차를 타고 가는 초등학생인 '나'.

하지만 마중을 나와 계셔야 할 할아버지가 보이지 않습니다.

거기서 시작되는 도시 아이가 처음으로 가보는 시골에서 있었던, 잊을 수 없는 만남의 이야기. 그것이 이 게임『패미컴 문고 시작의 숲』입니다.

역장님 말고는 아무도 없는 시골 역, 할아버지가 마중을 나올 때까지는 아무도 없고, 아무것도 없습니다. 그래도 혼자서 쿠즈노키 마을의 역 주변을 탐험합니다.

역장님과 대화하거나, 역 주변을 어슬렁거리는 동안 반딧불을 쫓아, 부서진 선로 울타리를 통해 숲속으로 이끌려 가게 됩니다.

반딧불에게 이끌려 간 숲속에서, '나'

는 기모노 차림의 신비한 여자아이와 만나고, 다시 만날 약속을 하고 헤어집니다……아직 연심이라고도 부를 수 없는 담백한 마음을 가슴에 품고, 쿠즈노키 마을의 할아버지, 할머니, 악동들과 맹견, 심지어는 마을에 오랫동안 전설로 내려오는 수수께끼까지 적극적으로 관여하게 됩니다.

'나'는 미니 게임으로 된 딱지 승부에 도전하고, 악동들의 동료가 되어, 마을의 할아버지, 할머니를 도우면서 쿠즈노키 마을의 전설의 수수께끼에 도전합니다.

모든 것은 **반딧불과 함께 만났던 해질녘의 신비한 여자아이, 코바시**와 만나기 위해.

1990년대의 어드벤처 게임

1990년대는 PC용 성인 게임과 가정용 게임 양쪽에서 어드벤처 게임이 경이적인 진화를 이룩한 황금시대.

PC와 가정용, 양쪽의 어드벤처 게임

이 서로를 자극해 급속으로 진화한 시대이기도 했습니다.

그렇기에, 일부러 성인용과 가정용의 구별 없이 당시의 어드벤처 게임을 대강 소개하면, 1992년 『제절초』, 『동급생』, 1994년 『폴리스너츠(ポリスノーツ)』, 96년 『시즈쿠(雫)』, 『이 세상 끝에서 사랑을 노래하는 소녀 유노(この世の果てで恋を唄う少女YU-NO)』……이처럼 시대의 금자탑이라 할 수 있는 명작 어드벤처 게임이 즐비합니다.

특히 1999년이라고 해야 하나, 이 게임 『시작의 숲』 다운로드 판매 개시 1주일 정도 전에는 『카나~여동생~(加奈~いもうと~)』이 발매된 것처럼, 방심도 틈도 없는 황금기였을 정도입니다.

성인 게임 출신의 명작 PC 어드벤처라 해도, 나중에 전연령판이 되어 호화 성우진을 기용해 PC엔진 CD-ROM이나 PC-FX, 세가 새턴, 드림 캐스트 등의 CD-ROM 미디어 게임기로 이식되었기에 안심하고 전연령판을 기다릴 수 있는 그런 시대이기도 했습니다.

어드벤처 게임의 전국시대이자, 황금시대였다고 할 수 있겠죠.

패미컴의 영웅, 팩스소프트니카

그런 중후하고 장대화되어 약진하는 어드벤처 게임 속에서, 닌텐도 파워 전용이라고는 해도 닌텐도 발매의 디스크 시스템판 어드벤처와 게임 시스템적인 면에서 거의 동일한 커맨드 선택 방식을 일부러 채용했기에 더욱 이채를 발하고 있었습니다.

패미컴의 디스크 시스템에서 친숙했던 『패미컴 옛날이야기 신 오니가시마』, 『패미컴 옛날이야기 유유기(ふぁみこんむかし話 遊遊記)』, 『타임 트위스트 역사의 한 구석에서……(タイムツイスト 歴史のかたすみで……)』의 흐름을 잇는, 당시로서도 놀라울 정도로 그리운 타입의 커맨드 선택식 어드벤처 게임이라 할 수 있겠죠.

이것은 디스크 시스템용으로 닌텐도가 발매한 어드벤처 게임의 개발사가 팩스소프트니카(パックスソフトニカ)이며, 개발자도 거의 공통되기 때문인지도 모릅니다.

이렇게까지 시스템에 공유점이 많으면, 사실은 **디스크 시스템으로 만들고 있었던 건 아닌가?**……이런 기분까지 들게 됩니다.

왜냐 하면 『타임 트위스트』가 나온

1991년 시점에서, 패미컴 본체보다 먼저 디스크 시스템으로는 거의 신작이 나오지 않는 종결 상태였기 때문입니다.

이 게임을 시작으로 하는 디스크 시스템용 어드벤처 게임 이외에도, 사실은 패미컴 시대부터의 게이머는 닌텐도의 작품들로, 팩스소프트니카에게 계속 신세를 지고 있었던 것입니다.

『프로야구 패밀리 스타디움(プロ野球ファミリースタジアム)』이 나오기 전까지 접대용 게임의 왕자로 수없이 신세를 졌던 초기의 야구 게임 『베이스볼(ベースボール)』과, 디스크 시스템으로는 블루머 차림에 정신을 빼앗기기 일쑤였던 『발리볼(バレーボール)』.

그리고 진정으로 독자적인 세계를 제시했던 패미컴 굴지의 명작 RPG 『MOTHER』도 팩스소프트니카와 에이프가 공동개발한 것입니다.

고(故) 이와타 사토루 사장이 다시 만든 것으로 단숨에 이름이 알려지게 된 슈패미판 『MOTHER2 기그의 역습』도, 완성되었다면 다른 모습의 팩스소프트니카판 『MOTHER2』를 볼 수 있었을지도 모릅니다. 패미컴판에서 감동했던 『MOTHER』의 팬이라면, 가능했을지도 모르는 팩스소프트니카판 『MOTHER2』를 상상해보는 것도 좋겠죠.

█ 팩스소프트니카의 원점 █

더욱 기합이 들어간 팩스소프트니카 팬 중에는, 사실 패미컴 소프트 개발 회사로 활약하기 전, PC 초기의 『미유키 the 승부사(ミユキthe勝負師)』부터 신세를 진, **어떤 의미로는 호걸**도 적지 않게 존재하겠죠.

사실 이 『미유키 the 승부사』는, 발매 당시부터 일부라고 해야 하나, 필자의 친구들 사이에서 화제가 되었었습니다.

왜냐하면, 의붓여동생과 그림의 떡인 동급생의 여동생 사이에서 번뇌에 흔들리던 주인공을 그린 인기 만화 『미유키(みゆき)』의 두 사람의 미유키 중 **여동생 쪽**과 너무나도 비슷했기 때문입니다. 심지어 제목 자체가 『미유키 the 승부사』라는, 다이렉트하게 하고 싶은 말은 하는 자세에 여러 가지 의미로 전율했습니다.

애초에 『미유키 the 승부사』 발매 당시부터, 당시의 일본 출판사로서는 엄격하게 판권을 관리했던 쇼가쿠칸(小学館) 작품인데 괜찮나 걱정이 될 정도로 승부사 같은 모습을 발휘했던, 여러 가지 의미로 위험한 에로 게임이었습니다.

도전에도 정도가 있지 하며, 당시 갓 중학생이 되었던 필자도 생각했을 정도입니다. 지금도 **그 감상은 변하지 않았**

ぼくは、今年の夏休みに いなかの おじいちゃんの家に ひとりで 遊びに 行くことに なったのだ。

가본 적이 없는 할아버지의 집으로 가는 '나'. 할아버지, 할머니의 집으로 혼자서 전차를 타고 가는 여행도, 어떤 세대라면 같은 경험이 있을지도.

습니다.

눈을 감으면 추억이……

눈을 감고, 아득한 옛날을 떠올려 본다……아, 잘 생각해보니 마을 아이들이랑 했던 딱지치기, 평범하게 생각해보니 1960년대 초반 이전에 태어난 사람들만 가지고 놀던 장난감이었잖아!

그리고 만약 이 게임 『시작의 숲』이 디

스크 시스템 말기에 개발되어, 빛을 보지 못하던 작품이었다면…….

이 게임 『시작의 숲』은 '**유행은 20년 후에 레트로가 된다**'는 법칙에 따르면, 90년 당시에 레트로였던 것은 70년 전후에 대유행했던 장난감이었던 것이 됩니다. 시기적으로도 이상하게 겹치는 부분이 있다고 할 수 있지 않을까요?

90년 전후에 어린 시절의 추억을 돌아보고 싶어지는 세대는 당시 30대. 충분히 90년 전후의 레트로 기분에 **빠**지고 싶어지는 시기였을지도 모릅니다.

하지만 당시, 발매는 이루어지지 않았습니다. 하지만 이렇게 약 10년 후, 40대 **전후가 된 플레이어를 위해 발매된 것 자체**에 의미가 있다고 할 수 있지 않을까요. 어른이 된 플레이어에게, 한때의 추억을 제공하는 이 게임 『시작의 숲』. 그런 세대의 마음을 따르는 게임으로서, 지금도 마음속에 남아 있는 작품입니다.

(A)

파이어 엠블렘 트라키아776
(ファイアーエムブレム トラキア776)

장르 : 시뮬레이션 RPG
제작사 : 닌텐도
　　　　(任天堂)
발매일 : 99.9.1
정가 : 2,500엔

슈퍼 패미컴 후기에 킬러 타이틀 등장! 로손 이외에서는 구입하기 어려운 판매 방식이었기 때문에, 벽지의 게이머에게는 입수 자체의 난이도가 높았다. 게다가 시리즈 최고의 난이도라는 소문은 사실이었고, 느긋한 게임을 좋아하는 사람들은 구입을 망설였다. 이 게임 후에 카가 쇼조(加賀昭三) 씨가 독립해 엔터브레인(エンターブレイン)에서 『티어링 사가(ティアリングサーガ)』를 전개했고, 닌텐도와 소송을 벌이게 되었다.

■ 어려운 시뮬레이션, 재등장! ■

때는 NINTENDO 64가 고전하던 때, 플레이스테이션이 대승리를 거두었고, 세가는 권토중래를 기해 드림캐스트를 발매하고 1년이 지나가려던 시점.

빈말로도 반석에 올랐다고는 할 수 없었던 비극의 차세대기 N64가 서드 파티제 소프트 부족에 허덕이던 와중에, 편의점의 큰손 로손의 단말 '로피'의 서비스 중 하나인 '닌텐도 파워'에 킬러 콘텐츠 투입!

서장은 점령당해 동료들이 납치된 마을을 해방하는 미션. 주력은 초반에는 사실상 무적인 소드마스터 에벨과 랜스 나이트 핀.

그 후에는 그냥 정신이 나간 젊은이 오신이 어째서인지 서장의 구석 민가에서 전용 무기로 받을 수 있는, 거의 작중 최강의 도끼 푸지를 겟!

아싸아아아아아! 최강의 도끼를 갑자기 받다니 운이 좋구나! 라고 생각하면서 주인공 리프가 약간의 실수를 보이며 맵 중앙에 고립. 잡병의 활과 창의 통상 공격 두 발만에, 주인공도 덜컥 절명! 불쌍한 리프의 싸움은 목적지에 도달하기도 전에 종료되고 말았습니다.

■ 버거운 그 녀석이, 더욱 버거워졌다! ■

……어 그러니까, 여기서 일단 설명을. 실은 이 게임 『파이어 엠블렘 트라키아776』의 주인공 렌스터의 왕자 리프는 1996년에 발매된 『파이어 엠블렘 성전의 계보』에 등장한 리프와 동일인물입니다. 그래요, **그 머리카락이 갈색인 사람.**

애초에 『파이어 엠블렘』 시리즈는 시리즈 내내 주인공의 머리카락 색은 파랑색인 것이 약속이었습니다.

하지만 슬프게도, 리프 왕자는 『성전의 계보』를 플레이했다면 알 수 있듯이 파란머리가 아니며, 심지어 성전사 직계의 성혼은 누나 쪽에 계승된 소위 말하는 **평민 왕자**입니다.

스토리 자체도 『성전의 계보』의 리프 시점에서 트라키아를 중심으로 한 외전이라는 위치에 있습니다.

시스템 면에서도 『성전의 계보』를 시작으로 한 다른 시리즈와 상당히 다르며, 시리즈 팬에게는 처음부터 해왔던 것과 다릅니다.

우선, 거점 제압에 의한 보수나 가는 곳마다 받은 지원금은 처음부터 존재하지 않으며, 애초에 상점에서도 무기는 거의 팔지 않는 상태로 적을 쓰러트려도 **돈을 포함해 아무것도 떨어트리지 않습니다.**

평범하게 플레이하면 반드시 무기나 아이템 부족에 빠지게 됩니다.

그렇기 때문에, 자금 조달 방법이 적 유닛을 '붙잡은' 다음 '물품 교환'으로 장비품을 강탈하거나, 적 유닛의 아이템을 '훔쳐서' 자금원으로 삼는 것입니다.

이리하여 '붙잡기'를 쓸 수 잇는 도끼 유닛과 기사 유닛, 그리고 '훔치기'를 쓸 수 있는 시프가 스타인 리프 군단! 그거 그냥 **평범한 산적단** 아닌가…….

너무 어려워서 마음이 일그러진 리프 군단

즉, 처음부터 궁병과 같은 레벨의 빈약한 체력으로, 스테이터스 상승 방식도 미묘한 머리색이 파랗지도 않은 평민 왕자 리프가, 머리색이 파랗지 않기 때문인지 마을에서 지원금을 받지도 못한 채로, 근경에서 산적이나 다름없는 생활을 하며 각지를 전전하며 **괴로움을 견디는 것**이 『트라키아776』의 생활인 것입니다.

단순하게, 에벨이 고생해서 쓰러트린 다음 다시 단련시킨 산적단이, 리프 휘하에서 원래의 산적단으로 돌아간 것뿐……이라고 해야 하나, 리프 군단은 훔친 도구를 팔아치우는 트라키아의 산적단으로서, 참담한 고생을 맛보면서도 칠전팔기의 정신으로 확대 중!

그래서 『성전의 계보』에 나왔을 때는 **좀 더 악당 같은 얼굴이고 근성도 뒤틀려 있었을 텐데**……라는 생각이 들어 잘 생각해보니, 반짝반짝한 주인공 얼굴인 리프가 『트라키아776』에서 일어섰을 때는 15세, 완전히 인상이 악화되어 『성전의 계보』에 나왔을 때는 16세.

불의를 보고 참지 못하던 세상 물정 모르던 왕자님이 있는 대로 타락하기에는 충분한 시간이라 할 수 있습니다. '남자는 3일만 안 보면 눈을 비비고 다시 봐야 한다'는 격언을, 나쁜 방향으로 몸소 보여주고 있다고 해도 되겠지요.

과연 『파이어 엠블렘 각성』에서 재등

장했을 때, 가지고 있는 스킬이 거의 도적의 그것이었던, 왕자로서는 있을 수 없는 충격의 재등장을 이뤄 낼 정도는 되는군요.

너무나도 고생을 많이 한 머리색이 파랗지 않은 리프 씨를 보면, 동정의 눈물이 앞을 가립니다.

힘든 타이밍에 원군 등장! 도중에 삽입되는 대화 신도 생각해보면 시리즈 최초부터 채용되어 있었다.

니 나라에서 화려하게 벗어나, 세계로 퍼지는 파이어 엠블렘

생각해보면 이 게임은 발매 시기부터 미묘합니다.

1999년 8월 28일 닌텐도 파워용 다운로드 카트리지에 『트라키아776』이 들어 있는 프리라이트판과 디럭스판이 로손 한정으로 발매되었으며, 다음 날인 9월 1일부터 닌텐도 파워에서 다운로드 판매가 개시되었고 다음 해 1월 21일 ROM 카트리지로 발매되었습니다.

즉, 같은 소프트를 3번이나 새로 발매해 가격이 4종류나 되는 상태가 되어버린 것입니다.

그 후, 이 게임까지 전 시리즈를 지탱해왔던 카가 쇼조 씨가 독립하고, 플레이스테이션용으로 『티어링 사가』를 발매합니다. 현재는 Windows용 동인 게임 『베스타리아 사가(ヴェスタリアサーガ)』를 공개 중.

카가 씨가 빠진 후에도 닌텐도는 시리즈를 소중히 키워, 현재에 이르기까지 신작이 계속해서 발표되고 있습니다.

애초에 『파이어 엠블렘』 시리즈는 발매된 게임기가 패미컴에서 슈패미, 그리고 아무래도 따라가기 힘들었던 사텔라 뷰용 『아카네이아 전기(アカネイア戦記)』로 계속해서 발매되었습니다. 단, 일본 국내 한정으로.

『트라키아776』의 차기작에 해당하는 『봉인의 검(封印の剣)』까지는, 외국인들이 니나라(너희 나라에서는 안 팔아) 처치에 얼굴을 붉히며 격노하는 시리즈의 대표격이었던 겁니다.

하지만 게임큐브용 『슈퍼 스매시 브

이상만은 누구에게도 지지 않는 꼬마 리프를 지키는 핀. 발이 빠르라 납치의 에이스로서, 리프 산적단의 자금원의 중핵을 담당한다.

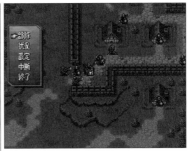

이얏하! 리프 산적단 나가신다야앗! 방해하는 놈은 아이템을 다빼앗아 주마! 애초에 너희들이 나쁜 거야!

라더스 DX(大乱闘スマッシュブラザーズDX)』에 마르스에 이어 로이까지 등장하면서, 『열화의 검(烈火の剣)』이후는 경사롭게도 해외에서도 발매되게 되었습니다.

과거 작품의 리메이크도 풍부하며, 본편과 맞먹을 정도로 많은 것도 유명했던 외전조차 버추얼 콘솔로 플레이 가능한 『파이어 엠블렘』시리즈.

다른 시뮬레이션 RPG는 플레이해봤지만, 시뮬레이션 RPG의 본가이자 본원인 이 시리즈는 '어려울 것 같다'는 이미지 때문에 왠지 손이 쉽게 가지 않던 플레이어도 많을 겁니다.

괜찮습니다. 『트라키아776』은 난이도가 높은 시리즈 중에서도 독보적으로 악마 같은 난이도를 자랑하는 **마조히스트 게임계의 대가**입니다.

반대로 이 게임을 클리어할 수 있다면, 다른 어떤『파이어 엠블렘』시리즈를 플레이해도 웃으면서 대응할 수 있을 것이 분명합니다.

(A)

메탈 슬레이더 글로리 디렉터즈 컷
(メタルスレイダーグローリー ディレクターズカット)

장르 : 어드벤처
제작사 : 닌텐도
(任天堂)
발매일 : 00.12.01
정가 : 1,905엔

범용 인형 작업 로봇을 조종하는 주인공이 인근 딜러에게 구입한 메탈기암은, 놀랍게도 신품이나 다름없는 군용 메탈 슬레이더였다! 그리고 콕핏에는 뜬구름을 잡는 듯한 막연한 메시지가 남아 있었다. 패미컴 환상의 소프트가, 슈패미의 대미를 장식하기 위해 디렉터즈 컷이 되어 대부활! 여동생 아즈사의 귀여움도 꼭 봐야 할 작품.

▌기다리길 잘했다! 슈패미판 ▌

이웃 딜러에게서 일을 하기 위해 중고 범용 인형 작업용 로보 메탈기암을 구입한 주인공 히무카이 타다시. 구입한 메탈기암의 콕핏에 타보니, 그건 위장된 군용 인형 로보인 메탈 슬레이더였다.

수수께끼의 신품이나 다름없는 메탈 슬레이더에 남아 있는 '지구는 위기에 처해 있다. 창조주를 찾아라'라는 **굉장히 대략적인 메시지의 수수께끼**를 풀기 위해, 여동생 아즈사(귀엽다), 걸프렌드 에리나(보통)와 함께 반 이상은 여행하는 기분으로 우주로 향한다.

지구를 벗어나 조사하는 동안, 서서히 밝혀지는 8년 전에 전사한 아버지와, 타다시가 입수한 글로리라는 이름의 메탈 슬레이더 기체 자체의 수수께끼에 휩싸이게 된다……

이러한 이 게임 『메탈 슬레이더 글로리 디렉터즈 컷(이하 디렉터즈 컷)』은, 패미컴에서 이식된 커맨드 선택식 어드벤처 게임입니다.

그렇다고는 해도 슈패미판은 『디렉터즈 컷』이라는 이름이 붙어 있는 것이 특징. 여동생 아즈사의 귀여움도 파워 업!

시나리오 연출 추가, 이벤트의 대폭적인 브러시 업 등, 그야말로 『디렉터즈 컷』이라는 이름이 부끄럽지 않은 내용으로 되어 있습니다.

▌슈퍼 레어! 환상의 패미컴판 ▌

생각해보면 슈패미는 카트리지에 쓰기 위한 대용량 ROM의 가격 상승과 ROM 입수가 곤란해 괴로워하고 있었습니다. 슈패미도 1997년부터는 편의점인 로손에서 게임 다운로드 서비스인 닌텐도 파워를 전개해, 가격 문제를 클리어하기 위해 발버둥 쳤습니다.

그 시기에 행해진 것이 패미컴 시대의 명작 리메이크.

특히 어드벤처 게임은 패미컴 디스크 시스템상에서 발매되었던 것들의 리메이크 등이 이루어졌는데, 『디렉터즈 컷』

은 약간 달랐습니다.

왜냐하면, HAL 연구소에서 발매된 패미컴판 『메탈 슬레이더 글로리』는 **누구나 알 정도로 시대의 오파츠**입니다.

1991년 8월 30일 발매 시점에는, 패미컴에서는 유일무이한 최대 용량 8메가비트를 자랑하는 대용량 ROM에 특수 칩도 탑재된 초호화 사양!

● 패미컴에서도 어드벤처 게임을 이 정도까지 만들 수 있구나!
● ROM 카트리지라도 노력과 근성과 대용량화로 어디까지든 갈 수 있구나!
● 여동생 아즈사는 굴지의 히로인!
● 덤으로 **약간 섹시하기도 해!**

섹시함은 지금 생각해보면 아무래도 별로 그렇지 않았던 모양입니다만, **약간의 오버**는 제쳐 두더라도, 그 표현력과 완성도에는 누구나 신음할 수밖에 없었습니다.

다만, 너무 과도하게 이것저것에 신경 쓴 결과, **너무나도 특수한 카트리지가 된 것**이 원인인지 아마도 1만 개 정도의 극소수만 생산되었고, 금세 품절되었음에도 불구하고 재판되지 않았습니다.

그 결과, 당시로서는 상당히 강인한 가격 설정이었던 정가 8,900엔이라는 가격에 한 순간이라도 주저했다간, 이미 손에 넣지도 못하고 발매되자마자 완매 상태가 되었습니다. 그야말로 **한 가운데만 없는 도너츠 상태**의 미디어 믹스라고도 할 수 있습니다.

패미컴 유저나 『메탈 슬레이더』 팬은 이런 경위로 나중에 9년 이상에 걸쳐 엄청난 고가에 거래되는 슈퍼 레어 소프트로서, 도탄의 괴로움을 맛보게 된 것입니다.

▌서적 등 화려한 전개 ▌

이 게임 『디렉터즈 컷』은 원래 패미컴판 게임을 중심으로 한 미디어 전개였기 때문에, 막대한 관련작이 발표되어 있습니다.

원안이 된 원작자 요시미루(よしみる) 씨의 『아공전소 픽사리아(亞空轉騒フィクサリア)』나 『최종 기공병 메탈 슬레이더 글로리 에이미아의 흔적(最終機攻兵メタルスレイダーグローリー エイミアの面影)』을 시작으로, 설정자료집과 세계관이 계승된 『E.G. 컴뱃(E.G.コンバット)』(아키야마 미즈히토[秋山瑞人] 저) 등을 포함하면 도저히 **원래는 1만 개 정도밖에 발매되지 않았던 패미컴용 게임이라고는 생각할 수 없는 충**

あずき あのロボット どっかで
あたことあるみたい……」
忠 『どっかって どこだ?』
あずき 『……ぇーん わかんないよぉ』

회사의 비품으로 작업용 로봇을 구입했더니, 뭔가의 착오인지 수수께끼의 군용 로봇 메탈 슬레이더가 도착해 당황하는 일행.

실험입니다.

특히 호세이대학에서 실험적으로 열려, 결과적으로 수많은 이단 작가를 배출한 카네하라 세미나(金原ゼミ) 출신으로서, 여명기의 전격 문고를 지탱했던 실력파 작가 아키야마 미즈히토 씨의 데뷔작 『E.G. 컴뱃』을 보고 이 게임의 세계관에 흥미를 지닌 팬도 많았던 모양입니다.

반대로, 이 미디어 믹스의 중핵이 환상의 슈퍼 레어 패미컴 소프트라는 기구한 운명의 전개가 되었기 때문에, 게임 제작자 요시미루 씨가 직접 그린 만화나 원안, 일러스트를 담당한 소설 메탈 슬레이더 월드를 접해보고 싶어진 팬은 쉽게는 입수할 수 없는 패미컴판 『메탈 슬레이더 글로리』 앞에서, 귀여운 여동생 아즈사를 만날 수 없어서 안타까운 마음을 품게 된 것입니다.

그런 패미컴판이 고가의 프리미엄이 붙은 슈퍼 레어 소프트가 되어버린 상황에서, 슈퍼 패미컴판 『디렉터즈 컷』이 닌텐도 파워로 판매되기 시작한 것은 그야말로 복음!

패키지로 한정 예약 판매된 프리라이트판도 패미컴판보다 훨씬 저렴한 5,780엔으로, **메탈 슬레이더 월드의 한 가운데를 점유하는, 게임이라는 가장 큰 조각이 드디어 모인** 것입니다.

슈퍼 패미컴, 이것으로 폐막!

패미컴 때는 압도적으로 적은 숫자만 제조되는 바람에 환상이 된 이 게임 『메탈 슬레이더 글로리』는, 최후의 공식 슈퍼 패미컴용 게임으로 등장했습니다.

2000년이라고 하면 아주 먼 옛날처럼 느껴지겠지만, PC상에서도 당시는 '동인 소프트'라 불리는 인디 게임계에서도 세기의 대작 비주얼 노벨 『월희(月姬)』가 등장한 것이 이 게임 『디렉터즈 컷』이 발매된 지 약 1개월 후인 것만 봐도, 현재와 일직선으로 이어지는 길 위에 있던 시대였던 것입니다.

시대는 이미 플레이스테이션2가 발매

초 슈퍼 패미컴

여동생 아즈사(귀엽다)는 이 메탈 슬레이더를 본 적이 있다고 한다. 하지만 돌아가신 아버지의 기억과 관련되었기 때문에 떠올리지 못하고 있다.

되고 반 년 이상 경과했으며, 다음 해인 2001년에는 게임큐브와 X-box도 발매된, 게임계의 단경기(端境期, 철이 지나서 생산 활동 따위가 평소보다 적은 시기를 말함-역주)라고도 할 수 있는 시기. 슈퍼 패미컴의 차세대기가 아니라, 그 다음 세대에게 본격적으로 주 전장이 넘어가기 시작하던 시기이기도 했습니다.

휴대용 게임기의 세계에서도 게임보이 컬러나 원더스완(ワンダースワン), 네오지오 포켓이 등장했으며, 게임보이 어드밴스가 등장하기 바로 직전까지, 격변하는 게임계에서 슈퍼 패미컴은 그 존재를 계속해서 드러내고 있었습니다.

그런 이 게임은 버추얼 콘솔로도, 패미컴판 『메탈 슬레이더 글로리』, 슈패미판 『디렉터즈 컷』 모두 Wii U로 현재 다운 로드 가능! **귀여운 여동생 아즈사와 다시 만날 수 있는** 것입니다.

메탈 슬레이더 월드의 최후의 조각을, 그리고 패미컴과 슈퍼 패미컴 두 개의 시대의 경계에 확실하게 존재했던 두 개의 『메탈 슬레이더 글로리』를, 지금에야말로 플레이해보시는 건 어떨까요.

(A)

슈패미 헌터, 아사쿠사에 가다!

featuring 게임 센터 CX 여름축제 in 아사쿠사 하나야시키

SUPER FAMICOM HUNTER
GO TO ASAKUSA

도청 앞에서 모닝 참매미 콜

2017년 7월 29일, 도쿄의 하늘은 전날 비가 와 흐렸고, 아침부터 클라이맥스로 찌는 듯한 더위를 자아내고 있다.

오늘은 『초 슈퍼 패미컴』의 아사쿠사 취재……라는 명목으로 '게임센터 CX 여름축제 in 아사쿠사 하나야시키(浅草花やしき, 아사쿠사에 위치한 테마파크-역주)'에 방문하기로 되어 있다.

『게임 센터CX(ゲームセンターCX)』는 개그 콤비 '요이코(よゐこ)'의 개그맨 아리노 신야(有野晋哉) 씨가 아리노 과장이 되어 등장, 수많은 레트로 게임에 진검 승부로 도전하는 '아리노의 도전(有野の挑戦)'이나, 지방도시의 게임 센터에서 나이에 안 어울리게 코인 게임에 열을 올리는 '가끔 간다면 이런 게임 센터(통칭: 타마게)' 등으로 잘 알려진 인기 게임 버라이어티 방송이다.

아베, 타네, 야모토는 이번에 '슈패미 헌터'라 자칭하고 있지만, 원래 우리는 '쿠소게 헌터'로서 데뷔했다. 『초 쿠소게』 시리즈를 담당했던 편집자 H가 『게임 센터CX』 방송 대본도 담당하고 있다——이런 경위로 실현된, 굉장히 억지인 더블 네임 기획이라고도 할 수 있다.

이런 이유로, 저자는 와카야마에서 상경해, 실수로 잡아버린 도청 근처의 숙소에서 아사쿠사로 향했다.

신주쿠 도청 앞은 가로수에 달라붙은 참매미가 정체 중인 차량 소음에 지지 않겠다는 듯이, 시골보다 훨씬 큰 음량으로 한여름임을 계속 주장하고 있다.

7월 하순부터 8월 초순까지는, 통계로 봤을 때 일본이 가장 더운 시기다.

그러고 보니, 지난 번 『초초 패미컴』에서 만화가 오시키리 렌스케(押切蓮介) 씨와 난부선을 걸었을 때도 7월 하순이었고, 당연히 찌는 듯이 더웠다.

문득 보니, 가전제품 판매점의 앞에는 아침부터 이렇게 불쾌지수 100%인데도 남녀노소가 줄을 서 있다. 그래, 아침 댓바람부터 나른해질 정도로 더운 오늘은 『드래곤 퀘스트 XI』의 발매일인 것이다.

그런 행렬을 약간 부럽게 느끼면서 바라본다. 생각해보니 이번 취재, 설마 『드퀘 XI』의 발매일과 겹치게 될 줄은 생각도 못했기 때문에, 이미 예약을 했었다.

이렇게 현기증이 날 것 같은 더위 속에서, 계절의 풍물시라 부르기에는 너무나도 민폐인 대음량을 발휘하는 참매미의 울음소리를 견디면서 손에 넣은 넘버링 신작 드퀘는, 틀림없이 각별한 재미가 있을 것이다.

그런 생각을 하면서, 냉방이 잘 되는 도에이선에 흔들리며 목표로 삼은 것은 아사쿠사.

역을 나서자마자, 인력거를 끄는 젊은 무리가 경쾌하게 달려간다. 카미나리몬부터 몹시 북적거리는 나카미세도리를 지나 아사쿠사지 본당에 가까워지자, 독경 소리와 장난 같은 참매미 울음소리가 성대하게 뒤섞인다.

약속 시간 전에 도착했기 때문에, 도저히 더위를 참지 못하고 '하나야시키' 앞에 있는 가게 '타이야키 카츠'에서 말차 밀크 빙수를 주문하고 기다린다. 아무리 '타이야키 카츠'라 해도, 여름철에는 빙수를 판매하는 모양이다.

인파로 인해 쪄죽을 것 같던 나카미세를 걸어 왔더니, 가게 안이 시원한 것만으로도 극락이다. 말차 밀크는 더더욱 극락. 듣자하니 오늘 밤, 스미다 강에서 불꽃놀이 대회가 개최되는 모양이었다.

'일본 일주'에서 '프리크라 챌린지'

이러는 동안, 타네도 땀을 뻘뻘 흘리며 '타이야키 카츠'에 도착했고, 둘이서 집합 시간을 기다리니 정각에 야모토와 편잡지 H도 합류.

'타이야키 카츠'에서 잔뜩 식힌 아베, 타네와는 명백히 흐르는 땀의 양이 다르다.

전원 집합 후, 관계자 접수로 취재 패스와 특제 원내 스탬프 랠리용 카드를 받아서, 원내를 산책⋯⋯아니 취재를 개시한다.

장내에 여성이나 자녀를 데려 온 사람들이 많은 것은, 과연 '하나야시키'라고 해야 하려나.

같은 작업복을 입은 분들도 모여 있다.

'놀이기구 정비라도 있는 걸까?'(아베)

'아닙니다! 아리노 과장 코스프레를 한 분들이세요!'(편집자 H)

잘 보니, 가슴에 '게임 센터 CX 흥행'이라는 자수가 새겨져 있었다.

혼자였으면 아리노 과장이었을 텐데, 그런 작업복으로 통일된 집단이 있으니 정말로 대규모 전기공사라도 있는 것처럼 보여 신기하다.

게임 코너인 '게임 플라자'의 1층은 아케이드나 프라이즈 머신 최신 기종이 모여 있는 패밀리를 위한 구성⋯⋯인가 했더니, 2층에는 그립다고 표현하기에는 너무나도 사무치게 그리웠던 코인 게임기의 모습이. 거기에는 전술했던 『초초 패미컴』 취재 중 모토스미요시에 있는 막과자점 '하라다야'에서 발견해 오시키리 씨와 불타며 플레이했던 코인 게임기도 있었다.

다만 '하라다야'에서는 『세계 일주 게임』이었는데, 이쪽은 『일본 일주 게임』이다.

게임 시스템이라고 해야 하나, 코인을 직접 튕기는 놀이 방식은 동일하다. 하지만 아무래도 유원지에 설치되어 있는 만큼, 쇼와 시절부터 존재할 터인 상당히 오래된 기종인데도 정비가 잘 되어 있는 건 역시라 해도 좋을 테지.

이번에는 지난번처럼 '애초에 반은 망가져 있는' 나쁜 상황이 아니라, 기계는 만전의 컨디션으로 기분 좋게 플레이 가능.

타네는 끈질기게 버티다가 오카야마에서 꿍침. 편집자 H, 이런 때만 보여주는 슈퍼 플레이로 훌륭하게 일본 일주를 달성해, 사탕 2개 겟!

물건에 따라서는 쇼와 태생의 골동품급 엘레메카(エレメカ)[1]나 프라이즈 머신을 볼 때마다 동작 확인도 겸해 플레이하게 되는 것은, 쇼와에서 헤이세이로 바뀌던 시기에 게임 센터 점원으로 일하던 시절부터의 습관이라고도 할 수 있다.

레트로한 엘레메카의 동작 체크를 하는 동안, 최신형 프리크라(프린트 클럽의 약자로, 간단히 말하면 스티커 사진 기기이다-역주) 기기를 발견!

사실 태어나서 단 한 번도 프리크라를 찍어본 적이 없는 슈패미 헌터 3인.

'일단 찍어볼까! 프리크라라는 걸 말이야!'라는 수수께끼의 텐션으로 촬영 개시.

용기를 내 남자 셋이서 프리크라 촬영. 그 완성품은 그야말로 폭소 퀄리티.

눈이 커지고, 기본적으로 흙빛이 도는 아저씨들의 입술이 핑크색으로 변화! 머리카락도 반짝반짝. 특히 타네의 피부가 믿을 수 없을 정도로 매끈하고 아름다운 피부가 되어 있었다.

특히 아베는 수염이 제멋대로 자란 상태임에도 불구하고, 거의 사라져 있었다.

그 결과는 이 책에 프로필 사진으로 게재되어 있으므로, 부디 즐거움을 공유했으면 한다.

※1 일렉트로 메카니컬 머신의 약칭. 아케이드 게임 중 특히 비디오 게임과 메달 게임, 핀볼을 제외한 것들을 가리킨다-역주

슈패미 헌터, 아사쿠사에 가다!

아리노 과장, 전설의 기타리스트 유미자와 씨로!

광장한 완성도의 프리크라로 한바탕 떠든 후에는, 스탬프 랠리를 하면서 오늘 제3회째가 되는 공연을 관람하기 위해 원내 홀인 '하나야시키자(花やしき座)'로. 장내에는 커플과 자녀를 데려온 사람들이 다수를 점유하고 있었는데, 이런 면만 봐도 『게임 센터 CX』 팬층의 폭이 정말 넓음을 느낄 수 있었다.

처음부터 '낸시로부터 긴급 연락'이라며 타이토의 『체이스 H.Q.(チェイス H.Q.)』패러디. 『체이스 H.Q.』가 발매되었을 시기에는 분명히 철도 들지 않았을 터인 관객도 웃고 있다.

앞서 말했던 카메라맨 아베 씨&AD 카가에 의한 주의사항을 담은 '항상 여기부터(いつもここから, 일본의 개그 콤비-역주)' 같은 폭주족 콩트로 장내가 달아오른 후, 스크린에는 '이토의 산하토야에서 『슈퍼 마리오 브라더스 3』을 합숙해서 도전'→'클리어 못함'→'나고야에서 게임 발매 이벤트 개최'→'늦잠을 자다가 신칸센을 놓치고 교토로' 등 무수한 흑역사가.

그런 흑역사 속에 '전설의 기타리스트 유미자와 씨가 AD 카가의 입 기타로 『움 재머 라미(Um Jammer Lammy)』를 플레이'→'클리어 못함'이라는 모습이 있었다.

그렇다. 지미 헨드릭스(Jimmy Hendrix, 파격적인 퍼포먼스로도 유명한 20세기 최고의 기타리스트-역주)가 했던 전설의 이빨로 기타를 연주하는 게 아니라, '띠디디딩' 같은 느낌으로 입으로 기타 흉내를 내는 입 기타인 것이다.

초대 플레이스테이션의 『움 재머 라미』에다, 일부러 보라색 의상과 천사 기타까지 준비해서 도전했지만, 전혀 클리어할 수 있을 것 같은 예감이 들지 않는 압도적으로 미숙한 플레이로 인해, 최종 스테이지에서 백기를 드는 결과가 되었다. 하지만 여기에는 속편이 있었는데, 방송 내에서 '7월 29일, 그 의상으로 다시 한 번 도전하겠습니다!'라고 통지되었던 것이다.

그런 복선을 깔고 시작한 '유미자와 가요쇼'.

우선 유미자와 씨의 『움 재머 라미』 공개 플레이. 지난번 도전에서 다들 알

긴 했지만, 새삼 느끼는 '아리노 과장, 리듬 게임 계열은 잘 못하는구나'라는 냉철한 사실. 하지만 초저공 비행하면서도 끈질긴 플레이를 보여주는 유미자와 씨에 대한 관객의 시선은 상냥하다.

화면상의 라미의 스테이지는 관객이 전원 돌아가 게임 오버되었지만, 유미자와 씨의 플레이에는 아낌없는 박수가 보내졌다.

스테이지 후반은 대중 연극 『순두부 사무라이(おぼろ侍)』.

누군가의 부탁을 받은 것도 아님에도 남몰래 악인들을 처벌하는, 독특하고 기묘한 삿갓을 쓴 사무라이. 좋아하는 것은 맨손 위에 올린 순두부다. 그걸 입 안 가득 먹는다. 주머니에는 계란 과자를 숨겨 두고, 일이 있을 때마다 먹으면서 관객들에게도 나눠준다.

여름의 어느 날, 마을 아가씨가 악덕 관리에게 유괴당하는 장면에서 시작하며, 반전이 있는 권선징악물이다.

출연하는 것은 전원이 캐릭터가 확실한 스태프&전 스태프들과 유미자와 씨.

키나가시(着流し, 일본의 전통 의상 중 하카마라 불리는 겉옷을 입지 않는 평상복-역주) 차림의 '기타 사무라이'로 등장하는 전 AD 츠루오카는 이 짧은 출연을 위해 현재 근무하는 회사에서 일부러 유급 휴가를 받았다는 내레이션에 관객들은 폭소.

그리고 종반, 현재는 디렉터인 전 AD 카타야마가 '시대극인데 순경 아저씨'로 등장.

칸사이 출신인 아베, 타네, 야모토는 그 연극을 보면서 어린 시절 칸사이 TV에서 오랫동안 방영했던 쇼치쿠 신희극(松竹新喜劇)이나 요시모토 신희극(吉本新喜劇)을 떠올렸다[2].

전국적으로는 1980년대의 금자탑, 드리프터즈(ドリフターズ, 50년대에 결성된 일본의 음악 밴드이자 콩트 그룹-역주)의 『8시야! 전원 집합(8時だ! 全員集合)』일 것이다. 드리프터즈 세대가 아닌 관객도 물론 즐기고 있었다.

---

[2] 영화사인 쇼치쿠와 연예 회사인 요시모토 흥업 산하의 극단이 진행하는 공연. 쇼치쿠는 인정이 있는 내용을, 요시모토는 콩트가 주체다-역주

슈패미 헌터, 아사쿠사에 가다!

이렇게 『순두부 사무라이』는 오프 비트 전개의 카오스 속에서 대단원을 맞이했다.

평온하게 흐르는 아사쿠사 시간

여기서 '하나야시키'에서 잠시 이탈해, 스미다 강의 불꽃놀이 대회 당일의 아사쿠사를 산책하게 되었다.

사실 '하나야시키'에 오는 도중에, 반드시 들어가 봐야겠다고 체크해두었던 선물 가게가 있었다. 그 이름하여 '닌자 상점(忍者商店)'.

이 '닌자 상점'은 지금은 외국인 관광객들에게도 제대로 된 키츠케시(着付師, 일본 전통 의상 제대로 입는 법을 가르치는 직업. 국가 자격증도 존재한다-역주)가 유타카나 키모노 제대로 입는 법을 가르쳐주게 된 이 시대에, 1980년에 붐이었던 아메리칸 닌자 영화를 방불케 하는 '잘못된 일본'을 파는 상점이다.

현재는 사이버 펑크 닌자 소설 『닌자 슬레이어(ニンジャスレイヤー)』의 영향이 너무나도 강력해서, 블레이드 러너 이후의 전통과 격식을 자랑하는 '잘못된 일본'의 주가는 『닌자 슬레이어』에 등장하는 악의 조직 소우카이 신디케이트가 전부 가져가 버린 느낌이다.

무엇보다 봄에 막 공개된 할리우드 영화판 『공각기동대 고스트 인 더 셸』조차 전체적으로 『닌자 슬레이어』처럼 보여서 어쩔 수 없는 정도다.

아베는 LL 사이즈의 닌자 T셔츠와 상투가 달린 모자를 구입. 편집자 H도 아들에게 줄 닌자 T셔츠를 구입한다.

참고로 '닌자 상점'의 닌자 T셔츠는 6세 아들이 굉장히 마음에 들어 하는 모양이라, 계속 입는다고 한다.

아베가 선물한 지인들은 전혀 착용하지 않는 것과 정말 다르다.

그리고 굉장히 솜씨가 좋은 '키미즈카 식당'에서 점심 겸 잠시 휴식.

낮부터 관광객과 오뎅을 안주로 술을 마시는 할아버지가 섞여 있는 모습 같은 것이 아사쿠사다운 분위기를 느끼게 한다.

칸사이에서는 오뎅을 칸토다키(関東煮)라 부른다. 칸토(関東)에서 칸토다키를 먹는 것은, 행위 자체가 칸사이의 멋부림 같은 것이다.

다음엔 혼자서, 낮부터 가게 앞에서 끓이는 오뎅을 먹으면서 한잔하고 싶다는 생각이 강하게 들게 만드는 가게였다.

격돌! 작열하는 스마트볼

배가 찼으니, 도내에 현존하는 유일한 스마트볼(핀볼의 일종으로 파칭코의 변종-역주)장 '아사쿠사 미마츠칸(浅草三松館)'으로 향했다(미마츠칸은 2020년 폐업-역주). 모두가 세월이 느껴지는 기계로, 너무 오래 돼서 스마트볼 기계를 정비할 수 있는 장인이 존재하지도 않을 것 같은 레벨이다.

300엔으로 탁구공을 작게 한 크기의 유리 구슬을 빌릴 수 있다.

룰은 꽃이나 특정 부품에 구슬을 넣으면 구슬이 추가되는 파칭코와 거의 비슷한 시스템이지만, 빌린 75구슬을 전부 다 쏘면 게임 오버고 승리는 없다. 구슬을 다 쓸 때까지 길게 즐기면 정신적으로 승리인 순수하게 시간을 때우기 위한 존재다.

결과로 말하자면, 파칭코나 파치슬로를 즐기지 않는 사람이라면 잊어버리기 쉬운 '기계에 앉은 순간부터 승패는 이미 정해져 있다'는 압도적인 사실이 있다.

일단 앉아서 구슬을 빌렸다면, 남은 건 구슬을 튕겨 자신의 승패를 확인하는 것뿐이다. 결과는 야모토 혼자 승리. 아베와 타네는 구슬을 전혀 집어넣지 못하고 폭사했다.

문자 그대로 '대(台)가 전부'이므로, 스마트볼을 플레이할 때는 사전에 대를 음미해둘 것을 추천하고 싶다.

일행은 '아사쿠사 미마츠칸'을 나와, 카미나리몬을 통해 나카미세를 지나 아사쿠사지로 향했다.

흐리고 구름이 끼어 있긴 하지만, 스미다 강 불꽃놀이 대회 당일이기도 해서 아침과 비교해도 거의 출근길의 지하철급으로 인파가 몰려 있었다.

물건을 팔 수 있는 레벨이 아닐 것 같을 정도로 혼잡함에도, 카미나리몬에서 아사쿠사지로 이어지는 나카미세 상점가 여러분들은 장사를 하고 있었다.

물론 불꽃놀이 대회 시각도 가까워졌기에, 외국인, 유카타 차림의 미인, 외국인 유카타 차림 미인 모두가 계속해서 숫자가 늘어나고 있었다.

억수로 쏟아지는 빗속에서 발견한 것

비도 뚝뚝 떨어지기 시작해, '하나야시키'로 돌아갔다. 타네&야모토가 폐달을 밟아 장내를 일주하는 '헬리콥터'와 귀신의 집 '스릴러 카'를 즐길 때쯤에는 억수로 쏟아지고 있었다.

칸토는 이미 여름이라기보다 열대우, 스콜이 있는 열대지역의 우기 같은 기후가 된 건 아닐까 생각했지만, 그 후 8월로서는 이례적인 긴 장마를 기록해 오히려 맑은 날이 없는 장마보다 더 장마 같은 상태가 되었다.

그리고 '유미자와 가요쇼'의 최종 공연을 관람. 아리노 과장, 즉 유미자와 씨, 결국 최후에도 『움 재머 라미』를 클리어하지 못했다. 하지만 관객은 마지막까지 따뜻한 성원을 보냈다.

그리고 슈패미 헌터 일행은 거의 동시에 깨닫게 된다.

지금 여기에 새로운 가치관을 지닌 게임 팬이 『게임 센터 CX』를 통해 탄생하고 있는 건 아닐까?

『게임 센터 CX』는 승패에는 그다지 중점을 두지 않고, 플레이 내용의 즐거움만을 중요하게 여길 것을 제시하는 것은 아닐까?

보통 사람보다 특별히 게임을 더 잘하는 것도 아니고, 거기에 나이가 들면서 동체시력과 반사신경, 그리고 어쩌면 시력 자체가 노안으로 떨어졌을지도 모르는 아리노 과장. 게다가 아리노 과장이 리듬 게임은 전체적으로 잘 못하는 것 같다는 점은 누가 봐도 명백하다.

하지만 '재미있게 플레이한다'라는 새로운 가치관 앞에서는, 그건 별로 중요하지 않다.

그런 종래의 상하 관계를 무시한 새로운 무언가가 이 『게임 센터 CX』라는 곳에서, 따뜻한 게이머들 사이에서 탄생하려 하고 있다.

······우리는 살벌하게 지내왔던 것은 아닐까. 그렇게 배운 것만 같은 기분이 들었다.

그리고 1일 7회 개최되는 '유미자와 가요쇼'의 모든 공연 종료 후, 아리노 과장과 프로듀서 스가 씨가 광장 스테이지에 등장.

억수로 쏟아지는 빗속에서, 팬에게 감사를 전하고 이벤트는 대단원의 막을 내렸다. 최후에 아리노 과장은 '드퀘 해야 하니, 바로 돌아가겠습니다!'라는 말을 남기고 회장을 떠났다.

역시 오늘은 스미다 강 불꽃놀이 대회 당일이자 '유미자와 가요쇼'의 공연일이자 『드래곤 퀘스트 XI』의 발매일이다. 시간이 있으면 예약하지 않았던 PS4판을 구매하기 위해 줄을 서는 것도 괜찮겠다고 생각하면서, 슈패미 헌터도 '하나야시키'를 뒤로 했다.

(A)

슈패미 헌터, 아사쿠사에 가다!

전설의 기타리스트 유미자와 씨의 멋진 모습! 자주
색 의상과 천사의 기타!

'옴 재머 라미'에 라이브 도전!
하지만 전부 실패로…….

대중 연극 '순두부 사무라이'에서.
순두부 사무라이와 기타 사무라이, 신구 AD 대결!

이벤트 대단원!
잘 보면 베이스를 든 초대 AD 토시마의 모습도?

초 슈퍼 패미컴

CX 패밀리

★── 그런 이유로, 오늘 수고하셨습니다!

전원 건배~!

타네 '하나야시키' 이벤트, 정말 재밌었죠.

★── 오늘은 약간 변칙적으로 『게임 센터 CX』의 이벤트와 콜라보하게 되었습니다라는 형태였지만요.

타네 멋있는 말투(웃음).

★── 애초에 『CX』와 우리 회사는 사이가 좋아서, 방송이 시작됐을 때부터……라고 해야 하나, 그렇지! 『CX』 1회 녹화 장소가 오타 출판이었죠. 아리노 씨가 처음으로 '아리노 주임(당시)'이 된 거, 우리 회사였어요.

타네 『타케시의 도전장(たけしの挑戦状)』 녹화 말이군요. 금발이던 시절의 하야시가 인터뷰 당하던데(웃음).

★── 그 영상 꽤 여러 곳에 남아 있더라고요. DVD로도 나왔고. 그래서 '이야~ 이런 시대도 있었지요' 같은 얘길 하면, 보육원의 어머니 친구들이 굉장히 깜짝 놀라더라고요. '남편이랑 봤어요!' 같은(웃음).

타네 CX 패밀리로군요(웃음).

★── 그런 부분에서 이야기를 이어가보죠. 저랑 타네 씨는 『CX』의 이벤트, 히토츠바시 홀(一ツ橋ホール)의 『마이티 봄 잭(マイティボンジャック)』부터 부도칸(武道館)까지 봤는데요, 오늘 '하나야시키'는 어떠셨나요?

타네 지금까지의 이벤트처럼, 굉장히 따뜻한 느낌이었네요. 역시 팬 여러

분들이 상냥해요. 팬을 포함해서 주변 사람들끼리 하니까, 그런 수작업 부분도 '열심히 하세요!', '열심히 하고 있습니다!' 같은 느낌으로요. 쌍방향으로 좋은 관계를 이번에도 볼 수 있었구나 싶었네요.

아베　실수해도 다들 용서해주기도 하고.

타네　과장한테는 미안하지만, 사실은 과장이 도전해서 '이겼다', '졌다'가 될 텐데, 다들 승패에는 집착하지 않더란 말이지(웃음).

야모토　지금의 게임 이벤트는 '본인의 이익'과 연결되는 경우가 많은데, 예를 들면 '이 캐릭터가 진화한 모습을 한 발 먼저 알 수 있다', '회장에서 디지털 아이템을 받을 수 있다', '한정 굿즈를 살 수 있다' 같은 게 알기 쉬운 형태이긴 한데요, 오늘은 아리노 씨의 플레이를 보러 왔다고 해야 할까, 그 공간에 같이 있는, 어떤 종류의 '가족 느낌'을 공유하기 위해 간다고 해야 하나.

아베　『순두부 사무라이』 같은 건 게임이랑 관계도 없고(웃음).

타네　정말로 그거야말로 학예회죠. 아는 사람이나 친척이 나오는 학예회잖아요.

아베　대부분이 보육원의 발표회 같았지.

타네　그걸 보고 다들 웃었죠. 진정한 의미로 다들 CX 패밀리가 됐구나, 이런 느낌이에요.

'아리노 과장=G바바'설

★──　아마, 어느 시기부터 '아리노 씨가 게임을 클리어할 수 있을까? 없을까?', '엔딩을 볼 수 있을까? 못 볼까?' 더 말하자면 '당신 연예인이잖아! 뭐하는 거야!' 같은 게 아니라, 그야 뭐 아리노 씨가 나이를 먹어서 그렇다고 생각하긴 합니다만(웃음), 그런 분위기가 사라졌네요. 그런 건 의외로 아무래도 좋고 '아리노 씨가 게임을 하기만 하면 돼' 같은 느낌으로 변해버렸네요.

초 슈퍼 패미컴

타네 점점 프로레슬링이라고 해야 하나……자이언트 바바 같은 느낌이 됐어(웃음).

전원 아하하하(웃음).

타네 옛날엔 굉장히 강했지만, 어느 새 '바바 씨가 움직이고, 16문 킥을 해주기만 하면 기쁘다' 같은 경지가 됐으니. 심지어 아리노 씨는 30대 초반부터 『CX』를 하셨고, 나이를 먹으면서 점점 게임을 못하게 됐잖아요. 그 과정을 모두가 '힘내라~ 힘내라~'라고 해주는 거예요. 이렇게 따뜻한 공간이 또 있을까 싶어요.

야모토 처음부터 잘했던 건 아닌 사람이 나이를 먹으면서 반사 신경이 떨어진다. 그 과정을 모두 봐왔기 때문에 다들 응원한다. 나이를 먹는 건 나쁜 게 아니란 거죠. 나이를 먹고 게임을 하고, 클리어하지 못해도 좋다. 그걸 확실히 알았어요. 클리어하지 못하더라도 다들 용서해준다는 걸.

타네 반사 신경이나 신체 능력이 계속 올라가는 젊은 사람들은 e스포츠를 진검 승부를 하면서 계속하면 되지만, 언제까지고 할 수는 없죠. 그러니 타카다 노부히코(高田延彦)가 '타카다 총재'가 된 것 같은 거네요(웃음).

★—— 하지만 아리노 씨는 그다지 격투기 노선으로 갔다는 의식은 없을 거예요. 원래는 자이언트 바바가 되고 싶었던 것 같아요. 그래서 다들 과잉 기대를 보냈던 거죠. 아리노 씨한테.

타네 그렇군, 아리노 환상이 있었구나(웃음).

★—— 그러니 지금이야말로 '늦을 초월한 것이 프로레슬링이다'라는 자이언트 바바 씨의 명언이(웃음).

아베 그건 방송 쪽에서 의도적으로 그렇게 한 걸까?

★—— 아니, 프로듀서 스가 씨는 그렇게까지 생각하지 않았을 거예요(웃음). 『CX』는 의외로 내추얼 앵글이거든요. 오늘도 마지막, 최종 공연에서 '클리어하려나?' 생각했거든요 저. '연장 연장으로 클리어할 때까지 안 끝나는 걸까?' 싶었더니, 역시 실패하고는 간단히 『순두부 사무라이』로 가버렸어요(웃음). 그걸

슈패미 헌터, 아사쿠사에 가다!

용서받을 수 있는 경지까지 간 거네요, 아리노 씨는.

타네　우리도 나이를 먹고, 언젠가 게임을 깨지 못할 때가 오겠죠. 그때 거기에 과장님이 있다는 거죠!

전원　아하하하(웃음).

★──　이렇게 되었으니, 아리노 씨는 이제 60세 정도까진 할 수 있겠네요.

타네　완전 할 수 있죠. 이미 벽을 넘었으니까.

★──　최강이로군요(웃음).

슈패미와의 첫 만남

★──　이벤트 얘기는 이쯤 하고, 슈패미 얘기를 해보죠. 슈패미가 발매된 건 1991년. 일단 패미컴을 다들 하셨으리라 생각하는데요, 아베 씨는 슈패미를 바로 구입하셨나요?

아베　발매일에 바로 샀지. 『슈퍼 마리오 월드』랑 『F-ZERO』 세트로. 처음에는 『슈퍼 마리오 월드』를 했고, 일단 만족. 그럼 이 『F-ZERO』라는 걸 해볼까 했더니, 정신을 차려보니까 그쪽만 하고 있더라. 그리고 당시 『B매거』에 2분대를 돌파하는 신의 영역에 도전하는 내용이 실려 있어서.

타네　'MUTE CITY'였던가요?

아베　맞아 맞아. 최초의 코스에서 2분 내로 골인하는 그야말로 신 같은 공략법이 있었는데, 우리도 아직 신체 능력적으로 도전이 가능했던 거지.

★──　확실히 약간 운동선수 같은 느낌이었죠, 『F-ZERO』는.

타네　그때는 우리도 참가할 수 있었죠, 신들의 싸움에(웃음). 하지만 저의 경우는 『F-ZERO』보다는 애초에 메가드라이브파였으니까요. 메가드라이브가 발매된 후에 슈패미가 발매된다는 얘기를 듣고, 우리로서는 메가드라이브를 방해하는 증오스러운 녀석이란 느낌이 들었었는데.

전원　아하하하(웃음).

타네　그래서 절대로 살까보냐, 생각했었는데, 한편으로는 전 아케이드파라서, 횡 스크롤 슈팅을 굉장히 좋아하잖아요? 그래서『그라디우스Ⅲ』가 나온다고 해서 슈패미를 샀어요.『F-ZERO』같은 건 돌아보지도 않고요(웃음). 하지만 굉장히 처리 능력이 떨어져서 '이런 건 아케이드가 아냐!' 생각했었는데, 그래도 느려지니까 굉장히 하기 쉬워져서(웃음).

아베　처리가 느려지면 탄막을 어찌어찌 피할 수 있었다 이거군.

타네　'느려지니까 클리어할 수 있어! 고마워!' 이런 거죠. 그래서 굉장히 미웠지만『그라디우스Ⅲ』얼굴을 봐서 사줬다 이거죠(웃음).

★── 야모토 씨가 슈패미를 구입하신 건요?

야모토　저는 늦은 편이었어요. 오사카 니혼바시의 옆에 있는 긴 소프맵, 지금은 술집 같은 걸로 바뀌었지만, 거기서『란마1/2(らんま1/2)』의 격투 게임 첫 번째 작품(『정내격투편(町內格闘編)』)을 데모로 틀어놓은 걸 보고 '앗 격투 게임 할 수 있구나' 생각했죠. 그때는 아직『스파Ⅱ』는 나오지 않았었는데,『스파Ⅱ』같은 게임을 집에서 할 수 있어!'라고 생각하고,『란마』하고 같이 사서 돌아온 게 슈패미였어요.

타네　『스파Ⅱ』얘기가 나왔는데, 그 당시 캡콤은 완전 신이었죠. 캡콤이 신, 그리고 코나미도 신. 아케이드 게임을 만들던 제작사가 엄청나게 굉장했었어요.

야모토　벤치마크할 때는 코나미 게임이라는 얘기가 있었죠.『슈퍼 콘트라』도 그랬고『액슬레이(アクスレイ)』도 그랬던 것처럼, 슈퍼 패미컴의 신기능인 확대, 축소, 반투명을 팍팍팍팍 쓰겠습니다 이런 느낌.

타네　그때의 코나미는 하드의 한계만이 아니라, 한계를 초월해 어디까지 성능을 끌어낼 수 있는지에 목숨을 걸었었어요. 어째서 메가드라이브를 좋아하고 슈패미를 싫어하던 제가 슈패미는 대체 왜 샀냐고 한다면, 코나미와 캡콤이 있었기 때문이죠.

정점으로서의 『스파 II 』

타네　그 당시, 아케이드에서 가정용으로 가져오면 스펙이 열화하게 되어 있었죠. 심지어 다른 팀이 이식하니까 그게 정상일 텐데, 어째서인지 캡콤과 코나미만은 이식하면 퀄리티가 올라갔단 말이죠.

아베　『초마계촌』같은 것도 그랬고.

타네　그 정점이 역시 초대『스파 II 』아닙니까. 정말로 굉장했죠 그거.

아베　패미컴의『제비우스』와 해볼 만한 건 역시 슈패미의『스파 II 』. 임팩트는 동등 이상이었을지도.

타네　당시는 게임 센터에서 팍팍 돈을 넣고 대전하던 걸 집에서 할 수 있다. 이건 완벽하다고밖엔 할 말이 없었죠.

야모토　게임 센터에서는 부끄러워서 쓸 수 없었던 캐릭터 같은 거, 왠지 악당이 되어 있어서 쓸 수 없었던 캐릭터도 집에서는 팍팍 쓸 수 있었죠. 게임 센터에서 베가 같은 걸 썼다면, 무슨 꼴을 당해도 불평은 못했을 걸요(웃음).

전원　아하하하(웃음).

아베　리얼 파이트로 발전하겠구나 싶지(웃음).

타네　그래서 베가는 원래 라스트 보스였고, 중요한 건 얍삽이 기술이 굉장했다는 거잖아요. 상대가 아무것도 못하게 하는 얍삽이니까요.

야모토　이상하게도 그런 캐릭터였었네. 하지만 역시 게임을 할 때는 왠지 흥미는 있지만 게임 센터에서는 무서워서 못 썼지. 이런 건 난입했을 때 무슨 짓을 당할지 알 수가 없으니까. 하지만 집에서는 그런 건 전혀 문제없이 쓸 수 있지.

타네　게임 센터와 집을 왕복하는 즐거움이죠. 처음부터 얍삽이를 써왔다면 평범하게 하면 재미가 없죠. 그래서 금지된 장난이 더 재밌는 거겠죠. 하지만 게임 센터에서 리얼하게 했다간 죽을 것 같은 일도 집에서는 이렇게 할 수 있구나 하고.

아베　집에서는 써도 OK.

타네　그러니까 한때 '미야모토 (시게루) 씨가 『스파Ⅱ』를 이식하고 싶어서 슈패미의 패드를 6버튼으로 만들었다'라거나, 그런 썰이 흘러다닌 적이 있었죠. 개발진 말에 따르면 그런 건 절대 아니라지만, 그런 말이 나올 정도로 슈패미와『스파Ⅱ』는 상성이 딱이었던 거겠죠.

리퀘스트 타임

★──　그럼, 이번에 이 책과 거의 같은 시기에 발매되는 '닌텐도 클래식 미니 슈퍼 패미컴(이하 미니 슈패미)'에 수록되지 않은 게임 중에서 '이건 들어 있었으면 좋았을 텐데'라는 걸 각각 들어봅시다. 먼저 아베 씨.

아베　굉장히 평범한 게 2개 있는데, 『크로노 트리거』하고『택틱스 오우거』.

전원　오오!

★──　그 이유는 222 페이지와 242 페이지를 읽어 주시는 걸로 하고, 다음은 타네 씨.

타네　아까 이야기와 겹치지만, 역시 캡콤의『파이널 파이트』와 코나미의 『그라디우스Ⅲ』려나요.

전원　아!

타네　『파이널 파이트』와『그라디우스Ⅲ』가 들어있지 않다니, '슈패미의 은인한테 이 무슨 짓을!', '은혜를 잊은 거냐!'라고.

전원　아하하하(웃음).

★──　이 책에서 그걸 강하게 호소하고 싶다, 이거군요(웃음).

타네　강하게 호소하고 싶어요!(웃음)

★──　알겠습니다. 그럼 마지막으로 야모토 씨인데요⋯⋯역시 그거죠?

야모토　『슈퍼 파이어 프로레슬링 SPECIAL(이하, 파이프로 스페셜)』이죠.

슈패미 헌터, 아사쿠사에 가다!

★── '미니 슈패미'에『파이프로 스페셜』이 들어갔으면 좋았을 텐데요. 지금 딱 좋은 타이밍인데. 야모토 씨의 리뷰(206 페이지)도 굉장히 좋았는데요……아니, 옛날『주간 프로레슬링』에 실렸던 원고 같잖아! 그랬죠(웃음).

아베 야모토의 라이터 생명이 끝나버리는 건 아닌가 싶고 막(웃음).

★── 모든 것을 쏟아낸 느낌이었죠. 그 원고는 야모토 씨가 돌아가신 후 같은 때 낭독되어야 해요!

야모토 그런 불길한(쓴웃음). 하지만 확실히 뭔가 사명을 마치고 죽어가는 모습에 대한 동경은 있습니다만.

★── '다시 울었습니다' 같은 거군요. 그걸 읽으면 확실히『파이프로 스페셜』을 하고 싶어지고, 저 'Steam'으로『파이프로 월드(FIRE PRO WRESTLING WORLD)』사 버렸는 걸요.

초 슈퍼한 슈패미

타네 이번에 춘소프트는 안 들어갔던가?

아베 맞아맞아맞아맞아.

★── 『카마이타치』안 들었구나.

아베 『카마이타치』도『시렌』도 없어.

타네 『시렌』이 없다니, 그거 유감이네요.

아베 그리고『슈퍼 포메이션 사커』가 일본판이지만 들어 있고, 반대로 『MOTHER2』는 안 들어 있기도 하고.

★── 하지만 이번의 '미니 슈패미'는 어린 애들이 처음으로 슈패미의 게임을 직접 해볼 수 있는 기회라고 생각해요. 저희 같은 아버지가 사 와서. 그래서 앞으로 게임에 흥미를 가지게 되는 아이들이 늘어나면 좋겠다고 생각하긴 하는데요.

아베　아버지가 사 와서 아이가 즐긴다는 거, 굉장히 좋네. 그렇군, 그 흐름으로 말하면 『중장기병 발켄』이 들어있지 않은 이유는 잘 알겠어(웃음).

전원　아하하하(웃음).

타네　『발켄』은 요약하면 굉장히 강한 로봇으로 상대의 국회의사당으로 쳐들어가서, 대통령을 자해로 몰아넣는 게임 아닙니까(웃음).

★──　그건 아이들에겐…….

타네　자극이 너무 강하죠(웃음). 여러 가지를 알고 난 다음에 즐기는 건 좋지만, 갑자기 '그렇구나! 국회의사당은 로봇으로 쳐들어가는 게 좋구나!' 같은 걸 아이들에게 가르쳐주는 건 위험하지.

야모토　뭐, 『건 해저드(ガンハザード)』 같은 건 들어 있었어도 좋았을 것 같은데.

타네　정신연령이 높으려나?

★──　하지만 뭐, 그런 다양성도 게임의 즐거움이긴 한데 말이죠.

아베　그럼 '미니 슈패미2'가 나올 때는…….

타네　『파이프로 스페셜』하고 『발켄』을 꼭!(웃음)

전원　잘 부탁드립니다!

★──　그때는 『초초 슈패미』를 내보죠……이크, 이젠 얼마나 '슈퍼'한 건지 모르겠네요(웃음). 독자 여러분, 그때까지 건강하시길!! **(편집부)**

슈패미 헌터, 아사쿠사에 가다!

후기 <small>첫 번째</small>

게임 소프트는 외로움을 많이 탄다. 타이틀이 드문드문 나오는 하드보다, 잔뜩 나오는 하드에 너도 나도 모인다. 다양한 게임이 모이면, 지고 싶지 않아서 서로 경쟁하고, 서로 높이면서 재미의 천정을 깨트려버리고 만다.

슈패미에서 일어났던 일이 딱 이것이었다. 슈퍼 스타인 마리오가 있었고, 드퀘와 FF의 신작이 나오는 건 처음부터 알고 있었다. 하지만 단순히 '빅 타이틀이 모인 승리자 하드' 이상으로 게임 역사에 발자국을 남긴 괴물로 진화한 것이다.

패미컴은 발매 당시는 '저가격에 고기능'을 채워 넣은 혁명적인 게임기였다. 그렇다고는 해도, 팔고 팔아서 패권을 쥐었기 때문에, 하드웨어 자체의 시간은 발전 없이 멈춰버리고 말았다. 게임 센터나 PC가 진화를 거듭하는 동안, '패미컴 왕국'의 껍질에 틀어박혀 있는 느낌이 있었다.

그로부터 7년 만에 등장해 7년 이상의 진화를 이룬 슈패미는 마치 게임의 자유 무역 시장 같았다. 그래픽 기능이 상승한 덕분에, PC 게임이든 아케이드 게임이든, 최소한 겉모습은 비슷하게 이식할 수 있게 되었다. 화면의 색수도 늘고 해상도도 좀 더 세밀해져, 정보량을 채워넣기 편해진 것이다.

그 상징이 『스트리트 파이터Ⅱ』의 폭발적인 대히트다. 게임 센터에서 100엔 동전을 계속 집어 넣었던 대전 격투 게임의 걸작이 '둘이서 대전할 수 있다'는 그야말로 다 쓸어버릴 수 있는 조건까지 포함해 가정으로 찾아왔다! 슈패미는 게임 센터의 대전 문화까지도 통째로 삼켜, 살벌했던 '싸움'을 친구나 가족과의 좋은 추억으로 변환시킨 것이다.

모든 게임은 여기에 모인다……초대 플레이스테이션 이전에 그 높은 자리에 위치했던 하드는 '패미컴 왕국'의 앞에 있는 '슈패미 제국'을 쌓아 올렸다. 그런 제왕을 쓰러트리고자, 도전자들도 대허슬. 『슈퍼 마리오 월드』가 없었다면 메가드라이브의 『소닉 더 헤지혹(ソニック・ザ・ヘッジホッグ)』도 탄생하지 않았을 것이다. PC엔진의 CD-ROM2 게임들에도 '타도 슈패미' 의식이 어딘가에는 있었을 것이다.

모든 만감을 담아, 고맙다 슈패미!

즐거운 기억을 받은 유저, 경쟁하던 라이벌 하드, 그리고 슈패미 시대에 배양되고 뿌리 내린 도트 그래픽 문화. 그 전부를 멋대로 대표해, 감사를 보내고 싶다.

2017년 8월 29일

타네 키요시

후기 두 번째

슈퍼 패미컴 발매로부터 27년. 생각해보면 당시 부모님께서 슈패미를 사주셨던 중학교 1학년생이 40세가 되어, 아이에게도 스마트폰이나 휴대용 게임기를 사주거나 사주지 않거나 하는 연대로 접어들었습니다.

슈패미에 열광하던 90년대를 보낸 게이머 중에는 이미 게임을 졸업했거나 게임 규제론이나 해악론으로 변해버린 사람도 있겠죠. 그건 그 나름대로 인생의 선택입니다. 하지만 옛날 슈패미로 즐거워했던 시간은, 당시 게임을 즐겼던 게이머들에게는 진짜 경험입니다. 당시의 확대, 회전, 축소와 호화로운 음원을 탑재한 슈퍼 패미컴과 처음 만났던 충격은, 결코 작은 것이 아니었을 겁니다. 이 책 『초 슈퍼 패미컴』에서는 당시에 그런 놀라움과 충격 속에 발매되었던, 슈패미의 추억 깊은 명작, 잊기 어려운 가작, 잊을 수가 없는 괴작을 선별에 선별을 거쳐, 소개하고 있습니다.

먼 날의 추억 그대로, 굉장히 완성도가 높았다거나, 나올 때마다 다른 것으로 보일 정도로 내용이 진화하거나, 대체 무엇과 싸우는 건지 알 수가 없다거나 등등, 2D 도트 그래픽을 사용한 게임의 가능성을 단숨에 개척한 슈패미의 게임들이 여기 있습니다.

그런 시대의 분위기를 그대로 남긴 게임이 여러분의 본가의 창고나 벽장 속, 수십 년은 쓰지 않았던 학생 때의 책상 깊숙한 곳에, 그리고 아이들에게 사준 게임기의 버추얼 콘솔 안에서 다시 만나기를 기다리고 있을지도 모릅니다. 이 책을 집필하면서, 한 번은 게임과 연이 끊어져버렸던 사람들이 다시금 게임을 소개하고 현재의 게임 키즈와 같이 즐기면서, 게임 이야기를 할 수 있게 된다면 좋겠다고 생각하면서 슈퍼 패미컴 소프트를 플레이했습니다. 그 결과, 대다수까지는 아니지만, 슈패미의 게임은 지금도 충분히 즐길 수 있는 것들이 아직 많이 있다는 걸 재확인했습니다.

'슈패미는 지금도 재미있다!'고, 플레이해보면 확신하게 되겠죠.

오히려 당시에도 위험했던 건 지금도 충분히 위험하다고 할 수 있습니다.

게임과 함께, 슈패미 소프트가 대량으로 발매되었던 격동의 90년대 전반의 게임 광경이라는 시대의 분위기도 같이 돌아보는 '잠깐의 기분전환'에 도움이 되었다면 기쁘겠습니다.

2017년 8월 31일
아베 히로키

후기

『초 슈퍼 패미컴』, 어떠셨습니까?

리얼 타임으로 즐기신 분도 그렇지 않은 분도, 슈퍼 패미컴의 에센스가 현대에 진하게 전해져 왔다는 것에 놀라지는 않으셨나요. '패미컴 같은 것'과 '슈퍼 패미컴 같은 것'은 우리에게는 게임의 고향입니다. 『초 슈퍼 패미컴』의 집필은 그런 게임의 고향으로 귀성하는 여행이었습니다. 슈퍼 패미컴은 형님인 패미컴과 나란히 게임의 고향에서 기다려주는 친구입니다. 우리가 그곳으로 돌아가면 '살이 좀 빠졌어!'라며 약간 미니가 된 그들이 마중을 나와줍니다. 기쁨을 나누고, 괴로움을 완화시켜주며, 게임의 고향에서 우리를 배웅한 후에도 거기서 계속 기다려주는 것입니다.

사람에게는 뿌리를 내려야 할 장소, 소속될 장소가 필요합니다. 우리처럼 게임을 즐기는 사람들에게는 슈퍼 패미컴과 패미컴 형제가 있는 게임의 고향이 그 장소라는 것을 다시 인식할 수 있었습니다. 어떤 때는 모두와 시끌벅적하게, 또 어떤 때는 혼자서 차분하게. 게임의 원래 풍경이 그곳에 있는 것입니다.

무심하게 즐겨도 재밌는 것은 물론이고, 현재의 시점에서 새로운 발견이 있는 슈퍼 패미컴 게임. 2017년 10월 5일에는 명작 소프트를 내장한 '닌텐도 클래식 미니 슈퍼 패미컴'이 발매되는데, '슈퍼 패미컴 같은 것'의 굉장함을 재인식할 수 있는 계기로 삼아보는 것은 어떨까요.

슈퍼 패미컴의 세계를 한 권으로 다 말할 수 있는 것은 아닙니다. 하지만 리얼 타임을 즐긴 사람에게는 신작의 발매일에 기대로 가슴이 부풀고, 휴일에는 게임 샵의 할인 매대에서 게임을 찾아 헤매는 날들을 다시 돌아보는 계기가 될 것입니다. 그렇지 않은 사람에게는 풍부한 게임의 고향을 돌아볼 수 있도록 인도하는 역할을 할 수 있다면 기쁘겠습니다. 바라건데, 이 책에 담긴 마음이 올바르게 전해지기를 기도할 뿐입니다. 게임은 우리를 잊지 않습니다. 그렇다면 우리도.

2017년 8월 29일
야모토 신이치

TANE YAMOTO ABE

타네 키요시(多根清史)

1967년 오사카 출생. 저서로『교양으로서의 게임 역사(教養 としてのゲーム史)』,『건담과 일본인(ガンダムと日本人)』, 공동 저서로『게임 제작 현장의 신전략 기획과 운영의 노하우(ゲー ム制作 現場の新戦略 企画と運営のノウハウ)』등. '내 애인은 게 임이다!' 그런 이유로, VR 게임 아내와 결혼할 수 있는 미래 가 빨리 오지 않을까요……. Twitter : bigburn

아베 히로키(阿部広樹)

1970년 오사카 출생. 2016년에는 2년에 한 번 일어날까 말 까한 악재가 2개월에 한 번씩 발생하는 해가 되어, 살아 있 는 것 같지가 않았던 불행의 집중 폭격계 라이터. 이렇게 된 이상 액땜도 할 겸 새로운 게임기와 PC와 게임을 마구 구입 해, 든든한 머신 파워로 불행을 이겨내고 싶다. Twitter : abc1970

야모토 신이치(箭本進一)

1970년 센다이 출생. 어느 한쪽이 특출난 게임을 사랑하는 프리 라이터. 저서로『방과 후 게임 센터에서 ~전자의 정령 들에게 바친다~(放課後、ゲームセンターで~電子の精たちに捧ぐ ~)』,『초 쿠소게(超クソゲー)』(공동 저서) 등. 휴대기+거치가 가능 한 Nintendo Switch와 슈퍼 패미컴 게임의 상성이 너무 좋 아서 놀라는 나날을 보내고 있다. Twitter : s_yamoto

번역 문성호

프리랜서 번역가, 게임 리뷰어. 국내 무수한 게임잡지와 흥 망성쇠를 함께 한 전직 게임잡지 기자. 현재는 게임잡지 투 고 및 게임 리뷰 작성, 게임·만화·트리비아 등 각종 번역 일 을 하고 있다. 역서로『초 패미컴』,『초초 패미컴』,『영국 귀족 의 영애』등이 있다.

超슈퍼 패미컴

초판 1쇄 인쇄 2022년 8월 10일
초판 1쇄 발행 2022년 8월 15일

저자 : 타네 키요시, 아베 히로키, 야모토 신이치
번역 : 문성호

펴낸이 : 이동섭
편집 : 이민규, 탁승규
디자인 : 조세연, 김형주
영업 · 마케팅 : 송정환, 조정훈
e-BOOK : 홍인표, 서찬웅, 최정수, 김은혜, 이홍비, 김영은
관리 : 이윤미

㈜에이케이커뮤니케이션즈
등록 1996년 7월 9일(제302-1996-00026호)
주소 : 04002 서울 마포구 동교로 17안길 28, 2층
TEL : 02-702-7963~5 FAX : 02-702-7988
http://www.amusementkorea.co.kr

ISBN 979-11-274-5481-4 13690

CHO-SU-FAMI
Copyright©Tane Kiyoshi / Abe Hiroki / Yamoto Shinichi 2017
First published in Japan in 2017 by OHTA Publishing Company, Tokyo

창작을 위한 아이디어 자료

AK 트리비아 시리즈

-AK TRIVIA SPECIAL

제2차 세계대전 군장 도감
각 병종에 따른 군장들을 상세하게 소개

음양사 해부도감
과학자이자 주술사였던 음양사의 진정한 모습

미즈키 시게루의 라바울 전기
미즈키 시게루의 귀중한 라바울 전투 체험담

산괴 1
산에 얽힌 불가사의하고 근원적인 두려움